二十一世纪普通高等院校实用规划教材 经济管理系列

# 生产运作管理
## (第 2 版)

王 晶 主 编
王艳亮 张 影 副主编

清华大学出版社
北 京

## 内 容 简 介

本书系统介绍了生产运作管理的基本概念、基本理论和管理方法,在编写时注意知识体系的完整性,涵盖了生产运作战略、生产运作系统设计、生产运作系统运行及生产运作系统维护与改进四个方面的相关理论和方法。生产运作战略部分包括生产运作管理概述、产品开发与设计、需求预测;生产运作系统设计部分包括生产类型与生产过程组织、生产能力和生产能力计划;生产运作系统运行部分包括企业长中短期计划的制订、项目作业计划;生产运作系统维护与改进部分包括现场管理、库存管理、质量管理、工作研究;最后一章对生产运作管理的最新理论和方法做了分析和介绍,引导读者进一步的阅读方向。综合来看,全书既有生产运作管理的经典内容,又有反映当前发展动向的新观点,试图给读者提供一个宽广的观察生产运作管理的视野。

本书既可作为工业工程专业、工商管理专业、项目管理专业、物流管理专业及相关专业的研究生、本科生以及高职高专学生的教材,也可作为工程技术人员、各级物流管理人员以及企业培训人员的参考书。

本书封面贴有清华大学出版社防伪标签,无标签者不得销售。
版权所有,侵权必究。举报: 010-62782989, beiqinquan@tup.tsinghua.edu.cn。

图书在版编目(CIP)数据

生产运作管理/王晶主编. —2版—北京:清华大学出版社,2020.1 (2023.8重印)
二十一世纪普通高等院校实用规划教材. 经济管理系列
ISBN 978-7-302-54043-4

Ⅰ.①生… Ⅱ.①王… Ⅲ.①企业管理—生产管理—高等学校—教材 Ⅳ.①F273

中国版本图书馆 CIP 数据核字(2019)第 249769 号

责任编辑:梁媛媛
封面设计:刘孝琼
责任校对:王明明
责任印制:宋 林

出版发行:清华大学出版社
网　　址: http://www.tup.com.cn, http://www.wqbook.com
地　　址: 北京清华大学学研大厦 A 座　　邮　编: 100084
社 总 机: 010-83470000　　邮　购: 010-62786544
投稿与读者服务: 010-62776969, c-service@tup.tsinghua.edu.cn
质量反馈: 010-62772015, zhiliang@tup.tsinghua.edu.cn
课件下载: http://www.tup.com.cn, 010-62791865

印 装 者: 三河市龙大印装有限公司
经　　销: 全国新华书店
开　　本: 185mm×260mm　　印　张: 21　　字　数: 510 千字
版　　次: 2011 年 2 月第 1 版　2020 年 1 月第 2 版　印　次: 2023 年 8 月第 3 次印刷
定　　价: 59.00 元

产品编号: 077829-01

# 前　言

生产运作管理是管理学的基础学科之一，从系统的角度研究如何有效地进行生产系统的设计、运行、维护以及改进。近年来，生产运作管理教材层出不穷，各具特色，既有经典教材的改版，也有新版教材问世。本书力求根据时代发展对生产管理教学的需求来编写，既反映这门学科新的进展，又做到深入浅出地阐述生产管理的基本概念、理论和方法，各种生产类型的特征、生产组织方法及生产系统的优化。

本书第 1 版出版后，深受广大读者厚爱，从 2011 年出版至今已多次印刷，使编者深受鼓舞。本次修订时，书稿内容延续前 1 版的主体框架，对第一章和第二章进行了合并，减少了一些基本概念的介绍，在产品开发与设计部分增加了服务开发与设计的内容，删除了第 1 版第六章设施选址与设施布置，重点强调了生产运作系统的改善部分，因此增加了第十一章现场管理及第十四章工作研究的内容，同时在第十五章增加了一些现代管理方法的介绍，并对部分案例进行了更新。

再版过程中，编者们既注意基础理论和内容的完善，又考虑到本学科的最新研究动向。本次修订仅仅是开始，未来我们会根据时代发展的需要不断完善，力图编写一本体系完整、内容新颖、适用面广的书籍。本书根据生产运作管理的主要内容体系进行编写，主要有以下三个特点。

(1) 完整性。作为企业最重要的一项管理职能——生产运作管理具有整体性，它包括了生产管理的战略、计划、组织、优化四大体系。这四个方面既相对独立，又相互联系，以保证生产系统正常运转。本书围绕这四大体系展开，编写时注意体系的完整性和内容的相关性。

(2) 实用性。本书由从事生产运作管理教学一线的多位老师共同编写，逻辑性强，语言深入浅出，通俗易懂。为了提高读者对生产管理的应用能力，每章开始设置引导案例，章后又加入案例讨论或点评，因此注重理论联系实际是本书的一大特色。

(3) 宽泛性。本书既可作为高等院校相关专业研究生、本科生以及高职高专学生的教材或教学参考书，也可作为工程技术人员、各级管理人员以及企业培训人员的参考书或培训教材。

本书由王晶主编并统稿。其具体分工如下：第一、二、三章由王晶、张影、柴大华编写；第四、五章由王晶和侯东亮编写；第六至第九章由王晶编写；第十章由王晶和刘永悦编写；第十一、十四章由王艳亮编写；第十二、十三章由王艳亮和刘永悦编写；第十五章由王晶、张影、王艳亮、柴大华编写。

本书在编写过程中，还有很多研究生的参与，杜伟佳对第十一、十四章进行了资料搜集、文稿整理工作，郭栋梁对第十、十三章进行了资料搜集、文稿整理工作，周沛君、杨晓甫、陈帅进行了书中案例搜集和整理工作。本书还得到了燕山大学经济管理学院工业工程系全体教师和秦皇岛莫镭特环境科技有限公司的大力支持和帮助。在此向上述提供帮助的人士表示感谢，同时向为本书出版提供大力支持的清华大学出版社致谢！

本书在编写过程中汇集了有关学校的教学资料，引用和参考了许多专家和学者的著作、教材和科研成果以及一些网络资源，因篇幅有限，书后参考文献仅列出一部分。在此，谨向原作者和研究者表示诚挚的谢意！

本书由 2017 年度河北省社会科学基金(HB17GL093)、2019 年度河北省社会科学发展研究课题(2019051201001)以及 2016 年度河北省教育厅科学研究计划项目河北省高等学校教育科学规划项目(GH161008)资助。

一本书的出版,重在特色,贵在质量,为此需要不断的完善、改进、提高。本书的编写对于各位编者来说既是一个尝试,也是一个挑战,尽管我们为此付出了极大的努力,但由于理论和实践水平有限,书中不足之处在所难免,敬请专家、同行以及读者批评指正。

编　者

# 目 录

## 第一章 生产运作管理概述 .................. 1

### 第一节 生产运作管理研究的内容 .......... 2
一、生产运作系统的构成 ................ 2
二、生产运作管理的概念 ................ 4
三、生产运作管理的内容 ................ 5

### 第二节 生产运作管理的发展历程及趋势 .. 7
一、生产运作管理的发展历程 ............ 7
二、生产运作管理的发展趋势 ........... 13

### 第三节 生产运作战略 .................. 14
一、生产运作战略的含义 ............... 14
二、生产运作的总体战略 ............... 15
三、生产运作的竞争战略 ............... 16

本章小结 ................................ 19
思考与练习 .............................. 19
案例分析 ................................ 19

## 第二章 产品开发与设计 .................. 23

### 第一节 新产品开发概述 ................ 24
一、新产品的概念、分类及特点 ......... 24
二、新产品的开发方向 ................. 26
三、新产品的开发方式 ................. 26
四、新产品开发时要考虑的问题 ......... 27

### 第二节 新产品开发与设计 .............. 28
一、新产品开发流程 ................... 28
二、新产品开发策略 ................... 30
三、新产品设计过程 ................... 31
四、并行工程设计技术 ................. 32

### 第三节 服务开发与设计 ................ 35
一、服务开发 ......................... 35
二、服务设计 ......................... 38
三、服务设计的发展趋势 ............... 42

本章小结 ................................ 44
思考与练习 .............................. 44
案例分析 ................................ 44

## 第三章 需求预测 ........................ 46

### 第一节 需求预测概述 .................. 47
一、预测概述 ......................... 47
二、需求分析 ......................... 49
三、需求预测的意义、内容和
    步骤 ............................. 51

### 第二节 需求预测方法 .................. 53
一、定性预测方法 ..................... 53
二、定量预测方法 ..................... 55

本章小结 ................................ 59
思考与练习 .............................. 59
案例分析 ................................ 59

## 第四章 生产类型与生产过程组织 .......... 62

### 第一节 生产类型及生产过程概述 ........ 64
一、生产类型的概念和划分 ............. 64
二、生产过程的概念和划分 ............. 66
三、生产类型和生产过程组织的
    关系 ............................. 68

### 第二节 生产过程组织 .................. 69
一、生产过程的空间组织 ............... 69
二、生产过程的时间组织 ............... 71
三、生产过程组织的要求 ............... 74

### 第三节 流水生产组织 .................. 75
一、流水生产的特征及优缺点 ........... 75
二、流水线的分类 ..................... 76
三、组织流水生产的条件 ............... 77
四、流水线的组织设计 ................. 78

本章小结 ................................ 85
思考与练习 .............................. 85
案例分析 ................................ 85

## 第五章 生产能力与生产能力计划 .......... 90

### 第一节 生产能力 ...................... 92
一、生产能力的分类 ................... 93

二、影响生产能力的因素 ............... 94
　　三、生产能力的核定 ..................... 96
第二节　生产能力计划 ......................... 100
　　一、生产能力计划的概念 ............. 100
　　二、生产能力计划的层次性 ......... 103
　　三、生产能力计划的决策步骤 ..... 103
本章小结 .............................................. 104
思考与练习 .......................................... 104
案例分析 .............................................. 105

## 第六章　生产计划 ............................. 107

第一节　生产计划概述 ......................... 108
　　一、生产计划系统的层次 ............. 108
　　二、生产计划的编制内容和步骤 ... 110
第二节　综合生产计划 ......................... 112
　　一、综合生产计划的主要目标 ..... 112
　　二、综合生产计划的任务 ............. 112
第三节　主生产计划 ............................. 115
　　一、编制主生产计划应注意的
　　　　问题 ......................................... 115
　　二、主生产计划的制订步骤 ......... 116
本章小结 .............................................. 119
思考与练习 .......................................... 119
案例分析 .............................................. 119

## 第七章　物料需求与企业资源计划 ........ 123

第一节　开环 MRP ............................. 124
　　一、相关概念 ................................. 124
　　二、开环 MRP 的基本原理 ......... 126
　　三、MRP 的计算模型 ................... 131
　　四、MRP 的输出 ........................... 133
　　五、MRP 系统的更新 ................... 134
第二节　闭环 MRP ............................. 134
　　一、闭环 MRP 的提出 ................. 134
　　二、闭环 MRP 的原理 ................. 135
　　三、闭环 MRP 的扩展 ................. 136
第三节　制造资源计划(MRPⅡ) ...... 136
　　一、MRPⅡ的提出 ....................... 136
　　二、MRPⅡ的原理 ....................... 137
　　三、MRP 与 MRPⅡ的关系 ........ 140

　　四、MRPⅡ的扩展 ....................... 140
第四节　ERP 与 ERPⅡ ..................... 141
　　一、ERP 系统的提出和发展 ....... 141
　　二、ERP 的原理 ........................... 141
　　三、ERPⅡ ..................................... 143
　　四、简要回顾 ................................. 145
本章小结 .............................................. 146
思考与练习 .......................................... 146
案例分析 .............................................. 147

## 第八章　生产作业计划 ..................... 150

第一节　生产作业计划概述 ................. 151
　　一、生产作业计划的概念和特点 ... 152
　　二、生产作业计划的作用 ............. 152
　　三、生产作业计划的编制 ............. 153
第二节　期量标准 ................................. 154
　　一、大量流水生产的期量标准 ..... 154
　　二、成批生产类型的期量标准 ..... 161
　　三、单件小批生产类型的期量
　　　　标准 ......................................... 167
第三节　基于约束理论的生产作业
　　　　计划 ......................................... 168
　　一、约束理论概述 ......................... 168
　　二、约束理论在生产作业排序中的
　　　　应用 ......................................... 171
本章小结 .............................................. 173
思考与练习 .......................................... 173
案例分析 .............................................. 174

## 第九章　生产作业排序 ..................... 179

第一节　作业排序的基本概念 ............. 180
　　一、作业计划与作业排序 ............. 180
　　二、排序问题的表示方法 ............. 180
　　三、作业排序问题的分类 ............. 182
第二节　作业排序方法 ......................... 183
　　一、作业排序的优先调度规则 ..... 183
　　二、单设备排序问题 ..................... 184
　　三、流水作业排序问题 ................. 186
　　四、车间作业排序问题 ................. 190
本章小结 .............................................. 195

思考与练习 ............................................ 196
案例分析 ............................................ 197

## 第十章　项目作业计划 ............ 198

### 第一节　项目作业计划概述 ............ 200
一、项目作业计划的基本概念 ............ 200
二、项目作业计划的内容 ............ 201

### 第二节　网络计划技术 ............ 201
一、网络计划技术的基本概念 ............ 201
二、网络图的基本概念 ............ 202
三、网络图的绘制规则 ............ 202
四、网络计划编制程序 ............ 204
五、项目进度计划的编制 ............ 205
六、网络计划优化 ............ 207

本章小结 ............ 213
思考与练习 ............ 214
案例分析 ............ 215

## 第十一章　现场管理 ............ 217

### 第一节　现场管理概述 ............ 218
一、现场管理的概念 ............ 218
二、现场管理的内容 ............ 219
三、现场管理的原则 ............ 221
四、现场管理的工具 ............ 222

### 第二节　5S 管理 ............ 223
一、5S 管理的概念 ............ 223
二、5S 管理方法 ............ 223
三、5S 管理的推行步骤 ............ 225
四、5S 管理的推广与发展 ............ 227

### 第三节　定置管理 ............ 227
一、定置管理概述 ............ 227
二、定置管理的内容 ............ 228
三、定置管理的步骤 ............ 230

本章小结 ............ 232
思考与练习 ............ 233
案例分析 ............ 233

## 第十二章　库存管理 ............ 236

### 第一节　库存概述 ............ 238
一、库存的基本概念 ............ 238
二、库存的分类 ............ 238
三、库存的作用和弊端 ............ 240
四、库存成本 ............ 241

### 第二节　库存管理概述 ............ 243
一、库存管理的含义 ............ 243
二、库存管理的作用 ............ 243
三、库存管理中存在的问题 ............ 245
四、库存管理的发展趋势 ............ 246

### 第三节　库存管理模型及方法 ............ 247
一、库存管理模型的分类 ............ 247
二、ABC 分类管理法 ............ 248
三、定量订货管理法 ............ 249
四、定期订货管理法 ............ 255

本章小结 ............ 257
思考与练习 ............ 257
案例分析 ............ 258

## 第十三章　质量管理 ............ 261

### 第一节　概述 ............ 262
一、质量的基本概念 ............ 262
二、质量管理的相关术语 ............ 263
三、质量管理的发展 ............ 264

### 第二节　全面质量管理 ............ 265
一、全面质量管理的概念 ............ 265
二、全员参与的质量管理 ............ 266
三、全过程的质量管理 ............ 266
四、全面性的质量管理 ............ 266
五、综合多样性的质量管理 ............ 266

### 第三节　质量管理方法 ............ 267
一、常用的质量管理统计方法 ............ 267
二、PDCA 循环 ............ 270

### 第四节　质量管理认证 ............ 270
一、质量管理认证体系 ............ 270
二、质量管理认证流程 ............ 272
三、质量管理体系认证标准 ............ 273

本章小结 ............ 277
思考与练习 ............ 277
案例分析 ............ 277

## 第十四章 工作研究 .................. 279

### 第一节 工作研究概述 .................. 280
一、工作研究的对象与方法 .................. 281
二、工作研究的步骤 .................. 282

### 第二节 方法研究 .................. 284
一、方法研究概述 .................. 284
二、方法研究的内容与层次 .................. 284
三、方法研究的步骤 .................. 285

### 第三节 作业测定 .................. 287
一、作业测定的概念 .................. 287
二、标准时间的概念 .................. 287
三、作业测定的步骤 .................. 288
四、秒表测时法 .................. 288
五、作业测定的其他方法 .................. 292

### 第四节 工作设计 .................. 295
一、工作设计的概述 .................. 295
二、工作设计的内容 .................. 296
三、工作设计的原则 .................. 297
四、工作设计的方法 .................. 297

本章小结 .................. 298
思考与练习 .................. 299
案例分析 .................. 299

## 第十五章 现代生产管理模式 .................. 302

### 第一节 准时制与精益生产 .................. 303
一、准时制 .................. 303
二、精益生产 .................. 306

### 第二节 业务流程再造 .................. 309
一、业务流程再造思想的起源 .................. 309
二、业务流程再造概述 .................. 310
三、业务流程再造的基本原则 .................. 310

### 第三节 大规模定制 .................. 311
一、大规模定制概述 .................. 311
二、实施大规模定制的组织结构变革 .................. 311

### 第四节 绿色制造 .................. 314
一、绿色制造概述 .................. 314
二、绿色设计及其特点 .................. 315
三、绿色制造的集成特性 .................. 316
四、绿色供应链 .................. 316

### 第五节 智能制造 .................. 317
一、智能制造的产生及发展 .................. 317
二、智能制造的定义 .................. 317
三、关于智能制造定义的解释 .................. 318
四、智能制造系统 .................. 320

### 第六节 供应链管理 .................. 321
一、供应链管理概述 .................. 321
二、供应链的不确定性及影响 .................. 322
三、供应链管理的内容 .................. 322
四、供应链管理的发展 .................. 323
五、供应链与电子商务 .................. 324

本章小结 .................. 324
思考与练习 .................. 324
案例分析 .................. 325

## 参考文献 .................. 326

# 第一章　生产运作管理概述

【学习目标】

通过本章的学习，使学生了解生产运作管理的若干基本概念、发展历程以及生产运作战略的概念和方法；理解生产运作管理在生产经营型企业中的地位和作用。

【关键概念】

生产管理(production management)；运作管理(operation management)；生产运作战略(production operation strategy)

【引导案例】

## F公司的部件供应决策

F电器有限公司(以下简称F公司)是1994年由日本S公司出资70%、中国M电子器材公司出资30%组成的中日合资有限责任公司。其注册资金为650万美元，引进日本生产技术，以生产29英寸以上高清晰度、数字化彩电为主。于1996年11月正式投产，年生产能力为29英寸以上彩电12万台。

投产前，公司已获得生产许可证和CCEE认证，设计和健全了完备的质量手册、程序文件和作业指导书，并计划两年后申请ISO 9000认证。正式投产时，根据分阶段逐步国产化的指导思想，公司决定，除显像管、外壳、外包装说明书等印刷品、输出变压器、电源线、消磁线圈外，其他零部件均采用进口材料。其中，外壳、外包装等难以运输的部件供应商都位于公司当地附近。A工程塑料厂(以下简称A厂)就是公司选定的一家电视机外壳供应商。

F公司内销产品由Q公司负责销售和售后服务。F公司采用严格的库存控制政策，未设立专门仓库，国内采购的大件商品(如机壳、纸箱、泡沫垫等)的存量不得超过两天的生产量，故要求Q公司在成品判定合格后的第二天就必须调货至分销商处。

F公司正式投产的第一个月，生产情况比较顺利。但在第二个月的一天，却发生了一件意料之外的事情——A厂向公司提供的一批29英寸电视机前框，被进厂检验室定为质量不合格，无法交货。虽然A厂又立即送来一批，但发现仍然达不到要求。经过一天的几次换货折腾后，检验员发现送来的电视机前框都不合格，存在着表面有较明显悬浮颗粒的相似质量问题，估计原因是喷漆时黏附灰尘所致。这样，就使得电视机前框库存无法按期进行补充。由于电视机前框的库存是以两天的生产量为限，因此随着制造厂不断地生产和领料，第二天库存就开始告急。情况反馈到采购部门后，采购部门立即和A厂进行联络，才知道A厂在生产的前框、后盖等塑料件时，并非采用按订单安排生产的方式，而是按照备货型的生产方式，一次加工好约一个月的需求量，储存在仓库里，然后按日发货给公司。因为是同一个批次生产出来的前框，所以无论怎样换来换去，问题都不会解决。A厂虽然同意了退货，并答应先放下为其他客户加工的任务，马上为F公司组织生产，但由于安装并拆卸类似29英寸电视机的前框、后盖这样的大模具就要花费一天的时间，注塑、喷涂、绢印、烘干等工序也需要一段时间,最终还是导致了公司的停工待料,并引发了有关人员的指责、争吵。

为了避免今后再发生这样的问题,总经理立即召集相关部门,商讨解决问题的对策和办法。归结起来,有以下五种代表性方案。

(1) 目前的原材料备品、备件库存政策太严,库存水平过低,增大了企业停产的风险,不符合公司的实际情况和企业所处的外部环境,建议对库存政策做出调整。

(2) 和 A 厂谈判,要求其把公司作为特殊客户对待,或者必要时适当提高进货价格,以对公司的订货采取每天生产每天交货的方式组织生产。但采购部门认为,类似 29 英寸电视机前框、后盖这样的大模具,安装和拆卸要花很长时间,A 厂还要面向其他客户,这样要求是不现实的。

(3) 有人认为,如果这种部件的供应商不是只有一家,而是有多家,就不会发生这样的问题。故建议多采用几家供应商,既可以防止因材料短缺而停产,又可以从招标竞争中获得价格优惠。但采购部门说,公司所在地附近只有 A 厂能加工 29 英寸以上大屏幕彩电用外壳,其他厂距离较远,运输成本太高。另外,对品种多、批量较小的 F 公司来说,每种不同外形机种对应一副模具,多一个供应商就意味着多开一副模具,将得不偿失。

(4) 采取一体化战略,公司自行生产制造该部件,该方案虽然可以保证质量和及时供货,但也面临许多问题。例如,需要进行新的投资,以建造厂房、购买注塑机以及生产线配套建设;需要招聘和培训新员工,增加人工费;生产技术特点和要求与电视机生产相去甚远,管理上也有较大差别;等等。

(5) 检验部门提出,今后在 A 厂每月生产 F 公司的产品时,将自己的一个检验员派到该厂,以监督整个生产过程,及时判定产品合格与否。这样做,每月只需去一趟,不仅使本公司化被动为主动,避免停工待料的发生,而且对 A 厂也有好处,可以消除因报废大量的不合格品而造成的材料浪费,提高用户的满意度,防止订单的流失。

(资料来源: http://wenku.baidu.com/view/034000ec0975f46527d3e1d3.html)

问题:
1. 分析比较各方案的优劣和适用条件。
2. 除了以上方案外,你认为还有其他选择吗?请加以具体说明。
3. 如果你是 F 公司的总经理,你将做何决策?为什么?
4. 该案例对你有什么启示?

# 第一节 生产运作管理研究的内容

## 一、生产运作系统的构成

### (一)构成要素

#### 1. 硬件要素

生产运作系统的硬件要素(也称结构化要素),是指构成生产运作系统主体框架的那些要素,是物质基础,主要包括生产技术、生产设施、生产能力、生产系统的集成等。硬件要素是形成生产运作系统框架的物质基础,建立这些要素需要的投资多,一旦建立起来并形成一定的组合关系之后,要改变它或对它进行调整是相当困难的。

#### 2. 软件要素

生产运作系统的软件要素(也称非结构化要素),是指生产运作系统中支持和控制系统运行的要素,是支持和保证,主要包括人员组织、生产计划、库存控制、质量管理、设备维护等。生产运作系统的软件要素的改变和调整较为容易,因此采用何种软件要素的决策风险不像硬件要素那样大。但在实施过程中,软件要素容易受其他因素的影响,所以对这类要素的掌握和控制比较复杂。

硬件要素的内容及其组合形式决定生产运作系统的结构形式,软件要素的内容及其组合形式决定生产运作系统的运行机制。两类要素必须相互匹配,并要不断进行动态调整。

### (二)生产运作系统模型

生产运作系统体现为物质与能量的转换过程,即对投入的人、财、物、信息等各种资源进行加工转换,以提供社会和用户所需要的产品或劳务的过程。生产运作过程既是物料消耗过程,同时也是生产对象的价值增值过程。生产运作系统由投入、生产运作(转换过程)、产出、控制四个基本环节组成,如图 1.1 所示。

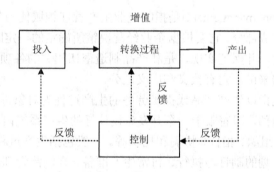

图 1.1 生产运作系统模型

#### 1. 投入要素

投入要素可分为两类:直接投入和间接投入。直接投入是加工对象,如原材料、零部件等,它们最终构成产品实体的一部分;间接投入虽不构成产品实体,但对生产运作系统运行起决定性作用,如人力资源、设备、土地、能源、信息资源等。

投入是实现生产的前提条件,是实现企业目标的保证,是按一定比例结合而成的有机体系。此外,投入要素在质量、数量、时间上必须符合生产需要。

#### 2. 转换过程

转换过程也就是生产运作过程,要求采用最经济的形式进行,根据企业生产性质不同,主要有以下几种转换方式:①实物、有形变化,如制造;②位置、地点变化,如运输;③所有权变化,如零售;④时间变化,如仓储;⑤心理、生理变化,如医疗;⑥信息传递,如电子通信。

### 3. 产出的是产品、服务与信息

生产运作系统的产出主要是社会和用户需要的产品或劳务，一般常从用户在品种款式、质量、数量、价格、服务和交货期等方面要求的满足程度出发，衡量生产运作系统产出的好坏。生产运作系统的产出有两种形式，即有形产出和无形产出。有形产出是指产品的质量和数量都可以用物质单位表示出来。无形产出是指服务、信息等非物质实体产出，难以定量化表示。此外，生产过程同时还存在一些"副产品"，有些副产品是有用的，如知识、文化素养的提高；而有些副产品则是有害的，如噪声、废气、废渣、边角废料等。过去这些副产品是用最简单的方式排放到大自然中，随着世界范围内对环保要求越来越高，对这些副产品的处理过程已成为生产系统的重要组成部分，企业应努力减少有害副产品的产出。

### 4. 控制

生产运作系统的反馈环节执行的是控制职能，即收集生产运作系统运行的输出信息，并与输入的计划、标准等信息进行比较，发现差异，分析差异及其原因，从而采取针对性的措施来消除差异。要求输入的信息明确，反馈迅速。

## 二、生产运作管理的概念

### 1. 生产管理

生产管理(production management)是指制造业生产管理领域使用的方法与技术。生产管理是企业管理的重要组成部分，它要根据企业经营决策所确定的一定时期内的经营战略与计划任务，组织生产活动，并保证实现，是和产品制造密切相关的各项管理工作的总称。

从生产管理的范畴来讲，它有狭义和广义之分。

狭义的生产管理是指以生产产品或提供劳务的生产过程为对象进行的管理工作。它的着眼点主要在生产系统内部，即着眼于一个开发、设计好的生产系统内，对开发、设计好的产品生产过程进行计划、组织、指挥、协调和控制等。一般包括生产过程组织、生产能力核定、生产计划和生产作业计划的制订与执行、日常生产准备、在制品管理、生产调度、生产进度控制及生产作业核算。它相当于企业生产、调度部门所管辖的那部分管理工作。

随着世界经济及技术的发展，工业企业所处的环境发生了很大的变化，由此也给现代企业的生产管理带来了新的变化，使生产管理的范畴得到了相应的扩充与发展。企业为了更有效地控制生产系统的运行，必须适时适量地生产能最大限度地满足市场需求的产品。此外，生产管理必然要参与到产品的开发与生产系统的选择、设计中去，以便使产品工艺的可行性、生产系统的合理性能够得到保障。因此，广义的生产管理可以理解为对企业全部生产活动进行的系统综合管理，包括企业生产方向、生产规模和生产结构的确定，生产系统布局，质量管理，设备和工具管理，物资管理，能源管理，劳动组织与劳动定额管理，成本控制，用户服务等与生产活动有关的管理工作。

### 2. 运作管理

运作管理(operation management)是指将生产管理的概念及方法应用到制造业以外的服务业与其他行业。因此，运作管理活动在所有的企业组织中居核心地位，不论这些企业经营什么。企业中35%或更多的工作是与运作管理有关的，如顾客服务、质量保证、生产计划与控制、进度安排、工作设计、库存管理等；另外，企业组织所有其他方面的活动，如财务、会计、人力资源、后勤供应、营销、采购等都与运作管理活动相互联系。

#### 3. 生产运作管理

总体来说，生产运作管理(production and operation management)是对提供公司主要产品或服务的生产运作系统的设计、运行与维护、评价和改进过程的管理，是研究如何以更高的效率达到更好的效果，从而获得成功的学问。它是管理的一个职能领域，其核心是实现价值增值。

生产运作管理的基本问题首先是对企业的界定。因为生产运作管理主要是针对各类企业实施的管理，非营利性组织也需要管理，但这并不在生产运作管理学科中研究，是其他学科的研究领域。在对企业进行界定之后，还要明确生产运作系统的运转过程和生产运作职能的实施，这是组织生产运作活动所必需的方法和手段。企业管理者在组织生产运作活动时，要根据企业不同的生产类型实施不同的生产运作管理，以达到企业的管理目标。生产运作管理的问题就是如何在全球范围内优化资源的利用，高效、低耗、准时地生产个性化的产品或提供顾客满意的服务。

#### 4. 生产运作管理的任务

生产运作管理的任务是指在计划期内，按照社会需要，按规定的产品质量，以限定的产品成本，高效生产必要数量的产品，保证生产系统正常顺利地运行。生产运作管理的任务主要表现为以下五个方面。

(1) 全面完成生产计划所规定的任务。
(2) 不断提高生产系统的效能和效率，缩短交货期，准时生产和准时交货。
(3) 不断提高生产系统的柔性，提高产品生产的应变能力。
(4) 降低生产成本(占用、物耗、工耗与制造成本)。
(5) 提高生产过程质量水平和质量稳定性。

### 三、生产运作管理的内容

传统生产运作管理主要是以工业企业，特别是以制造业为研究对象，主要是生产系统内部的计划和控制，一般称为狭义的生产管理学，其内容主要是关于生产的日程管理和在制品管理。随着服务业和第三产业的发展，生产运作管理学的内涵和外延大大扩展。现代的生产运作管理研究不仅用于制造业，而且广泛用于服务业及非营利性组织，它将凡是有投入—转换—产出的组织活动都纳入到了研究范围，不仅包括工业制造企业，而且包括服务业、社会公益组织及市政府机构，特别是随着国民经济中第三产业所占比重越来越大，对其运作的管理日益重要，也成为生产运作管理研究的重要内容。不仅如此，现代生产运作管理内涵范围不仅局限于生产过程的计划、组织与控制，而且还包括生产运作战略的制定、生产运作系统设计管理、生产运作系统运行管理和生产运作系统的维护与改进等多个层次的内容。

#### 1. 生产运作战略的制定

生产运作战略决定产出什么，如何组合各种不同的产出品种，为此需要投入什么，如何优化配置所需要投入的资源要素,如何设计生产组织方式,如何确立竞争优势等。其目的是为产品生产及时提供全套的、能取得令人满意的技术经济效果的技术文件,并尽量缩短开发周期,降低开发费用。

### 2. 生产运作系统设计(构建)管理

生产运作系统设计(构建)管理包括设施选择、生产规模与技术层次决策、设施建设、设备选择与购置、生产运作系统总平面布置、车间及工作地布置等。其目的是为了以最快的速度、最少的投资建立起最适宜企业的生产系统主体框架。

### 3. 生产运作系统运行管理

生产运作系统运行管理是对生产运作系统的正常运行进行计划、组织和控制。其目的是按技术文件和市场需求,充分利用企业资源条件,实现高效、优质、安全、低成本生产,最大限度地满足市场销售和企业盈利的要求。生产运作系统运行管理包括三方面的内容:①计划编制,如编制生产计划和生产作业计划;②计划组织,如组织制造资源,保证计划的实施;③计划控制,如以计划为标准,控制时间、生产进度和库存。

### 4. 生产运作系统的维护与改进

生产运作系统的维护与改进是指围绕着完成计划任务对整个生产系统所进行的检查、调整等管理工作。生产运作系统只有通过正确的维护和不断的改进,才能适应市场的变化。生产运作系统的维护与改进包括设备管理与可靠性、生产现场和生产组织方式的改进。生产运作系统运行的计划、组织和控制,最终都要落实到生产现场。因此,要加强生产现场的协调与组织,使生产现场做到安全、文明生产。生产现场管理是生产运作管理的基础和落脚点,加强生产现场管理,可以消除无效劳动和浪费,排除不适应生产活动的异常现象和不合理现象,使生产运作过程的各要素更加协调,不断提高劳动生产率和经济效益。

综上所述,生产运作管理的内容如图1.2所示。

图1.2 生产运作管理的内容

## 第二节 生产运作管理的发展历程及趋势

### 一、生产运作管理的发展历程

#### (一)早期管理思想的形成

从 20 世纪初的工业生产开始，随着生产技术和计算机技术的发展，以及市场条件的变化、竞争的加剧，各个领域的学者都提出了很多经典的生产管理理论和方法，其代表人物有泰勒、吉尔布雷斯、甘特、福特、哈里斯、休哈特和道奇、梅奥等，他们的成果奠定了科学生产管理的基础。

**1. 泰勒的科学管理方法**

弗雷德里克·泰勒(Frederick W. Taylor，1856—1915)创建的科学管理理论给生产运作管理带来了巨大的变化。泰勒的系列试验研究首开工作研究之先河，通过这些研究，找出不同工作的最佳工作方式，形成标准化的操作规程，并按此规程培训工人，使新工人在最短的时间内掌握最佳的操作方法。泰勒著名的试验有生铁块搬运试验、铁锹装货试验、金属切削试验等，在此基础上，逐渐形成了他的科学管理思想。科学管理法的主要内容——作业研究，对于提高当时的生产效率起了极大的作用，奠定了以后整个企业管理学说的基础。泰勒理论的基本思想是：①利用动作研究和时间研究方法确定工人每天的劳动定额；②按标准的操作方法训练工人；③实行差别计件工资制度；④明确划分管理职能，使管理工作专业化。泰勒的杰出贡献是使管理由经验走向科学，因此他被誉为"科学管理之父"。

**2. 吉尔布雷斯夫妇的动作研究**

与泰勒同时代对科学管理作出贡献的还有弗兰克·吉尔布雷斯(Frank Bunker Gilbreth)和莉连·吉尔布雷斯(Lillian Gilbreth)。弗兰克·吉尔布雷斯是一位工程师和管理学家，是科学管理运动的先驱者之一。莉连·吉尔布雷斯是弗兰克的妻子，她是一位心理学家和管理学家，是美国第一位获得心理学博士学位的妇女，被称为"管理学的第一夫人"。吉尔布雷斯夫妇用拍摄电影的方法对工人们工作时的每一个动作进行拍摄，然后逐一分析，提出改进方法。他们的主要贡献有以下六个方面。

(1) 动作研究。动作研究是把作业动作分解成最小的分析单位，然后通过定性分析，找到最合理的动作，以使作业达到高效、省力和标准化。

(2) 程序图和流程图的应用。吉尔布雷斯夫妇为了记录各种生产程序和流程模式，制定了生产程序图和流程图，至今还广泛应用。

(3) 疲劳研究。他们建议在工作中播放音乐来减轻疲劳，并向社会呼吁把消除疲劳放在头等重要的地位。

(4) 研究工人、工作和工作环境之间的相互影响，即现在的人因工程。

(5) 强调进行制度管理。他们认为任何工作都有一种最好的管理方法，应该把这些方法系统化为一套制度，人人遵照执行。

(6) 重视企业中人的因素。

### 3. 甘特的甘特图

亨利·甘特(Herry Gantt)，美国管理学家，机械工程师。甘特是泰勒在创建和推广科学管理时的亲密合作者，他与泰勒密切配合，使科学管理理论得到了进一步发展，特别是他的"甘特图"，是当时计划和控制生产的有效工具，并为当今现代化方法 PERT(Program Evaluation Review Technique，计划评审技术)奠定了基础。

### 4. 福特的装配流水线

亨利·福特(Henry Ford，1863—1947)，美国福特汽车公司的创始人。1913 年，福特在其汽车工厂内安装了第一条汽车装配流水线，揭开了现代化大生产的序幕。福特公司在该装配流水线引入之前，一个工人完成一辆汽车底盘的装配要用 12.5 个小时，而在装配流水线建成之后，由于应用了专业分工且底盘可以自由移动，装配底盘的平均时间缩短为 93 分钟。他所创立的装配流水线将汽车由奢侈品变为大众的代步工具。同时福特进行了多方面的标准化工作，他提出的 3S(标准化、简单化、专门化)原理大大提高了工厂的生产效率，缩短了汽车的生产周期，在生产技术以及生产管理史上均具有极为重要的意义。

### 5. 哈里斯的经济批量

哈里斯(F. W. Harris)于 1915 年提出了第一个库存管理的数学模型。他在研究物资采购批量与费用的关系时，发现两类费用与其有关：第一类是存储费，包括存货所占用资金的利息、占用仓库费用、库存损耗等与订货批量有关的费用，且批量越大，存储费越高；第二类是购置费，包括订货的手续费、采购人员的差旅费、通信费等与订货次数有关的费用。订货的次数增加，购置费相应增加。而在物资需求稳定的条件下，订货次数与订货批量成反比关系。这两类费用一个与批量成正比关系，一个成反比关系，这两类费用叠加，总费用必然存在一个最低点，该点即是经济订货批量。

### 6. 休哈特的控制图与道奇等的抽样检验

道奇(H. F. Dodge)、罗米格(H. G. Roming)和休哈特(W. A. Shewart)是在贝尔电话实验室工作的同事，他们于 20 世纪 30 年代提出了抽样和质量控制的统计程序。

首先提出解决方案的是休哈特，他提出用数据统计的方法来解决大规模产品质量管理的问题，并进一步提出了质量预防的观念，首创了质量控制图和质量控制的统计方法。道奇和罗米格则一起提出了在破坏性检验情况下采用的抽样检验表和最早的抽样检验方案。这三人成为统计质量管理理论的奠基人，将质量管理理论带入利润统计质量控制阶段。

### 7. 梅奥的霍桑实验

从 1927 年开始，由社会学家埃尔顿·梅奥(Elton Mayo)领导的哈佛工商管理研究生院组织的研究小组，在西屋电气公司的伊利诺伊州霍桑工厂进行了长达 6 年的实验研究。开始设计实验的目的是研究工厂环境条件对生产效率的影响，但研究的结果却发现人的因素比以前理论工作者想象的重要得多。由此梅奥提出了人际关系学说。其基本观点是：工人是社会人而不是经济人，尊重工人比只靠增加工资更能发挥工人的积极性，工人的态度和行为取决于个人和社会作用的发挥，组织和社会对工人的关心是提高劳动生产率的重要条件。

### (二)复杂数学方法和计算机技术在生产运作管理中的应用

自第二次世界大战至 20 世纪 60 年代中期，复杂的数学方法和计算机管理开始应用到生产运作管理中，其中最典型的就是运筹学的应用，以及 MRP 计划模式的产生与发展。

#### 1. 运筹学的诞生与完善

运筹学(Operation Research，OR)，其直译就是作业研究或运作研究。OR 的中译名由著名的数学家华罗庚译出，这种译法体现了其更深层次的意义，但也掩盖了它与生产运作管理的内在关系。

第二次世界大战期间，为了解决后勤组织和武器系统设计的复杂问题，促使运筹学向跨学科的数学化方向发展，包括数学、心理学和经济学领域的许多专家学者们都参与到对运筹学的研究中。他们用定量的方法构造和分析问题，寻求数学意义上的最优解。战后，运筹学的优化方法广泛应用到生产领域，为生产运作管理提供了许多定量分析的工具。

库存论、数学规划方法、网络分析技术、价值工程等一系列定量分析方法被引入生产管理，大工业生产方式也逐步走向成熟和普及，这一切都使生产管理学得到飞速发展，开始进入现代生产管理的新阶段。与此同时，随着企业生产活动的日趋复杂、企业规模的日益增大，生产环节和管理上的分工越来越细，计划管理、物料管理、设备管理、质量管理、库存管理、作业管理等各个单项管理分支逐步建立，形成了相对独立的职能和部门。

#### 2. 计算机在生产运作管理中的应用

1946 年 2 月 10 日，世界上第一台电子计算机 ENIAC(Electronic Numerical Integrator And Computer)在美国宾夕法尼亚大学莫尔学院问世。这个庞然大物使用了 18 000 多个电子管，重 30 多吨，耗电量 150kW，占地面积 $167m^2$。其当时主要是为了解决军事武器弹道研究中的高速数字运算问题，运算速度为 5 000 次/秒。随后，计算机进入了快速发展时期，不断更新换代，性能大幅度提高，成本也大幅度降低，至此计算机开始逐步商用化。

从 20 世纪 60 年代后半期到 20 世纪 70 年代，机械化、自动化技术的飞速发展使企业不断进行技术改造，引进新设备、新技术，并相应地改变工作方式的机遇和挑战，生产系统的选择、设计和调整成为生产管理中的新内容，进一步扩大了生产管理的范围。物料需求计划(Material Requirement Planning，MRP)方法的出现打破了传统的生产计划方法，成为一种全新的生产与库存控制系统。

物料需求计划通过计算机软件将企业的各部门联系在一起，共同完成复杂产品的制造。这样，生产计划人员就可以根据需求的变化，及时调整生产计划和库存水平。随着计算机技术的高速发展，MRP 进一步扩展为制造资源计划(MRP Ⅱ)，其应用范围扩大到销售部门和财务管理，统一了企业的生产经营活动。现在则在 MRP Ⅱ基础上，把办公自动化、后勤、设备维护、过程控制、数据采集和电子通信等结合起来，实现更广泛的管理信息集成，向更高层次的企业资源计划(Enterprise Resource Planning，ERP)方向发展。

### (三)现代管理理论的提出与应用

进入 20 世纪 80 年代，计算机的应用遍布世界各个角落，互联网的出现改变了人们的工作、学习和生活方式。许多新理论和方法的出现，进一步丰富了生产运作管理理论体系。

### 1. 全面质量管理与质量认证

20 世纪 80 年代，日本推行全面质量管理(Total Quality Management，TQM)，使其生产效率和产品质量得到提高，极大地增强了日本的竞争力。但直到 20 世纪 90 年代，TQM 才得到真正的普及。在质量管理发展史上曾作出杰出贡献与成就的质量专家有爱德华·戴明(W. Edwards Deming)、约瑟夫·朱兰(Joseph Juran)和菲利普·克罗斯比(Philip Crosby)。国际标准化组织颁布的 ISO 9000 质量管理和质量保证的系列标准在建立质量体系、开展质量认证方面发挥了重大作用，对全球化经济发展起到极大的推动作用。今天，TQM 已经风靡全球，成为生产运作管理最重要的领域之一，受到前所未有的重视。

### 2. 丰田生产方式

第二次世界大战后日本经济萧条，缺少资金和外汇。怎样建立日本的汽车工业？是照搬美国的大量生产模式，还是按照日本的国情另谋出路？丰田选择了后者。日本的社会文化背景与美国是大不相同的，日本的家族观念、服从纪律和团队精神是美国人所没有的。日本没有美国那么多外籍工人，也没有美国的生活方式所形成的自由散漫和个人主义的泛滥，日本的经济和技术基础与美国相差甚远。日本当时没有可能全面引进美国的成套设备来生产汽车，而且日本当时所期望的生产量仅为美国的几十分之一。"规模经济"法则在这里面临考验。

丰田英二和他的合作伙伴大野耐一进行了一系列的探索和实验，根据日本的国情，提出了解决问题的方法。经过 30 多年的努力，终于形成了完整的丰田生产方式，使日本的汽车工业超过了美国。

丰田生产方式(Toyota Production System，TPS)可以简单概括为通过生产过程整体优化，改进技术，理顺物流，杜绝超量生产，消除无效劳动与浪费，有效利用资源，降低成本，改善质量，达到用最少的投入实现最大的产出的目的。

其主要特点是：以"调动员工的积极性、创造性"为前提，以"消除一切浪费"为目标，采用拉动式生产的准时生产制，用多批次小批量生产的混流生产线取代单品种大量生产的流水线，最大限度地降低在制品储备和缩短生产周期。主要管理方式有准时化生产、看板管理、生产标准化、快速换模、作业标准化、设备合理布局、改进活动、现场管理等。

### 3. 精益生产方式

精益生产(Lean Production，LP)是 1989 年和 1990 年出版的《美国制造业的衰退及对策——夺回生产优势》和《改变世界的机器》两本专著中提出的概念，它是一项在生产实践中总结出来的新技术。其中的 Lean 被译成"精益"是有其深刻含义的。"精"表示精良、精确、精美，"益"包含利益、效益等，它突出了这种生产方式的特点。精益生产方式与大量生产方式的最终目标是不同的。大量生产的奉行者给自己制定的目标是：可接受数量的次废品、可接受的最高库存量及相当狭窄范围的产品品种。精益生产的奉行者则将他们的目标确定为尽善尽美：不断减少的成本、零次废品率、零库存以及无终止的产品品种类型。

### 4. 威廉·大内的 Z 理论

Z 理论(Theory Z)是由日裔美国学者威廉·大内(William Ouchi)于 20 世纪 80 年代提出

的一种新型管理理论。这一理论的提出是鉴于美国企业面临着日本企业的严重挑战。大内选择了日、美两国的一些典型企业(这些企业在本国及对方国家中都设有子公司或工厂)进行研究，发现日本企业的生产率普遍高于美国企业，而美国在日本设置的企业，如果按照美国方式管理，其效率便要差。根据这一现象，大内提出美国的企业应结合本国的特点，向日本企业的管理方式学习，形成自己的管理方式。他把这种管理方式归结为 Z 型管理方式。

Z 理论的独到见解如下。

(1) 终身雇用制。长期雇用职工，即使经营不佳，一般也不解雇工人，要采取其他方法渡过难关，对职工的职业保证会使其更加积极地关心企业利益。

(2) 缓慢地评价和晋升。对职工要经过较长时间的考验再做全面评价。

(3) 分散与集中决策。企业的重大决策，要先由生产或销售第一线的职工提出建议，经过中层管理人员把各种意见集中调整、统一后上报，最后由上一级领导经过调查研究后做出比较正确的决策，执行决策时要分工负责。

(4) 含蓄地控制，但检测手段明确规定。基层管理者一方面要敏感地抓住问题实质，就地解决；另一方面要在上报情况前，协同有关部门共同制定出解决问题的方案。

(5) 融洽管理人员和职工的关系。

(6) 让职工得到多方面的锻炼。

### 5. 高德拉特的约束理论

约束理论最初是 20 世纪 70 年代末以色列的一位物理学家高德拉特(Dr.E.Goldratt)开发设计的一套计划算法，用于安排人力和物力调动。在这个基础之上，高德拉特和他的同事开发了一个适用于制造业的系统软件，并且得到广泛宣传。由于在实践中取得了明显的经济效益，约束理论已被企业界和理论界所接受。

约束理论的指导思想及其运行机理概括起来讲就是着眼于企业关键资源的合理利用。所谓关键资源，是指限制整个企业产出量的瓶颈环节(工序或车间)。

在这一思想指导下，作业计划的编制方法是对瓶颈工序之前的工序采用拉动(pull)方式编制计划，即由瓶颈工序的需求，决定前工序的投产日期和数量，属于无限能力倒序编排法。而对瓶颈工序之后的工序按推动(push)方式编制计划，即按前工序的完成情况，决定后工序的投产时间和数量，是有限能力工序计划编排法。

### 6. 敏捷竞争

美国机械工程师学会(ASME)主办的《机械工程》杂志 1994 年期刊中，对敏捷制造做了如下定义："敏捷制造就是指制造系统在满足低成本和高质量的同时，对变幻莫测的市场需求的快速反应。"因此，敏捷制造的企业，其敏捷能力应表现在以下四个方面。

(1) 对市场的快速反应能力。判断和预见市场变化并对其快速地做出反应的能力。

(2) 竞争力。企业获得一定生产力、效率和有效参与竞争所需的技能。

(3) 柔性。以同样的设备与人员生产不同产品或实现不同目标的能力。

(4) 快速。以最短的时间执行任务(如产品开发、制造、供货等)的能力。

对一个公司(或企业)而言，敏捷意味着在连续且不可预测的顾客需求变化的竞争环境下盈利运作的能力；对公司中的个人而言，敏捷则意味着在公司不断重组其人力及技术资源，以响应不可预测的顾客需求变化环境的状况下，给公司作出贡献的能力。故敏捷企业就是能完整地响应市场挑战的企业。它具备在快速变化的全球市场上，对于高质量、高性能、用户满意的产品和服务的盈利能力。

### 7. 虚拟制造技术

虚拟制造技术(Virtual Manufacturing Technology，VMT)是20世纪80年代后期提出并得到迅速发展的新思想。它是以虚拟现实和仿真技术为基础，对产品的设计、生产过程统一建模，在计算机上实现产品从设计、加工和装配、检验，到使用的整个生命周期的模拟和仿真。

### 8. 业务流程再造

为了在世界经济竞争格局中恢复和保持优势，美国管理学家和企业界人士产生了改革传统企业组织结构形式的构想。1993年，原麻省理工学院的教授迈克尔·哈默(Michael Hammer)与CSC公司管理咨询专家詹姆斯·钱辟(James Champy)合著了《再造公司》一书，提出了"公司再造""流程再造"的新概念。他们认为企业再造就是"为了在成本、品质、服务及速度等方面的绩效取得大幅度改进，对企业所从事的最关键与最基本的管理工作及作业程序进行再设计和重建"。这就是说，企业再造的对象是企业的管理和作业工作的程序。所谓程序，就是流程，即企业内部各种各样业务流程，这是再造的核心问题。

### 9. 供应链管理

供应链的概念在20世纪80年代末提出，近年来随着制造业的全球化，供应链在制造业管理中得到普遍应用，成为一种新的管理模式。由于受国际市场竞争激烈、经济及用户需求等不确定性的增加、技术的迅速革新等因素的影响，供应链管理(Supply Chain Management，SCM)已引起人们的广泛关注。

供应链管理的基本思想是将系统集成理论用于管理，从原材料供应商、生产企业加工、运送、仓储，直到最终用户所构成的供应链上由信息、物料和服务组成的流程。重点放在如何以最低的成本、最快的速度来满足顾客的需求。

### 10. Internet与电子商务

电子商务是指通过计算机网络进行的生产、营销、销售和流通活动，不仅是指在互联网上的交易，而且也包括利用信息技术来降低商务成本、增加流通价值和创造商业机遇的所有商务活动，还包括企业内部信息的交流与共享、企业与其合作伙伴的协同、电子交易三大部分。例如，通过网络可能从事于各类产品与原材料的查询、采购、产品展示、订购直接到货、储运以及电子支付等一系列贸易活动。

电子商务的效应已经开始显现在商业活动的各个层面，从消费者服务到新产品的开发无处不在。它采用的是新形态，可涵盖更广大客户群的信息挂帅商业模式，包括在线广告营销、在线订购、在线客户服务及其他种种应用。同时它还能够减少处理订单，减少与各式供货商、协作厂商打交道的麻烦及成本，因为这些往往是导致间接成本增加的关键。

### 11. 计算机集成制造系统

计算机集成制造系统(Computer Integrated Making System，CIMS)，又称计算机综合制造

系统，是随着计算机辅助设计与制造的发展而产生的。它是在信息技术、自动化技术与制造的基础上，通过计算机技术把分散在产品设计及制造过程中各种孤立的自动化子系统有机地集成起来，形成适用于多品种、小批量生产，实现整体效益的集成化和智能化制造系统。集成化反映了自动化的广度，它把系统的范围扩展到市场预测、产品设计、加工制造、检验、销售及售后服务等的全过程。

## 二、生产运作管理的发展趋势

从20世纪90年代开始，随着技术的进步，尤其是信息技术的突飞猛进，给企业所面临的环境和经营生产方式带来了空前的变化。产品的技术密集、知识密集程度在不断提高，市场需求的多样化、个性化进一步发展，全球生产、全球采购、产品全球流动的趋势进一步加强。面对这样的环境变化，企业为了生存、发展，必须考虑新的生产经营方式，这使得当今生产运作管理出现了一些新的趋势。

1. 管理范围的扩大化

传统生产运作管理的任务是指运用组织、计划、控制的职能，把投入生产过程的各种要素有效地组织起来形成有机整体，按照最经济的方式生产出某种社会需要的廉价优质产品。现代生产运作管理的涵盖范围则包括生产运作战略的制定、生产运作系统设计以及生产运作系统运行等多个层次的内容，把生产运作战略、新产品开发、产品设计、采购供应、生产制造、产品配送直至售后服务看作一个完整的"价值链"，对其进行综合管理。进一步，甚至考虑将整个供应链上的多个企业看作一个联盟，以共同对抗其他供应链。

2. 多品种小批量混合生产方式成为主流

随着市场需求日益多样化、多变化，多品种小批量混合生产方式成为主流。生产方式的这种转变使得在大量生产方式下靠增大批量降低成本的方法不再能行得通，生产管理面临多品种小批量生产与降低成本之间相悖的新挑战，要求从生产系统的"硬件"(柔性生产设备)和"软件"(计划与控制系统，工作组织方式和人的技能多样化)两个方面去探讨新的方法。

3. 生产制造柔性化

在工业化时期，企业主要是采用标准化、专业化、大批量流水线的生产方式。它与当今时代人们的多样化需求不相适应。现代企业则建立了根据顾客需求随时调整产品品种、款式和生产批量的柔性生产体系。在柔性生产线上，同一条生产线可生产出不同风格、个性的产品，在这里，产品设计、工艺设计、生产加工连接为一个整体，具有可调节、可延伸、可升级功能的生产控制程序。此外，企业需要与供应链上的多个企业结成联盟，建立柔性供应链，来实现产品和服务的大规模定制，从而克服多品种小批量生产与降低成本之间的矛盾，对于这个问题的研究仍然是生产运作管理领域的难点问题之一。

4. 生产经营一体化

随着各国、各行业、各企业之间的竞争愈演愈烈，提高管理的集成度，实现生产经营一体化已成为企业的迫切要求，也成为生产运作管理学的重要研究课题。

### 5. 产品设计智能化

传统的产品设计主要靠知识渊博、经验丰富的专业人员通过手工进行。到20世纪80年代，新产品的研制与设计已离不开计算机辅助设计系统。计算机辅助设计系统以其自动模拟、易修改、易控制、自动绘图、自动计算，并与生产设备直接连接及直接控制生产加工过程等特点，赢得了产品设计与开发人员的信赖。先进的计算机辅助设计系统还可与生产系统连接，实现产品设计与生产加工相同步，而不仅仅是与生产加工工艺设计同步，从而大大缩短了整个生产周期。

### 6. 生产计划精确化

传统生产作业计划的编制方法使用的是累计编号法和提前期法等，利用这些方法编制的计划比较粗，零部件的库存量比较大，不能很好地适应变化的市场需求。为了改变这种状况，近年来，人们相继开发出MRPⅡ的软件系统和JIT的生产系统，使生产计划的制订在计算机的控制下更加准确和灵活。

### 7. 生产过程最优化

传统的生产过程往往允许仓库内有一定的库存量，允许制造过程中有一定的废品，因而使生产成本较高。而现代生产管理则树立"零"的观念，即要求一切不利于企业生产的负效应趋近于"零"，使得企业的人流、物流、资金流、信息流处于最佳结合状态，这种观念正激发人们向管理的极限迈进，主要有"零缺陷"质量管理、零库存、零准备时间等。总之，要使整个生产过程效率最高，各种浪费最少，充分利用各种资源，从而大大降低生产成本，使资源配置达到最佳。

### 8. 追求"绿色"生产

地球是人类生存的唯一家园，然而自工业革命以来，随着工业的进步，人类可利用的自然资源日益枯竭，生态环境受到严重破坏，传统的高能耗、高污染的生产运作方式将受到严重挑战。"绿色"生产使企业更加关注生态平衡，更加关注企业的社会责任，要向社会和市场提供环保型产品。可以预见，在可持续发展战略思想指导下，"绿色"生产将日益受到重视并呈加速发展趋势。

总而言之，在技术进步日新月异、市场需求日趋多变的今天，企业的生产经营环境发生了很大变化，相应地也给企业的生产运作管理带来了许多新课题，这就要求我们从管理观念、组织结构、系统设计、方法手段以及人员管理等多方面探讨和研究这些新问题。

## 第三节 生产运作战略

### 一、生产运作战略的含义

什么是战略？战略一词最早来源于希腊语"Strateges"，其含义是"将军指挥军队的艺术"，是一个军事术语。在军事上，战略的定义是："对战争全局的策划和指导，依据国际、国内形势和敌对双方政治、经济、军事、科学技术、地理等因素来确定的决策。"但现在，这个词用得非常广泛，尤其在企业经营管理中，泛指重大的、带有全局性的或决定全局的谋划。1965 年美国经济学家安索夫(H. I. Ansoff)的著作《企业战略论》的问世，标志着"企业战略"一词开始广泛应用。企业战略是企业为不断获得竞争优势，以实现企业的长期生存和发展而对其发展目标、达到目标的途径和手段等重大问题的总体谋划。

为了达到这样的目标，作为一个生产运作管理人员，首先需要考虑选择哪些产品、为了生产这样的产品需要如何组织资源、竞争重点应该放在何处等。在思考这样的基本问题时，必须根据企业的整体经营目标与经营战略制定一个基本的指导思想或指导性的原则。

生产运作战略是指在企业整体战略的框架下，根据企业各种资源和内外环境，对与生产运作管理和生产运作系统相关的基本问题进行分析和判断，确定总的指导思想和一系列决策、规划和计划。

例如，企业的经营战略侧重于收益率的提高，那么生产运作战略的指导思想应该是尽量增加生产收益，从而在进行产品选择决策时，注重选择高附加值产品。又如，企业根据自己所处的经营环境认为应该把企业的经营战略重点放在扩大市场占有率上，相应地，生产运作战略的重点应该是保持生产系统的高效性及灵活性，从而能最大限度地满足市场的各种需求。这样的指导思想及决策原则，构成了生产运作战略的内容。由此可见，制定生产运作战略的目的是为了使企业的生产运作活动能够符合企业经营的整体目标和整体战略，以保证企业经营目标的实现。

## 二、生产运作的总体战略

### 1. 产品(服务)的选择战略

产品战略决策决定企业新产品或新服务项目的引进、现有产品的改良或改组，以及过时产品的淘汰。这是企业生产运作管理中一项永远不会完结的经常性工作，特别是当今市场需求日益多变、技术进步日新月异，这个问题变得更为重要。当今几乎不存在可以几十年一贯地进行生产的产品，产品每隔几年就必须更新换代。与此同时，飞速发展的技术进步也使得新产品和新生产技术源源不断地产生，所以企业必须不断地、及时地选择能够满足市场新需求的产品。对于企业来说，这是经营成功至关重要的一环；对于生产运作管理来说，这正是生产运作活动的起点。

### 2. 自制或外购战略

企业进行新产品开发、建立或改进生产运作系统，首先都要做出自制或外购的决策。自制或外购考虑的因素主要有企业的制造能力和优势，对自主经营的影响程度，企业的长远发展规划等。

这里实际上是两个问题。一是，自制还是外购？一般而言，对于产品工艺复杂、零部件繁多的生产企业，那些非关键、不涉及核心技术的零部件，如果外购价格合理，市场供应稳定，企业会考虑外购或以外包的方式来实现供应。二是，订购还是分包？订购是指不同时期向不同的企业订货，或者同时向几个企业发出订货询问，招标，货比三家，最后选择质量好、价格低的企业进货，由此可以获得价格优势。分包是指与某些零部件生产厂家建立固定关系，本企业的生产计划同时就是这些零部件供应厂家生产计划的一部分，由这些零部件生产厂家固定送货，其目的是保证零部件质量的稳定性以及严格遵守交货期，必要时甚至帮助它们提高技术，筹措资金，培训人员等。因此，订购与分包各有利弊，主要看企业在其生产战略中更重视什么。当然，也可以两种方法并用。

#### 3. 生产运作方式的选择战略

企业在做出自制或外购的决策之后，就要从战略的高度对企业的生产方式做出选择。可供制造业企业选择的生产方式有很多，这里仅介绍三种典型的生产方式。

(1) 大批量、低成本。早期福特汽车公司就是采用这种策略。在零售业，沃尔玛公司也是采取这种策略。采用这种策略需要选择标准化的产品或服务，而不是顾客化的产品和服务。这种策略往往需要高昂的投资来购买专用高效设备，如同福特汽车公司当年建造 T 型生产线一样。需要注意的是，这种策略应该用于需求量很大的产品或服务。只要市场需求量大，采用低成本和高产量的策略就可以战胜竞争对手，取得成功，尤其是在居民消费水平还不高的国家或地区。

(2) 多品种、小批量。对于顾客化的产品，只能采取多品种和小批量生产策略。当今世界消费多样化、个性化，企业只有采用这种策略才能立于不败之地。但是多品种、小批量生产的效率难以提高，对大众化的产品不应该采取这种策略；否则，遇到采用低成本和大批量策略的企业，就无法与之竞争。

(3) 混合策略。将多种策略综合运用，实现多品种、低成本、高质量生产，可以取得竞争优势。现在人们提出的"顾客化大量生产"或称"大量定制生产"与"大规模定制生产"，既可以满足用户多种多样的需求，又具有大量生产的高效率，是一种新的生产方法。

除了以上三种较传统的生产运作方式外，其他可供企业选择的先进的生产方式，如准时生产制、计算机集成制造、批量客户化生产、敏捷制造等将在其他章节详细介绍。

## 三、生产运作的竞争战略

美国著名的管理咨询公司——麦肯锡公司曾从 27 家杰出的成功企业中找出了一些共同特点，其中最关键的有两条。一是抓住一个竞争优势。例如，一个企业的优势可能在于产品开发，对于另外一个企业来说，其优势在于产品质量，而对于其他企业来说，优势可能是廉价、对顾客提供的服务、不断改进生产效率等。二是坚持其强项。它的优势一旦确立，便不为其他吸引轻易改变方向。例如，在同行中拥有低价格，在交货期、技术或质量等方面有远远超出其同行之处。一个企业如能建立这样的优势，则是其宝贵财富，绝不能轻易放弃。

### (一)生产运作战略的竞争重点

生产运作战略强调生产运作系统是企业的竞争之本，只有具备了生产运作系统的竞争优势才能赢得产品的优势，才会有企业的优势。因此，生产运作战略理论是以竞争及其优势的获取为基础的。企业根据自己所处的环境和所提供产品、生产运作组织方式等自身条件的特点，可将竞争重点放在不同方面。在多数行业中，影响竞争力的因素主要是成本、质量、时间和柔性。

1. 成本

降低成本和提高利润始终是企业生产运作管理追求的目标。基于成本的生产运作战略，是指企业为赢得竞争优势，以降低成本为目标，通过发挥生产运作系统的规模经济与范围经济优势，以及实行设计和生产的标准化，使得产品(服务)的成本大大低于竞争对手的同类产品(服务)，从而获得价格竞争优势的一系列决策规划、程序与方法。

降低成本的途径有多种，其中最主要的措施是采用大量生产方式或者采用自动化程度更高的设备，这两种方法需要较昂贵的投资。在多数情况下，企业可以通过工作方式的改变、排除各种浪费来实现成本的降低，如成组生产技术、进行库存控制等。还应指出的是，尽量降低成本以维持或增加市场占有率，经常用于正处于生命周期的成熟期的产品。在这个时期，因产出最大，效率也可达到最高。

2. 质量

基于质量的生产运作战略，是指企业以提高顾客满意度为目标，以质量为中心，将质量管理贯穿于企业的各个阶段，不仅最终向顾客提供产品或劳务，还要抓相关的过程，如设计、生产及售后服务，通过制订质量方针目标与质量计划、建立健全质量管理体系、实施质量控制等活动，提高其产品和服务质量，从而获取持续的质量竞争优势的一系列决策规划、程序与方法。

战略中有两点可以考虑：高设计质量和恒定的质量。高设计质量的含义包括卓越的使用性能、操作性能、耐久性能等，有时还包括良好的售后服务支持，甚至财务性支持。例如，IBM 的个人计算机以其卓越的使用性能、操作性能著称，同时公司也提供三年免费保修等良好的售后服务，还对其产品实行分期付款、信用付款、租赁等财务性支持方式。恒定的质量是指质量的稳定性和一贯性。例如，铸件产品的质量稳定性用符合设计要求(如尺寸、光洁度等)的产品的百分比来表示，而一个银行可能以记录顾客账号的出错率来表示。

3. 时间

当今世界范围内的竞争愈演愈烈，仅传统的成本和质量方面的竞争不足以使企业与企业之间拉开距离，于是很多企业开始在时间上争取优势。

基于时间的生产运作战略，是指企业以高质量、低成本快速响应顾客需求为目标，运用敏捷制造、供应链管理和并行工程等现代管理方法，通过缩短产品研制、开发、制造、营销和运输时间，从而获取时间竞争优势的一系列决策规划、程序与方法。基于时间的战略将重点放在减少完成各项活动的时间上，把时间转化为一种关键的竞争优势来源，通过缩短产品开发周期和制造周期来提高对市场需求的反应速度。其理论依据是：通过减少花在各项活动上的时间，而使成本下降、生产率增大、质量趋于提高、产品创新加快和对顾客的服务得到改进。

时间上的竞争包括三个方面。一是快速交货，是指从收到订单到交货的时间要短。对于不同的企业，这一时间长度可能有不同的含义。一个制造大型机器的制造业企业，其生产周期可能需要半年；医院中的一个外科手术，从患者提出要求至实施手术，一般不超过几周；而一个城市的急救系统，必须在几分钟到十几分钟内做出响应。对于制造业企业来说，可以采用库存或留有余地的生产能力来缩短交货时间，但对于医院或百货商店，则必须以完全不同的方式来快速应对顾客的需求。二是按时交货，是指在顾客需要的时候交货。例如，对于送餐业来说，这个问题可能是最重要的。制造业通常以按订单交货的百分比来衡量这一指标，超级市场则可能以在交款处等待时间少于3分钟的顾客的百分比来衡量。三是新产品的开发速度。它包括从新产品方案产生至生产出新产品所需要的全部时间。当今，由于各种产品的寿命周期越来越短，所以新产品开发速度就变得至关重要。谁的产品能最先投放市场，谁就能在市场上争取主动权。这一点无论是对于制造业企业还是非制造业企业都是一样的。

### 4. 柔性

所谓柔性，是指应对外界变化的能力，即应变能力。基于柔性的生产运作战略，是指企业面对复杂多变的内外环境，以满足顾客多品种小批量需求为目标，综合运用现代信息技术与生产技术，通过企业资源的系统整合，来增强企业生产运作系统柔性和提高企业适应市场变化能力的一系列决策规划、程序与方法。

柔性包括两个方面。一是品种柔性，是指生产系统从生产某种产品快速转变到生产另一种产品或品种的能力。如果要求产品符合多种客户的需求而每种产品数量又不多，或者要求迅速引入新产品，则需要品种柔性。例如，高级时装公司、专门用于银行、邮政、航天等方面的特殊用途的大型计算机制造公司、咨询公司等，都必须非常重视这方面的竞争能力。二是产量柔性，是指快速增加或减少生产数量的能力，当市场需求达到高峰或低谷时，或者在依靠储备已难以满足客户需求的情况下则要求产量柔性。例如，空调制造企业、邮局等更加重视这方面的竞争能力。

### (二)订单赢得要素与订单资格要素

订单赢得要素是指企业的产品或服务(可以是成本、质量、可靠性或其他重点)区别于其他企业的产品或服务的评价标准。订单资格要素则是允许一家企业的产品参与竞争的资格筛选标准。从整体上来看，一致性质量、及时交货和产品可靠性通常是大多数制造商的订单资格要素。

订单赢得要素与订单资格要素是时刻变化的。常见要素有价格、产品设计能力、产品质量与可靠性、交货时间、需求响应能力、技术关联支持、交货可靠性、产品多样化等。

表1.1所示为同一个制造商制造的两组产品在制造需求上的不同之处。其中，产品组1是一系列标准的电子医疗设备，这些设备直接销售给医院和诊所；产品组2是多种测量设备，主要销售给机器制造商，同时还经常根据个别消费者的需求定做。

表1.1 制造需求差别对比

| 制造需求差别 | 产品组1 | 产品组2 |
| --- | --- | --- |
| 产品 | 标准医疗设备 | 电子测量仪器 |
| 顾客 | 医疗诊所 | 医疗和其他OEM |
| 产品要求 | 无高技术，有局部更新变化 | 有高标准和其他要求 |
| 产品范围 | 窄，4个品种 | 宽，多品种多类型 |
| 设计变化 | 不经常 | 连续过程 |

续表

| 制造需求差别 | 产品组1 | 产品组2 |
|---|---|---|
| 交货 | 存货直接发货 | 顾客提前期很重要，及时交货很重要 |
| 质量 | 一致性/可靠性 | 性能/一致性 |
| 需求变动 | 与经济形势有关，可以预测 | 无规律，不可预见 |
| 容量/水平 | 高 | 中等偏下 |
| 边际利润 | 低 | 从低到很高 |
| 订单赢得要素 | 价格/产品可靠性 | 产品特性/产品范围 |

通过表1.1中对两个产品组的分析，说明它们有不同的市场竞争特征。因而，生产运作需要不同的外部绩效重点。另外，每个产品组的内部绩效重点也应有所不同。产品组1将精力集中于成本和质量上，所有其他的内部行为的目标必须服从这一点。产品组2需要企业具有能够生产多种产品和应付设计变更的柔性。

# 本章小结

生产运作系统是企业系统的核心部分，而生产运作战略是企业战略的重要组成部分，是做好企业生产的前提。本章主要介绍了生产运作系统的构成，生产运作管理的基本方法，生产运作管理的发展历程与发展趋势，在生产战略的基本概念的基础上重点讲解了生产运作的竞争战略、竞争优势重点。

# 思考与练习

1. 生产运作管理包括哪些内容？
2. 简述生产运作管理的发展历程、发展趋势。
3. 生产运作战略的含义是什么？
4. 生产运作竞争战略包括哪些内容？

# 案例分析

**招牌设计公司的经营管理**

卡特在一家招牌设计公司工作了十年。在此期间，除了财务工作外，他在该公司的各个部门都做过。人们都认为卡特是一位杰出的营销人员，并且在招牌设计上极具天赋。尽管如此，卡特一直都渴望着能拥有自己的公司，但却一直没有足够的资金来投资开办企业。几个月后老板不幸去世，公司业务便开始下降，库存现金也急剧减少。老板的妻子玛格丽特开始更多地依赖卡特来管理这家公司。最后她不得不主动提出如果卡特愿意购买，她便将公司出售给他。卡特告诉她，他确实对此非常感兴趣，但是他得将此事告诉妻子及家人并与他们商量。

在玛格丽特接管这家公司以前，公司的资产与债务统计如下。

现金 80 000 美元

可回收账目 750 000 美元

可兑现支票款 30 000 美元

存货 150 000 美元

其他流动资产 5 000 000 美元

目前总流动资产 1 510 000 美元

固定资产(纯房产) 350 000 美元

其他固定资产 400 000 美元

公司资产总计 2 260 000 美元

应付账款 400 000 美元

银行贷款 100 000 美元

应付支票款 120 000 美元

其他债务 350 000 美元

总流动债务 970 000 美元

长期债务 400 000 美元

延缓信用卡支付 20 000 美元

净值 870 000 美元

债务及净值总计 2 260 000 美元

玛格丽特告诉卡特，她可以以 100 万美元的售价将公司卖给他。另外，如果必要的话，她可以接受分期付款。卡特将这个机会告诉了妻子海伦。同时他还对海伦说，如果他不买下这家公司，那么就有可能失去自己在公司的工作，而这无疑是他极为不愿意的。海伦对此非常关心，她打电话告诉了她父亲，她父亲回话说他要与卡特谈谈这件事。卡特前去见他的岳父克莱德时，克莱德问了一些有关这家公司的问题，他同意这家公司具有无可置疑的发展潜力。尽管如此，他还是极为坦诚地说，他感到卡特根本就不是管理企业的料儿。按他的意见，卡特不具备成功经营一家公司的能力。他说他确实很钦佩卡特销售产品的能力，但是管理一家公司与将公司的产品推销给某位客户这两件事是有很大差别的。在岳父面前，卡特承认自己从来没有经营管理过一家公司，不过他补充道，他认为岳父克莱德有能力胜任这项工作。克莱德经过考虑，同意在满足以下条件的基础上购买这家公司。

(1) 公司的账目必须由他指定的审计员审计，这些审计员都是值得信赖的、声誉极佳的特许专利权代理人。经过他们的审计及对公司资产的评估后，他愿意首期支付给玛格丽特 75% 的购买款。

(2) 如果玛格丽特同意他的上述要求，那么余下的 25% 的购买款则在五年时间内以每年递增一个百分点的形式付清。

(3) 玛格丽特必须保证在开始的两年时间内对一些未知因素所引起的各种法律纠纷负责。如果诸如此类的法律纠纷发生，则由玛格丽特当即支付这类费用，公司对此概不负责。

(4) 如果克莱德买下公司，他要自己任命公司的总经理，卡特仍保持他原来的工作，这样卡特就得对他任命的总经理负责。当然，因为卡特的特殊身份，他会提升他为公司的副总裁，并成为公司董事，而他自己则担任董事长，他女儿也成为公司五个董事之一。

卡特在与其岳父达成上述协议后，将此提议告诉了玛格丽特。这确实不是她所预期的结果，不过她还是同意了以分期付款的形式将公司出售，因为她急切地想退出公司。于是，他们请来审计员对公司的一切进行了彻底的审计，其审计结果也得到了玛格丽特自己的审计员的赞同。虽然玛格丽特认为公司应值更多的钱，但她勉强地签署了最后的协议，收取了应得的款项。于是，这家公司就被卡特和他妻子的家庭所接手了。

克莱德所任命的公司总经理对该公司的情况没有经验，上任后便开始做出一些灾难性的改革。首先，他要求每一个制作招牌的客户都必须预交50%的定金，并且坚持在30天内交货，这招致公司固定客户的无数抱怨。其结果自然就是公司的营业额急剧下降，克莱德也为此感到震惊。

紧接着，公司又遭到别人的起诉，因为公司所制作的招牌散架倒下，严重砸伤了几个孩子，其主要原因是招牌的制作质量出现问题，某几处固定不牢。尽管公司买有保险，但伤害赔偿费高达400 000美元，远远超出了公司所购买的保险。在这件案子的诉讼期间，克莱德让他的律师和玛格丽特的律师合作，以便更恰当而有效地处理这个问题。克莱德认为，按照他们所签署的购买协议，这笔赔偿费应该由玛格丽特支付，但是玛格丽特表示她没有钱来支付这笔高昂的赔偿费。于是，克莱德决定取消支付余下的购买款，并且起诉玛格丽特补足这笔款项与赔偿费之间的差价。也就是说，玛格丽特还要倒支付他118 750美元。玛格丽特简直不敢相信她会遇到这样不幸的事件。在几年前，她曾自己购买过一家小企业，可在出售公司方面，她却没有丝毫经验，但是协议就是这么签订的，她得对公司过去的未知因素所引发的法律纠纷负责，因此她不得不吞下这枚苦果。这是她终生都不会忘记的一个深刻教训。

与此同时，公司总经理申请辞职，于是克莱德便决定任命卡特担任总经理。卡特一上任便取消了原任总经理的决定，不再要求一些值得信赖且声誉极佳的客户预交定金，承认以本行业其他公司所采用的方式允许他们为自己的债务采取分期付款的形式支付贷款。

另外，卡特还认为公司的业务应该扩大。他开始寻找适当的地方来树立招牌，然后将其出租给那些需要空间打广告的商家。这样，公司的营业额就会增加。为了开辟这项业务，他得先制造一些基础招牌骨架，并且因树立招牌要占用一定空间，他必须与所占空间的主人签订协议，该协议应该有可续租的选择。卡特决定先不与克莱德商量这个扩充计划，自己把工作做在前面。最后，卡特以每月10 000美元的租金选择了200个树立招牌的地址，另外，公司制作招牌大致花费100 000美元，这些招牌可使用五年。一般情况下，每个招牌每月租出去可获取75～150美元。卡特估计，如果每月都能把所有的招牌租出去，那么公司所获得的租金每月便将高达25 000美元。

当克莱德了解到卡特没和他商量便擅自做出这项决定时，感到非常气愤。他想解雇卡特，但是却又找不到可以替代卡特的合适人选。同时，他还抱怨公司接到的业务太多，存货也在逐渐增加。他说，如果这样继续发展下去，公司就需要投入更多的资金。卡特告诉他，如果需要的话，他们可以就接到的业务及增加的存货向银行申请贷款，从而解决扩大生产的资金问题。尽管如此，接受传统教育的克莱德却说这是一种荒谬的想法。他只希望公司能够比较平稳地维持下去，不想有改变和大的发展。因此，他要求卡特一旦公司所签的用于租借广告业务的招牌所占用的地址租约到期，便停止这项业务。卡特知道他所在的公司极具发展前途，而他自己大约拥有 150 000 美元资金。他在想：也许现在可以不顾克莱德的观点，并且采取措施迫使他同意公司所开辟的新业务，或者自己辞职，离开这家公司，然后开办自己租借广告空间的公司。

(资料来源：代凯军. 管理案例博士评点[M]. 北京：中华工商联合出版社，2000.)

问题：

1. 卡特的失误在哪里？
2. 公司如何才能走出困境？

# 第二章　产品开发与设计

【学习目标】

通过本章的学习，使学生了解新产品的概念、特点及其开发方向，以及服务开发与设计的基本概念；理解新产品开发的方式以及在开发过程中所要考虑的问题；掌握新产品开发的策略、开发流程以及并行工程设计技术在新产品开发中的应用。

【关键概念】

产品开发与设计(product development and design)；并行工程(concurrent engineering)；服务开发与设计(service development and design)

【引导案例】

## 娃哈哈的新产品开发战略

娃哈哈以保健食品起家。20世纪80年代末90年代初，活跃在市场上的"喝了娃哈哈，吃饭就是香"的产品——娃哈哈儿童营养液，是其创牌产品。这款产品以显著的功效填补了一项空白，荣获"国家级新产品"称号，为娃哈哈后来的发展奠定了良好的市场基础。

1992年，娃哈哈集团公司开始推出第一款饮料产品——娃哈哈果奶。这一含乳饮料产品不断更新换代，由单一口味变为六种口味，又变成添加了维生素A、维生素D和钙质的"AD钙奶"；1998年成功添加了复合双歧因子及牛磺酸，推出"第二代AD钙奶"。1996年公司开始推出的娃哈哈纯净水获得巨大成功，当年成为全国市场占有率第一的产品，至今仍稳居瓶装饮用水市场占有率排行榜前列，且优势明显。1998年6月份推出"娃哈哈非常可乐"，接着，陆续推出了冰红茶、冰绿茶、有机绿茶、花草茶等新产品，从而进一步打开了市场空间。

创立于1987年的杭州娃哈哈集团，能在短短的十几年内由一家校办工厂发展成为中国最大的食品饮料企业，与其实行的创新战略密不可分。目前，娃哈哈已形成年产饮料500万吨的生产能力及与之相配套的制罐、制瓶、制盖等辅助生产能力，主要生产含乳饮料、瓶装水、碳酸饮料、热灌装饮料、罐头食品、医药保健品六大类30多个品种的产品，其中瓶装水、含乳饮料、八宝粥罐头多年来产销量位居全国第一。十几年间不断推出的新产品体现了娃哈哈一贯的以守为攻、伺机而动的防御性战略，这是娃哈哈制胜市场的法宝。

严格地说，娃哈哈集团推出的大部分产品都是跟进模仿的，节省了大量的前期费用，减少了市场风险，提高了新产品推出的成功率。其成功要素有以下三个。

其一是在模仿中创新，不做第一创新者，但紧跟并超越第一创新者。娃哈哈开发的第一款产品是儿童营养液，当时国内做营养液的企业虽已达30多个，但没有一种是针对儿童这一目标消费群的。娃哈哈抓住了这一细分市场，并挖掘出"吃饭香"这一卖点，采用"喝了娃哈哈，吃饭就是香"这样的感性诉求，同时引发大人和儿童的互动。AD钙奶是乐百氏先推出的，娃哈哈跟进时加上了"吸收"的概念。娃哈哈做茶是跟进康师傅和统一的，但先行者只是宣传这类产品的共性，娃哈哈推出时省略了共性宣传，强调其个性"天堂水，龙井茶"。娃哈哈"非常"系列中，非常可乐跟进可口可乐和百事可乐，针对男性市场；非常柠檬模仿雪碧，针对女性市场；非常橙汁模仿芬达，针对儿童市场。且非常系列在市场推广初期避开了可口可乐公司的核心市场——城市市场，走"农村路线"，这是一种"柔道战略"。

其二是掌握投放时机，在规模化市场形成的时候投放。

其三是讲究速度。可口可乐公司自认在市场推进速度方面比不过娃哈哈，这得益于娃哈哈的网络优势和统一、集中的组织构架与决策机制。有了这个基础，才能在快速推出的同时，迅速形成规模优势，进而转化为成本优势和竞争优势。

(资料来源：王永贵，贾鹤. 产品开发与管理——案例点评分析[M]. 北京：北京师范大学出版社，2008.)

问题：

1. 娃哈哈在开发新产品的过程中，主要采用了哪种开发策略？
2. 娃哈哈的产品开发在构思方面有哪些特点？
3. 你认为新产品开发过程中要考虑哪些问题？

# 第一节　新产品开发概述

面对激烈的市场竞争形势和顾客的多样化需求，企业只有不断开发适销对路的新产品，不断缩短新产品开发的周期，才能在竞争中保持旺盛的发展态势。新产品竞争是一种比"价格竞争"更为有力的非价格竞争。开发新产品，对于社会和企业本身都有极其重要的意义。

产品开发和服务的设计是企业研究与开发的主要内容，对提高企业竞争优势，谋求企业长远发展具有重大意义。它是影响顾客满意度、产品质量及生产成本的主要因素，与顾客的相关性十分明显，尤其在服务业中体现得尤为明显。顾客关心的是企业的产品或服务，这是他们评价企业的最终基础。产品质量不仅会受到产品设计的影响，同时也受工艺过程中生产实现设计意图程度的影响。

尽管服务业新产品开发的意义与制造业是相同的，但服务业的产品开发与制造业又有许多不同的地方，其开发投资少且风险较小，开发的主要方式是依靠人的创造性思维。

## 一、新产品的概念、分类及特点

### (一)新产品的概念

一般来说，新产品可以从企业、市场和技术三个角度去定义。对企业而言，第一次生产、销售的产品都叫新产品；对市场而言，只有第一次出现的产品才叫新产品；从技术方面来看，在产品的原理、结构、功能和形式上发生了改变的产品叫新产品。新产品可以是在各方面都是创新的、前所未有的全新产品，也可以是对老产品做出改进的产品。

## (二)新产品的分类

新产品从不同的角度进行分类有以下几种分类方式。

### 1. 从市场角度和技术角度分类

从市场角度和技术角度分类,可将新产品分为市场型新产品和技术型新产品两类。

(1) 市场型新产品是指产品的主体和本质不发生变化,只改变了色泽、形状、外观等的产品,其中也包括由于营销手段而引起消费者"新"的感觉的流行产品。例如,某种酒瓶由圆形改为方形或其他异形,它们刚出现时也被认为是市场型新产品。

(2) 技术型新产品是指由于科学技术的进步和工程技术的突破而产生的新产品。新产品与原有产品的类似功能相比有较大的变化。例如,不断翻新的手机或电视机,都属于技术型新产品。

### 2. 按新产品的新颖程度分类

按新产品的新颖程度不同,可将其分为全新新产品、换代新产品、改进新产品、仿制新产品和新牌子产品。

(1) 全新新产品是指采用新原理、新材料及新技术制造出来的前所未有的产品。这种产品的出现,从研制到批量生产,往往需要耗费大量的人力、物力和财力,不是一般企业所能胜任的。因此,它是企业在竞争中取胜的有力武器。例如,在使用蜡烛照明的年代,电灯泡的发明就属于一种全新产品,再后来荧光灯的出现也属于一种全新产品。

(2) 换代新产品是指在原有产品的基础上采用新材料、新工艺制造出的适应新用途、满足新需求的产品。它的开发难度较全新新产品小,是企业进行新产品开发的重要形式。例如,洗衣机从单缸洗衣机发展到双缸洗衣机和全自动洗衣机。

(3) 改进新产品是指在材料、构造、性能和包装等某一个方面或几个方面,对市场上的现有产品进行改进,以提高质量或实现多样化,满足不同消费者需求的产品。它的开发难度不大,也是企业产品开发经常采用的形式。例如,手机的改进等。

(4) 仿制新产品是指对市场上已有的新产品在局部进行改进和创新,但保持基本原理和结构不变而仿制出来的产品。在生产仿制新产品时,需要注意知识产权的保护问题。例如,引进汽车生产线,制造、销售各种类型的汽车等。

(5) 新牌子产品是指在对产品实体微调的基础上改换产品的品牌和包装,带给消费者新的消费利益,使消费者得到新的满足的产品。例如,蒙牛的酸酸乳的大小包装的更换等。

### 3. 按新产品的区域特征分类

按新产品的区域特征不同,可将其分为国际新产品、国内新产品、地区新产品和企业新产品。

(1) 国际新产品是指在世界范围内首次生产和销售的产品。

(2) 国内新产品是指在国外已经不是新产品,但在国内还是第一次生产和销售的产品。它一般为引进国外先进技术、填补国内空白的产品。

(3) 地区新产品和企业新产品是指国内已有,但本地区或本企业第一次生产和销售的产品。它是企业经常采用的一种产品开发形式。

### (三) 新产品的特点

(1) 先进性。新产品的先进性主要表现为在新产品的开发过程中，运用新原理、新技术和新工艺，使产品具有新的结构、新的性能、新的技术特征。

(2) 新颖性。新颖性表现在新产品在一定程度上运用了新的科学技术知识，将新的科学技术成果体现在新产品上。

(3) 经济性。企业开发的新产品应能给企业和社会带来高的经济效益和社会效益，同时也要满足顾客的多样化需求以及从循环经济的角度去开发适销对路的产品。

(4) 风险性。新产品的开发与创新也会给企业带来一定的风险，具体有技术风险、市场风险、经济风险等。

## 二、新产品的开发方向

(1) 多功能化。扩大同一产品的功能和使用范围。例如，收录唱组合音响、多功能计算器等。

(2) 复合化。把功能上相互之间有关联的不同单个产品组合为复合产品。例如，集打字、计算、存储、印刷为一体的便携式文字处理机等。

(3) 小型化。缩小产品的体积，减轻其重量，使其便于操作、携带、运输以及安装。

(4) 简单化。改变产品的结构，尽可能减少产品的零部件，使产品的操作性能更好，更容易操作，同时也能降低产品的成本。例如，用晶体管代替电子管，用集成电路代替晶体管等。

(5) 智能化。通过改变产品本身的性能，使之具有一般人需要经过学习培训才能掌握的知识和技能。如数码相机就是一个很好的例证，对一个摄影生手来说，需要花掉很多胶卷才能掌握的照相技术，现在拿到数码相机即刻就会使用了。

(6) 艺术化。在产品的造型、色调、质感和包装等方面进行改革，使产品的款式新颖，风格独特，体现特殊的艺术品位。

(7) 绿色化。产品的绿色化设计是指在产品制造、消费和报废处置过程中，应减少原材料和能源的消耗，减少遗弃，尽量减少不必要的包装，能够回收再利用。各国政府已经对企业在产品设计、制造、消费和报废的处置过程上做出了相应的规定和限制。例如，日本对信息技术产品的能源消耗有规定限制；德国法律对个人电脑和家用电器的回收、再利用和安全处置做出了规定，要求企业支付环保税；欧共体对环保产品加贴绿色标签；北京从 1999 年开始对在京销售的汽车提出新的环保标准，要求必须是电喷车并加装尾气净化装置。

(8) 稳健性设计。稳健性设计也称鲁棒性设计、健壮设计)是在日本学者田口玄一提出的三次设计法的基础上发展起来的低成本、高稳定性的产品设计方法。稳健性设计包括产品设计和工艺设计两个方面。通过稳健性设计，产品即可对各种内部(工序相关)和外部(环境相关)因素的不可预测的变化拥有很强的抗干扰能力，可使产品性能更加稳定、质量更加可靠。

## 三、新产品的开发方式

新产品的开发方式包括独立研制开发、技术引进、研制与技术引进相结合、协作研究、合同式新产品开发和购买专利等。

## 1. 独立研制开发

独立研制开发是指企业依靠自己的科研力量开发新产品。它包括以下三种具体的形式。

(1) 从基础理论研究开始，经过应用研究和开发研究，最终开发出新产品。技术力量和资金雄厚的企业一般采用这种方式。

(2) 利用已有的基础理论，进行应用研究和开发研究，开发出新产品。

(3) 利用现有的基础理论和应用理论的成果进行开发研究，开发出新产品。

## 2. 技术引进

技术引进是指企业通过购买别人的先进技术和研究成果，来开发自己的新产品。这种方式的优点是节约研制费用，避免研制风险；缺点是难以在市场上形成绝对的优势，也难以拥有较高的市场占有率。

## 3. 研制与技术引进相结合

研制与技术引进相结合是指企业在开发新产品时，既利用自己的科研力量研制，同时又引进先进的技术，并通过对引进新技术的消化吸收与现有技术相结合，从而创造出本企业的新产品。这种方式利用研制促进引进技术的消化吸收，使引进技术为研制提供条件，从而可以加快新产品的开发。

## 4. 协作研究

协作研究主要是指企业与企业、企业与科研单位或者企业与高等院校之间协作开发新产品。这种方式有利于充分使用社会的科研力量，把科技成果迅速转化为生产力。

## 5. 合同式新产品开发

合同式新产品开发是指企业雇用社会上的独立研究人员或新产品开发机构为其开发新产品。

## 6. 购买专利

购买专利是指企业通过向有关研究部门、开发企业或社会上其他机构购买某种新产品的专利权来开发新产品。

# 四、新产品开发时要考虑的问题

新产品开发的成败直接关系着企业能否在市场竞争中处于旺盛的发展趋势，这不仅仅是工程技术人员的事，而且涉及企业管理的各个方面。因此，为了避免新产品开发的失败，在拟订新产品开发计划时，应仔细研讨下列问题。

## 1. 产品构思方面

产品构思是在市场调查和技术分析的基础上，提出新产品的构想或有关产品的改良建议。一般的，在进行新产品开发前，首先要充分掌握消费者潜在的和现实的需求以及市场消费需求的变化，准确地规划和确定新产品开发的构思和设想，使开发出的新产品无论在技术上还是在经济上都能满足用户的需求；其次是将新的技术发明、技术成果转化为能满足市场需求的技术。

### 2. 投资开发的成本方面

在进行市场调查和技术分析后，就要考虑投资成本方面的问题。一般有：生产新产品是否需要更新设备？增添新设备需要多少投资？如果需要更新设备，替换下来的旧设备能否改作他用？厂房、仓库、场地面积是否够用？是否需要扩建新厂房？如果需要扩建新厂房，需要多少投资？批量生产新产品所能达到的平均成本与生产同类产品的竞争者相比是偏高、接近还是较低？

### 3. 产品生命周期方面

在该阶段所要考虑的问题是：新产品的生命周期有多长？进入成熟期的时间有多长？成熟期的预计销售量有多大？新产品在进入成熟期之后有无被更优越产品替代的可能性？替代的概率是多少？等等。

### 4. 社会需求与政府的相关政策方面

在产品开发过程中，除了要考虑产品的生命周期外，还需要考虑开发的新产品是否具有环保性，是否能循环利用。社会需求方面，消费者注重的是产品的花样性、实用性以及新颖性；而对于政府部门来说，其注重的是开发的新产品能否拉动经济效应，以及产品的环保性和循环利用性。这就需要企业在新产品开发时进行多方面衡量，力求做到低成本、高效益。

## 第二节　新产品开发与设计

### 一、新产品开发流程

新产品开发流程大体上包括新产品的总体设想、调查研究、设计、工艺、试制、鉴定，到正式投产、销售、投向市场。一般的，新产品开发可归纳为四个阶段，如图2.1所示。

#### 1. 新产品构思与调查研究阶段

这一阶段的工作内容主要有产品开发创意、调查和预测、提出方案和方案评价选择。

（1）产品开发创意。产品开发创意是指企业根据市场需求和自身条件，在一定范围内首次提出开发新产品的设想或构思。创意的筛选一般考虑是否与企业的战略目标相适应以及是否有足够的能力开发这种创意。创意是新产品诞生的开始，如方便面，就是源于"开水一冲即可食用"的创意设想开发而来的。

（2）调查和预测。企业在收集了各种创意后，需要对市场进行调查和预测，从多个创意中选择出具有开发价值的产品。首先要了解产品的技术发展状况、国内外先进水平，并预测技术发展趋势；其次要了解对老产品的改进意见和对新产品品种、质量、数量、价格和规格等方面的要求，进行市场预测；另外还要了解本行业的生产现状与发展趋势以及竞争对手的情况等。

(3) 提出方案和方案评价选择。在调查和预测的基础上,提出切实可行的方案并对方案进行评价和选择。主要对新产品是否可行、其性能及用途是否被用户欢迎、价格是否合理等问题进行评价,把一些不符合开发条件的方案过滤掉。

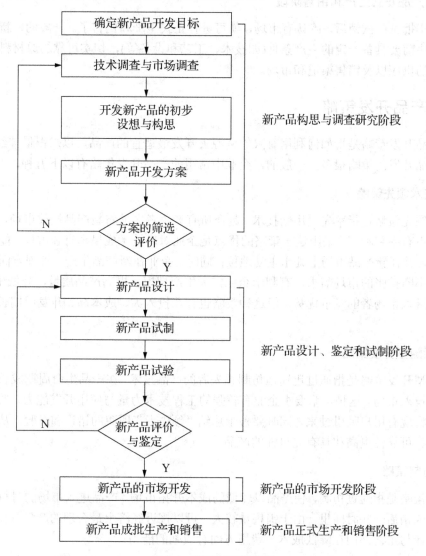

图 2.1 新产品开发流程

**2. 新产品设计、鉴定和试制阶段**

新产品设计大体上分为初步设计、技术设计和工作图设计三个阶段。新产品设计出来后,在正式生产前需要进行试验性生产,目的是避免不必要的人、财、物的浪费,保证新产品开发尽快获得成功。通过各种试验,从技术、经济和生产准备等方面对新产品做出全面评价,不断进行改进直到鉴定符合要求。

**3. 新产品的市场开发阶段**

通过市场开发,可确切地了解开发的产品是否适应需要以及适应程度,分析新产品市场需求情况及开发产品有关的市场情况,为开发决策提供依据。这一阶段的工作主要包括市场分析、样品试用、市场试销和产品投放市场。

### 4. 新产品正式生产和销售阶段

经过小批试产试销后,确认有市场,就可进行正式生产和销售了。一般的,新产品在正式投入销售前要具备一定的生产条件(如技术、工艺和设备等),切实可靠的原材料、动力和外协配套的供应以及销售渠道和市场。

## 二、新产品开发策略

新产品开发策略是指如何利用有限的资源去开发最适宜的产品,以求得最佳经济效益。关于新产品开发的策略很多,一般的,企业中常用的产品开发策略有以下五种。

### 1. 技术领先策略

技术领先策略是指率先采用新技术,赶在所有竞争者之前将新产品投放市场,以获取较大的市场占有率和利润。采用这一策略的优点是企业对新技术成果享有独占权,能够较早地进入市场,并在新产品市场上处于主动地位;同时,企业在新产品生产、管理方面拥有丰富的经验和不断扩张的市场需求,有利于企业扩大生产规模,提高产品质量,降低生产成本,取得对后进入市场者的竞争优势。但这种策略也存在投入大、成本高、开发周期长、风险大的因素。

### 2. 跟随型开发策略

跟随型开发策略是指通过迅速地仿制领先者的产品技术,在产品生命周期成长期的初期将新产品投入市场。这种策略要求企业有较强的工程技术力量与应用开发能力,要求企业把重点放在将现有用户吸引过来,同时要善于总结"领先者"所犯的错误和经验,从而开发出性能更好、可靠性更高和具有先进性的产品。

### 3. 仿制策略

仿制策略是指通过仿制,使产品以较低的成本开拓市场。产品进入市场的时机一般选择在成长期或稍后一些时间里,由于销售量较大,可以接近经济上最合理的产量规模。它要求企业的设计与工艺部门在降低成本与费用方面有较强的能力。

### 4. 差异化策略

差异化策略主要体现在产品的创新上,它要求企业在研制新产品时,要考虑与其他同类产品的差异性,向消费者提供具有明显特色的产品,给消费者一种标新立异的印象。同时,这种差异化也要考虑消费者的接受程度。

### 5. 市场扩散策略

市场扩散策略要求开发的产品一定要在顾客需要的时间和地点出现。企业在进行产品推广时,通常应用渐进策略和急进策略。渐进策略要求企业将新产品的产量与市场需求有机结合起来,寻求一种稳定的状态,但潜在的竞争者会给企业带来威胁,推广速度较慢。急进策略适合于企业在正确预计新产品推广前景的情况下使用，其推广速度较快。

上述不同的新产品开发策略，适用于不同的情况和条件。在面临不同的市场竞争时，每个企业应根据自身的技术、设备、资金等条件，因地制宜、因时制宜地选择最合适的新产品开发策略。

## 三、新产品设计过程

新产品设计是新产品开发的重要环节，无论是制造新产品，还是改造老产品，产品设计都是一项复杂而又细致的工作，它是决定产品质量的关键，直接影响产品的制造成本、生产周期、工艺准备等。产品设计一般分总体设计、技术设计和工作图设计三个阶段。

### 1. 总体设计

总体设计是在调查研究、产品选定的基础上，具体确定产品的性能、设计原则和技术参数，概略计算产品的技术经济指标和进行产品设计方案的经济效果分析。同时确定产品的总体设计方案，并编写成技术任务书。技术任务书的主要内容有产品的用途、使用条件和要求，产品的工作原理、结构特点、技术参数、质量标准以及设计原则，产品的概略总图等。

### 2. 技术设计

技术设计的任务是将批准的设计任务书所确定的主要参数具体化，以总图、系统图、明细表和说明书等形式表现出来，同时考虑结构的工艺性、材料的可供应性、加工制造的可能性等。

技术设计是整个新产品设计的重点，它一方面要达到产品技术任务书规定的各种技术经济指标的要求；另一方面还要考虑产品设计的基本要求。在设计中应尽量采用新技术、新工艺和新材料，以超越现有产品为起点，以赶上国内外先进水平为目标，使设计出的新产品能尽量达到性能好、效率高、安全可靠、便于使用。同时，要保证新产品有良好的经济效果。

为达到产品设计的基本要求，在设计时要尽量提高产品设计的标准化、系列化和通用化(简称为"三化")水平。产品设计应尽可能满足"三化"要求，这样可以避免设计中的重复劳动，加快新产品的开发速度。产品按"三化"原则进行设计，可使企业取得良好的经济效益，缩短产品设计时间，加快新产品设计速度；同时可提高产品系列化程度以及可使备品配件通用互换，用户使用和维修比较方便，从而可提高产品信誉，有利于产品扩大销售。

### 3. 工作图设计

工作图设计的任务是将技术设计进一步具体化，为产品试制和生产提供全套图纸和技术文件以及各种明细表，为产品制造和装配提供确定的依据。工作图设计的主要内容包括绘制全套零件图、部件图、总图、包装图、安装图、零件一览表、备件及易损件清单，以及编制各种产品使用、维修、保养等说明书。

由于设计出的工作图是直接用于生产的，因此要保证零件尺寸的准确性和技术任务书的完整性。在工作图设计阶段，应加强对图纸的审查和批准手续。

## 四、并行工程设计技术

随着企业之间的竞争愈来愈激烈,产品逐渐由卖方市场转变成买方市场。在买方市场条件下,企业为了求得生存和发展,就必须加强新产品的开发工作。在产品开发过程中,企业应尽早考虑产品开发后续阶段的所有因素(如工艺性、可制造性、可装配性以及可维护性等),目的是避免到了后期阶段由于修改方案造成生产制造过程的反复和资源浪费,同时也可因减少修改循环而缩短产品开发周期,使新产品能迅速投放并占领市场。因此,为了实现企业经营绩效的整体优化,必须建立一种全新的产品开发方法,而并行工程就是这样一种全新的产品开发模式。

1. 并行工程的基本概念

1988年美国国家防御分析研究所(Institute of Defense Analyze,IDA)完整地提出了并行工程(Concurrent Engineering,CE)的概念,即"并行工程是集成地、并行地设计产品及其相关过程(包括制造过程和支持过程)的一种系统化的工作模式。这种模式要求产品开发人员在一开始就考虑产品整个生命周期中从概念形成到产品报废的所有因素,包括质量、成本、进度计划和用户要求。"

并行工程主要是指,组织跨部门、多学科的开发小组在一起并行协同地工作,对产品设计、工艺过程等各个方面同时考虑并设计,及时地交流信息,使各种问题尽早暴露并共同加以解决,这样就使得产品开发时间大大缩短,同时质量和成本都得到不同程度的改善。而串行工程方法是指,先进行市场需求分析,将分析结果交给设计部门,设计人员进行产品设计,然后将图纸交给另一部门进行工艺和制造过程的设计,最后交给制造部门进行生产,做出原型产品。串行工程方法各个部门之间的工作是独立地按顺序进行的,在设计过程中不能及早考虑其下游各个制造过程及支持过程的问题。因此,在应用串行工程方法设计产品时,只要某一个环节出现问题需要修改,就会造成整个串行过程设计修改大循环,使得开发周期加长,成本上升,质量也难以保证。

2. 并行工程的主要思想及特点

并行工程的主要思想是企业在进行产品设计时同时考虑产品生命周期的所有因素(可靠性、可制造性、可维护性),尽可能使各活动并行交叉进行,以缩短开发周期,同时在设计过程中所涉及的不同领域的人员要全面参与和协同工作,实现产品生命周期中所有因素在设计阶段的集成,实现各种资源利用的最大化。

并行工程的特点主要有以下四点。

(1) 并行性。产品设计的并行性是指同时考虑和尽可能地同时处理或并行处理原先按时间顺序处理的工作。这表明并行工程比串行工程缩短了产品研制生产周期。

(2) 整体性。产品研制开发过程是一个有机整体,在空间中似乎相互独立的各个研制单元,实质上都存在着不可分割的内在联系,特别是存在着双向信息联系。整体性强调全局性地考虑问题,即产品设计人员从一开始就考虑到产品整个生命周期中的所有因素,追求整体最优。

(3) 协同性。强调产品开发人员协同工作。当产品开发过程中涉及的人员比较多时,如何取得产品开发过程的整体最优是并行工程追求的目标,其中之关键是如何很好地发挥人们的群体作用。

(4) 集成性。并行工程作为一种系统工程方法,其集成性主要包括以下三个方面。①改进组织结构,实现人员集成。并行工程所采用的组织结构为团队组织结构,是一种扁平型的组织结构。这种组织形式打破了专业和部门之间的壁垒,使项目的信息传递主要在团队内部进行,从而加快了传递节奏,更减少了传递中的摩擦,使团队能更好地协同工作。②并行操作处理,实现功能集成。并行工程运行中的"并行"要求各个工程阶段相互协同进行,同时也要求职能部门各项功能的履行也并行交叉进行。例如,在设计阶段,采购部门就开始进行料源分析;在工艺设计阶段,质检部门就开始考虑工序检验和最终检验的可行性等。这样可使有关信息得到及时反馈,及时修改有关设计,从而减少大工程行为的反复。③利用先进的开发工具、方法和技术,实现信息集成。面对激烈的市场竞争环境,产品研制过程中越来越多地使用先进的开发技术和工具,这些工具和方法都借助于计算机系统来实现。而并行工程的并行操作和信息集成特性对此提出了更高的要求,它期望在计算机辅助系统和网络系统的基础上实现多工作站、多组人员的并行工作,从而达到信息资源共享。

**3. 并行工程的主要内容**

(1) 过程重构。过程重构是指将传统的串行开发方法(见图2.2)变成集成的并行开发方法(见图2.3)。

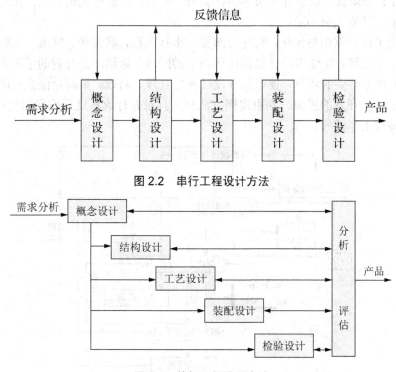

图2.2 串行工程设计方法

图2.3 并行工程设计方法

(2) 组织重构。并行工程要求打破传统的金字塔式的组织结构,建立跨部门、跨专业的集成产品设计团队,即组建扁平化的组织结构,如图2.4所示。

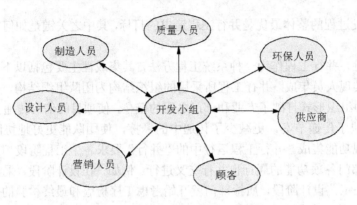

图 2.4　并行工程集成产品设计团队

一般情况下，在并行工程产品设计团队中，营销人员、制造人员加入到开发小组，参与产品设计的早期活动，有利于预防设计的缺陷，减少开发的时间和费用，确保产品设计一次成功。顾客和供应商加入到产品开发之中，能减少市场需求的不确定性，在设计中更好地反映顾客需求，提高产品适应市场的能力。环保人员加入到产品设计小组中，其作用是考虑在产品生命周期结束时的资源重用和环境保护问题。

开发小组中各成员在产品开发的不同阶段的作用是不同的。随着产品开发过程的进展，小组成员之间的主次关系也随之变化。在概念形成阶段，以市场营销人员和顾客为主，其他人员为辅；在设计阶段，以设计人员为主，制造、营销、质量等人员为辅；在制造阶段，以制造人员为主，其他人员为辅。

并行实现了过程重组与优化，首先分解原有串行流程，将设计、制造、试验验证的大循环分解为若干小循环，避免将设计错误传递到下游阶段。重组产品开发的子过程，使其尽量并行进行，减少不必要的环节，使产品开发过程更合理、高效。重新定位企业的资源，确定各个阶段参加产品开发的资源。利用建模方法和工具对并行流程进行仿真与优化。如图 2.5 所示，建立并行工作流程。

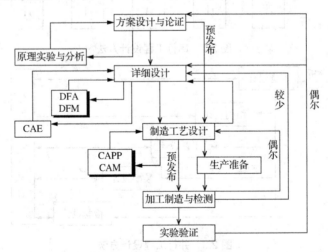

图 2.5　产品并行开发流程

(3) 并行工程技术。并行工程采用的技术主要包括虚拟设计技术；Internet 技术；基于 Internet 平台的产品数据库管理(Product Data Management，PDM)系统；产品系列化，零部件标准化、通用化；成组技术(Group Technology，GT)，面向制造与装配的设计等。

虚拟设计技术同时考虑制造、质量、环境等方面的约束，体现了开发过程的集成性；Internet 技术使设计集成的范围更加广泛；产品数据库管理系统平台支持全球化虚拟企业的信息管理，使流程管理、项目管理和配置管理的功能越来越强。

在设计阶段推行产品系列化，零部件标准化、通用化，有利于扩大产品结构的继承性，提高产品设计质量，减轻设计工作量，缩短设计周期；在产品设计阶段应用成组技术，有利于将计算机技术、生产管理、产品设计、资源配置等结合起来，将成组的概念扩展至生产计划、生产作业计划以及生产管理的整个系统。

面向制造与装配的设计是并行工程关键技术的重要组成部分，其思想已贯穿企业开发过程的始终。它涵盖的内容很多，涉及产品开发的制造、装配、检测、维护、报废处理等各个阶段。该设计技术主要包括：DFA(Design For Assembly，面向装配的设计)、DFM(Design For Manufacture，面向制造的设计)、DFT(Design For Testing，面向测试的设计)、DFS(Design For Service，面向维护的设计)、DFE(Design For Environment，面向环境的设计)、DFD(Design For Discarding，面向报废的设计)等。目前应用较多的是机械领域的 DFA 和 DFM，它们使机械产品在设计的早期阶段就解决了可制造性和可装配性问题，为企业带来了显著的效益。

# 第三节　服务开发与设计

服务业作为现代经济的一个重要产业，其涵盖面比较广泛，主要是指农业、工业、建筑业以外的其他行业，如金融业、房地产业、邮电通信、广播电视、交通运输、零售业、律师咨询业、娱乐业、医疗保健、文化教育等。一般意义上，服务业是服务产品生产和经营的行业，属于第三产业，但不等于第三产业。

从制造效用的角度来看，服务业的服务过程与制造业的制造过程没有什么差别，只是服务项目的外部表现形态差异较大。但是，由于服务业的产品和生产工艺的特殊性，使得服务业的开发与管理也具有某些特殊性。

## 一、服务开发

### (一)服务开发的概念

武振业等学者在《生产与运作管理》一书中给出了服务开发的概念，即：服务开发是指在认真分析研究现有服务商品、服务市场以及服务体系的基础上，着力探索服务商品的发展趋势、服务市场的潜在需求以及服务体系的现代化发展进程，不断开发和创造新的服务商品、服务技术和服务手段，提高服务质量，最大限度满足人们在物质、精神等各方面的需要。

随着经济的发展和科学技术的进步，人们的物质和精神生活内容日益丰富，要求提供的服务内容越来越多，服务的范围越来越广，对服务质量的要求越来越高。因此，搞好服务开发，是新产品开发的重要内容，也是企业面临的迫切任务。

## (二)服务的特点

根据贝尔(Bell)(1992)的观点,服务的突出特点表现在它是一种感受:当提供的服务传递完毕,服务接受方带走的不是某种物体而是一种感受,如愉悦、满意、失望、欺骗等。因此,在设计服务产品和服务的提供方式之前,我们必须清楚地认识到顾客购买服务企业提供的服务实质是在购买一种体验。要理解新服务开发需要进一步理解服务的独特属性。

### 1. 服务的无形性(intangibility)

服务产品主要表现在无形性上(尽管在服务管理和营销过程中尽可能使无形产品有形化,如金融服务业中的信用卡)。服务的无形性对运作有两个方面的影响:一是难以对产品概念进行测试,这个困难主要是因为服务是过程而不是物质实体;另一个困难是由于服务的无形性导致服务开发容易被竞争者所模仿,因为服务开发没有专利保护。

### 2. 服务的异质性(heterogeneity)

服务通常是生产与消费同时发生,因为服务的提供和消费是在服务员工与消费者直接接触的情形下发生的,所以尽管他们在每一次服务传递中合作默契,但是每次服务的体验却可能不同。

### 3. 服务的生产与消费同步性(simultaneity)

服务的生产与消费的同步进行意味着服务在本质上是容易消失的,因此服务不可能储存。在这种情况下,对于服务提供商来说,由于服务需求可能很大,因此,要及时满足这种需求,否则就可能错失市场。

## (三)服务开发的内容

### 1. 服务观念开发

与发达国家相比,我国服务业还很不发达,在国民经济中所占的比重也比较小。主要原因是服务观念陈旧落后,大多数人认为经济发展主要依靠工农业,服务业是次要的,也有一些人认为服务低人一等,不需要什么技术,等等。因此,服务开发首先要树立新观念,进行服务观念的开发,这是服务开发的首要内容。

### 2. 服务项目开发

随着人们物质文化生活水平的提高,形成各种各样的服务领域和服务体系。服务项目开发也要拓宽服务领域、延伸服务深度、开辟新的服务项目、建立新的服务体系、提供特色服务等。例如,银行金融服务过去只是单纯的存款、贷款、汇兑,现在也开辟了许多新项目(如代发工资、代交电话费等)。

### 3. 服务技术开发

服务技术可分为硬技术和软技术两类。硬技术是指在服务产品生产过程中使用的物质技术装备、设施、工具等;软技术则是为服务产品生产而设计的服务程序,包括服务技巧、态度和方法。开发先进的服务技术可以使消费者得到便捷、安全、舒适、可靠的服务,如基于电子信息技术基础的电子数据交换系统、电视购物、信用卡、磁卡电话等，都是服务技术开发的典型。

**4. 服务质量开发**

服务质量开发应从了解消费者的需求入手，进行服务质量的设计，然后提供服务商品。在这个过程中应当做到在服务中提供指导、在指导中提供服务的有机结合，这样才能使消费者的需求得到最大的满足。把严格执行服务规范，培育服务人员的敬业精神作为服务质量开发的前提；把倡导"顾客第一、微笑服务、无缺点服务以及文明服务"等服务方式作为服务质量开发中的主题。

### (四)新服务开发的标准模式

关于新产品开发方面的研究已经有很多了，但大多数都集中于制造业。斯凯英(Scheuing和约翰逊(Johnson)(1989)基于对美国金融机构市场营销协会成员机构的一项大规模调研数据，提出一个十五阶段新服务开发标准模式，如图2.6所示。

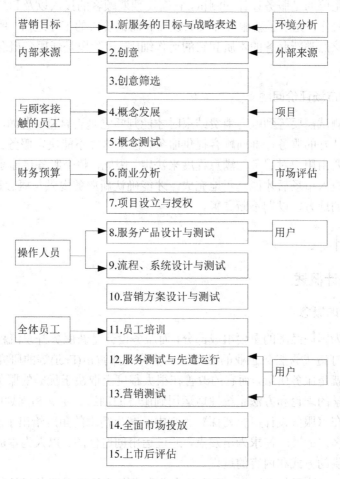

图 2.6 新服务开发标准模式

从图 2.6 中可以看出，新服务开发的过程与新产品开发的过程有较大差异。在开发过程中，应注意以下三个方面的问题。

#### 1. 创意产生和开发问题

在新产品开发的第一阶段中主要是关于新创意如何产生和开发问题，而在新服务开发中对应图 2.6 的步骤 1 到步骤 3。斯凯英(Scheuing)和约翰逊(Johnson)(1989)认为，新服务开发的程序必须从对努力的目标和战略的准确表达开始，新服务创意可以从外部刺激得到，特别是供应商和竞争对手，也可以由内部讨论和头脑风暴得到。可行性和回报是新创意筛选的关键。

#### 2. 服务创意有效转化为服务设计的问题

创意确定之后就是设计和测试阶段。新产品开发只有三个步骤，但是新服务开发则需要经过八个步骤，包括与员工、人力资源部门和销售部门进行的商议等。新服务开发必须让第一线的服务员工参与，因为一线员工可以提供真正的顾客需求。

这个阶段最重要的是服务设计和测试，它需要预期顾客的投入以及和最终负责传递这项服务的员工进行协作。完成了新服务开发的设计和测试阶段的工作之后，所有通过专门训练的服务员工都应该熟悉新服务的本质和它的运作细则。该阶段是新服务概念向服务运作阶段转变的关键阶段。

#### 3. 新服务的市场评价问题

服务的有效测试需要等到顾客消费结束时才能判断它是否合格。譬如，一个餐厅服务员可以完全按照设计好的服务标准向顾客提供服务，但是这并不能决定服务已经达到要求，是否达到要求最后要由用户对服务的满意程度来决定。因此，整个服务传递系统和服务营销的测试只能在完全投入市场后才能真正地完成，才能确认新服务提供与概念设计是否有出入，有没有需要改进的地方，以期不断完善。

## 二、服务设计

### (一)服务设计概述

#### 1. 服务设计的概念

服务业已成为国民经济的重要组成部分，而服务设计是新服务开发流程周期的一个重要组成部分，也是打造优秀服务企业的必要组成部分。弗雷伊(Frei)等的研究表明，服务失败的一个重要因素就是服务质量，而它的改善在很大程度上取决于优秀的服务设计。服务设计主要研究将设计学的理论和方法系统性地运用到服务的创造、定义和规划中。

李冬等学者在《服务设计研究初探》一文中从客户需求的角度给出了服务设计的概念，即服务设计是以客户的某一需求为出发点，通过运用创造性的、以人为本的、客户参与的方法，确定服务提供的方式和内容的过程。

丁熊等学者在《论服务设计》一文中从企业自身角度给出了服务设计的概念，即服务设计就是服务提供企业根据经营目标和自身资源特点对服务运作所做的战略性规划与设计，其设计的核心内容为完整的服务产品和服务提供系统地有机组合,其设计的目的是满足顾客的需求。

服务设计活动通常表现在一个服务或产品的开发过程中。对服务设计,一般则包括从概念发掘到服务实施整个设计过程中的各项活动。与传统设计方法相比,服务设计通过探索性、沉浸式的研究发现战略创新的机会,同时也为设计相应的服务提供了背景。另外,服务设计并不是仅仅集中在设计过程一个维度上,用户的定位、背景融入等也将作为考虑因素。服务设计强调以人为本,利用各种方法,并最终通过服务设定和原型等技术展现出服务应有的特征及其相应的表现形式。因此,可以说服务设计的目标是设计出具有有用性、可用性、满意性、高效性和有效性的服务。

**2. 服务设计与产品设计的区别**

(1) 一般情况下,产品可以触摸,服务不能触摸。因此,服务设计比产品设计更注重无形化与不可触摸性。

(2) 大多数情况下,由于服务的提供与消费是同时进行的(如旅游、航空服务等)。因此,在服务设计中,员工培训、流程设计及与顾客的关系显得特别重要。

(3) 由于服务的不可存储性,其柔性方面显现较差,这使得服务能力设计更为重要。

(4) 顾客与服务系统接触频繁,服务对于顾客来说,其可见度较高,这给服务设计增加了一定的难度。

(5) 一些服务业的进入、退出壁垒很低,竞争比较激烈,因而要求服务设计必须注重创新和考虑成本—效益。

(6) 便利性是服务设计的一个主要因素,且顾客与服务系统接触频繁,因此选址往往对服务设计有很重要的作用。

## (二)服务设计原则

理查德·萃斯(Richard Chase)学者在进行了大量社会学和心理学的研究后,提出了服务设计应遵循的基本原则,主要有以下三个。

(1) 以顾客为中心的服务控制过程。研究表明,当顾客自己控制服务过程的时候,他们的抱怨会大大减少。对于自助式的服务系统,当顾客在服务使用过程中操作不当时,也不会对自助系统产生过多抱怨。

(2) "分割愉快,整合不满"。研究表明,如果一段经历被分割为几段,那么在人们印象中整个过程就要比实际时间显得更长。因此,根据这一结论,服务过程中使顾客感到愉快的过程可以分割成不同的部分,而把顾客不满(如等待)的部分组成一个单一的过程,这样有利于实现更高的服务质量。

(3) 服务设计重视在结束时的表现。由行为学理论可知,在服务过程中,相对于服务开始,服务结束时的表现决定了顾客的满意度。因此,在服务设计中,服务结束的内容和方式应当作为一个首要问题进行考虑。

## (三)服务设计对象

不同的设计学科对设计对象有着不同的看待和处理方式。根据布查南(Buchanan)提出的设计分析框架,他认为设计对象应包括标记、产品、行为和思想四个部分,而这四个对象又在人与人、人与机器、机器与机器等交互式过程中得以体现,并且这些交互式的过程往往是通过实物、技术和人际交流作为媒介物来支撑的。

(1) 实物。在服务设计中,接触体的设计非常重要,往往对服务质量有着很大的影响。接触体主要是指直接连接无形因素和客户的实物的载体。例如,医生的处方可以告诉病人需要购买何种药物;银行卡可以帮助人们在 ATM 机上使用自助服务。

(2) 技术。技术是很多服务后端的支持平台。例如,在银行服务中,Web 技术将人们同自己银行账户里的资金连接起来;在机场服务中,航班信息系统将人们同自己的目的地连接起来,等等。

(3) 人际交流。人际交流的方式是服务设计中需要考虑的重要问题,因为很多服务是必须依靠服务提供者同消费者的直接接触才能完成的。例如,公司员工接听客户电话的方式;酒店的服务员处理客户订单的态度;等等。

### (四) 服务设计流程

不同的客户服务需求决定了服务设计有着不同的侧重点,对服务设计的流程也有着不同的理解和看法。基于产品设计与开发知识,秦军昌等学者在《服务设计研究》一文中给出服务设计一般性的基础流程,在实际中可作为基准加以具体运用和扩展,如图 2.7 所示。

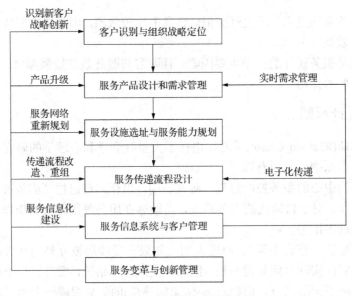

图 2.7 服务设计流程

#### 1. 客户识别与组织战略定位

任何组织的存在都源于客户的需要,组织内部每一个流程的自身价值的提高都是为了满足客户的最终需求。客户的需求在不同地点和不同时间点是不同的。因此,组织应该在认识自己能力的基础上,寻找与其能力相配的客户需求。此外,服务产品的隐性因素是提高客户满意度的关键,所以对于服务业而言,对客户隐性需求的识别显得尤为重要。

在服务业中,针对不同的客户,企业或组织要提供不同的服务,而特殊的客户群体需要提供订制化的产品和服务。因此,组织的战略定位在服务业中也是首要考虑因素,往往一个好的战略定位思想是实现组织目标利益最大化的关键。

### 2. 服务产品设计与需求管理

完成客户识别和组织战略定位后,接下来的工作就是提供令客户满意的服务产品。服务产品的设计,主要从产品的显性和隐性两部分去考虑。对于显性部分,设计的原则是要实现产品标准化;对于隐性部分,主要是客户个性化需求的订制。只有正确识别客户的这些精神需求,才能够提高服务"有形"产品的附加值。针对具体的客户群体,权衡服务的质量和价格之间的关系对于设计满足客户和组织需要的服务产品是至关重要的。

由于服务生产和消费的同时进行性,这使得需求的不确定性无法用库存的方式来应对,因此加强需求管理对服务业显得特别重要。需求的管理包括数量和类型两方面。数量方面的管理就是预测在不同时间、地点乃至环境中,客户对服务需求变化的规律;类型方面的管理,主要是服务产品的分类和新服务产品的开发。

### 3. 服务设施选址与服务能力规划

客户参与消费的方式决定了服务设施选址,选址是否恰当直接关系到服务企业的绩效。对于客户参与程度高的服务业,设施的选址必须以目标客户为中心,如医疗和餐饮等行业。但是,不同的选址目标会带来不同的效果。例如,注重商业利益的餐饮业,其设施选址应该考虑客户的"质点"位置;注重公共利益的医疗或消防部门,其设施选址应该考虑让最远的用户也可以在尽可能短的时间内接受到服务。对于客户参与程度较低的服务业,设施选址应该考虑如何能够降低运营成本,如邮政快件的分拣中心考虑的是如何确定主要的交通枢纽中心,而不是考虑客户的问题。

服务的能力规划主要受服务需求的波动性的影响,主要包括设施和人员能力。例如,对于餐饮业而言,中午、晚上是就餐高峰,而其他时段则顾客较少;对于电信业而言,早晨八点到晚上十二点之间是通话高峰时段,而其他时段的通话业务较少甚至没有。由上述事例可以看出,如果按照高峰时的需求来确定服务能力显然会产生浪费,相反如果服务能力太小,又会造成严重的服务"排队"现象,造成客户的流失。因此,服务能力和需求的有效搭配显得非常重要。

一般情况下,主动的需求引导可以降低需求的波动性,如价格策略,在不同时段可以提供不同的消费价格。同时,通过能力补偿与多元化也可以实现服务能力和需求的有效搭配。能力补偿主要体现在服务产品流程的分解,尽可能让客户参与程度不高的流程在需求不足的阶段完成。多元化是指利用不同产品的消费时段的差异化来平衡服务能力。要实现多元化,要求产品的流程差异化有较小的差别,且对人员的能力要求也不能太高。

### 4. 服务传递流程设计

服务传递指的是从原材料到客户需要的服务产品的一系列活动。实现服务传递一般有三类:生产线方法、客户参与方法和分离方法。生产线方法将制造业成熟的方法和技巧用于服务产品的开发,适用于客户参与程度低的企业。客户参与方法注重客户个性化的服务需求,主要针对那些客户参与程度高的企业。分离方法整合前两种方法的优势,把服务产品分为"前台"和"后台"两个环节,"后台"活动客户不参与,采用生产线方法;"前台"与客户共同完成，采用客户参与方法。该方法是企业最常用的服务传递设计办法。

#### 5. 服务信息系统与客户管理

服务信息系统建设可以实现组织日常事务处理操作的自动化和标准化，同时它也成为保持和提高企业竞争力的重要保障。通过信息化建设，一是能够提高行业进入壁垒，如俱乐部会员卡系统；二是能够创造效益、降低成本，如自动化的售票系统，提高了工作效率和质量，也节省了人工成本；三是通过数据库的建设可以提供信息支持功能，利用数据挖掘等知识发现方法，增加组织的知识资产等。由于服务产品个性化的特点，在对客户管理的过程中，企业通过对客户详细资料的深入分析，提高客户满意程度，从而提高企业的竞争力。

#### 6. 服务变革与创新管理

服务变革包括业务变革的需求和技术变革的需求。随着时代的发展，服务变革开展方式已由被动方式转入到主动方式。业务变革主要是对客户消费内容和方式的观察以及前瞻性估计，而技术变革往往是由于服务效率和效益的问题引发的。

创新管理主要包括目标创新和过程创新。目标创新主要是服务组织必须能够识别并引导服务发展的方向，如绿色环保型的消费方式的倡导，不仅能够节约组织的资源消耗，同时满足了社会环境的可持续发展的要求。过程创新除了改善具体服务操作细节的质量外，还采用更为先进的技术和方式提高过程的效率。

## 三、服务设计的发展趋势

### (一)绿色服务设计

随着人们对环境问题的日益关注以及全球绿色运动的兴起，可持续发展思想和环境保护观念已被人们普遍认同，各种绿色服务设计也备受消费者青睐。但是，目前学术界关于绿色服务的研究很少，因此，如何实施绿色服务，以保护生态环境和人类健康，确实是一个值得探讨的话题。

所谓绿色服务，是指有利于保护生态环境，节约资源和能源的、无害无污染、无毒的以及有益于人类健康的服务。21世纪是一个绿色的世纪，绿色服务将是未来服务业发展的必然趋势。其主要表现有以下四个方面。

#### 1. 发展绿色服务是基于可持续发展的需求

在现代科技的发展以及人们物质和文化生活需求的提高的同时，人类却在不知不觉中破坏了全球生态环境，这使得人类的生存和发展面临着严重的威胁。于是，可持续发展成为了当今时代发展的主题。所谓可持续发展，主要是指要求社会经济的发展必须同自然环境和社会环境相适应，经济建设必须与资源、环境相协调，人口增长必须与社会生产发展相一致，保证自然和社会的绿色循环和发展。在中国，处于初级阶段发展的服务业应当顺应世界经济绿色化的发展趋势，走可持续发展的"绿色道路"，也就是要求服务企业将其生产经营活动与自然和社会环境的发展相联系，树立绿色服务观念，从事绿色经营，使服务与环境有机统一。

**2. 发展绿色服务是服务业适应绿色消费需求的战略性选择**

人们在满足了物质需求的同时，越来越追求生活水平和生活质量的提高，越来越关注身心健康，越来越渴望生活在舒适的生态环境中。对于企业而言，消费者是企业发展的生命线，企业的生产和服务必须时刻以消费者需求为导向。因此，发展绿色服务，已不仅仅是环境保护和资源消耗的问题，实际上已经成为决定企业核心竞争力的战略性问题。

**3. 发展绿色服务能够降低企业成本、提高效益**

绿色服务要求企业以绿色技术和管理为手段，在服务的全过程中以节约资源、降低能耗为服务宗旨，尽可能最大限度地保护生态环境，降低服务成本，提高经济效益。对于高投入、高消耗、低产出的劳动密集型服务业来说，在发展绿色服务，节约能源和资源，降低消耗方面将会有较大的潜力。

**4. 发展绿色服务是经济全球化的需求**

中国加入WTO以后，经济全球化对中国的好处是明显的。通过外贸，中国在比较短的时间内实现了工业化城市过程；同时，负面影响也是明显的，中国的资源稀缺和环境污染也由于经济全球化而快速恶化。在WTO环境下，一些发达国家对影响生态环境的产品和服务征收环保进口附加税，实行"绿色壁垒"贸易保护主义。因此，为了提高中国服务业的国际竞争力，打破绿色贸易壁垒，发展绿色服务将成为中国服务业走向国际化的必由之路。

### (二)精益六西格玛服务设计

精益思想在传统的制造业过程中的运用取得了很大的成效，但是精益思想是否适用于消费过程，伍马克·詹姆斯(Womack James)在《精益消费》(*Lean Consumption*)一书中给出了答案。服务企业以顾客为中心，把缩短顾客的服务等待时间作为改善的指标，利用精益生产的思想把顾客最需要的服务在恰当的时间送到恰当的地点，这会给企业带来良好的形象和巨大的收益。由于服务过程的变异性要比一般的制造过程的变异性大，为了解决这一问题，巴斯姆·伊尔海克(Basem El-Haik)提出了基于精益思想的六西格玛设计方法，该思想可以有效地集中控制和解决流程变异和不稳定性。由于六西格玛设计具有一套完整的流程和强大的工具，因此可以帮助人们设计服务成本最低的服务流程并保证较高的服务质量。由此可见，企业将精益思想和六西格玛设计结合起来，将其中的原则、方法运用到服务设计之中，会增强服务设计中优质服务的鲁棒性和稳定性。

综上所述，服务业的快速发展要求科学有效的服务设计方法指导服务开发和创新，从而赢取更多的消费者，增强企业的核心竞争力。同时，服务本身的复杂性和动态性对服务设计方法提出了更高的要求。服务设计已经成为一门跨学科的学问，涉及管理学、人因工程、心理学、环境学、制造技术、信息技术、运筹学和系统工程等多种理论。如何将这些理论渗透到服务设计中，如何将这些先进的方法应用于服务设计中，有待人们的进一步探索和研究。

# 本 章 小 结

本章内容分为三个部分。第一部分阐述了新产品开发对企业生存与发展的重要意义和企业新产品开发的方向,并讨论了新产品开发的主要开发方式以及开发过程中应考虑的问题。第二部分主要阐述了新产品开发的流程以及新产品开发的策略,讨论了并行工程技术在产品开发过程中的应用。第三部分阐述了服务开发的特点、内容、开发模式以及与产品开发的异同点,探讨了服务设计的原则、流程,服务设计的工具和方法。

# 思 考 与 练 习

1. 什么是新产品,其开发方向和程序是什么?
2. 新产品开发策略有哪几种?如何选择?
3. 新产品开发过程中需要考虑哪些问题?
4. 何为并行工程?并行工程的特点和内容有哪些?
5. 什么是服务开发?服务开发包括哪些内容?
6. 简述服务设计与产品设计的区别。

# 案 例 分 析

### 中国石化引领自助加油新时尚

2008年奥运会前夕,继北京、河北、广东、浙江等石油分公司之后,上海石油分公司又推出5座自助加油站。至此,中国石化在全国投入运营的自助加油站已达84座,其中全自助10座,半自助74座。

自助加油是一种先进的消费方式,在一些发达国家早已盛行。目前,欧美国家自助加油站已占到90%以上。销售公司零售管理处的张毅告诉记者,近两年,中国石化一直在积极探索、稳步推广自助加油。从2008年4月份起,中国石化进一步加大推广力度,统一自助加油站建设标准及形象宣传,预计年底将有500座中国石化自助加油站投入运营,这必将成为引领中国成品油消费的新潮流。销售公司有关负责人对记者表示,集非油品、刷卡、投币于一体的自助式加油站,是中国石化零售业务发展的新方向。中国石化自助加油分全自助和半自助两种。全自助就是站内所有加油机实行自助,站内取消人工加油服务;半自助就是站内部分加油机实行自助,其余加油机实行人工加油服务。在全自助和半自助外,都有注明"自助"字样的竖型标牌,提供24小时自助加油服务。

与人工加油方式相比,自助加油更加便捷。自助加油机有带按键的电子显示屏,并标有图文结合的操作流程。客户在选定所需油品后,可选择人民币纸币或IC卡两种支付方式。加油完成后,只要按相应按钮,加油机便会自动打印小票。使用人民币支付的司机加油完毕如有余额，可凭小票到服务台找零。在整个流程中，加油机都会有电子语音提示，完成整个操作过程只需两到三分钟。北京石油分公司小营加油站的加油员告诉记者："来我们这里自助加油的司机，基本上都是'一回生，二回熟'，第三次再来时，就非常熟练了。"

自助加油也给以消费者小小的"经济诱惑"。因地制宜，用户采用自助加油可优惠3到5分钱，一般享受直接优惠，也有通过与非油品交叉营销的优惠方式，客户可凭自助加油小票购买加油站便利店的商品。

实行自助加油可大大提高工作效率。上海石油分公司零售管理中心副经理马勇说："拿上海高阳路的胜利加油站来讲，以前4台加油机只安装4台加油枪，而改造后拥有了8台加油枪，这就意味着8辆车可同时进行加油，效率提高了一倍。"

在当前销售企业保供压力大和员工劳动强度高的情况下，自助加油也是解决非油品用工问题、减轻员工劳动强度的有效手段。北京石油分公司有关人士表示，北京石油的4座自助加油站改造后，员工人数并没有减少，腾出的人手将有更多时间和精力投入加油站的便利店工作，这必将促使非油品业务进一步发展。

(资料来源：中国石油化工集团公司，2008.7.30.)

讨论题：

1. 自助加油方式有什么好处？与传统的加油方式相比，其在服务过程、管理上有什么不同？
2. 请提出一些能够使自助加油服务更受消费者欢迎的建议。

# 第三章　需求预测

**【学习目标】**

通过本章的学习，使学生了解预测的基本概念、需求预测的定性分析方法和定量分析方法。

**【关键概念】**

需求预测(demand forecasts)；定性预测(qualitative prediction)；定量预测(quantitative prediction)

**【引导案例】**

### 沪南供电所的科学预测

沪南供电所是上海市电力公司下属的供电单位，担负着上海市区南部的供电业务。供电区域东起南外滩，西至中山西路，南起浦江沿岸，北至延安路，涉及黄浦、卢湾、徐汇、静安、长宁五个区，共约32平方千米。主管220kV及220kV以下电网供电服务，辖区内220/110/35/10kV变配电站近300座，各种高低压线路2000余千米，承担大小客户近40万户，包括市政机关、各国驻沪领事馆、新闻媒体、金融、商业、医院等重要供电用户。供电区域居住人口约110万人，2005年完成售电量24.8亿度，全所共有员工562人。

近年来，沪南供电所区域内，由于产业结构的调整，许多工业用户在短短几年内大量迁出，取而代之的是大量商业用户、办公大楼和绿地，居民住宅小区随之大量增加，因此中小客户数已占客户总数的85%以上，不用科学预测方法很难做好预测工作，而预测不准不仅对每年的售电量把握不住，而且会使供电所电网规划处于被动状态，到底要建造多少变电站、配电站和架设多少架空线都无法预测。为此，李忠平所长根据自己在大学中学到的统计分析方法要求总工室主任刘德元按照以往的售电量逐月预测明年的售电量，并把当年1—10月的实际售电量作为参照物。总工室主任按照所长的要求审阅了以往的售电量(1998—2006)(见表3.1)。他知道预测时要考虑的一个复杂影响因素是沪南供电所的售电量与气温相关性很大，夏季气温越高售电量越多，冬季气温越低售电量越多，即存在着大量季节性电量，通常7、8月份最高，4月份最低。另一个值得关注的是，每年用电量都有一定幅度的增长，他认为这主要是与所辖区域内客户增多和使用增长有关，但是他没有办法对40多万客户的具体使用增长状况进行详细研究。

表3.1　沪南供电所的历史售电量

| 月份 | 1998年 | 1999年 | 2000年 | 2001年 | 2002年 | 2003年 | 2004年 | 2005年 | 2006年 |
|---|---|---|---|---|---|---|---|---|---|
| 1 | 1.0364 | 1.3989 | 1.2774 | 1.417 | 1.7353 | 1.7786 | 1.8759 | 2.103 | 2.0164 |
| 2 | 1.0221 | 1.1063 | 1.3837 | 1.6235 | 1.3337 | 1.6235 | 1.5746 | 1.8948 | 1.9873 |
| 3 | 1.1251 | 1.3368 | 1.3088 | 1.499 | 1.392 | 1.729 | 1.766 | 1.8302 | 1.8528 |

续表

| | | | | | | | | | |
|---|---|---|---|---|---|---|---|---|---|
| 4 | 1.0464 | 1.1346 | 1.2047 | 1.4433 | 1.0988 | 1.5228 | 1.5303 | 1.5836 | 1.6468 |
| 5 | 1.0369 | 1.1899 | 1.2535 | 1.3442 | 1.8863 | 1.572 | 1.6480 | 1.6846 | 1.8325 |
| 6 | 1.1741 | 1.2077 | 1.4359 | 1.5342 | 1.5845 | 1.7117 | 1.6858 | 2.0061 | 2.1003 |
| 7 | 1.2852 | 1.5784 | 1.5908 | 1.7927 | 1.9906 | 2.5663 | 2.1019 | 2.9049 | 3.2296 |
| 8 | 1.3908 | 2.1632 | 2.1125 | 2.1941 | 2.2429 | 2.854 | 2.3727 | 2.9653 | 2.9277 |
| 9 | 1.3027 | 1.4143 | 1.8446 | 1.8492 | 1.9736 | 2.1221 | 2.4703 | 2.2837 | 2.4178 |
| 10 | 1.0512 | 1.2976 | 1.2688 | 1.354 | 1.5133 | 1.6582 | 1.7267 | 1.7897 | 1.8871 |
| 11 | 1.2599 | 1.1299 | 1.3139 | 1.3496 | 1.4165 | 1.5615 | 1.5952 | 1.7404 | |
| 12 | 1.2635 | 1.1717 | 1.5126 | 1.5144 | 1.7784 | 1.7276 | 1.9175 | 2.0234 | |
| 累计 | 13.994 | 16.129 | 17.507 | 18.915 | 19.946 | 22.425 | 22.265 | 24.804 | 21.901 |

(资料来源: 上海交通大学管理案例研究中心, http://case.sjtu.edu.cn/content.asp?caseNo=MS101001.)

讨论:
请根据历年售电量做一下沪南供电所明年售电量的科学预测。

# 第一节 需求预测概述

需求预测是指给出企业产品在未来一段时间里的需求期望水平,并为企业的计划和控制决策提供依据。既然企业生产的目的是向社会提供产品或服务,其生产决策无疑会很大程度地受到需求预测的影响。需求预测与企业生产经营活动关系最紧密。对企业产品或服务的实际需求是市场上众多因素作用的结果。其中,有些因素是企业可以影响甚至决定的,而另外一些因素则是企业无法控制的。在众多因素中,一般来讲,某产品或服务的需求取决于该产品或服务的市场容量以及该企业所拥有的市场份额。

## 一、预测概述

### (一)预测的含义

预测是根据具体的决策需要,依据事物以往发展的客观规律性和当前出现的各种可能性,运用现有的科学方法和手段,对事物发展的规律性和未来状态做出的估计、测算和推断。

预测是预计未来事件的一门艺术,一门科学。它包含采集历史数据并用某种数学模型来外推与估算将来可能发生的结果。它也可以是对未来的主观或直觉的预期,还可以是上述的综合。进行预测时,没有一种预测方法会绝对有效。对一个企业在一种环境下是最好的预测方法,对另一企业甚至本企业内另一部门却可能完全不适用。无论使用何种方法进行预测,预测的作用都是有限的,并不是完美无缺的。但是,几乎没有一家企业可以不进行预测而只是等到事情发生后再采取行动,一个好的短期或长期的经营规划取决于企业对其产品需求的预测。

### (二) 预测的作用

**1. 预测是经济决策科学化的前提**

"凡事预则立,不预则废"。预测是对未来可能发生的情况的预计与推测,是决策的基础,不仅是长期的战略性决策的重要输入,也是短期的日常经营活动的重要依据。预测为编制各部门的计划提供了基础,使各部门能够协调一致地开展工作。

**2. 预测是编制计划、加强计划指导的依据**

根据预测数据,企业可以对各部门、各环节进行合理地安排和计划,减少不必要的浪费,提高效率,降低成本。

**3. 预测是企业加强经济管理、提高经济效益的手段**

预测作为企业管理的首要环节,是企业各项活动开展的前提,为企业加强管理工作提供支撑条件,是提高经济效益的有效手段。

### (三) 预测的基本原则

(1) 连贯性原则。所谓连贯性原则,就是从时间上考察事物的发展,其各阶段具有连续性。

(2) 类推性原则。所谓类推性原则,就是根据经济过程的结构和变化所具有的模式和规律,推测出将来经济发展变化的情况。

(3) 相关性原则。企业的各个部门,从采购、生产、仓储到销售各个环节都是息息相关的,任何环节出现问题都会对其他环节造成影响。因此,进行预测时要充分考虑各部门之间的相互影响。

(4) 实事求是原则。

### (四) 预测的分类

**1. 按预测结果的用途分类**

(1) 经济预测。经济预测(economic forecasts)即通过预计通货膨胀率、货币供给、房屋开工率及其他有关指标来预测经济周期。

(2) 技术预测。技术预测(technological forecasts)即预测会导致产生重要的新产品,从而带动新工厂和设备需求的技术进步。

(3) 需求预测。需求预测(demand forecasts)即为公司产品或服务需求预测。这些预测也叫销售预测,它决定公司的生产、生产能力及计划体系,并使公司财务、营销、人事作出相应变动。

**2. 按包含的时间跨度分类**

(1) 短期预测。短期预测跨度可以是几周、几个月,最多为 1 年,而通常少于 3 个月。短期预测一般用于购货、工作安排、所需员工、工作指定和生产水平的计划工作。

(2) 中期预测。中期预测的时间跨度通常是从 3 个月到 3 年。中期预测常用于制订销售计划、制订生产计划和预算、制定现金预算和分析不同作业方案。

(3) 长期预测。长期预测的时间跨度通常为 3 年及 3 年以上。长期预测常用于规划新产品、资本支出、生产设备安装或添置，以及企业未来研究与发展的方向。

**3. 按预测的方法分类**

按照预测的方法分类，预测又可分为定性预测方法和定量预测方法，这将在本章第二节详细介绍。

预测的分类总结如图 3.1 所示。

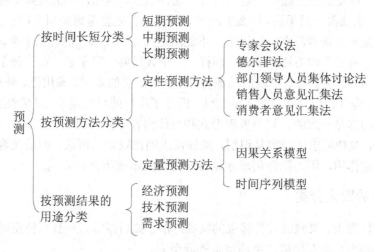

图 3.1 预测的分类

## 二、需求分析

### (一)显在需求与潜在需求

消费者需求按其是否在购买行为中表现出来而分为显在需求和潜在需求。显在需求，顾名思义，就是显现出来，可以知道其存在的需求，这种需求可能是具体的，是对某一种或某一类东西的需求，如电脑；也可能不是具体的，只是对某一种性能或品质的需求，如对电脑的运行速度、性能稳定的需求。潜在需求，是目前还没有发现的需求，它并不是不存在，只是由于种种原因，还没有发掘出来，以至于有这种需求的人自己也没有很清楚地意识到，它需要有智慧、有洞察力的人去引导，去发掘。

发掘潜在需求是一件非常困难的事情，而且风险很大，所以市场上只有为数不多的一部分人在做，而正是这一部分人左右着市场，甚至是世界的发展方向。一旦成功，将被发掘出来的需求具体化为一种产品或服务，又会带来丰厚的回报。当潜在需求变成显在需求时，就会有千千万万的人去追逐，使得这种产品或服务的利润越来越小，于是就有人去寻找新的突破，新的吸引力，把市场分得更细，使它更加完善。这是一般的规律。举个例子，瓶装矿泉水是基于人们出行的增多、人要喝水的常识以及人性中对方便、卫生的追求而开发出来的，刚开始是一种奢侈品，喝矿泉水几乎是一种身份的象征，后来，牌子越来越多，生产得越来越多，卖得也越来越便宜，市场已经饱和，就有人改造出一种小瓶的矿泉水，更加方便，后来又有了大瓶装，有了纯净水，有了与"喝水"有关的许许多多产业。世界就是这样，在由潜在需求转化为显在需求，在不断的发展和完善中，变得更加丰富，更加方便。

### (二)显性需求与隐性需求

需求是人们在具有购买力条件下的欲望转变过程。需求告诉我们欲望，并通过经济上的交换来满足自我的欲望。

显性需求是指消费者意识到并有能力购买且准备购买某种产品的有效需求。显性需求往往是具体的，企业要重点把握和领会消费者的显性需求。例如，一个人需要随时了解当前时间，他的需求是去获得一只手表，那么生产手表的厂商首先会考虑如何生产一只精确的手表。

隐性需求是指消费者没有直接提出、不能清楚描述的需求。隐性需求来源于显性需求，并且与显性需求有着千丝万缕的联系。同样，一个人需要一只手表，在选择手表的同时，除了准确指示时间外，还要考虑手表的其他特性，包括手表的款式、易用性、外观及附加价值。在很多情况下，隐性需求是显性需求的延续，满足了用户的显性需求，其隐性需求就会提出，两种需求的目的都是一致的，只是表现形式和具体内容不同而已。

通常而言，显性需求比较容易识别，隐性需求则比较难以辨认，但是在客户决策时却是隐性需求起决定作用，因为隐性需求才是客户需求的本质所在。

### (三)需求的四大分类

(1) 一次性需求。某些时效性极强的特殊产品，如日报等，一旦在特定时期内未能提供给市场，就会丧失其原有价值，市场需求就降至零。

(2) 长期需求。大多数商品或服务虽然也有销售有效期，但相对较长，可以将需求看作是长期存在的。

(3) 独立需求。一种产品或服务的需求与任何其他产品或服务的需求无关，如对多数制成品的需求。

(4) 衍生需求(或称派生需求)。一种产品或服务的需求是由对其他产品或服务的需求引发的。对制造商来讲，原材料需求就可以看作是由产成品需求衍生出来的衍生需求。

### (四)需求的五大规律

不管是哪一类需求，必须具有一定的规律，才能够进行合理地预测，需求规律一般有以下五个。

(1) 尖峰需求。需求量总体偏小，需求断断续续，波动大，什么时候出现需求、需求量多少没有明显特征。

(2) 季节性需求。产品的需求量随着季节的转换而发生较大的变化，具有明显的季节特征，即由于气候、节假日、消费习惯等因素引起的需求量的变化，如夏天游泳衣的销售量、节假日礼品的需求量等。在这种情况下，企业一般能够及时调整自己的经营方向和生产能力，迅速满足市场的需要。

(3) 周期性需求。产品的需求量随着时间的推移而呈现周期性的变化。由于时间间隔的周期一般比较难以确定，或者由于形成周期性需求的原因根本无法知道，从而使周期性需求相对比较难以预测。例如，对物流市场需求的周期性影响主要来自经济发展的周期、国际环境的改变及政治变革等。

(4) 趋向性需求。产品的需求量随着时间的推移而朝着某一个方向有规律地运动，没有出现较大的剧烈波动，它具有较为明确的发展方向和稳定的变化幅度，因而趋向性需求一般比较容易预测。

(5) 随机性需求。产品的需求量由于需求的偶然变动而呈现无规则的变化趋势，一般在随机性的需求中，各期的需求量差别较大。一般将总需求中的那些已经知道原因的需求因素剔除以后(如剔去季节性需求、周期性需求和趋向性需求等)，剩下的无法解释的那部分就属于随机性需求。

## 三、需求预测的意义、内容和步骤

### (一)需求预测的意义

无论何种行业，也无论企业生产经营的产品或服务属于哪种类型，为提供市场所需的产品和服务都需要一定的生产准备时间、生产时间，为完成生产、服务所需的原材料、零部件也需要一定的时间(原材料交货期)才能从供应商运至生产、加工者的手中，产成品同样需要一定的时间(产成品交货期)才能送至用户所需的消费地点。但客户往往在做出购买决策后并不愿意等待，他们总是希望立即或至少是在合理时间内收到所购买的产品，享受到所需的服务。如果企业根本没有需求预测，总是等收到客户订单后才知道应该生产什么、生产多少，那么失销现象就会大量发生。

因此，任何企业都有必要对目标市场未来的需求状况做出预测，再依据预测规划生产能力、筹备资源要素。需求预测是企业制定战略规划、生产安排、销售计划，尤其是物流管理计划的重要依据。生产标准产品的企业会根据预测，生产一定量随时可供应市场的产品，或至少存有相当数量的原材料和零配件以尽量缩短交货时间。生产定制产品的企业(如模具生产商)或者个性化十分强的产品或服务的提供者(如美容师)，因为是按订单生产，一般不会有产成品堆积在仓库中，但也要根据需求预测，准备足够的生产能力(生产工具和劳动力)。

### (二)需求预测的内容

需求预测要给出企业产品在未来一段时间里的需求期望水平，并为企业的计划和控制决策提供依据。既然企业生产的目的是向社会提供产品或服务，其生产决策无疑会很大程度上受到需求预测的影响。需求预测与企业生产经营活动的关系最紧密。其内容如下。

(1) 市场总潜力预测。
(2) 企业经营地区市场潜力预测。
(3) 企业经营地区范围内社会购买力的发展趋势预测。
(4) 企业所生产和经营产品的需求趋势预测。
(5) 产品生命周期及新产品投入市场的成功率预测。
(6) 产品市场占有情况预测。

### (三)需求预测的步骤

掌握市场需求预测的步骤，是需求预测工作中最基本的一环，以此为基础，才能顺利地将预测工作进行到底。无论采用何种预测方法，进行预测时都必须遵循以下几个步骤。

### 1. 明确预测对象和目的

我们可以从不同的目的出发对市场经济活动进行预测，预测目标不同，需要的资料、采取的预测方法也都有一些区别。有了明确的预测目标，才能根据目标需要收集资料，才能确定预测进程和范围。据此可确定预测所用信息、需要进行的投入。

### 2. 决定预测的时间跨度

这一步要确定所进行的预测的时间跨度是短期、中期还是长期。确定了预测目标后，接着要分析预测的时间性和准确性要求。如果是短期预测，允许误差范围要小，而对于中长期预测，误差在20%~30%是允许的。预测的地区范围应是企业的市场活动范围，每次预测都要根据管理决策的需要划定预测的地区范围，范围过宽、过窄都会影响预测的进程。

### 3. 收集预测所需的数据

收集的市场资料可分为历史资料和现实资料两类。历史资料包括历年的社会经济统计资料、业务活动资料和市场研究信息资料。现实资料主要包括目前的社会经济和市场发展动态，以及生产、流通形势、消费者需求变化等。对于收集的资料，要进行归纳、分类、整理，最好分门别类地编号保存。在这个过程中，要注意标明市场异常数据，结合预测进程，不断增加、补充新的资料。收集预测所需数据时，一定要保证这些数据资料的准确性和可靠性。

### 4. 选择预测方法

收集完资料后，要对这些资料进行分析、判断。常用的方法首先是将资料列出表格，制成图形，以便直观地进行对比分析，观察市场活动规律。分析判断的内容还包括寻找影响因素与市场预测对象之间的相互关系，分析预测期市场供求关系，分析判断当前的消费需求及其变化，以及消费心理的变化趋势等。在分析判断的过程中，要考虑采用何种预测方法进行正式预测。市场预测有很多方法，选用哪种方法要根据预测的目的和掌握的资料来决定。各种预测方法有不同的特点，适用于不同的市场情况。一般而言，掌握的资料少、时间紧，预测的准确程度要求低，可选用定性预测方法；掌握的资料丰富、时间充裕，可选用定量预测方法。在预测过程中，应尽可能地选用几种不同的预测方法，以便互相比较，验证其结果。

### 5. 做出预测

这一步中，要根据前面收集的相关的数据资料和确定的预测模型对需要预测的对象做出合理的预测。不仅要靠某一理论模型，还要综合考虑各种复杂状况和影响因素，借助经验判断、逻辑推理、统计分析进行预测。

### 6. 预测结果评价，分析预测精度和误差

通过计算产生的预测结果，是初步的结果，这一结果还要加以多方面的评价和检验，才能最终使用。检验初步结果的方法，通常有理论检验、资料检验和专家检验。理论检验是运用经济学、市场学的理论和知识，采用逻辑分析的方法，检验预测结果的可靠性程度。资料检验是重新验证、核对预测所依赖的数据，将新补充的数据和预测初步结果与历史数据进行

对比分析，检查初步结果是否合乎事物发展逻辑，符合市场发展情况。专家检验是邀请有关方面专家，对预测初步结果做出检验、评价，然后综合专家意见，对预测结果进行充分论证。

#### 7. 将预测结果付诸实际应用

按照前面几步，已经对需要预测的对象做出了预测，这一步，就需要将得到的预测结果应用到实际中去，从而达到进行预测的目的。

上面这些步骤系统总结了开始、设计和应用一项预测的各个环节。如果是定期做预测，数据则应定期收集，实际运算则可由计算机进行。

## 第二节 需求预测方法

需求预测是运用定性预测和定量预测的方法进行的市场研究活动，在预测过程中，这两种方法不可偏废。

### 一、定性预测方法

定性预测主要是利用直观材料，依靠管理者个人的经验和综合分析能力对未来做出趋势性的估计，属于主观性预测，精度较差，并且很难标准化。通常，如果影响需求预测的相关信息是模糊的、主观的，无法量化，而且相关的历史数据很少，或是与当前的预测相关程度很低，往往就只能选择定性的方法进行预测。定性分析常用于预测一般商业趋势或长时期内对某类产品或服务的潜在需求，主要为高层管理者使用。此外，因为定性预测对数据要求少，所以其在历史数据稀少的新市场或新产品预测中使用较多，而且中期到长期的预测更多选用此方法。其优点是预测花费时间较短，成本较低，操作比较容易；缺点是受主观因素的影响较大。常见的定性预测方法包括专家会议法、德尔菲法、部门领导人员集体讨论法、销售人员意见汇集法及消费者意见汇集法等。

#### (一)专家会议法

专家会议法是指聘请预测对象所属领域的专家，通过座谈讨论，依靠专家的知识和经验进行预测。这种方法要求选择的专家具有较高的专业水平和较丰富的实践经验。预测的方法是先向专家提出问题、提供信息，由专家进行讨论、分析、综合，形成预测结论。这种方法的优点是占有信息量大，考虑的因素比较具体，专家之间可以相互启发，集思广益，取长补短；缺点是容易受权威人士观点的影响，与会者不能畅所欲言。

#### (二)德尔菲法

德尔菲法又称专家调查法，是通过对专家背靠背(互不见面或协商)的匿名征询方式进行预测的方法，是由美国著名的兰德公司首创并用于预测和决策的方法。德尔菲是古希腊阿波罗神殿所在地，传说阿波罗神以预言灵验著称，他经常派遣使者到各地去收集聪明人的意见，这里德尔菲法既有预测灵验之意，又有集众人智慧之内容。

德尔菲法是在克服专家会议法的缺陷、吸收其优点的基础上形成的，近年来已成为广泛应用的定性预测方法。其具体做法是：预测主持者选定预测目标(问题)和参加的预测专家，先将所要预测的问题和有关的背景材料及调查表，用通信的方式寄给各位专家，分别向各位专家征询意见。预测小组把专家们寄回的个人意见加以综合、归纳、整理，再反馈给专家，进一步征询意见，如此反复多次，直至专家们的意见趋于一致，供决策者进行决策。

专家选择需具代表性，应熟悉、精通预测对象，一般有 10～50 人。每轮调查完毕要进行统计整理，如果结果比较分散，需要重新设计调查表调查，不断继续，直到专家的意见达到某种程度的一致性为止，最后以此为根据做出判断或预测。

在使用德尔菲法时必须坚持三个原则。一是匿名性原则。对被选择的专家要保密，不使他们彼此通气，不使他们受权威、资历等方面因素的影响。二是反馈性原则。一般的征询调查要进行三至四轮，要给专家提供充分反馈意见的机会。三是收敛性原则。数轮征询后，专家们的意见应相对集中和趋向一致，若个别专家有明显的不同观点，应要求他详细说明理由。

德尔菲法的主要优点是简明直观，预测结果可供计划人员参考，受到计划人员的欢迎。它避免了专家会议的许多弊端，在进行过程中专家互不见面，减少了权威、资历、口才、人数、心理等各种因素对专家的影响，便于消除顾虑，大胆思考，畅所欲言。其常用于长期的和新产品的销售预测、利润预测以及技术预测等。

### (三) 部门领导人员集体讨论法

该方法是指由高级决策人员召集销售、生产、采购、财务、研究和开发等各部门主管开会讨论，进行预测。与会人员充分发表意见，提出预测值，然后由召集人按照一定的方法，如简单平均或加权平均，对所有单个的预测值进行处理，即得预测结果。

这种方法的优点是：①简单易行，经济可行；②不需要准备和统计历史资料；③汇集了各主管的丰富经验和聪明才智；④如果缺乏足够的历史资料，此法是一种有效的途径；⑤如果市场情况发生变化，可以立刻进行修正。

这种方法的缺点是：①由于是各主管的主观意见，故预测结果缺乏严格的科学性；②与会人员之间容易相互影响，个别人(权威)的观点可能左右其他人发表意见；③耽误了各主管的宝贵时间；④因预测是集体讨论的结果，故无人对其正确性负责，会导致预测的责任分散，管理者发表的意见过于草率；⑤预测结果可能较难用于实际目的。

这种方法常用于制定长期规划以及开发新产品预测。其应用的前提是，参与预测的部门主管具有较丰富的知识、经验以及对市场的洞察能力和分析能力。

### (四) 销售人员意见汇集法

该方法认为销售人员贴近市场，对需求的了解也就更加深入，因此首先要求销售人员根据自己对市场的理解来估计未来的需求水平，再将结果汇总成为未来的市场需求预测。这也是一种常用方法。

这种方法的优点是：①预测值容易按地区、分支机构、销售人员、产品等区分开；②由于销售人员的意见受到了重视，可增强其销售信心；③由于取样较多，预测结果稳定性较好。

这种方法的缺点是：①带有销售人员的主观偏见；②受地区局部性的影响，预测结果准确性差；③当预测结果作为销售人员未来的销售目标时，预测值容易被低估；④当预测涉及紧俏商品时，预测值容易被高估。

### (五)消费者意见汇集法

当对新产品或缺乏销售记载的产品的需求进行预测时，常常使用消费者意见汇集。即对客户、最终消费者或潜在客户进行发放问卷、走访调查或采用其他类似方法搜集市场需求信息，了解他们对与本企业产品相关的产品及其特性的期望，预测未来市场走向，再考虑本企业的可能市场占有率，并判断企业战略部署是否与此趋势相适应。然后对各种信息进行综合处理，即可得到所需的预测结果。

这种方法的优点是：①预测直接来源于顾客购买意图，较好地反映了市场需求情况；②可以获得丰富的信息，如顾客对产品优缺点的看法，这有利于企业改善产品、开发新产品和有针对性地开展促销活动。

这种方法的缺点是：①在调查过程中，顾客有时不配合调查，影响调查结果的准确性；②顾客购买意图容易随着一些新情况的(如办展销会)出现而发生变化；③调查时需耗费较多的人力和时间。

## 二、定量预测方法

定量预测方法是利用统计资料和数学模型来进行预测。定量预测的优点是注重事物发展在数量方面的分析，注重发展变化的程度在数量上的描述，预测主要依据历史统计资料，较少受主观变化因素的影响，可以采取计算机辅助处理预测数据的预算。其缺点是不能对需求发生质的变化做出预测，不易灵活掌握，对信息资料的质量和数量要求较高。有时结合主观判断，可使定量预测更经济合理。定量预测适应了企业管理中量化未来需求的要求，在生产经营领域起着重要作用。但由于远期预测误差过大，使得预测本身失去价值，所以定量预测法大多数用在近期预测上。其优点是科学理论性强，逻辑推理缜密；缺点是成本高，应用困难，需要一定的理论基础。定量预测方法包括因果关系模型和时间序列模型两类预算模型。

### (一)因果关系模型

因果关系是假定需求与某些内在因素或周围环境的外部因素有关。将需求作为因变量，将影响因素作为自变量，通过对影响需求的有关因素变化情况的统计计算和分析，来对需求进行预测。由于反映需求及其影响因素之间因果关系的不同，因果分析预测法的模型又分为回归分析模型、经济计量模型、投入产出模型等。

回归分析法(regression model)是建立在大量实际数据的基础上，从中寻求统计规律性的一种方法。它通过对历史数据的分析，发现数据变化的规律性，找出其变量之间的关系，建立回归方程，从而进行预测。

运用回归分析法进行定量预测时，必须具备以下三个条件。

(1) 预测对象与影响因素之间必须存在因果关系，而且数据点在 20 个以上为好。
(2) 过去和现在的数据规律能够反映未来。
(3) 数据的分布有线性趋势，可采用线性解；若没有线性趋势，则可用非线性解。

回归分析法根据其自变因素量的多少可划分为一元线性回归法、二元线性回归法、多元线性回归法、非线性回归法等。下面仅对一元线性回归法作较为详细的介绍。

一元线性回归法是处理自变量($x$)和因变量($y$)两者之间线性关系的一种方法。其基本公式为

$$y = a + bx \tag{3.1}$$

式中：$y$——因变量，即一元线性回归预测值；

$a$、$b$——回归系数，$a$是回归直线的截距，$b$是回归直线的斜率；

$x$——自变量，即需求的影响因素的变化量。

根据最小二乘法原理，$a$、$b$的计算公式为

$$b = \frac{n\sum xy - \sum x \sum y}{n\sum x^2 - (\sum x)^2} \tag{3.2}$$

$$a = \frac{\sum y - b\sum x}{n} \tag{3.3}$$

这两个变量之间的关系，将在$a$、$b$这两个回归系数的范围内，展开有规律的演变。因此：

(1) 根据$x$、$y$等现有的实验数据或统计数据，寻求合理的$a$、$b$等回归系数来确定回归方程，是运用回归分析的关键。

(2) 利用已求出的回归方程中$a$、$b$等回归系数的经验值去确定$x$、$y$等值的未来演变，并与具体条件相结合，是运用回归分析的目的。

## (二)时间序列模型

所谓时间序列是按一定的时间间隔，把某种变量的数值依发生的先后顺序排列起来的序列。这些数值可能是销售量、收入、利润、产量、运量、事故数等。每天、每周或每月的销售量按时间的先后所构成的序列，是时间序列的典型例子。

时间序列分析法也是一种常见的预测方法。时间序列分析是建立在这样一个设定基础上的：与过去需求相关的历史数据可用于预测未来的需求。它通过考察需求随时间波动的规律，包括变化的趋势性(指由于消费习惯、人口总量或构成变化等因素而引起的需求量的长期变化)、季节性(指需求随时间而呈现出来的周而复始的淡旺季交替现象)等，而对未来需求进行预测。

常见的时间序列分析方法主要有简单平均法、加权平均法、移动平均法、季节性波动分析法、指数平滑法等。

### 1. 简单平均法

简单平均法也称算术平均法，是将过去的实际销售量的时间序列数据进行简单平均，把平均值作为下一期的预测值。如果产品的需求形态近似于平均形态或产品处于成熟期，就可用此法进行预测。其计算公式为

$$\bar{y} = \frac{\sum_{i=1}^{n} x_i}{n} \tag{3.4}$$

式中：$x_i$——各期数据。

简单平均法将远期销售量和近期销售量等同看待,没有考虑近期市场的变化趋势,所以准确度较低,只适用于短期预测或各期需求比较均衡的情况。

**2. 加权平均法**

如果过去的实际销售量有明显的增长(或下降)趋势,则使用加权平均法。即逐步加大近期实际销售量在平均值中的权数,然后再予以平均,确定下期的预测值。其计算公式为

$$\bar{y} = \frac{\sum_{i=1}^{n} w_i x_i}{\sum_{i=1}^{n} w_i} \tag{3.5}$$

式中:$x_i$ —— 第 $i$ 期的销售量;
$\quad\quad w_i$ —— 第 $i$ 期销售量的"权"数。

**3. 移动平均法**

移动平均法是对历史数据按顺序逐点分段移动平均,以反映产品需求的长期变化趋势。常用的移动平均法有一次移动平均法、二次移动平均法和加权移动平均法。

(1) 一次移动平均法。一次移动平均法是对产品需求的历史数据逐点分段移动平均的方法。这种方法较上述几种方法准确度高,实用性强。其计算公式为

$$M_t^{[1]} = \frac{x_t + x_{t-1} + x_{t-2} + \cdots + x_{t-n+1}}{n} \tag{3.6}$$

式中:$M_t^{[1]}$ —— 第 $t$ 期的一次移动平均值;
$\quad\quad x_t$ —— 第 $t$ 期的实际值;
$\quad\quad n$ —— 每次移动平均所包含的实际值个数,也叫移动平均数。

一次移动平均法预测中,本期移动平均值就是下一次的预测值,即 $F_{t+1} = M_t^{[1]}$。从一次移动平均值的计算公式可以看出,$M_t^{[1]}$ 是第 $t$ 期前 $n$ 期实际发生值(包括第 $i$ 期)的算术平均值。$n$ 值越小,对近期的变化趋势反映得越明显。当 $n=1$ 时,$M_t^{[1]}$ 就是当期的实际发生值,即对产品需求的历史数据没有进行平均。$n$ 值越大,对产品需求的历史数据的修匀程度也越大。当 $n$ 等于资料期数时,则一次平均值就是简单平均值。由此可见,$n$ 的取值最为关键,一般是由产品需求历史数据的多少、历史数据有无比较明显的季节性变化或循环周期性变化等来确定的。

(2) 二次移动平均法。在一次移动平均后,如果移动平均的数据仍不能明显反映预测对象的变化趋势,可以进行二次移动平均。二次移动平均是在一次移动平均的基础上,对每次移动平均的结果再进行一次移动平均。其计算公式为

$$M_t^{[2]} = (M_t^{[1]} + M_{t-1}^{[1]} + \cdots + M_{t-n+1}^{[1]})/n \tag{3.7}$$

式中:$M_t^{[2]}$ —— 第 $t$ 期的二次移动平均值。

移动平均的过程实际上是对历史数据的线性化过程;历史数据经过一次或二次移动平均后,得到的数据点都会呈现明显的线性趋势,这种线性趋势可由式(3.8)的线性方程表示,可采用该式进行预测。

$$y_{t+T} = a_t + b_t T \tag{3.8}$$

式中：$y_{t+T}$ —— $t+T$ 期的预测值；

$T$ —— 从目前周期 $t$ 到需要预测的周期个数；

$a_t$ —— 线性方程式所表示直线的截距，即目前数据水平；

$b_t$ —— 线性方程式所表示直线的斜率，即预测对象随 $T$ 的变动趋势。

$a_t$、$b_t$ 的确定：移动平均时，预测值和实际值有个偏差，当 $n$ 为奇数时，一次移动平均值相对实际发生值从时间上滞后 $(n-1)/2$，偏差为 $(n-1)b_t/2$。同样，二次移动平均值与同期的一次移动平均值的偏差为 $(n-1)b_t/2$。由此可得

$$\begin{cases} y_t - M_t^{[1]} = (n-1)b_t/2 \\ M_t^{[1]} - M_t^{[2]} = (n-1)b_t/2 \\ y_t = a_t \end{cases}$$

求解此方程组得

$$\begin{cases} a_t = y_t = 2M_t^{[1]} - M_t^{[2]} \\ b_t = 2(M_t^{[1]} - M_t^{[2]})/(n-1) \end{cases} \tag{3.9}$$

求得 $a_t$ 和 $b_t$ 的值后，就可用 $y_{t+T} = a_t + b_t T$ 进行预测。

在实际应用中，一般二次移动平均法常用于短期的预测。而一次移动平均法多用于近期预测和对预测对象原始数据的处理，以消除原始数据因随机因素引起的异常现象。

(3) 加权移动平均法。在移动平均法中，各期数据的权重是相同的。如果近期数据对预测结果的影响大，远期数据对预测结果的影响小，这时采用加权移动平均法预测更为合适。

加权移动平均法是对以往各期的观测值赋予权重再进行平均的预测方法，权重可通过对历史数据分析后获得。该方法的基本思想是：近期数据对预测结果的影响大，远期数据对预测结果的影响小，根据各期数据影响程度的大小不同分别赋予不同的权重(各期的权重之和等于1)，以这个权重进行加权后计算预测对象的加权平均值，本期的加权平均值即为下期的预测值，这样可以比较明显地反映时间序列的近期发展趋势。其计算公式为

$$M_t = \sum_{i=t-n+1}^{t} w_i x_i \tag{3.10}$$

式中：$M_t$ —— 第 $t$ 期的加权移动平均值；

$w_i$ —— 第 $i$ 期的权重；

$x_i$ —— 第 $i$ 期的实际值。

由此可见，一次移动平均法各期资料的权数相等，都为 $1/n$，而加权移动平均法各期资料的权数不等。由于权重的确定方法不同，因而产生了不同的预测方法。

### 4. 季节性波动分析法

当产品的市场需求呈明显的季节性波动时，用平均法进行销售预测就不能正确地反映销售量的波动。此时，可用计算季节指数的办法来预测季节性波动。

### 5. 指数平滑法

指数平滑法是从移动平均法演变而来的，是将现在实际值和上一周期指数平滑值加权平均。指数平滑法实质上是对各期数据按照发生的先后次序不同分别给出具有指数变化规律的

权数，求出加权平均值。常用的指数平滑法有一次指数平滑法、二次指数平滑法等。

指数平滑法使用比较简单，而且精度较好。此法是美国企业普遍采用的预测方法之一，主要有以下几个特点。

(1) 短期预测中最有效的方法。
(2) 只需要得到很小的数据量就可以连续使用。
(3) 在同类预测法中被认为是最精确的。
(4) 当预测数据发生根本性变化时还可以进行自我调整。
(5) 是加权移动平均法的一种，较近期观测值的权重比较远期观测值的权重要大。

## 本 章 小 结

制订经济计划需要以预测作为基础，经营管理企业也同样需要以预测尤其需要以市场需求预测为依据。企业的生产能力计划也来自需求预测。在科学的需求预测基础上，才能制订出最优的生产能力计划。本章主要对需求预测的基本概念和方法进行了介绍。

## 思考与练习

1. 简述需求预测的内容和意义。
2. 简述需求预测的方法。

## 案 例 分 析

### 梅里威尔(Merriwell)制袋公司

梅里威尔制袋公司是位于华盛顿西雅图的一个小的私人公司。公司的股份由梅里威尔家的5个家庭成员(丈夫、妻子和3个儿子)平均持有。但是有经验的领导是发起人和家长爱德(ED Merriwell)先生。20年前他辞去了一个大型造纸厂的工厂监管职位，成立了该公司。具有讽刺意味的是，原来的造纸厂5年前成立了箱包分部，现在是梅里威尔公司的竞争对手。

**公司策略**

梅里威尔一家将公司的成功归功于发现了合适的竞争不"激烈"的市场。公司为分散在广阔地理位置的很多小的连锁店提供材料袋。他直接将材料袋运往小地区的库房或将货物直接卸在单独的商店门口。这一家人认为大的材料袋生产商为如此小规模的服务商提供产品赚钱不多，所以不在意这部分市场。事实上，爱德先生仅用二手制袋设备开始了这个业务，即为小的折扣连锁商店和区域性的连锁药店提供材料袋。这两类机构在这些年里飞速成长。爱德先生骄傲地指出，制袋公司就是随这些业务一同成长的。目前，这两类最初的客户是公司最大的客户。

梅里威尔一家不想使其业务过于过分地依赖于任何一个客户，因此他们的政策是对任何客户的销售额不能超过他们公司销售总额的15%。事实上，公司鼓励它的主要客户为保险起见，建立不同的供应渠道来避免由于纸张短缺、运输路线的困难、当地的运输/仓储的罢工、生产的问题等造成的库存短缺，而这些问题很可能影响梅里威尔公司提供材料袋的能力。

该公司不急于开发新的客户，但它已有500多名客户，最小的客户每年订5包(可以加工和运输的最小订单)，最大的订单是每年15 000包。每包的材料袋数量随所用的纸的重量和袋的大小不同而变化。公司只生产普通的一通到底的商品袋，尺寸的变化从小的2.5×10的铅笔袋到大的20×2×30的折扣商店用来装较大物品的材料袋。公司不生产平底袋(杂货袋)或需要复杂印刷的材料袋(特种袋)。材料带的标签只限于表面的20%，材料袋的每一面只有一种蓝墨水颜色的标签。因此，公司的中心策略是根据标准生产低成本的产品，这样产品的售价同大材料袋的生产商的产品价格相比具有竞争力。与此同时，公司提供许多大生产商不屑一顾的运输和库存服务。梅里威尔一家特别关注那些紧急需求额外材料袋的客户、或那些由于自身的库存短缺问题而要求梅里威尔公司在特定的时间内存储一定数量材料袋的客户，公司为此感到非常骄傲。

### 预测需求

提供个别服务就要求该公司的制袋工厂有严格的库存控制和生产计划。高度精确地需求预测能够保证公司通过利用自己的仓库设施和卡车路线安排来满足特殊的客户要求。到目前为止，爱德先生凭经验就能进行需求预测和安排生产计划。由于账户数量不断增长以及客户采购部门的人员变化，公司预测的准确性快速下降。对特殊材料袋的运输不足的账户的百分比正在不断地提高，这给公司敲响了警钟。相反的，仓库正过多的堆积其他类型的材料袋。这使得三车纸卷由于滞期放入仓库而受到严厉的罚款。而滞期是由于成品袋的库房满了，纸张库的一部分用于储存成品袋而没有多余的空间。直到原材料仓库的空间腾出来，才可卸下三车纸卷，就是这样耽误了时间。

由于产品的季节性原因，过去对需求进行预测一直很困难。假期前会出现材料袋需求的高峰期。对特种袋的需求高峰的时间以客户的库存政策和假期促销行为的开始时间而定。

梅里威尔一家需要一种能将季节性的因素考虑进去的预测方法。而且，由于有大量的老客户而使市场相对稳定，他们需要反映稳定性的一种方法。最后他们需要一种能够预测各个客户增长模式的方法。满足这些条件的预测方法能够增强公司的盈利能力。据悉，如果这种方法能用来预测总需求，同样的方法就能够通过预测较大客户需求而获得额外的预测准确性。通过对总需求和大型客户的需求的准确预测，在现有的仓储和运输下，就可以灵活地满足较小客户的需求。为了开发这种方法，梅里威尔一家将总需求量的数据编排如表3.2所示。这些数据代表过去五年每月的材料袋的销售量。

表3.2 销售量

单位：包

| 月份 | 2015 | 2016 | 2017 | 2018 | 2019 |
|---|---|---|---|---|---|
| 1 | 2 000 | 3 000 | 2 000 | 5 000 | 5 000 |
| 2 | 3 000 | 4 000 | 5 000 | 4 000 | 2 000 |
| 3 | 3 000 | 3 000 | 5 000 | 4 000 | 3 000 |
| 4 | 3 000 | 5 000 | 3 000 | 2 000 | 2 000 |

续表

| 月份 | 2015 | 2016 | 2017 | 2018 | 2019 |
|---|---|---|---|---|---|
| 5 | 4 000 | 5 000 | 4 000 | 5 000 | 7 000 |
| 6 | 6 000 | 8 000 | 6 000 | 7 000 | 6 000 |
| 7 | 7 000 | 3 000 | 7 000 | 10 000 | 8 000 |
| 8 | 6 000 | 8 000 | 10 000 | 14 000 | 10 000 |
| 9 | 10 000 | 12 000 | 15 000 | 16 000 | 20 000 |
| 10 | 12 000 | 12 000 | 15 000 | 16 000 | 20 000 |
| 11 | 14 000 | 16 000 | 18 000 | 20 000 | 22 000 |
| 12 | 8 000 | 10 000 | 8000 | 12 000 | 8 000 |
|  | 78 000 | 89 000 | 98 000 | 115 000 | 113 000 |

问题：

1. 开发并修正满足公司条件的预测方法。
2. 预测 2020 年每月的需求，并得出总需求。
3. 为了预测较大客户的需求和总需求，如何改进预算的准确性？
4. 在形成新的销售预测中，爱德先生的经验能起到怎样的作用？

(资料来源：罗杰·施罗德. 运作管理——运作职能中的决策[M]. 4版. 韩伯堂，等，译. 北京：北京大学出版社，2004. 作者有改动.)

# 第四章 生产类型与生产过程组织

**【学习目标】**

通过本章的学习,使学生了解生产类型的概念、分类和划分方法;理解生产过程的概念、组成,以及合理组织生产过程的要求;掌握生产过程专业化形式的种类及其各种形式的优缺点;掌握生产过程时间组织的原则及其步骤。

**【关键概念】**

生产类型(types of manufacturing);生产过程(productive process);流水线时间组织(time organization of stream line)

**【引导案例】**

### 柔性制造正在掀起一场跨世纪的生产力革命

**1. 精益生产凸显柔性制造**

精益生产方式最早产生于日本,是日本丰田汽车公司在20世纪六七十年代总结出来的一套成功的生产模式,也叫JIT(Just In Time),即在需要的时候,按照需要的数量,生产出需要的产品。精益生产方式与从前的大批量生产方式相对应,基本特点是零库存、低成本和快速反应。如果说,20世纪的精益生产更多的是追求零库存的话,那么,今天开始了对制造过程进行彻底变革的追求,柔性制造成了精益生产的最核心内容。

在进入21世纪之后,企业经营环境已经发生了根本的变化。由于市场竞争全球化、顾客和市场需求多样化、个性化以及生产的相对过剩,使得产品寿命趋短,价格竞争加剧。为了在残酷的竞争中生存和发展,企业就必须研究一些低成本并且能够快速反应的制造方法,柔性制造就是这些方法的总称。因此,与其说柔性制造是一种生产方式,不如说柔性制造是一种全新的制造理念。

**2. 批量生产导致效率损耗**

让我们来看一看传统大批量生产方式存在的问题。某大型办公设备制造企业R公司,在20世纪90年代投资600万美元引进了一条200米长的生产线,每月生产A款打印机两万台,线上配置近200名工人,大批量生产方式显示了巨大的威力。之后,A款打印机的销售量逐年减少,R公司为了确保市场占有率,又陆续投入了大小不同的B、C、D、E等多款产品。只要稍加分析,我们便能够认识到这样一些典型的效率损耗问题。

(1) 工位时间差或速度差损耗。200人的生产线,要100%均衡地分解装配时间是绝对不可能的。生产线速度是由某一个瓶颈工位(时间最长工位)或作业者(速度最慢或熟练度最差的人)决定的,效率损耗显而易见。

(2) 工位变更损耗。当生产量发生变更的时候,传统的做法是重新进行工位设定,调整线上人数和各工位作业时间,重新进行员工训练使之适应新的要求。整个变更过程以及变更后对新标准的适应过程都伴随着大量的效率损耗。

(3) 频繁换线损耗。A、B、C、D、E等各个产品之间的变换，都需要进行换线准备工作，而且在换线过程中只能按照装配速度较慢的机型进行生产，效率的损耗可想而知。

(4) 场地损耗。即使产量降到一半甚至更低，生产线同样占用同等的场地。

另一家大型金属加工企业M公司，车间里数十台冲压机一字排开很是壮观。每一台机器的后面是大量的中间品，最常见的是两辆大台车，一辆装着前工序加工后的中间品，另一辆装着自己加工后的产品或中间品。这种生产方式的损耗也是显而易见的：大量的中间产品库存，占用资金和场地；中间产品在机器间的无谓搬运以及搬运工具的大量使用；某一工序的质量问题可能造成大量中间产品的报废。

**3. 多种方式进行柔性制造**

柔性制造恰好能解决传统生产中存在的这些问题，以下一些有代表性的柔性制造方法能帮助我们很好地认识柔性制造的意义和实现柔性制造的新思路。

(1) 细胞生产方式。与传统的大批量生产方式比较，细胞生产方式有两个特点，一是规模小(生产线短，操作人员少)；二是标准化之后的小生产细胞可以简单复制。由于这两个特点，细胞生产方式能够实现：①简单应对产量的变化，通过复制一个或一个以上的细胞就能够满足细胞生产能力整数倍的生产需求；②减少场地占用，细胞是可以进行简单复制的(细胞生产线可以在一天内搭建完成)，因此不需要的时候，可以简单拆除，节省场地；③每一个细胞的作业人数少，降低了平衡工位间作业时间的难度，工位间作业时间差异小，生产效率高；④通过合理组合员工，即由能力相当的员工组合成细胞，可以充分发挥员工最高的作业能力水平。如果能够根据每一个细胞的产能给予员工相应的奖励，还有利于促成细胞间的良性竞争。

(2) 一人生产方式。我们看到过这样的情形，某产品的装配时间总共不足10分钟，但是它还是被安排在一条数十米长的流水线上，而装配工作则由线上的数十人来完成，每个人的作业时间不过10~20秒。针对这样一些作业时间相对较短的产品，如果能够打破常规(流水线生产)，改由每一个员工单独完成整个产品装配任务的话，将获得意想不到的效果。

(3) 一个流生产方式。上面提到的M公司的一个流生产方式是这样实现的：取消机器间的台车，并通过合理的工序安排和机器间滑板的设置让产品在机器间单个流动起来。它的好处是：①极大地减少了中间产品库存，减少资金和场地的占用；②消除机器间的无谓搬运，减少对搬运工具的依赖；③当产品发生品质问题时，可以及时将信息反馈到前部，避免造成大量中间产品的报废。一个流生产方式不仅适用于机械加工，也适用于产品装配的过程。

(4) 柔性设备的利用。一种叫做柔性管的产品(有塑胶的也有金属的)开始受到青睐。从前，许多企业都会外购标准流水线用作生产，现在却逐步被自己拼装的简易柔性生产线取代。比较而言，柔性生产线首先可降低设备投资70%~90%；其次，设备安装不需要专业人员，一般员工即可快速地在一个周末完成安装；再次，不需要时可以随时拆除，提高场地利用效率。

(5) 台车生产方式。我们经常看到一个产品在制造过程中，从一条线上转移到另一条线上，移载工具就是台车。着眼于搬动及移载过程中的损耗，有人发明了台车生产线，即在台车上完成所有的装配任务。这样做，不仅省去了生产线，而且搬运和移载效率大大提高。

(6) 固定线和变动线方式。根据某产品产量的变动情况，设置两类生产线，一类是用来满足最小批量的固定生产线，另一类是用来满足变动部分的变动生产线。通常，传统的生产设备被用作固定线,而柔性设备或细胞生产方式等被用作变动生产线。为了彻底降低成本,在日本变动线往往招用劳务公司派遣的临时工(part-time)来应对,不需要时可以随时退回。

柔性制造总的趋势是:生产线越来越短,越来越简,设备投资越来越少;中间库存越来越少,场地利用率越来越高;生产周期越来越短,交货速度越来越快;各类损耗越来越少,效率越来越高。可见,实现柔性制造可以大大降低生产成本,强化企业的竞争力。

(资料来源:刘承元. 世界经理人, 2002.10.3. http://www.ceconline.com.)

讨论:
1. 生产方式变革的驱动力是什么?
2. 柔性制造未来的发展趋势。

# 第一节 生产类型及生产过程概述

## 一、生产类型的概念和划分

### (一)生产类型的概念

生产类型是生产结构类型的简称,是指在企业生产系统中,产品的品种、产量以及生产的专业化程度在技术、组织、经济效果等方面的综合表现。不同的生产类型所对应的生产系统的运行机制不同,其管理方法也不相同。

生产类型划分的目的在于要从品种繁多的制造业企业中找出其生产组织上的共同特点。不同行业各自有其不同的特点。从生产过程组织的角度来看,有时同行业之间存在着生产过程组织的差别,且这种差别比不同行业之间的差别大,然而不同行业之间的生产过程组织却存在着共同的特点。

上述相同行业之间、不同行业之间的特点表现在设备与工艺、生产规模、专业化程度、产品的结构等的组织上。而生产运作管理的一项重要任务,就是要在种类繁多的不同行业中,分析研究其生产过程组织的特点,探索它们的客观规律性,按照各行业的生产特点与共同点归纳出几种生产的类型,目的是根据不同的生产类型采取相应的生产组织形式,这样将有利于合理组织生产和提高生产运作管理的效率。

### (二)生产类型分类

生产类型有以下三种不同的分类方式。

#### 1. 根据产品的通用性分类

根据产品的通用性,生产类型可以分为生产通用产品的生产类型和生产专用产品的生产类型。

(1) 生产通用产品的生产类型。由于生产的产品是通用产品,适用面广,因而这类生产类型一般是根据预测进行生产的,又称备货型生产的生产类型。在市场供需不平衡的条件下,预测与实际需求之间不可避免地会存在一些差异,往往需要设立中间库存作为缓冲环节,即我们通常所说的库存。当生产量大于实际需求时,多余的部分作为库存暂时储存起来;而当生产量小于实际需求时,则用库存来弥补需求的不足部分。

因此,如何确定适当的库存水平,建立合理的库存控制模型,成为这一类生产类型管理的重点。

(2) 生产专用产品的生产类型。由于这类生产类型是根据用户的订单进行生产的,故又称订货型生产的生产类型。

企业接到用户订单后,根据用户的需求进行产品设计、工艺流程的设计、工时定额制定、采购及生产直至发货。在这一系列的环节过程中,经历了从产品开发直到生产的全过程,因此,产品的生产周期比较长。但是,现在的交货期在日益缩短,用户往往要求快速而准时的交货,若企业不能满足这一要求,很可能会导致一部分客户流失。生产专用产品的生产类型由于根据订单要求的品种和时间进行生产,因此生产的品种多,生产系统的负荷变动大,生产过程不稳定,且很难保证生产过程的比例性,导致生产过程经常出现瓶颈环节,而且瓶颈的部位随着生产过程的持续进行而发生"漂移"。

所以,如何缩短产品生产周期,尤其是缩短生产技术准备的时间,则是这一类生产类型研究的关键所在。

2. 根据工艺特性分类

根据产品加工工艺特性,生产类型可以分为加工—装配型的生产类型和流程式的连续加工的生产类型。

(1) 加工—装配型的生产类型。所谓加工—装配型的生产类型,是指产品是由各零部件或元件组成的,在加工时零部件先分别加工,然后再总装成产品。这一加工工艺特点,出现了零部件加工时的平行性特征以及组织生产过程的连续性问题(时间衔接)。另外,由于一个产品对其组成的零部件有不同的数量要求,这就对生产过程提出了数量均衡性和比例性的要求。因此,对加工—装配型的生产类型来说,其生产过程的组织比较复杂,既要求数量均衡性和比例性,又要求时间均衡性和比例性。

(2) 流程式的连续加工的生产类型。所谓流程式的连续加工的生产类型,是指原材料从一端投入,按一定的顺序经过各个工作站,直至产品产出为止。其工艺过程是连续的,产品在物理结构上也是不可分的,如钢铁冶炼、造纸、化工等行业均属于这种类型。

由于流程式的加工工艺的连续性,因此在生产过程中不存在平行加工、数量均衡、时间衔接等问题。这类生产类型管理的主要问题是原材料的连续不断地投入以及设备管理等问题。只有在原材料能连续不断投入,设备不出现故障,并保持良好的运行状态的情况下,整个流水线才能正常运转。由此可见,该类型的生产过程具有一定的节奏性,同时也具有一定的时间强迫性。

3. 根据生产的稳定性与重复性分类

根据企业生产产品的品种多少、重复和稳定程度、产量大小和专业化程度,生产类型可分为大量生产、成批生产和单件小批生产。

(1) 大量生产。通常情况下,大量生产过程中的每个工作地都固定加工一道或少数几道工序,工作地的专业化水平比较高,所有产品加工都有相同的顺序,对工人操作技术水平要求较低。由此可见，大量生产的特点是：产品固定，品种少，产量多，生产条件稳定，生产的重复性高，如流水生产、生产线等。生产过程可采用高效率的专用设备、自动化与半自动化设备以及专用工艺装备。计划的编制比较精细，执行情况也易于检查，如汽车制造厂、奶制品加工线以及电子产品加工线等。

(2) 成批生产。在成批生产条件下，由于生产品种较多，对工人技术水平要求也相对较高，在设备的采用上，不能完全像大量生产那样采用自动化、半自动化、专用设备与专用工艺装备，而要根据产量的大小、工序的难易程度而定。

成批生产的特点是：产品相对稳定，品种较多，工作地是成批地、定期或不定期地轮番进行生产，因而工作地的专业化程度较大量生产低。当轮番生产时，工作地设备和工装夹具要进行适当调整。

成批生产还可细分为大批生产、中批生产和小批生产。

(3) 单件小批生产。在单件小批生产条件下，一个工作地上要执行各种不同的工序作业、同时辅助性的作业较多，对工人的技术水平要求比较高，以适应多品种生产的要求，如造船厂、大型电站设备厂、大型汽轮机设备厂、航天飞机的制造等。

在这种生产条件下，生产过程中多采用通用的设备和工装夹具，只有在某些特殊的工艺、技术要求下，才采用专用设备、工装夹具。同类型的设备成组排列，产品在生产过程中的移动路线复杂，经常有迂回或倒流现象发生。

单件小批生产的特点是：产品品种多，而每一种产品仅是少量的，品种不稳定，工作地的专业化程度很低。

## 二、生产过程的概念和划分

### (一)生产过程的概念

生产过程是每一个制造业或服务业最基本的活动过程。任何产品的制造，都需要经过一定的生产过程。产品的生产过程是指从原材料投入生产开始，直到产成品检验合格入库为止所经历的一系列过程。进一步来说，它主要是指劳动者利用劳动工具，按照一定的方法和步骤，直接或间接地作用于劳动对象，使其成为具有某种使用价值的产品的过程。这个过程中有时还要借助于自然力的作用，如铸件铸坯的自然冷却、油漆的自然干燥、酿酒的发酵等。

无论是制造行业，还是服务行业，其生产系统都存在着利用运营资源把投入转换成产出的生产过程。而生产运营资源由生产运营管理中的 5P 组成，即人力(People)、工厂(Plant)、部件(Part)、工艺(Process)以及计划控制体系(Planning and control system)。

### (二)生产过程的划分

现代产品制造一般需要经过产品开发与设计、工艺制订、材料准备以及生产过程组织等一系列的过程。按生产过程的作用来分，企业生产过程一般可以分成下列四个过程。

1. 基本生产过程

所谓基本生产过程，是指企业生产基本产品或提供必要的服务的过程。基本生产过程是工业生产的核心部分。它受行业生产性质的影响，具有行业的特点。例如，机械制造行业的生产性质属于先加工零件，然后将零件装配成产品，这就使机械制造的基本生产过程形成了不同的加工工艺阶段。这些不同的工艺阶段主要是毛坯工艺阶段、机加工工艺阶段、热处理工艺阶段，以及最后由零件组成部件及总装成产品的装配工艺阶段。每一个工艺阶段都有其自身的特点，这些特点都影响着生产的组织与计划。

(1) 毛坯工艺阶段。毛坯一般是由材料铸造、锻造、冲压成型的坯件。毛坯工艺阶段是近代机械制造基本生产过程的必要准备阶段。一定形状的、具有复杂工艺的毛坯可以减少下一阶段加工时的切削余量，或达到一定的物理性质要求。

毛坯工艺过程最为典型的是铸造过程，这一过程可以铸造出大量的各种形状复杂的毛坯铸件。毛坯件在铸造中总是重复同一种工艺过程，并且工艺过程的顺序也相同，而与其形状和重量无关。由于这一特点，铸造设备的通用化程度一般比较高，且设备的结构与铸件的规格尺寸之间的关系也不大，因此可以使其生产组织简化。

(2) 机加工工艺阶段。机加工工艺阶段是机械制造工业基本生产过程中最重要的阶段。此阶段的工艺过程要完成零件的成型工作。加工过程一般在加工车间进行，所占的工作量最大。各个零件、部件和整个产品的质量与加工工艺过程有很大的关系。

机加工工艺过程的重要特点是划分详细，零部件的生产要经过很多道工序，根据其工艺流程和生产过程组织的条件，各种零件工序的顺序并不一样。例如，机加工车间往往置备各种各样的设备、工具和工艺装备，这一切都使零件机械加工工艺过程的计划和组织复杂化。

(3) 热处理工艺阶段。热处理过程既可在加工工艺阶段进行，又可在毛坯和机加工车间的热处理工段进行，或附设在生产线上。金属加工时广泛采用的热处理过程是淬火、退火、渗碳以及电镀等。热处理就是在高温中加热处理，改变钢的性质(如硬度、抗拉强度、弹性等)，表面处理主要是电镀、发蓝等防锈处理。热处理过程的特点是工序不多，加工形式和工序都相同，设备不受零件的影响，因此在生产组织工作和计划上比较简单。

(4) 装配工艺阶段。装配过程是产品的完成阶段，是借助紧固体、材料焊接等把零件组装成部件的过程，以及最后的修整、试车，均属装配工艺过程。装配工艺过程在分装车间、总装车间或装配工段进行。装配工艺过程尽管在完成各道工序上的方法简单，但却是各式各样的，机械化和自动化程度较低，装配的工作量很大。目前大多数装配线仍然以手工装配为主，机械化作为辅助，因而生产计划与组织也较为复杂。

2．辅助生产过程

辅助生产过程是指为保证基本生产过程的正常进行所必需的各种辅助性生产活动，包括机械制造业的设备维修、工艺装备制造，服务业中的劳动力供应等。辅助生产过程是整个生产过程不可分割的重要组成部分。现代生产体系与传统生产体系所不同的就是各生产环节和生产部门之间的有机联系，生产准备、基本生产、辅助生产之间的有机统一。

3．生产技术准备过程

产品在正式投产以前，在生产技术方面所做的工作都属于生产技术准备过程，具体包括市场调研、产品开发与设计、工艺设计、工时定额(劳动定额)制定、新产品试制和鉴定、调整劳动组织和设备布置等内容。这里的生产技术准备与生产前组织的物质技术准备环节有所区别，前者是直接的生产准备，该环节为具体的产品生产做准备；后者是间接的生产准备，该环节不是为具体的产品生产做准备的。

#### 4. 生产服务过程

生产服务是为保证企业生产活动正常进行所做的服务性工作,如物料的保管和供应、物料运输、理化试验、计量工作等。

上述四个过程都是企业生产过程的重要组成部分。有的企业除了进行上述活动以外,还利用企业剩余的生产能力和资源生产其他副产品,称为附属生产过程。附属生产过程也是企业生产过程的组成部分。企业所生产的副产品向社会销售,但这些副产品不是企业的主打成品,在一个时期内不能成为企业的核心竞争力。例如,钢铁企业利用高炉炉渣生产的建筑材料,飞机制造厂利用边角余料生产的铝锅、饭盒,等等。这一系列的循环生产过程为循环经济发展提供了重要的保障。

## 三、生产类型和生产过程组织的关系

确定了生产类型以后,如何根据各种生产类型合理组织生产过程成为各企业的当务之急,因为不同过程的组织方法就是以不同的生产类型来确定的,只要生产类型相同,就可采用统一的组织方式。生产类型和生产过程组织之间的关系如表 4.1 所示。

表 4.1 生产类型和生产过程组织的关系

| 项目和参数 \ 生产类型 | 大量生产 | 成批生产 | 单件小批生产 |
| --- | --- | --- | --- |
| 产品特点 | 品种单一 | 品种较多 | 品种很多 |
| 生产设备 | 采用高效专用设备 | 采用部分专用设备和通用设备 | 大多采用通用设备 |
| 生产设备的布局 | 根据对象原则组织流水线 | 根据对象原则和工艺原则组成可变流水线 | 按工艺原则布局,一般不能组成流水线 |
| 工艺装备 | 采用高效专用工艺装备 | 采用专用和通用并存的工艺装备 | 采用通用工艺装备 |
| 工艺装备参数 | 大 | 较大 | 小 |
| 对工人技术水平要求 | 低 | 较高 | 高 |
| 劳动生产率 | 高 | 较高 | 低 |
| 产品加工周期 | 短 | 较长 | 长 |
| 设备利用率 | 高 | 较高 | 低 |
| 设备投资 | 大 | 较大 | 小 |
| 产品成本 | 低 | 中 | 高 |
| 产品库存 | 多 | 较多 | 少 |
| 柔性化 | 差 | 较强 | 强 |
| 风险性 | 一般大 | 较小 | 一般小 |
| 经济效益 | 最好 | 较好 | 差 |

在大量生产条件下，可以广泛地采用高效率的自动化和半自动化设备，专用设备和专用工艺装备。由于大量生产可以组织流水线和自动线，所以可以大大地缩短生产流程和生产周期，从而提高生产效率，降低产品成本。

在中批量生产条件下，产品品种较少，生产较稳定，只能部分采用自动化设备或专用设备，不能广泛组织生产线，轮番生产时需要调整准备时间，因此其生产效率和经济效益相对于大量生产较差。

在单件小批生产条件下，只能采用通用设备和标准工艺装备。生产的机械化、自动化水平低，手工操作比重大，工人的劳动量最大。设备按工艺原则布局，没有专设的生产线，因此生产流程迂回过长。其特点表现为：产品的品种多、批量小，调换品种频繁，调整准备时间和中断时间较多。因此生产效率低，经济效益也最差。

尽管组织大量生产经济效益高，但并不是在任何条件下都适宜采用大量生产方式。因为大量生产的投资高，需要配备大量的专用设备、专用设施和专用的工艺装备等。生产线的柔性差，若产品的品种有变更，原有的生产线由于一切的设施都是根据单一产品布局的，不能适用于新产品的生产流程。因此只有在生产稳定的条件下，大量生产的优点才能充分发挥出来。

随着科学技术的进步和市场需求的变化，未来产品总的趋势应是多品种、小批量、多变化、短生命周期，所以合理有效地组织生产过程是一项重要任务，对进一步研究生产类型具有积极意义。

## 第二节  生产过程组织

生产过程组织是对生产过程的各个组成部分从时间和空间上进行合理安排，使它们能够相互衔接、密切配合，达到提高生产效率、缩短生产周期的目标，形成一个协调的产品生产系统。

生产过程组织的基本任务是保证产品生产的流程最短、时间最省、耗费最少，并按计划规定的产品品种、质量、数量、交货期等全面完成生产任务，提高生产过程的经济效益。

### 一、生产过程的空间组织

生产过程的空间组织是指在一定的空间内，合理地设置组织(企业)内部各基本生产单位(如车间、工段、班组等)，使各基本单位之间的物流顺畅高效地运行。生产过程的空间组织有四种典型的形式。

#### (一)工艺专业化

工艺专业化又称工艺原则，是按照生产过程中各个工艺阶段的工艺特点来设置生产单元的。在这种生产单元内，集中了同类型的生产设备和同工种的技术工人，各种产品的同一工艺阶段可以在该单元内完成生产，即加工对象是多样的，但工艺方法是同类的，每一生产单元只完成产品生产过程中的部分工艺阶段和部分工序的加工任务。例如，机械制造业中的铸造车间、机加工车间、热处理车间及车间中的车工段、铣工段、磨工段等，都是工艺专业化生产单元。图 4.1 所示为某机械厂工艺专业化布局形式。

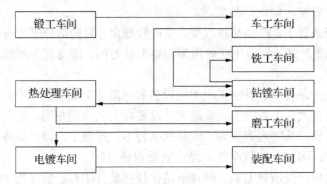

图 4.1  某机械厂工艺专业化布局形式

(1) 工艺专业化布局形式的优点是：①对产品品种变化的适应力强。②设备利用率高。③便于专业化管理和工人技术水平的提高。

(2) 工艺专业化布局形式的缺点是：①这种形式不是独立完成产品的全部加工工序，一件产品要经过许多生产单位后才能完成，产品在生产过程中的运输路线长，运送材料、半成品的劳动消耗多，这就增加了运输费用。②产品在生产过程中存放、等待时间增多，延长了生产周期，使在制品的数量增多，增加了流动资金的占用。③由于各单位之间联系协作往来频繁，使生产计划管理、在制品管理、质量管理等各项工作复杂化。

(3) 工艺专业化：适用于单件小批量生产。

### (二)对象专业化

对象专业化又称对象原则，就是按照产品(或零件、部件)的不同来设置生产单位。在对象专业化生产单位内，集中了不同工种的工人、不同类型的机器设备，其对同种类产品进行不同的工艺加工，能独立完成一种或几种产品(零件、部件)的全部或部分的工艺加工过程，而不用跨越其他的生产单位。例如，汽车制造厂中的发动机车间、底盘车间，电子产品的装配车间，奶制品的加工车间，等等。图 4.2 所示为某机械厂对象专业化布局形式。

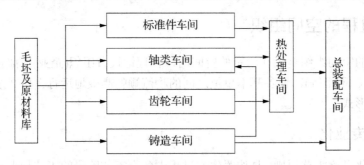

图 4.2  某机械厂对象专业化布局形式

(1) 其优点是缩短运输路线，减少运输费；提高连续性，缩短周期，减少在制品占用；便于生产管理。

(2) 其缺点是对产品品种变化的适应性差；不便于生产面积和设备能力的充分利用；工

艺设备管理复杂。

(3) 对象专业化适用于大量大批生产。

### (三)混合专业化

混合专业化形式就是将工艺专业化形式和对象专业化形式结合起来的一种形式,在我国企业中应用比较普遍。它包括在工艺专业化的基础上,采用对象专业化的原则建立生产单位;或在对象专业化的基础上,采用工艺专业化的原则建立生产单位。

这种布置形式机动灵活,如应用得当,可取得较好的经济效益。图 4.3 所示为某机械厂混合专业化布局形式。

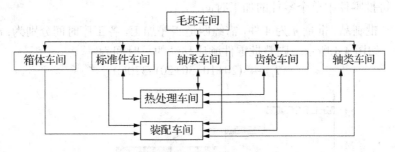

图 4.3　某机械厂混合专业化布局形式

### (四)固定式布置

固定式布置是将要加工的对象固定在一个位置,把生产设备移动到要加工的产品处,而不是把产品移到加工设备处。这种布置方法比较特殊,通常只限于体积和重量都非常大、不易移动的产品,且通常只能以单件或极小批量生产的产品,如船舶、重型机床、建筑物、电影外景的拍摄等。这种布置通常是没有其他选择余地的。

## 二、生产过程的时间组织

生产过程的时间组织是研究产品生产过程中各环节在时间上的衔接和结合的方式。生产过程各环节之间时间的衔接越紧密,就越能缩短生产周期,从而提高生产效率,降低生产成本。

产品生产过程各环节在时间上的衔接紧密程度,主要表现在劳动对象在生产过程中的移动方式上。劳动对象的移动方式与一次性投入生产的劳动数量有关。在这种组织形式上,单个工件投入生产时,工件只能顺序地经过各道工序,不可能同时在不同的工序上进行加工。当一次性投产的工件有两个或两个以上时,工序间就会表现出不同的移动方式。一批工件在工序间主要存在着三种移动方式,即顺序移动、平行移动、平行顺序移动。

### (一)顺序移动方式

顺序移动方式是指一批零件在前一道工序全部加工完毕后,整批转移到下一道工序进行加工的移动方式。

该移动方式的最大特点是零件在其加工的各个工序之间是整批移动的,一道工序在加工,其下游的工序要等待其加工完毕才能开始本工位的加工。由于零件和产品是整批传送的,因此计划与组织工作比较简单。零件和产品集中加工、集中运送,有利于提高效率,降低生产成本。

每批零件在前一道工序全部加工完毕,才整批运送到下一道工序加工,零件在各工序之间是整批移动的。其公式为

$$T_{顺}=n\sum_{i=1}^{m}t_i \tag{4.1}$$

式中: $m$ ——工序数;

$n$ ——零件的批数;

$t_i$ ——每批零件中单个零件的加工时间。

**例 4.1** 一批制品,批量 $n$ 为 4 件,需经四道工序加工,各工序时间分别为:$t_1=20$,$t_2=10$,$t_3=30$,$t_4=20$,如图 4.4 所示。则整批零件顺序移动的总时间为

$$T_{顺}=4\times(20+10+30+20)=320(s)$$

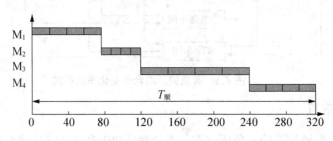

图 4.4 整批零件的顺序移动方式

(1) 顺序移动方式的优点是:生产组织比较简单,减少了设备的调整时间和运输次数。

(2) 顺序移动方式的缺点为:零件加工等待时间长,在制品多,生产周期长。

(3) 顺序移动方式适用于批量不大和工序时间较短的零件加工。

这种方式要求产品在批量小、工序加工时间短,或产品达到一定数量时才能开始加工。由于零件在加工过程中大多数存在等待运输和等待加工的现象,因而会出现在制品占用多、生产周期长等状况。

## (二)平行移动方式

平行移动方式是指一批零件中的每个零件在每道工序加工完毕以后,立即转移到后道工序加工的移动方式。其计算公式为

$$T_{平}=\sum_{i=1}^{m}t_i+(n-1)t_L \tag{4.2}$$

式中: $t_L$ ——零件各工序中的最长加工时间;

其他字母代表含义同式(4.1)。

**例 4.2** 一批制品,批量 $n$ 为 4 件,需经四道工序加工,各工序时间分别为:$t_1=20$,$t_2=10$,$t_3=30$,$t_4=20$,如图 4.5 所示。则零件平行移动的总时间为

$$T_{平}=(20+10+30+20)+(4-1)\times30=170(s)$$

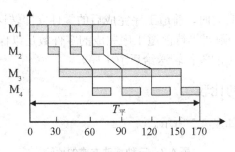

图 4.5 平行移动方式

平行移动方式的最大特点是零件在各道工序之间是逐个或逐小批运送的。由于这一特点，零件在各工序之间的加工呈现平行加工模式。因而，这种时间组织方式能够很好地控制产品加工过程中的在制品数量，能更有效地压缩产品的生产周期。

当批量大时，前后道工序的加工时间成比例性。由于零件在各道工序之间按小批量运送，因而在压缩生产周期的同时大大增加了运输工作量；另外，零件在各道工序的加工时间一般是不一致的，也会出现机器设备等待或零件等待状况。这种方式在组织流水生产时采用较多。

### (三) 平行顺序移动方式

平行顺序移动方式是指一批零件在一道工序上尚未全部加工完毕，就把已加工好的一部分零件移动到下道工序加工，恰好能使下道工序连续地进行加工，使整个组织过程有序地进行。其计算公式为

$$T_{平顺}=n\sum_{i=1}^{m}t_i-(n-1)\sum_{i=1}^{m-1}t_{\min} \tag{4.3}$$

式中：$t_{\min}$——较短工序，是指某一道工序的单件加工时间比前道工序短，或比后道工序短。

**例 4.3** 一批制品，批量 $n$ 为 4 件，需经四道工序加工，各工序时间分别为：$t_1=20$，$t_2=10$，$t_3=30$，$t_4=20$，如图 4.6 所示。则零件平行顺序移动的总时间为

$$T_{平顺}=4\times(20+10+30+20)-(4-1)\times(10+10+20)=200(s)$$

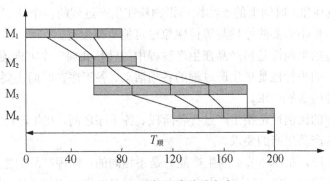

图 4.6 平行顺序移动方式

平行顺序移动方式吸收了上述两种移动方式的优点，但计划和组织工作比较复杂。平行顺序移动方式的特点是：当一批零件在前道工序上尚未全部加工完毕时，就将已加工的部分制件转到下道工序进行加工，并使下道工序能够连续地、全部地加工完该批制件。

为了能够达到工件有序地加工的要求，加工过程中工件的运送需要满足下列原则：当前

道工序时间小于后道工序时间时，前道工序完成后的零件立即转送到后道工序；当前道工序时间大于后道工序时间时，则要等待前道工序完成的零件数足以保证后道工序连续加工所需要的零件数时，才能将完工的零件转送给后道工序。

### (四)三种移动方式的比较

三种移动方式的比较如表 4.2 所示。

表 4.2　三种移动方式的比较

| 参数 \ 移动方式 | 顺序移动 | 平行移动 | 平行顺序移动 |
|---|---|---|---|
| 加工周期 | 长 | 短 | 中 |
| 设备利用 | 好 | 差 | 好 |
| 运输频率 | 较低 | 较高 | 中等 |
| 组织管理 | 简单 | 中 | 复杂 |

## 三、生产过程组织的要求

生产过程组织的目标是要使产品在生产过程中行程最短、时间最省、占用和耗费最少、效率最高，能取得最大的生产成果和经济效益。其具体要求如下。

(1) 生产过程的连续性是指产品在生产过程的各个阶段，各工序之间保持一定的连续性，这一要求同工厂布置、生产技术水平和管理工作的水平有关。其优点如下。①可以减少在制品的数量，缩短产品的生产周期，加速流动资金周转。②可以更好地利用设备、物资和生产面积，减少产品由于闲置、等待所造成的损失。③有利于改善产品质量，降低生产成本。

生产过程的连续性包括空间上的连续性与时间上的连续性。空间上的连续性要求生产过程各个环节在空间布置上合理紧凑，使各部门之间或同一部门各设备之间物料的流程尽可能短，没有迂回往返现象。时间上的连续性是指物料在生产过程的各个环节之间的运动自始至终处于连续状态，使不必要的停顿与等待现象尽可能少或没有。

(2) 生产过程的单向性是指产品在生产过程中的转移要向一个方向流动。

(3) 生产过程的平行性是指生产过程的各项活动、各工序在时间上要实现平行作业，这是生产过程连续性的必然要求。

(4) 生产过程的比例性是指生产过程各阶段、各工序之间，在生产能力上应保持一定的比例关系，以适应产品生产的要求。

不同产品的生产，在各环节上的生产能力是不相同的；同种产品的生产，在各环节的生产能力也随批量不同而变化。但这些生产能力之间存在一定的比例关系，这个比例关系主要由产品的具体结构与工艺加工过程决定，这就要求生产各环节的生产要素(如劳动人数、设备数量以及生产效益、开动班次等)相互之间要协调配合，并随生产技术的进步、产品结构的变化、产品工艺与产量的变化及时进行某些局部调整，使各环节的生产能力都能得到充分而又合理的利用。

(5) 生产过程的均衡性是指企业及其各个生产环节的工作都能够按计划的进度要求有节奏地进行。

均衡性越高,生产秩序就越稳定,越容易加速流动资金周转、降低生产成本、保证产品质量、提高经济效益。而生产不均衡则会造成忙闲不均,既浪费资源,又不能保证产品质量,还会引起设备、人身事故。

(6) 生产过程的适应性是指生产过程具有灵活应变的能力,以适应市场需求的变化。

企业所做的一切都是为了让用户满意,用户需要什么样的产品,企业就生产什么样的产品;需要多少就生产多少。因此,生产企业要做到既让用户满意,又同时保持生产过程的比例性和均衡性,就必须有一个柔性很强的生产系统。

为满足以上要求,无论是制造业还是服务业,在进行生产过程组织时,都需要将生产过程的空间组织与时间组织结合起来进行考虑。企业必须根据其生产目的和条件,将生产过程的空间组织与时间组织有机地结合,采用适合自身生产特点的组织形式。

## 第三节  流水生产组织

流水生产方式是将对象专业化的生产组织和劳动对象的平行移动方式有机地结合起来组成的一种先进的生产组织形式。特别是在大量生产企业中,流水生产方式占有十分重要的地位。

流水线开始出现时,采取了单一对象流水线的形式,以后又出现了多对象的可变流水线和成组流水线。组织流水生产,可以大大提高工作地的专业化水平,使各工序采用高效率的专用设备和专用工艺装备成为可能,而专用设备、专用工艺装备同机械化运输装置、电气控制装置相结合,给流水线生产向自动化发展提供了有利条件。随着自动化、半自动化的流水线的出现,特别是计算机和自动控制技术的发展,极大地促进了生产过程的自动化,不仅建立了各种类型的自动线,而且出现了自动化的车间和工厂以及多功能柔性加工中心。

### 一、流水生产的特征及优缺点

流水生产是指劳动对象按照一定的工艺路线顺序地通过各个工作地,并按照统一的生产速度(节拍)完成工艺作业的连续的重复的生产过程。

流水生产一般具有以下特征。

(1) 工作地专业化程度高,在流水线上固定地生产一种或有限几种制品,在每个工作地上固定地完成一道或几道工序。

(2) 生产具有明显的节奏性,即按节拍进行生产。例如,嘉陵摩托车生产节拍为1分钟。

(3) 各道工序的工作地(设备)数量与单件工时的比值相一致。例如,相邻的三道工序时间分别是10、20、30分钟,则这三道工序的工作地数量分别为1∶2∶3。

(4) 工艺过程是封闭的,并且工作地(设备)按工艺顺序排列成链状,劳动对象在工序间作单向移动。

(5) 劳动对象流水般地在工序之间移动，生产过程具有高度的连续性。

流水线的上述特征，决定了其具有如下优点。

(1) 可提高劳动生产率、设备和生产面积利用率。

(2) 可以缩短生产周期，加快资金周转。

(3) 减少在制品数量，缩短运输路线。

(4) 降低产品成本。由于流水线生产为大批量生产，单位产品劳动量减少，工资费用和分摊费用减少，使得总的生产成本较低。

(5) 可以保证产品质量，降低废品率和次品率等。

流水线生产的主要缺点如下。

(1) 产品单一，柔性差，不能及时地适应市场对产品规格和品种的变化要求。

(2) 流水线的调整和改组需要较多的投资和花费较多的时间。

(3) 工人在流水线上工作比较单调、紧张，容易疲劳，不利于提高生产技术水平。

## 二、流水线的分类

严格地说，流水线的特点是有差别的，再加上生产条件的不同，因而流水线的种类也不同。机械制造业企业中的流水线有多种形式，可以按不同的标志加以分类。

(1) 根据生产对象的移动与否，流水线可以分为固定流水线和移动流水线。固定流水线是指生产对象固定，工人携带工具沿着按一定顺序排列的生产对象移动，经过一个加工周期完成一批产品的加工或装配。移动流水线是指生产对象移动，工人和设备、工具的位置固定，生产对象顺次经过各道工序的工作地进行加工或装配。目前大多数生产线属于移动生产线，如汽车装配线、摩托车装配线以及电子产品生产线等。

(2) 根据流水线上生产对象的数目，流水线可以分为单一对象流水线和多对象流水线。单一对象流水线是固定地生产一种制品，又称不变流水线。多对象流水线上生产两种以上的制品，因而在生产中有轮换方式的问题。

从对象的轮换方式来看，多对象流水线又可分为可变流水线、成组流水线和混合流水线。可变流水线是成批轮番地生产固定在流水线上的几个对象；成组流水线是在同一时间内成组地生产固定在流水线上的若干个对象；混合流水线是在同一时间内混合生产多个品种的产品而遵守一定的投产顺序。目前，由于顾客的多样化需求和激烈的市场竞争环境，混合流水线的形式较为多见，如离散加工生产线中典型的一种就是汽车混流装配线，流程工业生产线典型的有钢铁、化工等流程工业生产线。

(3) 根据流水生产的连续程度，流水线可以分为连续流水线和间断流水线。前者生产过程是完全连续的，一道工序衔接一道工序，加工对象在中间没有停顿等待的时间；后者加工对象在生产过程中有一定程度的间断。

(4) 根据流水线所达到的节奏性程度不同，流水线可以分为强制节拍流水线和自由节拍流水线。强制节拍流水线严格按照节拍生产制品，利用专门的装置(传送带或辊子输送机)实现规定的节拍，按时传递加工对象；自由节拍流水线不严格要求按节拍生产制品，而是在规定时间内，由操作者自行掌握节拍进行工作，要求各工序必须按节拍生产，每件制品的加工时间则由工人自己掌握。

(5) 根据流水线的机械化程度不同，流水线可以分为手工流水线、机械化流水线和自动化生产线。

(6) 根据产品运输方式不同，流水线可以分为无专用运输设备的流水线和有专用运输设备的流水线。前者由操作工人直接用手把自己加工完的制品传递给下道工序；后者采用专门的运输设备，如辊子输送机、链式悬挂式输送机等传送。

(7) 根据流水线范围不同，流水线可以分为小组、工段、车间、企业内流水线。

流水线的种类如图 4.7 所示。

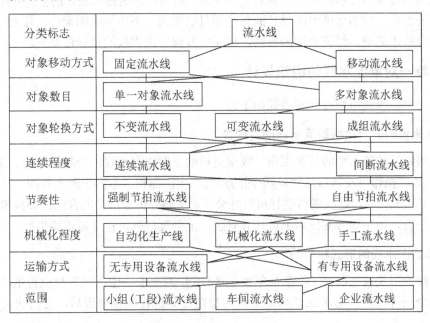

图 4.7　流水线的种类

## 三、组织流水生产的条件

组织流水生产需具备的主要条件如下。

(1) 产品结构和工艺相对稳定。在产品结构方面，要求所设计的产品结构具备良好的工艺性和互换性；在工艺方面，要求设计的工艺规程能稳定地保证产品质量，采用先进的工艺方法、设备以及工装夹具等。

(2) 制品加工的各工序能合并和分解，各工序的时间定额应与流水线节拍相等或成倍数关系，即达到工序同期化。工序同期化是保证连续生产，充分利用设备和人力的必要条件。

(3) 原材料、半成品和外协件，必须保质、保量，及时供应，以保证流水线各工作地(设备)有足够的负荷。

(4) 机器设备必须处于完好状态，设备维修要严格执行计划预修制度。

(5) 技术管理水平高，提高质量合格率，尽可能不使废品流入下一道工序。

(6) 厂房建筑和生产面积容许安装流水线的设备、工装和运输传送装置。

## 四、流水线的组织设计

流水线设计包括技术设计和组织设计两个方面。技术设计是指工艺规程的制定、专用设备的设计、运输传送装置的设计、设备改装设计、专用工装夹具的设计等,这是流水线的"硬件"设计;组织设计是指流水线节拍的确定、工序同期化工作、设备需要量和负荷系数的计算、工人配备数量、生产对象传送方式的设计、流水线工作制度、流水线平面布置设计等,可以说是流水线的"软件"设计。

流水线的技术设计和组织设计有着密切关系。组织设计是技术设计的依据;技术设计是组织设计的保障,应当保证组织设计的每个项目的实现。不论是组织设计,还是技术设计,都应当符合技术先进、经济合理的原则,事先做好建立流水线的可行性研究。

### (一)单一对象流水线的组织设计

单一对象流水线组织设计的步骤如下。

#### 1. 收集资料并分析组织流水线的合理性

这是组织设计流水线的首要工作。收集资料的主要内容有收集产品的结构、工艺路线、加工次序(紧前操作以及紧后操作)、车间的建筑和生产面积、车间平面布置图、工时定额及实施效果等资料,并对这些资料进行可行性分析,主要分析经济上的合理性和技术上的可能性。经过分析,如果该方案技术上可行并且经济上合理,则可建立流水线生产。

#### 2. 确定流水线的形式和节拍

流水线的形式首先取决于产品的年度生产计划。对企业的生产任务和现有生产技术条件进行全面分析和考虑,对产品结构、工艺的稳定性等进行综合分析后,方可决定流水线的形式。

节拍是流水线上相邻两件相同制品投产或出产的时间间隔,是流水线最重要的工作参数,它表明流水线生产速度的快慢或生产率的高低。

流水线节拍的确定有两种,一种是根据产品计划期的产量和计划期有效工作时间的长短来决定。这种确定方式大多数用于刚性自动化程度较高的流水线,其计算公式为

$$节拍 = \frac{F_e}{N} \tag{4.4}$$

式中:$F_e$——计划期内的有效工作时间;
$\qquad N$——计划期生产任务的数量(含废品量)。

**例 4.4** 某产品流水线计划日产量为 180 件,采用两班制生产,每班规定停歇 15 分钟,计划废品率为 5%。求流水线的节拍。

**解**:流水线的节拍为

$$节拍 = \frac{8 \times 2 \times 60 - 15 \times 2}{180 \times (1+5\%)} \approx 4.9(分钟)$$

另一种确定流水线节拍的方式是根据流水线生产过程中的瓶颈工作站的作业时间来确定。这种方式大多应用于以手工装配为主的生产线(或装配线),如汽车制造业装配线节拍的

确定通常是以瓶颈工作站的作业时间为主。

例如，某汽车底盘装配线生产的某工段的主要生产工序，其中底盘上线时间为 1.5 分钟，穿线束为 2 分钟，落装后桥(包括减震器的安装和万向轴的连接)为 2.3 分钟，落装前桥为 1.8 分钟，底盘反转为 1 分钟。从以上各工作站的时间可以看出，落装后桥为该工段的瓶颈工作站，它直接影响整个工段的作业效率，因此可将此工作站的时间确定为装配线的节拍，即装配线的节拍为 2.3 分钟。

如果计算出来的节拍时间很小，产品体积比较小，重量又轻，不便于单件运输，可将产品组成批量运输。计算流水线上前后两批产品之间的时间间隔可以用节奏来表示，其计算公式为

$$节奏 = 节拍 \times 运输批量 \tag{4.5}$$

**3. 计算设备(工作地)数量和设备负荷系数**

工序同期化之后，应根据新的工序时间定额计算设备(或工作地)需要量，确定设备负荷系数。计算工作地(设备)数量是按每道工序来进行的。每道工序的设备或工作地数量等于工序单件时间与流水线节拍之比，其计算公式为

$$N = \frac{T}{R} \tag{4.6}$$

式中：$N$ —— 流水线上最少工作地数；

$T$ —— 全部工序时间；

$R$ —— 节拍。

全部工序时间也可以用流水线各工序时间总和或单位产品总装配时间来表示。计算出的工作地数若不是整数，则采用的工作地数应是 $\lceil T/R \rceil$。

**4. 工序同期化**

确定了流水线节拍(平均节拍)以后，可能会出现各道工序的加工时间不一定与平均节拍相等或成倍数关系的情况，解决这一问题的方法是进行工序同期化。

工序同期化是组织连续流水线的必要条件，就是通过各种可能的技术组织措施，调整或压缩各工序的单件时间定额，使它们等于流水线节拍或与节拍成整倍数关系。一般情况下，通过工序的分解与合并可达到初步的同期化，在此基础上还要在关键工序采取措施。

(1) 机械加工企业工序同期化的措施有以下五个。

① 通过改装机床、增加机床附属配件、同时加工多个零件等办法，提高生产率。

② 采用高效专用工艺装备，以减少工件装夹、更换刀具的时间。

③ 改进工作地布置与工位的操作方法，以减少辅助作业时间。

④ 改变切削用量，如加大切削速度、减少走刀次数，以减少加工时间。

⑤ 提高工人的技能熟练程度和工作效率。

(2) 装配加工工序同期化的措施有以下三个。

① 工序的分解、合并、取消以及重排。

② 采用协同工作方式。例如，采取相邻工序的工人协作，把熟练的工人调到高负荷工序，配备一名或几名工人沿流水线巡回，去协助负荷高的工序的工人完成任务等。

③ 采用高效率的工具，改进装配工艺方法，以减少装配工时。

**例 4.5** 某流水线的节拍为 8 分钟，某工序时间为 44 分钟，即单位产品的总装时间为 44 分钟。则该流水线所需要的最少工作地数为多少？

**解：** 根据上述流水线最少工作地数的计算公式，有

$$N = \frac{T}{R} = \frac{44}{8} = 5.5(个)$$

将计算结果向上取整数，可知所需要的最少工作地数为 6。

### 5. 计算工人人数

在以手工操作为主的流水线上，需要配备的工人总数等于流水线上各个工作站的工人人数的总和。

在机械化生产中，配备工人时要考虑工人实行多设备看管和兼作的可能性，以及配备后备工人的必要性。因此，流水线所需的工人人数可以少于机床的数目。

在以设备加工为主的流水线上，工人数可按下式计算

流水线上的工人数$(P) = (1 + 后备工人的百分比) \times$

$$\sum_{i=1}^{m} \frac{i工序实际采用的设备数(台) \times 每次工作班次}{i工序每个工人的设备看管定额(台/人)} \tag{4.7}$$

### 6. 计算工作地(设备)的负荷系数和流水线总的负荷系数

如果计算的工作地数目与实际采用的工作地数目不相等，势必造成有的工作地任务过多，有的工作地任务不足。因此，为了解各工作地的负荷情况，需要计算工作地负荷系数和流水线总负荷系数，其计算公式为

$$工作地的负荷系数(K_a) = \frac{计算的工作地(设备)需要数}{实际采用的工作地(设备)数} \tag{4.8}$$

或

$$流水线的总负荷系数(K_a) = \frac{流水线各工序计算的工作地需要数总和}{流水线各工序实际采用的工作地数总和}$$

$$流水线的总负荷系数(K_a) = \frac{全部工序时间(T)}{实际采用工作地数(N) \times 节拍(R)} \tag{4.9}$$

设备负荷系数决定了流水线的连续程度。当 $K_a$ 小于 0.75 时，适宜组织间断流水线；当 $K_a$ 大于 0.75 时，适宜组织连续流水线。

### 7. 运输工具的设计和传送带的长度和速度的计算

流水线上所采用的运输工具种类很多，归纳起来主要有传送带、链式输送机、辊子输送机、旋转工作台、升降台、重力式滑道专用小车等。选取什么样的运输工具，要根据加工对象的形状、尺寸、重量和流水线的类型等条件来确定。

在连续流水线上一般需采用机械化的运输装置，传送带是典型的一种。传送带的长度通常可用下式计算。

传送带的长度 = 2 × 流水线上各工作地长度之和 + 技术上需要的长度

上式中，流水线上各工作地长度之和包括两部分，即工作地本身长度与工作地之间距离总和。

传送带的速度与移动方式有关,当产品的移动方式为连续移动方式时,传送带的速度可用式(4.10)计算。

$$传送带的速度 = \frac{流水线上两种产品之间的中心距离(米)}{节拍(分)} \qquad (4.10)$$

当产品的移动方式为间歇式移动方式时,即每隔一个节拍(或节奏)往前移动一次,每次移动的距离等于传送带上两种制品间的中心距离。

**8. 流水线的平面布置**

流水线的平面布置应有利于工人操作,可使零件的运输路线最短,令流水线之间合理地衔接,并能够有效地利用生产面积等。

一般情况下,流水线上各工作站应当在充分利用生产面积的条件下,尽可能成为一条直线,尽可能地使产品在各工序间运输距离最短,工人操作最方便。

流水线的形状一般有直线形、直角(L)形、山字形、环形及蛇(S)形等,如图4.8所示。直线形用于工作站数较少或者布置空间面积有限的情况。当工序或工作站数较多时,可采用直线排列,或采用L、U、S形等;山字形一般用于零部件加工、部件装配结合的情况;环形在工序循环重复时采用。

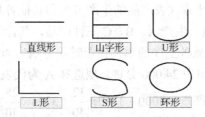

图4.8 流水线的布置形式

流水线上的工作地排列要符合一定的工艺路线顺序,整个流水线布置要符合产品总流向,以尽可能缩短运输路线,减少运输工作量。排列工作地时,又有单列式与双列式之分。单列式是将工作地布置在传送带一侧,如图4.9所示;双列式是将工作地布置在传送带的两侧,如图4.10所示。

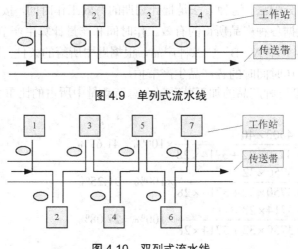

图4.9 单列式流水线

图4.10 双列式流水线

## (二)多对象可变流水线的组织设计

多对象可变流水线是多对象流水线的一种形式,在生产中应用比较广泛。它的特征是流水线上可以加工若干种产品,每种产品在流水线上成批轮番地进行生产。当流水线更换加工对象时,设备和工艺装配比较容易调整。对流水线上的所有工序,每种加工对象的负荷大致相等。

多对象可变流水线与单一品种流水线在组织设计方面存在有不同之处,本章主要从节拍计算、流水线平衡和投产顺序三个方面来说明。

**1. 流水线节拍计算的不同**

由于多对象流水线上生产的产品种类较多,流水线节拍的计算也不同于单一对象流水线节拍的计算。

确定可变流水线上各种产品的生产节拍有两种方法。

(1) 代表产品法。在流水线上生产的产品中,选择一种产量大、劳动量大、工艺过程比较复杂的产品作为代表产品,把其他产品按劳动量比例关系折算为代表产品的产量,以此表示流水线总的生产能力,再计算代表产品的生产节拍和其他各种产品的生产节拍。

**例 4.6** 设在可变流水线上生产 A、B、C 三种产品,其计划月产量分别为 4000、3750、3714 件,在流水线上每种产品各工序的单件作业时间分别为 40、32、28 分钟,流水线按两班制工作,每月有效工作时间为 24 000 分钟。现选择 A 为代表产品,求各产品的生产节拍。

**解**:计划期代表产品的产量 $= 4000 + 3750 \times \dfrac{32}{40} + 3714 \times \dfrac{28}{40} = 9600$(件)

代表产品A的节拍 $= \dfrac{24\,000}{9600} = 2.5$(分钟/件)

产品B的节拍 $= 2.5 \times \dfrac{32}{40} = 2$(分钟/件)

产品C的节拍 $= 2.5 \times \dfrac{28}{40} = 1.75$(分钟/件)

(2) 劳动量比例分配法。这种方法是把计划期的有效工作时间,按各种产品的劳动量比例进行分配,然后根据各种产品所得的有效工作时间和产量计算生产节拍。

**例 4.7** 针对例 4.6 中 A、B、C 三种产品,根据题中所给的条件,求按各种产品加工劳动量比例分配有效工作时间时的各产品生产节拍。

**解**:设 A、B、C 三种产品的加工劳动量在总劳动量中所占的比重分别为 $W_A$、$W_B$、$W_C$,则有

$$W_A = \dfrac{4000 \times 40}{4000 \times 40 + 3750 \times 32 + 3714 \times 28} \times 100\% = 41.67\%$$

$$W_B = \dfrac{3750 \times 32}{4000 \times 40 + 3750 \times 32 + 3714 \times 28} \times 100\% = 31.25\%$$

$$W_C = \dfrac{3714 \times 28}{4000 \times 40 + 3750 \times 32 + 3714 \times 28} \times 100\% = 27.08\%$$

根据各种产品的劳动量比例和计划期的有效工作时间,可计算三种产品的节拍如下。

$$产品A的节拍 = \frac{24\,000 \times 41.67\%}{4000} = 2.5(分钟/件)$$

$$产品B的节拍 = \frac{24\,000 \times 31.25\%}{3750} = 2(分钟/件)$$

$$产品C的节拍 = \frac{24\,000 \times 27.08\%}{3714} = 1.75(分钟/件)$$

**2. 流水线平衡方面的不同**

在多对象可变流水线上进行工序同期化,就是要使各工作站生产一批产品(零件)的作业时间等于流水线节拍或节拍的整倍数。由于每种产品的产量不同,每种产品在流水线上各道工序的加工时间长短不同,因而各工作站的作业时间会因产品品种的变化而有所不同。所以,不能以单一品种流水线平衡方法去平衡,而要根据节拍的要求,直接平衡工序的作业时间。这就要求必须逐一计算每道工序在计划期内对各种产品进行加工的作业量,然后把工序作业量分配给各个工作站,并使每个工作站完成的工序作业量之和小于计划期预定的作业时间。

(1) 计算流水线上需要的最少工作站数。首先,计算计划期内的总作业量,其计算公式为

计划期内的总作业量=∑(计划期某种产品的计划产量×某产品各工序单位作业时间之和)

其次,根据计划期内的总作业量和计划期预定作业时间,可得混合流水线上最少工作站数,其计算公式为

$$最少工作站数 = \frac{计划期内的总作业量}{计划期预定的作业时间} \tag{4.11}$$

由于计划期预定作业时间=节拍×计划期各种产品的计划产量总和,因此最少工作站数的计算公式又可表示为

$$最少工作站数 = \frac{\sum(计划期某种产品的计划产量 \times 某种产品各工序单位作业时间之和)}{节拍 \times 计划期各种产品的计划产量总和}$$

$$\tag{4.12}$$

(2) 绘制综合作业单位先后顺序图。在混合流水线上生产的产品,虽然结构和工艺相似,但生产工艺流程并不完全相同。为了使各工序之间达到平衡,首先绘制能反映流水线上所有产品的工序先后顺序图。这个图是以每种产品的工序先后顺序为基础,通过分析比较,找出其相同和不同部分,把相同的部分合并在一起,加上各自不同的部分,综合绘制而成。

(3) 流水线的平衡方法。单一对象流水线的平衡,要按工序同期化的要求,把各工序分配到各个工作站。可变流水线不能按工序分配,要按照工序的作业量进行分配。所以,只要将工序的作业量计算出来,就可以用平衡单一对象流水线的方法分配各工序的作业量。某工序计划期的作业量可按下列公式计算。

某工序的作业量=∑(计划期每种产品的计划产量×克罗耐克尔系数×
某产品在该工序上的单位作业时间) (4.13)

式中,克罗耐克尔系数是指该工序对生产某产品是否必要。如果必要,则系数为1;否则,系数为0。

在分配某工序的作业量时,应满足下列条件:①符合综合的工序先后顺序图的要求;②每个工作站分配的作业量总和不能大于计划期预定的作业时间;③各工作站生产一批产品的作业时间,应等于流水线的节拍或节拍的整倍数;④应使流水线上工作站的数目最少。

### 3. 在确定产品投产顺序方面的不同

在混合流水线上,一个最优化的产品的投产顺序需要满足以下三点要求:①当各种产品产量相同时,应实行有规律的相间性投产;②当各种产品的产量不同时,应按照一定的逻辑规律制定相应的投产顺序,组织各种产品按顺序变换投产;③产品投产顺序一般按照平准化的标准来确定。

所谓多品种混流生产平准化,是指在同一条可变流水线上混合生产多种产品,要尽可能使批量多数量小,并且在每一生产时期或生产阶段,将各种产品按照一定的科学的逻辑选择最优化的投产顺序,实现产量、品种和工时的均衡。

为了实现生产平准化,确定产品的投产顺序的典型方法为生产比倒数法。生产比倒数法是根据多种产品的产量,求出各产量之间的最大公约数,用各产量除以最大公约数可得到生产比,再根据生产比的倒数,进而选出产品投产顺序的一种方法。这是编排混流生产投产顺序的一种简便方法,这种方法主要是考虑产量,并不把作业时间全部考虑在内。下面举例说明生产比倒数法的应用。

**例 4.8** 某混合流水线上生产 A、B、C 三个品种的产品,计划产量分别为 3000、2000、1000 单位,试用生产比倒数法确定产品的投产顺序。

**解:**

(1) 计算生产比。

先求出三种产品产量的最大公约数,本例为 1000,然后用最大公约数去除各种产品的产量,则得各种产品的生产比为

$$X_A = \frac{3000}{1000} = 3, \quad X_B = \frac{2000}{1000} = 2, \quad X_C = \frac{1000}{1000} = 1$$

生产比的总和为 3+2+1=6,称为一个循环流程。也就是说由 3 个单位 A 产品、2 个单位 B 产品、1 个单位 C 产品组成一个流程顺序。

(2) 计算生产比倒数。

$$m_A = \frac{1}{X_A} = \frac{1}{3}, \quad m_B = \frac{1}{X_B} = \frac{1}{2}, \quad m_C = \frac{1}{X_C} = 1$$

(3) 编制投产顺序。编制规则如下:①生产比倒数最小的产品先投,如有多个最小生产比倒数,则安排最小生产比倒数晚出现的产品先投。采用这一规则时,如出现连续投入同一品种,则应排除这个品种,再按此规则排序。②将已选定的生产比倒数 $m_j$ 涂成阴影记号,并更新 $m_j$ 值,即在所选定的产品(即在表格中涂成阴影部分的生产比倒数值)上再加上该产品的 $m_j$。③重复以上过程,直至排得的投产顺序中各品种的数目分别等于它们的生产比时,则表明该投产顺序已确定,就可停止排序。

上述方法的计算结果如表 4.3 所示。

表 4.3 按生产比倒数法编排的投产顺序

| 计算过程 \ 项目 | 产品品种 | | | 投产顺序 |
|---|---|---|---|---|
| | A | B | C | |
| 1 | 1/3 | 1/2 | 1 | A |
| 2 | 2/3 | 1/2 | 1 | AB |
| 3 | 2/3 | 1 | 1 | ABA |
| 4 | 1 | 1 | 1 | ABAB |
| 5 | 1 | | 1 | ABABA |
| 6 | | | 1 | ABABAC |

# 本 章 小 结

生产运作过程的组织是生产管理活动的基础工作,包括时间组织和空间组织两个部分。第二章我们已经讨论了产品开发与设计问题,实际上在很大程度上决定了生产过程的空间组织形式。因此,本章主要讨论生产过程的时间组织问题。

本章内容主要分两个部分。第一部分阐述了生产类型与生产过程的关系,并介绍了生产类型和生产过程的概念及分类。第二部分阐述了生产过程的空间组织和时间组织,讨论了流水线组织的条件以及成组生产组织技术。

# 思考与练习

1. 何谓企业的生产过程?一般可划分为哪几个过程?基本生产过程是什么?
2. 何谓生产类型?如何划分生产类型?
3. 合理组织企业的生产过程有哪些基本原则?
4. 分别指出生产通用型产品的生产类型与生产专用型产品的生产类型的生产管理的重点是什么。
5. 工艺专业化和对象专业化各有什么优缺点?它们各自适合哪种情况?
6. 生产过程组织包括哪些基本内容?组织的具体要求有哪些?

# 案 例 分 析

**DL 钢管有限公司陆总的烦恼**

DL 钢管有限公司位于辽宁省某市,以生产各种型号的钢管为主要产品。1991 年由陆总创办。公司由最初的几个人合伙打拼发展到 2009 年的 700 多人,2008 年公司产值达 17 亿元,产量 20 万吨。随着中国市场经济的升温,陆总决定变革以顺应市场的发展,从 2008 年

5月开始,公司内部先后进行了多次调整:

2008年5月,成立PMC部,负责生产计划,物料管控职能划归PMC部管理;

2008年5月,设立品管部,负责仓库材料、零件、日常用品的保管,原生产部仓库管理职能划归品管部管理;

2008年6月,成立生产一、二部,撤销生产部;

2008年7月,撤销生产一、二部,将生产一、二部合并为生产部;

2008年8月,成立人事部和销售部,人事部负责人员招聘和绩效考核,销售部负责市场开发和货物发送;

2008年9月,成立技术部,负责新技术的研发与技术立项;

2008年12月,撤销PMC部,将PMC部职能划归生产部管理;

2009年1月,成立采购部,把生产部的采购职能分离给采购部。

经过这一系列的变动后,公司的组织结构如图4.11所示。

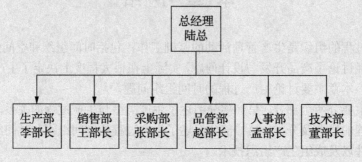

图4.11　DL钢管有限公司组织结构

在变革初期,陆总希望公司能够适应市场竞争的需要,具有完善的组织结构和对市场灵活的反应。陆总对公司的未来充满期待。

**电话引起的沉思**

夜幕降临,而陆总却仍在办公室里沉思。这段时间,一个又一个催单电话打到他的办公室,那些多年的合作伙伴,都在埋怨甚至指责陆总有意拖延他们的订单,不按时交货,陆总万般无奈,只能说,"我们保证加班加点完成订单,请你再宽容两天"。看在多年合作的份儿上,对方都让步了,可这一切究竟是如何造成的呢?以前工厂因为出货准时、质量优质在同行内信誉度极高,怎么会走到这个地步呢?难道这两年来的努力白费了吗?陆总感到有些茫然,这么多年来,他把企业已经当成了自己的孩子,看着他出生、成长,可是现在、今天……

陆总来到空寂的车间,大家都已经下班了,摸了摸还在发热的机器,这是从德国进口的世界上最先进的无缝钢管生产机器,是公司的命脉。这时门卫小孔过来小声地说:"总经理,这么晚怎么还没有走啊?"陆总亲切地问:"小孔啊,这几个月车间生产怎么样?"小孔有些惊讶,但还是从容地答道:"车间天天很热闹,他们干得都热火朝天的,公司效益好,订单多,机器就没停止过运转。这一切都是总经理管理有方啊。""哦,小孔那你早点走吧,记住把大门锁好。""嗯,那我走了,再见,总经理。"看着小孔远去的背影,陆总决定……

**矛盾的凸显**

今天是周一,陆总很早就来到了办公室,为上午的公司例会准备材料,他想让各个部门分析订单交货率低的原因,他对这个会议充满期待,因为问题马上就要揭晓了,这些各大部门的部长是他多年来培养起来的精英和骨干,是和他一起把一个小工厂办成中型企业的患难之交。

8:00,陆总来到了会议室,采购部、生产部、人事部、技术部、品管部、销售部、宣传部的部长和办公室主任都已经到了,看着这些熟悉的面孔,陆总微微一笑,用他一贯平易近人的口气说:"销售部门把最近客户订单的完成情况给大家介绍一下。"销售部的余部长迟疑了少许,说:"我把上几个月的交货情况打印出来了,大家可以看一下。"说完,资料就被递到所有与会人员的手中。陆总也拿到了一份,主要内容如表4.4所示。

表4.4 DL钢管有限公司2008年11月至2009年5月份订单交货达成统计表

| 月份 | 出货订单数 | 准时交货数 | 准时交货率 |
| --- | --- | --- | --- |
| 11 | 23 | 9 | 39% |
| 12 | 43 | 11 | 26% |
| 1 | 16 | 5 | 31% |
| 2 | 14 | 4 | 29% |
| 3 | 18 | 6 | 33% |
| 4 | 21 | 10 | 47% |
| 5 | 10 | 3 | 30% |

看到这个表,陆总惊呆了:每月的订单准交率不足50%,而更令人惊讶的是,12月份的准交率只有26%,如此低的订单准交率如何赢得客户的信任啊?又如何抢占本来竞争就激烈的钢管市场啊?

陆总皱了皱眉头,心里很不是滋味,自己一心想把企业做好做大做强,紧跟着市场经济的步伐,赢得更多的优质客户,可怎么是这种结果呢?他看了看各位部长凝重的神情,大家都认识到了:作为一个制造业企业,他们失去了企业发展最根本的东西——信誉。办公室里空气都凝固了……短暂的寂静后,陆总打破了沉默:"大家各抒己见,发表一下看法嘛,分析分析问题究竟出在哪里,也好解开纠缠了我几个月的心结。"

接着又是沉默,没有人响应陆总的话语,陆总有点耐不住性子了,用少有的严厉的口吻说:"生产部的李部长,你说说你的看法,这些订单要求的产品你为什么都不能按时生产出来啊?"

李部长听到陆总的责怪,有点委屈:"陆总,我们没有在客户要求的交货期完成生产是有一定的责任,但这也不能全怪生产部,有些事情我们也是心有余而力不足的。"陆总诧异,屏住呼吸,认真地听取李部长的解释,也许问题就在这里了。"销售部接单的时候,也不进行订单评审,也不看看我们有没有这个能力生产,就胡乱接单,随意承诺交货期,导致我们在这个时间段无法完成生产,只能拖延。"李部长停顿了一会儿,继续说道:"还有设计部,设计部的工艺设计不合理,工艺结构、材料配置等问题很多,不是造成产品返工就是重新更新工艺图纸,你说让我们怎么生产啊。"

陆总心里真不是滋味,本以为是企业的某一环节出现了问题,可是听了李部长的话才恍然大悟,是公司整体的运作出现了问题。

在大家都还在想怎么为自己部门辩解时,李部长又发言了:"品保部也存在问题,他们仓库里堆放的材料很多都不合格，在使用过程中频繁出现问题，导致生产过程不流畅。"说完后，李部长喝了一口茶水，深呼吸，这几个月憋屈在他心里的话终于可以一股脑儿地说出来了，哎，终于轻松了。

销售部王部长迫不及待地发言了："人事部在对我们部门人员进行考核时就看业务量，按照业务量进行提成，员工们每天都在拓展新的业务，在维持老客户的基础上发展新客户，我认为销售部的员工很努力，有上进心，有很大的潜力。至于订单的评审应该不在我们的职责范围内吧。"王部长说完后看了看陆总，只见陆总若有所思，缓缓地吐出两个字"继续"。

公司采购部是最后从生产部分离出来的，张部长一直为采购部的职责范围发愁，他感觉采购部就像是个机器，只负责按生产部门的请购单据把原材料采购回来，然后再把材料交给品管部就算完成工作了。既然陆总要大家分析问题，那就直接把问题说个明白吧。张部长很有礼貌地说："我也在生产一线干了很多年，采购部成立之前陆总任命我为采购部部长，说希望我能够完善采购部的职责和职权，能够让整个企业从采购、生产到销售形成一个环形的流程，实现企业的良性发展，我真的很感谢陆总给我这次机会。"张部长的声音有点哽咽，这几个月以来他也不好过，只要关于材料的问题各部门都找他，他能有什么办法啊。他继续说道："上次生产部门要 10#型号的，我们采购部在规定的时间内把零件交给了品管部，可是品管部的赵部长却说仓库里有这样的材料啊，你还买那么多不是浪费吗？还增加公司的成本。后来生产部又请购30#型号，我说上次不是买过了吗？李部长亲自出面说上次购买的不合格。你说我能怎么办，只有按请购单去采购新的零件了。"张部长的无奈让陆总揪心了，难道这就是他进行大规模改革之后的结果吗？这真的不是陆总想要的结果。但是不能就这样，这次一定要把所有的问题找出来。

品管部赵部长也着急了，怎么什么事情都回到品管部了啊？不行！得说说。"设计部的资料与样板不符，给我们造成检验困难。而且生产部领取零部件时又无自检、复检意识。更重要的是每次生产部想要什么就买什么，根本就不关心库存有多少，还需要买多少。"

赵部长的话说完了，会议室再次陷入了沉寂。各个部长都低下头看着手里的那张表，他们的心里却没有想图表的事情，一方面他们终于可以放下包袱跟陆总和其他部门的部长好好谈一次，另一方面，他们担心他们这样推脱责任的做法会惹恼陆总，虽然他们说的都是实际情况，但毕竟这一切的状况根源都在于去年频繁的组织结构调整。陆总叹了一口气，"大家都说完了吗？还有什么意见或者建议要发表吗？"没有回应。"既然大家没什么好说的，那我就说说吧。谢谢大家这么多年对公司的支持，你们为公司做的一切我陆某人记在心里了，公司全体职工也都记在心里了。你们今天各个说的都是真话、实话，问题我们已经分析出来了，我很高兴，今天会议开到这个程度达到了我预期的效果，希望你们下去后继续努力工作，像以前那样团结一致，共同努力。散会。"

办公室余主任有点疑惑，小心地问了一句："陆总，就这样了？"陆总觉得余部长那一脸疑惑的表情甚是可爱，笑着说："小李啊，很多人都觉得中国人会开会，我也觉得。但是不可否认的是，开会真的能解决很多问题啊。呵呵，回去好好工作。"余主任还是不解，但他知道，新一轮的部门调整和完善要开始了。

从会议室出来，初夏的太阳真的很灿烂，阳光晃得人有点睁不开眼睛，陆总露出了欣慰的笑容……

(资料来源：中国管理案例共享中心案例库.)

问题：
1. 从本案例来看，你是否认为提高生产率水平是生产管理追求的唯一目标？
2. 你认为 DL 公司生产管理出现问题的关键原因是什么？
3. 为什么从会议室出来，陆总露出了欣慰的笑容。如果你是陆总，你会怎么做？

# 第五章 生产能力与生产能力计划

**【学习目标】**

通过本章的学习，使学生理解生产能力及生产能力计划的基本概念；理解生产能力计划的重要性；掌握生产能力的核定方法以及生产能力计划的制订。

**【关键概念】**

生产能力(production capacity)；生产能力计划(production capacity plan)

**【引导案例】**

### 养生堂公司生产能力解决三部曲

慢慢穿行在标准化无菌恒温车间外的走廊上，透过一尘不染的玻璃，陈峰看到车间内现代化生产线上快速流转着的一瓶瓶产品，如同一条银蛇在快乐地飞舞着，工人们有条不紊地守护在自己的岗位上，看得出大家都既认真又快乐地工作着。看着眼前的一切，想象着即将安装的刚从国外引进的年产6亿粒软胶囊的新产品生产线，陈峰感觉以前付出的所有辛勤和汗水都是值得的。

**1. 公司成立之初**

陈峰是养生堂公司的元老了，从养生堂公司成立至今一直在生产岗位上辛勤耕耘，而他也从当时的毛头小伙子成长为现在的生产运营总监。记得养生堂公司刚刚成立之初，生产的产品只有一个传统保健品种类，公司也只在海南省H市某大楼租用了一间大车间作为厂房，尽管车间装修相对简陋，年产能也只有5000万粒胶囊，但该车间的年产量已经可以满足当时的市场需求。那时陈峰还只是这个车间的车间主任。

**2. 第一个生产基地的诞生**

随着社会对养生堂公司品牌和质量的认可，其市场需求也在不断提升，靠租用厂房生产的产量渐渐不能满足市场需求。陈峰经常带着工人连班倒地生产，但每月产量还是供不应求。公司在为表现不俗的市场需求暗暗欣喜的同时，也在考虑如何扩大生产能力、改善市场供应的问题。

由于陈峰认真的工作态度、勤恳的工作作风，再加以其勇于探索、创新的精神，很快陈峰便被公司任命为生产部经理。当上生产部经理后，陈峰的首个任务就是如何解决生产供应问题。那些天，工厂上下最忙的就属陈峰了，经常加班加点，忙着整理资料，设计可行性方案。最终经过近一个月时间的充分准备，陈峰提出了自购地块、自建厂房的方案并以充足的理由最终通过了公司董事会的决议。

近半年的筹建期结束，H市M工业区内矗立起了两幢崭新的四层楼房，前面一幢是气派的行政办公大楼，后面一幢是现代化的生产厂房。厂房的底层是各个仓库，包括原材料仓库、包装材料仓库、成品仓库、备品备件仓库和工程物资仓库，第二至四层是按国家相关标准建设的无菌化恒温车间，车间内一共有4条现代化生产线，其中2条是胶囊生产线，2条是片剂生产线，年产2亿粒胶囊和2亿粒营养保健片剂。

慢慢踱步在生产车间内，手指轻抚着崭新的流水线，陈峰的内心激动不已，他将要带领工人踏上新的征程。

**3. 委外加工生产**

2003年年末到2004年，养生堂公司经历了低谷期，这期间销量不但没有突破，部分产品还出现了逐渐萎缩的现象。为了扭转这种局面，李晓茹女士临危受命，出任养生堂公司总经理一职。李晓茹有着优雅的气质，她原来在公司内主抓广告策划和媒体投放，多年与各大主流媒体接触的经历，使她比其他人更具职场灵敏度和时尚嗅觉。

刚刚接任养生堂公司帅印，李晓茹便将公司的经营情况、外部环境、政策条件等了解了一遍，看着摆在面前的这么一个摊子，她隐隐觉得维持现状只能让公司更早面临衰退的困境，要想突破，创新或许是唯一的出路。于是，接下来的时间，李晓茹指导市场部、销售部对当时的中国保健品市场做了一番详细的摸底。一个月后，厚厚一摞调查报告摆放在李晓茹的办公桌上，了解的结果与她预期的情况比较吻合。随着人们生活水平的提高，思想观念的改变，特别是白领女性在职场中的占比越来越高，传统保健品对于人们的吸引力在逐渐下降，而美容保健品的需求却在激增，越来越多的女性开始关注美容保健，提倡品质生活。于是，李晓茹决定将公司主营业务由传统保健品领域转向美容保健品领域，新的号角即将吹响。

但是，随之而来一个客观问题却摆在了大家的面前，公司目前唯一的生产基地是按传统保健品的战略需求设计和建造的，如果现在将车间重新改建为符合美容保健品生产需求的车间，并重新配置生产设备，这样大刀阔斧的改建对于公司当时较为窘迫的资金状况来说，无疑是个不可能完成的任务，而且这样的改建还会对现有产品的生产和销售产生毁灭性的影响。经过公司高层的多次商讨，最终李晓茹同意了陈峰提出的方案——寻找——家具有相应资质的厂家，委托其加工生产新产品。

经过一个多月的考察、评比，最终公司选定了广东汕头某家具有GMP(药品生产质量管理规范)资质的保健品生产企业，作为美容保健新产品的受托加工商。

于是在这一年，中国美容保健品市场刮起了一阵养颜美容的旋风，而引领这场风暴的正是养生堂公司第一个美容保健新产品——天然维生素E软胶囊。该产品由于准确的市场定位，使其在刚刚投放市场时，就迅速被广大消费者所青睐，市场需求增长迅猛。从2004年上市到2007年，短短的三年，年产量从最初的1000万粒增长到1亿粒，销售额由最初的3000万元上升到近3亿元，实现了十倍的增长。

**4. 第二个生产基地的诞生**

由于销量的快速增长，汕头受托加工的该家保健品企业感到生产压力越来越大，到2007年下半年的时候，还偶尔出现了订单延迟交货的情况。一方面市场上对于天然维生素E软胶囊的需求还在不断上升，另一方面委托加工企业的产能却越来越不能满足市场需求，而且目睹市场对于该种美容保健产品的青睐程度，该家受托加工企业也有意生产拥有自主品牌的同类产品。供应与需求的矛盾越来越明显，并最终成为公司高层不得不面对和解决的一大难题。

这段时期又是陈峰备感压力的时候，已经身居生产副总监职位的他经常夜不能寐，伏案思索解决办法。正当陈峰一筹莫展的时候，杭州市政府的一项招商政策一下子让陈峰觉得柳暗花明，杭州市政府向公司抛出了橄榄枝，力邀公司在杭州投资发展。

针对这项政策，公司高层多次研讨，并制订了相应的可行性方案，最终在经过深思熟虑之后，决定在杭州市的L镇投资新建一个大型的现代化生产基地。根据可行性方案的设计，该生产基地将被规划成几块片区，其中最大的一块片区即是专门生产软胶囊的车间，该车间建成后，将陆续安装几条从德国引进的软胶囊全自动生产线，预计每条生产线年产值可达到1.8亿元左右，两年后，该车间即可达到年产能18亿粒软胶囊，提供近6亿元的年产值，到那时，生产供应就可以满足市场需求。

生产基地举行奠基仪式的那天，杭州市领导、公司高层、各大媒体纷至沓来，场面盛况空前，在公司几百号员工的热烈掌声中，大家纷纷表达了对这座现代化生产基地的期待。

**5. 再创辉煌**

大半年时间过去了，一座现代化的工业园区在杭州市 L 镇终于拔地而起，这也成了 L 镇的标志性建筑。每一条从德国进口的生产线，都由陈峰带领技术人员一起安装、调试，他要让每一瓶产品都从他仔细调试过的流水线上生产出来，这样他才会对产品质量完全放心。

全部安装、调试完成后，新生产基地正式开始投产运行。经过两个月的试运行，生产线的各项指标趋于稳定，此时该生产基地的年产值已经基本能够满足市场需求，但是公司根据近几年的发展趋势及市场对于产品的预期，已经在考虑第二年再增加两条生产线，以满足不断增长的市场需求。

除了天然维生素 E 软胶囊这个明星产品，公司又相继研发了一系列新产品，2007 年推出的新品牌——天然维生素 C 即为其中之一。该产品采用进口的浓缩针叶樱桃果粉为主要原料生产制成，主要功效是美白、抗氧化。天然维生素 C 投放市场后也引起了市场的较大关注，成为继天然维生素 E 之后又一个被广大消费者热捧的产品。2011 年上半年投放市场的胶原蛋白粉，因其拥有高端品质的原料和高贵典雅的形象，也是很快便被许多爱美的白领女性所喜爱。

除了这些美容保健品，养生堂公司在重新整合两个生产基地的生产空间后，将其中一块区域单独划分为药品生产车间，经过 GMP 严格认证后，开始生产自主研发拥有知识产权的药品类产品。

目睹着这一切的变化，陈峰觉得自己这几年的辛勤付出都是值得的，他正踌躇满志地展望着公司进入下一个快速增长期。

(案例来源：中国管理案例共享中心案例库.)

讨论：
1. 你如何看待养生堂公司的厂房租赁和生产外包？
2. 你觉得养生堂公司的产能扩张有没有更好的办法？
3. 请你帮助陈峰规划今后的企业产能。

# 第一节 生产能力

生产能力是指企业在一定的生产组织技术条件下，在一定时期内(通常以年计算)，直接参与生产过程中的固定资产(如机器设备、厂房和其他生产性建筑物等)和人力资源经过综合平衡后，所能生产一定种类和一定质量产品的最高数量，或者所能加工处理一定原材料的最大数量，它是反映企业产出可能性的一种指标。在查定生产能力时，不考虑劳动力不足或物资供应中断等不正常现象。

生产能力是保证一个企业未来长期发展和事业成功的核心问题。一个企业所拥有的生能力过大或过小都是很不利的：能力过大，导致设备闲置、人员富余、资金浪费；能力过小，又会失去很多机会，造成机会损失。因此，企业必须做好生产能力的规划和决策，制定周密细致的生产能力计划。特别是在多品种、中小批量生产正逐步成为主流生产方式的情况下，生产能力柔性成为竞争的一个关键因素，能力决策显得更为重要。

## 一、生产能力的分类

企业的生产能力在一定时期内保持相对稳定，但并不是永久不变的，客观上有随着生产运作技术组织条件发展变化而变化的潜在动因。根据生产运作能力的用途及核算时所依据的条件，可以从不同的角度对企业的生产能力进行分类。

### (一)设备能力、人员能力和管理能力

生产能力从广义上来讲，是指设备能力、人员能力和管理能力的总和。设备能力是指设备和生产面积的数量、水平、生产率与使用时间等诸因素的组合；人员能力是指人员数量、技术水平、出勤率与有效工作时间等诸因素的组合；管理能力包括管理机构及其运行效率，管理人员的素质、经验、水平、工作态度与运用先进管理理论、方法等诸因素的组合。在实际计算生产能力时，由于管理能力只能作定性分析，因此生产能力主要是指设备能力和人员能力。

### (二)正常生产能力和最大生产能力

正常生产能力是指设备在正常使用条件下，实现最合理、最有效利用时的最大产出能力。这种生产能力是经济意义上的生产能力，是企业使用合理人员、在合理的时间安排下，设备产出最大、成本最低、效益最佳时的生产能力，故也称最优生产能力。最大生产能力是指设备在一定条件下能够最大程度利用时的产出能力，这种生产能力是技术意义上的生产能力，是扣除设备所需的正常维修、保养时间外，设备连续运转时的最大产出能力。例如，在市场需求急剧增加或为赶工满足紧急交货期的情况下，由于订货任务增加，超过了正常生产能力，采取加班加点、减少设备检修时间、加快设备运转速度等措施来增加生产能力。这时虽然能力加大了，但可能带来成本增加、生产效率下降、效益降低等不良后果，所以不是最优的，但这是为了满足市场需求、维持和扩大市场占有率、取得竞争优势所必须采取的措施。值得指出的是，最大生产能力不是无限度的，由于设备技术条件和其他资源条件的限制，只能增大到一定限度。

### (三)设计能力、查定能力和计划能力

(1) 设计能力是指制造业企业基本建设或改扩建时，设计任务书与技术文件中所规定的生产能力。它是按照建厂时设计规定的产品方案、技术装备和各种设计数据要求确定的。通常，设计能力要在企业建成后经过一段试生产，劳动者和劳动对象都能按规定的质量和数量得到充分保证的前提下，通过配备必要的固定资产，正式生产趋于正常后才能实现。它是新建、改建和扩建后企业达到的最大生产能力。显然，这只是一种潜在的能力。

(2) 查定能力是指企业生产了一段时间以后，企业的产品方向、固定资产、协作关系、

技术改造、资源条件、劳动状况等方面发生了重大变化,原来的设计能力已不能反映实际情况时,重新调查核定的生产能力。这是在新的假设条件下可能实现的能力,也不是真正现实的能力。企业查定生产能力时,应以现有固定资产等条件为依据,并考虑到查定期内可能实现的各种技术组织措施或技术改造取得的效果。

(3) 计划能力是指企业在计划期内,依据现有的生产技术组织条件,充分考虑了已有的生产条件和能够实现的各种措施后,实际能够达到的生产能力。这种能力才是作为生产计划基础的现实的生产能力。

上述三种生产能力各有不同用途,设计能力和查定能力是根据先进的技术定额水平计算的,是企业编制长远规划,确定扩建、改建方案,安排技改项目和采取重大技术组织措施的依据;而计划能力则是根据平均先进定额来核算的,只能表明目前的生产能力水平,因此只能作为编制中短期计划、确定生产计划指标的依据。

## 二、影响生产能力的因素

企业的生产能力是企业生产过程中许多因素发展变化的结果,无论从长远还是短期来看,它都不是固定不变的。企业生产能力的大小,取决于产品的品种、数量构成,产品结构的复杂程度、质量要求,零部件的标准化、通用化水平,生产设备的数量、性能及成套性,以及工艺加工方法、生产面积的大小、工厂的专业化组织水平、生产组织及劳动组织形式、劳动者业务技术水平、工人的劳动熟练程度及劳动积极性、企业所能运用的物质资源的数量、企业的经营管理水平等。

在计算生产能力时,要考虑四个主要因素:固定资产数量、固定资产工作时间、固定资产生产效率以及企业经营管理水平。

### (一)固定资产数量

固定资产数量是指企业在计划期内用于产品生产的全部机器、设备的数量,以及厂房和其他生产性建筑物的面积。

设备数量应包括现有的全部用于生产的设备,不论是运转的、维修与正在修理的,已到厂家待安装的,还是因任务不足而暂行使用的设备,均应加以计算。但其中不包括已经批准报废的设备、封存待调的设备和留作备用的设备,也不包括那些损坏严重在计划期内不能修复使用的设备。辅助车间(如工具、机修)所拥有的机器设备不能参与企业基本产品生产能力的计算,而只能算作辅助车间的辅助生产能力,只有当辅助车间的设备超过规定,并用于生产基本产品时,才可把其计算在基本产品的生产能力中。生产面积是指企业在查定时期内所拥有的全部能够用于生产的机器设备、厂房和其他生产性建筑物的面积,但不包括一切非生产用房屋面积和场地。生产面积的数量对于制造业的铸造、铆焊和装配车间以及一些服务业的生产能力水平意义重大。

### (二)固定资产工作时间

固定资产工作时间是指按照企业现行工作制度计算的机器设备全部有效工作时间和生产面积利用时间。设备的有效工作时间同企业的全年工作日数、日工作班次、轮班工作时间、设备计划停修时间等有关。在连续生产条件下,设备有效工作时间一般等于全年日历日数减去设备计划停修时间。在间断生产条件下,设备有效工作时间由制度工作日数、班次、每班工作时间和设备计划停修时间决定。

固定资产工作时间分为制度工作时间和有效工作时间。

制度工作时间是扣除法定节假日后规定的工作时间。其计算公式为

$$F_{制} = (D_{历} - D_{节}) \times f \tag{5.1}$$

式中:$F_{制}$——年制度工作时间,单位为小时;

$D_{历}$——全年日历日数,单位为天;

$D_{节}$——全年节假日数,单位为天;

$f$——日制度工作小时数,单位为小时。

有效工作时间是在制度工作时间中扣除设备修理停歇时间后的工作时间。其计算公式为

$$F_e = F_{制} \times (1-Q) \tag{5.2}$$

式中:$F_e$——有效工作时间,单位为小时;

$Q$——设备修理停工率。

设备修理停工率按修理计划或重要设备修理的经验统计数确定。一般$Q$的取值为5%~10%。

计算生产面积的生产能力时,一般用制度工作时间,因为它不涉及检修问题。根据企业是连续生产还是间断生产的不同要求,分别按日历日数或制度工作日数来确定。在季节性生产的企业,有效工作时间应按全年最大可能的生产日数计算。

### (三)固定资产生产效率

固定资产生产效率又称固定资产生产率定额,是指机器设备的生产效率和生产面积的利用效率。它们的生产效率从两个方面来体现:一是用设备(生产面积)的产量定额来表示,即单位设备(生产面积)在单位时间内的产量定额;二是用产品的时间定额来表示,即生产单位产品的设备台时消耗定额或生产单位产品占用的生产面积量大小和占用时间。

产量定额与时间定额是互为倒数的关系,即

$$t = \frac{1}{p} \tag{5.3}$$

式中:$t$——单位产品的时间定额,单位为台时/件;

$p$——单位时间的产量定额,单位为件/台时。

固定资产生产效率受很多因素的影响,除设备本身的技术条件影响外,还受产品的品种、产品结构、质量要求、加工工艺方法、原材料质量、生产专业化程度、劳动组织、工人技术业务水平等一系列因素的影响。因此,固定资产生产效率是决定生产能力的四个因素中最易变化,且变化幅度较大的因素。

### (四)企业经营管理水平

企业的生产能力是与企业生产能力相关的诸因素综合作用的结果。管理的作用就在于从时空上合理地组织这些因素的相互关系,使其发挥最大的综合作用,利用现有的条件形成最大的生产能力。产品和生产组织方式的选择、现代设备的运行和维修、优秀人才的使用和培

养、职工劳动积极性的发挥、资源的取得和合理运用，无不依赖于管理，许多具有先进设备的现代企业的生产能力远远达不到设计要求，其主要原因也在于管理落后。因此，在研究企业生产能力时，必须充分考虑管理对生产能力的影响。

## 三、生产能力的核定

分析企业生产计划可行性时，核定企业生产能力是一项十分重要的工作，它是实现企业生产计划综合平衡分析中的重要内容。它一方面要考察拟定生产计划能否实现，另一方面表明企业可以承担什么样的任务量，是反映企业生产可能性的一项重要指标。

由于企业种类的广泛性，不同企业的产品和生产过程差别很大，在制订生产能力计划以前，必须对本企业的生产能力进行度量。不同的组织，根据其具体情况，生产能力的度量方式也不同。目前还没有一种方法可以适用于所有类型企业的生产能力的度量。例如，在医院，度量生产能力的适宜标准可能是每天可以治疗的病人数量，在零售商店可能是年销售量，而在工厂可能是所拥有的机器数量或每天产出的产品数量。

### (一)核定企业生产能力的意义

(1) 核定生产能力是一项基础性工作。正确核定生产能力是企业经营决策的前提。企业能否满足市场对某种产品的需要，如何合理地组织本企业的生产经营活动，首先必须摸清家底，对本企业的生产能力做到心中有数。只有在权衡企业自身能力的基础上，才能对企业的生产计划安排做出正确决策，保证计划的实施。另外，核定生产能力有利于促进企业经营管理水平的提高，是实现企业经营目标的基础。通过核定企业生产能力，才有可能会发现为了实现企业的经营目标，生产中有哪些薄弱环节和富余能力，对于薄弱环节，经过努力能得以改善的，生产计划的编制就可以考虑接受；而那些暂时不能克服的瓶颈环节，也就是企业下一步改建、扩建或技术改造的方向，从而就可以明确改建、扩建或技术改造的方向。

(2) 生产能力的核定过程是发现问题、解决问题的过程。通过定量分析，可以为企业经营管理水平的提高和长远发展提供基础性资料。

(3) 有利于提高企业的经济效益。通过测定生产能力，可以定量地说明生产中各项要素之间的关系是否协调，各种资源的利用是否合理，生产的能力有多大，采用什么措施，可以得到什么结果，从而可以为提高企业经济效益制定具体的措施。

(4) 正确计算生产能力是落实生产计划的基础。企业生产能力的计算，应当在技术组织条件比较合理、定额水平比较先进的条件下进行。各种企业的生产方式和生产技术条件差别很大，有的主要利用机器设备生产，其产量基本上取决于各种机器设备、流水线、自动线的生产率；有的以手工操作为主，很少使用或基本不用机器设备进行生产，如铸件造型、手工焊接、设备维修等，其产量基本上取决于劳动力和作业面积的数量及利用率。因此，在计算生产能力时，就有设备生产能力、作业场地的生产能力和劳动能力之分。

### (二)核定企业生产能力的步骤

#### 1. 确定企业的专业方向和生产大纲

企业的生产能力是按照一定的产品品种方案来计算的。因此，在测定生产能力时，首先要确定企业的专业方向和产品品种、数量方案。

### 2. 做好测定生产能力的准备工作

测定生产能力的准备工作包括组织准备和资料准备。首先，要向企业职工宣传测定生产能力的重要性，动员全体职工积极配合测定工作；其次，要组成全厂和车间的测定生产能力小组，配备一定的技术人员和管理人员，具体负责测定生产能力的工作，要制订测定生产能力的计划，明确职责；最后，要收集和整理测定生产能力所需要的各种数据资料。

### 3. 从基层开始，自下而上地核定各生产单位的生产能力

测定企业的生产能力，通常从底层开始，自下而上进行，先计算单位设备的生产能力，再计算设备组以及工段的生产能力，从而确定车间的生产能力，最后在综合平衡各车间生产能力的基础上求出全厂的生产能力。

由于企业种类的广泛性，不同企业的产品和生产过程差别很大，差异性很大的企业生产能力核定单位也会有所不同。对于调制型和合成型的制造业企业而言，以产出量为计量单位比较明确。例如，用钢铁企业的产品吨位、家电企业的产品台数表示这类企业的生产能力。对于使用一种原料生产多种产品的流程型(分解型)企业，以企业年处理原料的数量作为生产能力的计量单位比较合理。例如，炼油厂可以用一年加工处理原油的吨位作为它的生产能力。相比之下，机械制造业企业的生产能力计算稍微复杂一些，主要原因是这类企业产品的加工环节多，参与加工的设备数量大，设备能力又不是连续变动而是呈阶梯式发展的，所以各环节的加工能力是不一致的。

### 4. 生产能力的综合平衡

制造业企业的生产能力是企业内部各环节生产能力综合平衡的结果。各环节生产能力的不平衡是绝对的。因此，在计算各环节生产能力后，要自下而上地逐级平衡。即先平衡计算设备组或作业组的生产能力，再平衡计算车间的生产能力，最后进行全厂生产能力的综合平衡。生产能力综合平衡还应包括基本车间之间生产能力的平衡、基本生产能力与辅助生产能力的平衡、生产能力与生产准备能力的平衡、生产能力与储运能力的平衡等。通过平衡就可发现生产过程中的薄弱环节和瓶颈环节，再根据企业计划期内可以动用的资源条件以及所能采取的组织技术措施，就可以克服薄弱环节，使企业的生产能力得到充分发挥，以保证生产计划任务的完成。

## (三)企业生产能力的计算

### 1. 设备和设备组的生产能力

因为以价值或定额劳动消耗表示的产量不能提供关于生产运作一定产品可能性的准确概念，即不能确切说明生产运作能力，所以企业生产运作能力都是以实物指标作为计量单位的。企业若生产单一产品，则以该产品为计量单位，那么若生产多种产品，又该如何计算呢？钢铁厂可以轧制各种品种、规格的型材，简单地以吨位计算不能反映真实情况；汽车制造厂可以生产多种品种、型号的汽车，如大客车、小轿车、中巴车，此时简单地把各种产品生产数量相加作为生产能力也是欠妥的，因为它们的工作量差别很大。根据企业产品特点和生产运作类型的不同，可选择采用具体产品、代表产品和假定产品等不同的计量单位。

(1) 具体产品法。在产品品种单一的大量生产企业中,企业生产能力以该具体产品的产量表示。对于品种单一的大量生产运作而言,可用具体产品数表示生产能力。例如,化肥厂年产 10 000 万吨合成氨,汽车厂年产 20 万辆汽车。其计算公式为

$$M = \frac{F_e S}{t} \tag{5.4}$$

式中:$M$ —— 设备组的年生产能力,单位为件;

$F_e$ —— 单台设备年有效工作时间,单位为小时;

$S$ —— 设备组内设备数,单位为个;

$t$ —— 单位产品的台时定额,单位为台时/件。

(2) 代表产品法。所谓代表产品,是指在产品结构与工艺方面具有代表性,且产量与劳动量乘积最大的产品。在多品种生产的情况下,当设备组的加工对象结构工艺相似时,可采用代表产品计量单位来计算设备组的生产能力。然后进一步换算出设备组生产各种产品的具体能力。换算系数为具体产品与代表产品的时间定额的比例,即

$$k_i = \frac{t_i}{t_0} \tag{5.5}$$

式中:$k_i$ —— 产品 $i$ 的换算系数;

$t_i$ —— 产品 $i$ 的时间定额,单位为台时;

$t_0$ —— 代表产品的时间定额,单位为台时。

下面通过例 5.1 来说明代表产品法的具体计算过程。

**例 5.1** 某设备组共有加工设备 25 台,加工甲、乙、丙、丁四种产品,计划产量分别为 800、600、1500、200 台,各产品单件加工时间分别为 15、30、20、50 台时,两班制生产,设备停修率为 10%。假设年有效工作日为 250 天,试计算该设备组的生产能力。

**解:** ① 根据总劳动量最大的原则,确定丙为代表产品。

② 计算以丙为代表产品表示的生产能力如下。

$$250 \times 2 \times 8 \times (1-0.1) \times 25/20 = 4500(台)$$

③ 将代表产品丙表示的生产能力换算为各具体产品的生产能力,如表 5.1 所示。

设备组的负荷系数为:3500/4500≈77.78%。

表 5.1 以代表产品计算生产能力换算

| 产品名称 | 计划产量 | 单位产品台时定额 | 换算系数 | 换算为代表产品的产量 | 以代表产品表示的生产能力 | 换算为具体产品表示的生产能力 |
|---|---|---|---|---|---|---|
| ① | ② | ③ | ④ | ⑤=②×④ | ⑥ | ⑦=⑥×⑤/∑⑤×1/④ |
| 甲 | 800 | 15 | 0.75 | 600 | 4500 | 1028 |
| 乙 | 600 | 30 | 1.5 | 900 | | 771 |
| 丙 | 1500 | 20 | 1.0 | 1500 | | 1928 |
| 丁 | 200 | 50 | 2.5 | 500 | | 257 |
| 合计 | | | | 3500 | | |

# 第五章 生产能力与生产能力计划

(3) 假定产品法。在多品种生产的情况下，当设备组的加工对象结构工艺不相似时，不能用代表产品来计算生产能力，应采用假定产品计算单位来计算设备组的生产能力。假定产品是由各种产品按其总劳动量比重构成的一种假想产品。

计算以假定产品计算单位表示的设备组生产能力时，需要计算假定产品的台时定额，根据假定产品的台时定额和设备组在计划期内的有效工作时间，求出以假定产品计量单位表示的生产能力。然后，将以假定产品单位表示的生产能力，再按生产计划草案中规定的产品品种换算为具体产品的生产能力。

下面通过例 5.2 来说明假定产品法的计算过程。

**例 5.2** 根据例 5.1 中的数据，假设四种产品结构不相似，试以假定产品为单位计算该车床组的生产能力。

**解**：计算过程如表 5.2 所示。

表 5.2 以假定产品为单位计算生产能力的过程

| 产品名称 | 计划产量 | 台时定额 | 总劳动量 | 各产品劳动量占总劳动量的比重/% | 假定产品台时定额 | 以假定产品表示的生产能力 | 换算为具体产品的生产能力 |
|---|---|---|---|---|---|---|---|
| ① | ② | ③ | ④=②×③ | ⑤=$\dfrac{④}{\sum ④}$ | ⑥=$\sum ③\times ⑤$ | ⑦ | ⑧=$\dfrac{S\cdot F_e\cdot ⑤}{③}$ |
| 甲 | 800 | 15 | 12 000 | 17.14 | 26 | 3461.5 | 1028 |
| 乙 | 600 | 30 | 18 000 | 25.71 | | | 771 |
| 丙 | 1500 | 20 | 30 000 | 42.86 | | | 1928 |
| 丁 | 200 | 50 | 10 000 | 14.29 | | | 257 |
| 合计 | | | 70 000 | 100 | | | |

以假定产品表示的生产能力为：[250×2×8×(1-0.1)×25]/26≈3461.5(台)

设备组的负荷系数为：70 000/26/3461.5≈77.78%

## 2. 工段(车间)生产能力的计算和确定

工段生产能力的计算在设备组生产能力的基础上进行。一个工段往往要包括几个设备组，各设备组的生产能力一般是不相等的，这就需要对车间内各设备组之间进行生产能力的平衡。通常以主要设备组的生产能力作为综合平均的依据。所谓主要设备组，是指在工段(车间)生产中起决定性作用，完成劳动量比重最大或者贵重而无代用设备的设备组。以它的能力作为车间的生产能力，如果存在低于主要设备组生产能力的薄弱环节，就要制定消除薄弱环节的措施，应尽可能利用富余环节的能力来补偿薄弱环节，使其和主要设备组生产能力达到平衡。如果一个车间内有多个加工工段，则先按上述方法确定出各工段的生产能力，根据主要工段的生产能力，经过综合平衡以后确定车间的生产能力，使车间能力最终达到合理的水平。

## 3. 企业生产能力的确定

企业生产能力的确定是在各车间生产能力综合平衡的基础上确定的。企业的生产能力取决于各个生产车间的成套程度。由于企业的产品品种、产量及其他技术组织条件总是在变化，因此不成套、不平衡的现象经常发生。这就需要进行综合平衡工作，以便使企业的生产能力在适应条件变化的情况下达到最佳的水平。企业生产能力综合平衡的内容主要包括两个方面：①各基本生产车间能力的平衡；②基本生产车间与辅助生产车间及生产服务部门之间的能力平衡。综合平衡首先要以主要车间的生产能力作为企业生产能力的依据。主要车间可以是产品劳动量较大、在生产中经常出现瓶颈的关键车间，也可以是设备价值最高的关键设备所在的车间，因为关键设备价值高，难以替代。因此，具体问题需要具体分析，在主要车间的生产能力确定后，其他车间需以主要车间为基准，调整自己的生产能力，使之与主要车间生产能力相协调与平衡。基本生产车间与辅助生产车间的平衡，一般是以基本生产车间的生产能力为基准，核对辅助生产车间的生产能力配合情况，采取措施使之达到平衡。

## 第二节 生产能力计划

生产能力计划是指提供一种方法来确定由资本密集型资源(如设备、工具、设施和总体劳动力规模等)综合形成的总体生产能力的大小，从而为实现企业的长期竞争战略提供有力的支持。生产能力计划所确定的生产能力对企业的市场反应速度、成本结构、库存策略及企业自身管理和员工制度都将产生重大影响。

### 一、生产能力计划的概念

在市场经济条件下，企业要赢得竞争优势，就不能只局限于运用现有的生产能力，还必须有一套积极发展生产能力的计划。生产能力计划按计划期长短不同可分为长期生产能力计划、中期生产能力计划和短期生产能力计划，如表5.3所示。

表5.3 生产能力计划分类

| 种类、时间、目标及内容 | 长期生产能力计划(3～5年) | 中期生产能力计划(1～2年) | 短期生产能力计划(1～3个月) |
| --- | --- | --- | --- |
| 计划目标 | 与企业生产发展规划协调 | 提高生产能力利用率 | 充分挖掘生产潜力 |
| 设备 | 厂房建设计划，设备购置和改造计划 | 修改基本建设和技术改造计划 | 提高厂房设备利用率、合理进行技术组织 |
| 人员 | 人力资源开发方针，人才招聘、职工培训的战略安排 | 职工招聘和培训计划安排 | 合理配备临时调动加班计划 |
| 物资 | 取得资源的方针 | 落实订货计划 | 原材料和零部件的发送 |

#### (一)长期生产能力计划

长期生产能力计划具有风险性，需要周密研究，充分论证，谨慎决策。如果计划的生产能力太小，企业或组织可能会失去客户，使得竞争者进入该市场或不能及时提供服务；如果计划的生产能力太大，可能会产生难以控制运营、供过于求驱使价格降低或不能偿还建立生产能力的贷款等现象。生产能力计划的核心是良好的长期预测。对于制造业企业和服务企业,在确定生产能力时都会涉及许多因素。

长期生产能力计划具有战略性质,是在考虑长期需求预测、企业长期发展战略和产品开发计划的基础上,对企业生产能力做出的规划。

1. 扩张型生产能力计划

生产能力小于市场需求,通过技术改造等措施扩大生产能力,称为扩张型生产能力计划。扩张型生产能力计划是企业在现有正常生产能力的条件下,按照企业长远经营目标的要求,为满足未来需求而做出的如何扩大生产能力的决策。扩大生产能力往往要进行投资,扩建厂房,增添设备,引进技术,同时还要招聘员工,进行教育培训。扩张生产能力一般可以采取两种策略:一次扩张策略和逐步扩张策略。

(1) 一次扩张策略。这种策略是通过一次性投资购买设备、增加人员的方式来扩大生产能力的。其好处是可以较快形成生产能力以出产品,满足市场需求;但这种策略需要在短时间内筹集大量资金,而且风险较大,如果扩张后生产能力严重过剩,则会造成损失,加大成本。

(2) 逐步扩张策略。这种策略是通过多次投资购买设备、逐步增加人员的方式来扩大生产能力的。其优点是比较稳妥,风险较小,资本筹措比较容易;但不足之处是有可能失去市场,造成机会损失。

2. 收缩型生产能力计划

生产能力大于市场需求,则要考虑开发新产品以充分利用能力。同时经过周密的市场分析,如果确认本企业所从事的某种产品行业是即将衰退的行业或扭亏无望的产品时,企业要考虑退出、出售亏损部门或转产,即执行收缩型生产能力计划,在收缩中求得新的发展。此时可采用转产、退缩两种策略。

(1) 转产策略。这种策略是利用现有的生产能力,如设备、人员和有关资源转向生产其他品种的产品,或转向生产相关行业的产品。例如,服装厂可以转产床上用品和居室装饰品,酒厂可转产生产饮料,等等。

(2) 退缩策略。这种策略是逐步退出那些已经没有发展前途的行业或产品市场,收缩生产能力,有计划、有步骤地撤出资金、人员和资源,必要时,可以出售设备,裁减人员,转让、变卖资源,以卸掉包袱,争取主动权,为将来的发展创造条件。

(二)中短期生产能力计划

中期计划是指对未来的1～2年的生产制订的月计划或季度生产能力计划。当发生员工人数变化(招聘或解聘)、增加新工具、购买小型设备及签订转包合同等情况时,中期计划可能需要调整。

短期计划是指1～3个月的生产能力计划,主要包括确定人工数量、加班计划及预算、库存管理等内容,而不涉及资本投资决策。短期计划关系每天或每周的生产调度情况,而且为了消除计划产量与实际产量的矛盾,短期计划需要作相应的调整,包括超时工作、人员调动或替代生产程序规划等。

中短期生产能力计划的最大特点是当年可供使用的设备、厂房等固定资产数量已经基本固定，即使当年投资增添固定资产，也很难在年内形成生产能力。因此企业中短期生产能力调整是一项比较复杂而又操作性很强的工作，各种不同的能力计划都会对成本有很大影响。如增加班次要支付额外的工资、奖金，外协、外购的成本往往高于自制，利用库存调节要占用大量流动资金，增加库存费用。因此，究竟选择哪种方式，要进行费用分析，选择成本最低的能力计划方案。一般来说，要扩大生产能力，可以从以下四个方面着手。

### 1. 提高设备利用率和生产效率

生产能力与设备工作时间是成正比的，许多企业是一班制或两班制生产，当生产能力不足时，首选方案就是增加班次，提高设备利用率。当工作班次已满、负荷不能增加时，可以合理安排设备维修计划，减少设备停工检修时间，提高时间利用率；也可采用改进工艺、降低工时定额、提高设备生产效率的方式，从内涵发展上扩大生产能力。

### 2. 利用外部资源方式

当生产能力短期不足时，采用外协、外购方式解决供需矛盾也是提高生产能力的一种途径。如许多制造业企业在生产能力不足时，将大量的零部件转让给外协加工厂生产，或购买其他厂的零部件，自己进行组装出产成品。

### 3. 利用库存调节方式

当企业生产的产品具有季节性时，往往旺季和淡季的销售量相差很大，如空调、电风扇、时装等，旺季时生产能力不足，淡季时生产能力过剩。用库存来调节能力与需求量之间的缺口是比较常用的方法，即淡季多生产一些储存起来，以弥补旺季生产能力的不足。

### 4. 充分利用瓶颈生产能力的调整原则

生产能力计划是一项细致繁重的工作，是一个反复检查的动态过程，时效性很强。要真正发挥作用，就要设法使之简化。从企业的实际运作状况来看，制约企业计划实现的关键是要抓住瓶颈环节，即负荷可能超过生产能力的关键工作中心。

生产能力调整的原则就是采取措施消除瓶颈环节。系统的物流量取决于系统内瓶颈工序的通过能力。非瓶颈工序的负荷取决于通过瓶颈工序的物流量。如果让非瓶颈资源满负荷工作，只能生产多余的产品或工件，其后果是增加了库存量，积压了企业的流动资金。

按照 OPT(Optimized Production Technology，最佳生产技术)思想，对于瓶颈资源的利用，还可以考虑采取以下措施使资源达到最大产出量。例如，瓶颈工序前设置质量检查站，保证投入瓶颈工序的工件是 100%合格品；适当加大生产批量、减少瓶颈资源的设备调整次数；减少瓶颈工序中的辅助生产时间以增加设备的基本生产时间；或者在瓶颈工序前设置缓冲环节，使瓶颈资源不受前面工序生产率波动的影响。

如果上述方法仍不能完全解决能力不足的问题，就要改变作业进度，使部分作业延期，但对延期到什么时候应该有所计划。因此，短期调整基本上是在现有人员和设备能力(包括外协件厂)的范围内进行的一种调整。

## 二、生产能力计划的层次性

生产能力计划的层次性是指对于不同层次的经营管理者,生产能力计划的意义不同。

(1) 公司层级。企业级经理关心的是企业内部各工厂总体生产能力的大小,因为他要为实现总的生产能力而投入大量的资金,那么这些资金是多少,可以通过分析总体生产能力得到答案。

(2) 工厂层级。工厂的经理则更关心全工厂的生产能力状况,他们必须决定如何以最优方式利用工厂的生产能力,来满足预期的需求量。一年中,在需求高峰时的短期需求可能会远远大于计划产量,因此经理必须预测可能出现的需求高峰,并且安排好在什么时候储存多少产品以备急需。

(3) 车间层级。更低一层的生产一线主管最为关心的是,在本部门的生产水平基础上,机器设备和人力资源结合的情况怎样及生产可达到多大产量。生产一线主管需要做出详尽具体的工作调度计划以满足每天的工作量。

## 三、生产能力计划的决策步骤

生产能力计划决策是否合理直接影响企业的长期经营和发展。对于生产能力计划的制订,企业应选择和确定相应的生产能力发展策略,并思考相关的问题。例如,企业是需要一个大规模设施还是若干个小规模设施;是应该在需求刚出现时就扩大生产能力还是等到需求已经比较明显时再确定是否扩大生产能力。对此,决策者需要采用系统的方法来回答这些及类似问题,并制定适合于不同情境的生产能力发展策略。

不同企业的能力计划的决策方法各有不同,但一般来说,至少下列四个步骤是必要的。

### 1. 估计未来的能力需求

在进行生产能力计划时,首先要进行需求预测。对市场需求所作的预测必须转变为一种能与生产能力直接比较的度量。因为,在市场预测时,一般是对产品的需求进行预测,这样需要将预测结果转换成对生产能力的需求。在制造业企业中,企业能力经常是以可利用的设备数来表示的,在这种情况下,管理人员必须把市场需求(通常是产品产量)转变为所需的设备数量。通过将每年生产所有产品及服务所需的生产加工时间与生产操作准备时间进行加和来估算所需设备的数量。

由于生产能力需求的长期计划不仅与未来的市场需求有关,还与技术变化、竞争关系及生产率提高等多种因素有关,因此必须综合考虑。还应该注意的是,所预测的时间段越长,预测的误差可能就越大。

### 2. 识别生产能力和需求之间的差距

相对于预计生产需求而言,现有生产能力可能过剩,也可能不足,两者之间常常存在差距。由于生产运作过程中存在着多重作业和多种资源输入,使生产能力的合理确定与使用变得相对复杂。

当预测需求与现有生产能力之间的差为正数时,很显然,就需要扩大能力。这里需要注意的是,当一个生产运作系统包括多个环节或多个工序时,生产能力的计划和选择就需要格外谨慎。一个案例是：20世纪70年代西方发达国家的航空工业呈供不应求的局面，因此许多航空公司认为，所拥有的飞机座位数越多，就可以赢得越多的顾客，因此竭力购入大型客机；但事实证明，拥有较小飞机的公司反而获得了更好的经营结果。原因是满足需求的关键因素在于航班次数的增加，而不是每一航班所拥有的座位数。也就是说，顾客需求总量可用"座位数×航班次数/年"来表达，只扩大前者而忽视后者则会遭遇失败。在制造业企业中，扩大生产能力同样应考虑各工序能力的平衡。当企业的生产环节很多，设备多种多样时，各个环节所拥有的生产能力往往不一致，既有富余环节，又有瓶颈环节，而富余环节和瓶颈环节又随着产品品种和制造工艺的改变而变化。这是制订能力计划时必须注意的一个关键问题，否则就会形成一种恶性循环，即瓶颈工序能力紧张→增加该工序能力→未增加能力的其他工序又变为瓶颈工序。

3. 制订候选的生产能力计划方案

在识别了预计需求和现有生产能力的差距后，接下来的步骤是制订可行的扩展生产能力的备选方案，并选择合适的方案以弥补现有生产能力的不足。最简单的一种是：不考虑能力扩大，任由这部分顾客或订单失去。其他方法包括扩大生产能力规模和增加工作时间等多种方案，包括积极策略、消极策略或中间策略的选择，也包括新设施地点的选择，还包括是否考虑使用加班、外包等临时措施等，这些都是制订生产能力计划方案时所要考虑的内容。一般来说，至少应给出3～5个候选方案。

4. 进行方案评价，做出最后的选择

生产能力计划的最后一个步骤是管理者对备选方案进行定量与定性的分析及评价。定量评价主要是从财务的角度，以所要进行的投资为基准，比较各种方案给企业带来的收益以及投资回收情况。这里可使用决策树法、净现值法、盈亏平衡分析法、投资回收率法等不同方法。定性评价主要是考虑不能用财务分析来判断的其他因素，如与企业的整体策略的关系、与竞争策略的关系、技术变化因素等，这些因素中，有些仍可转化为定量因素来计算(如人员成本)，有些则需要用直观和经验来判断。在进行定性评价时，可对未来进行一系列的假设，如给出一组最坏的假设，即需求比预测值要小，竞争更激烈；也可以给出一组完全相反的假设，即最好的假设，用多组这样的不同假设来考虑投资方案的好坏。对备选方案进行定量与定性的分析可以使管理者了解每种备选方案的实质，为最终决策提供依据和支持。

# 本 章 小 结

第三章我们介绍过需求预测，而企业的生产能力计划取决于需求预测，结合科学的预测，才能制订最优的生产能力计划。本章主要介绍了生产能力的核定、计划和调整。

# 思考与练习

1. 生产能力有哪些种类？

2. 影响生产能力的因素有哪些?
3. 简述生产能力计划的概念及决策步骤。

# 案 例 分 析

### 草籽娃娃

　　草籽娃娃迅速成为这个夏天风行一时的新产品。尽管现在才是1994年的7月中旬,可是从4月中旬开始生产以来,Seiger Marketing已经两次搬迁和扩建它的草籽娃娃生产分厂及仓库。即使这样,现在的生产水平仍然使它们位于安大略省的多伦多工厂的设备生产能力达到了物理极限。

　　现在,一切都是不确定的,然而,草籽娃娃的合伙人,也是西方商学院的新近毕业生安顿·拉比和龙能·哈拉里,却不愿意给草籽娃娃的生产主管——他们的商学院同学本·瓦拉蒂任何实质性建议,只是会说:"保持弹性。我们也许会拿到10万件的订单,但是如果这些订单没有来,我们将保持现有人员,并不承担巨大的库存。"基于这种不确定性的背景,本·瓦拉蒂正在寻求提高生产能力的方法,这些方法的实施是不能以牺牲弹性和提高成本为代价的。

　　有关产品描述:

　　当草籽娃娃的主人把它们从盒子里取出时,他们会发现一个光秃秃的惹人喜爱的人头状的小东西,这个小东西的直径大约8厘米。在水中浸泡后,把草籽娃娃放在潮湿的环境中待上几天,它就会长出一头漂亮的"绿发"。草籽娃娃主人的创造力能够通过发型的变化表现出来。草籽娃娃的销售工作是从多伦多地区的花店和礼物商店开始的,但由于产品获得广大顾客的普遍欢迎和认可,分销工作通过K-Mart、Toys R Us和沃尔玛特这样的商店在全国范围内开展。到7月中旬,已有10万多草籽娃娃在加拿大出售,向美国的出口工作也已经开始。

　　草籽娃娃通过一个混合批量流水生产过程加工出来。6个填充机操作员同时工作,把锯末和草籽装进尼龙袋子里,这样就制成了基本的球形体。操作员把球形体放入塑料的装载盒里,每盒可装25只。在另一个批量作业地,一个操作工人把带有塑料外衣的电线在一个简单的模具上缠绕一下就制成了草籽娃娃的眼镜。接下来的作业过程是一个由人工组成的流水线。三个塑形工把球形体从装载盒中拿出来,通过加工使球形体看起来更像人的脑袋,这包括为它们塑造出鼻子和耳朵,并把两只塑料的小眼睛用胶水粘在镜框里。经过塑形和组装的草籽娃娃都转交给一个工人,他负责用织物染料给它画上一个红红的嘴巴,画完后把它们放在一个晾干架上,经过5个小时的晾干以后,两个包装工人把草籽娃娃放进盒子,然后再把它们装入便于运输的箱子中。

　　为了分析研究生产能力,本·瓦拉蒂和他的日常监管鲍勃·韦克莫对草籽娃娃的各加工工序及转移时间做了估计。估计的时间如下:填充——1.5分钟;塑形——0.8分钟;制作眼睛——0.4分钟;构造眼镜——0.2分钟;涂染——0.25分钟;包装——0.33分钟。除去不可避免的拖延和休息时间，本·瓦拉蒂得出他可以对一个 8 小时班次按 7 小时计算实际工作时间。

(资料来源：厄金斯. 生产与运作管理案例[M]. 机械工业出版社，2013.)

讨论：

1. 按照本·瓦拉蒂的计算方法，目前一个班次可生产多少草籽娃娃？两个和三个班次可生产多少草籽娃娃？如果一周生产七天，一天三班，那么一周能生产多少？哪项作业是瓶颈作业？

2. 如果所有的工人按照本·瓦拉蒂所观察的速度工作，并且有充足的原料投入，那么一个班次结束时，各个工序累积有多少在制品库存？

3. 安顿·拉比从沃尔玛特接到一张大订单，预计还会有更多的订单，于是他要求本·瓦拉蒂将产量提高到每天 4000 件。本·瓦拉蒂应该如何处理？

4. 如果本·瓦拉蒂对工人进行了交叉培训，并且可以在时间上进行调配，那么你对上一问题的回答会改变吗？如何改变？如果有，哪些工人需要交叉培训？

5. 一个好客户来了，他要求马上为他生产一种特制的草籽娃娃，也就是在草籽锯末的混合物中加一种"秘密的"成分。假定有一台填充机、一个塑型工、一个眼睛安装工、一个涂染工和两个包装工在需要时可以马上停下来，并且投入到特制草籽娃娃的生产中，那么生产一批(25 件)特制草籽娃娃需要多少时间？

6. 如果这位顾客说他必须在 45 分钟内离开，本·瓦拉蒂能及时把产品做好吗？如果不能，本·瓦拉蒂应该怎样做才能提高公司的声誉？你有好的建议吗？

7. 尽管不是一个严重的问题，但通常在一个公司的早期生产中会有 15% 的产品要丢掉。假定缺陷出在填充之前或填充的过程中，而直到包装时才被发现，这对生产能力有什么影响？如果在填充工序后进行一下特别检验会有帮助吗？

# 第六章  生 产 计 划

【学习目标】

通过本章的学习，了解制造业企业的计划体系；了解长、中、短期生产计划的内容与特点；熟悉综合生产计划的制订、主生产计划的编制步骤及方法。

【关键概念】

生产计划(production planning)；综合生产计划(aggregate production planning)；主生产计划(master production scheduling)

【引导案例】

## 谢尔曼—布朗化学制品公司的生产计划

谢尔曼—布朗化学制品公司(Sherman-Brown Chemical Company)即将完成其下一年的总生产能力计划。该公司根据库存生产产品，主要生产三种油漆产品：室内乳胶、瓷釉乳胶和着色乳胶。其生产工厂位于俄亥俄州的 Cleveland，有大量工人从事原材料准备、混合、装罐等生产线的主要操作。

乳胶运输工具、颜料、罐、箱子以及其他谢尔曼—布朗产品所需的材料都可以从大量的可能供应商处快速获得。生产部门的加工设备只轮一次班，因为去年谢尔曼—布朗买进了一家竞争对手的公司，所以获得了超额的生产能力，同样，也为成品的仓储提供了广大的库存空间。

谢尔曼—布朗公司的生产能力情况是：因为生产能力计划唯一的限制因素是劳动力数量，所以需要解决的生产能力问题就是决定每时间段所需要雇用的工人数量，从而支持三种油漆产品的销售预测。

谢尔曼—布朗公司的经理正考虑两个生产能力计划：①以库存满足需求，维持生产能力不变；②根据需求调整生产能力的计划。对这些计划的评估是要看哪个计划能使总成本最低，而需要考虑下列三个成本要素：①从一个时间段到另一个时间段(两个时间段之间超过一个整年)雇用工人的成本；②超过同一时期的解雇工人的成本；③一年持有成品库存的成本。

下面是分析用到的相关数据：每季工作天数是 65 天；所有类型油漆的劳动标准是 2.311 工人小时/加仑；每次换班的工作时间是 8 小时/班；机器一次转换的最大生产能力是 10 万加仑/季，这适用于所有类型的油漆生产。

(资料来源: Norman Gaither, Greg Frazier. 运营管理[M]. 刘庆林, 等, 译. 北京: 人民邮电出版社, 2005.)

问题：

1. 分别对三种产品进行总需求预测。
2. 在雇用工人数、解雇工人数、成品年度平均库存水平方面，比较提高生产能力的两个选择性计划。

3. 从对工人就业水平和成品库存的影响方面对提高生产能力的两个选择进行分析。
4. 选择具有最低年度成本的生产能力计划。

# 第一节　生产计划概述

生产计划是为实现企业生产目标，根据一定时期的市场需求，考虑企业现有生产能力和资源供应条件，对未来一定时期内的生产作业活动和各项资源的使用做出的统筹安排，是企业组织生产运作活动进行综合平衡的依据。生产计划关系顾客的满足程度、企业营销计划和财务计划的实现，是企业物资采购、人力资源、成本计划的重要依据。计划是否科学，决定了企业资源能否得到合理利用，影响着企业的效率和效益。编制生产计划是生产运作管理的一项基本任务。

根据生产计划所包含的范围，生产计划有广义和狭义之分。狭义的生产计划是指生产系统的运行计划，计划规定了一定时期内生产或提供产品或服务的品种、质量、产量和进度，是进行生产作业活动的纲领和依据。广义的生产计划是指包括生产系统的建立和运行的计划。本课程所涉及的主要是狭义的生产计划。

## 一、生产计划系统的层次

从系统的观点来看，生产计划是一个系统，不仅可以从时限上把生产计划分为长期计划、中期计划和短期计划三种类型，而且还可从组织结构的对应关系上，将生产计划分为战略层、管理层和作业层三个计划层次，每一层次都有特定的内容。

生产计划系统是一个包括预测职能、需求管理、作业计划、材料计划和能力计划等相关计划职能，并以生产控制信息的迅速反馈连接构成的复杂系统。这个复杂系统高效运转的关键是提高每个职能计划工作的质量和效率，并不断改善信息的交流。市场的不确定性和变异性是生产计划系统运作的主要障碍，这就对整个生产计划系统应变能力和柔性提出了更高的要求，但这绝不意味着生产计划系统内各职能环节在实施计划时，可以有很大的自主性和无序性。生产计划系统的层次及功能组成如图 6.1 所示。

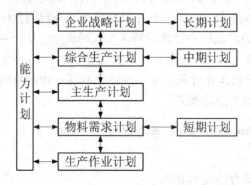

图 6.1　生产计划系统的层次及功能组成

## (一)长期生产计划

长期生产计划是企业的战略性计划,是企业中长期发展规划中的一个重要组成部分,是生产方面的长远规划。它包括长期生产能力、厂址选择、设施布置、产品发展计划、作业系统设计等,是由企业最高决策层制订的计划。

长期生产计划的主要任务是根据企业经营发展战略的要求,对有关产品的发展方向、生产发展规模、技术发展水平、生产能力水平、新设施的建造和生产组织结构的改革以及确定竞争优势等方面所做出的规划与决策,并以此为基础可以制订经营计划。

长期生产计划要与同时期的销售计划、市场预测和资金需求相协调,因此制订时要进行财务、生产和销售的综合分析。一般五年或更长时间制订一次,而且每年都进行滚动修改。

## (二)中期生产计划

中期生产计划属于战术性计划。通常称之为生产计划大纲或综合生产计划,计划期一般为一年,故又称年度生产计划,由企业中层管理部门制订计划。它是根据企业的经营目标、利润计划、销售计划的要求,确定现有条件下在计划年度内实现的生产目标,如品种、产量、质量、产值、利润、交货期等。具体表现为生产计划、总体能力计划和产品出产进度计划。

中期生产计划的主要任务是根据产品市场预测和顾客订货的合同信息,规定企业在计划年度内的生产任务,规定一年左右时间内各月对生产总量(产值、综合产量单位)的需求,其主要作用是寻求各月的人力水平、工作时间、库存水平以及外协数量的最佳组合,做出统筹安排。

对于流程型企业,由于这类企业的设备或生产设施价格昂贵,生产连续进行,生产能力可以明确核定,属于备货生产性质,故相对于短期作业计划而言,中期生产计划的作用更为重要。而对于制造装配型企业,由于其生产能力随着产品结构的变化而变化,是一个动态的概念,难以在制订中期生产计划时明确核定,加上它主要属于订货核算方式,故中期生产计划只能起到一定的指导作用,企业计划的重点是短期生产作业计划。当然,对于介于二者之间,接近流水作业性质的加工装配性质的企业来说,中期生产计划的作用越来越得到重视。

## (三)短期生产计划

短期生产计划是年度生产计划的继续和具体化,是由执行部门编制的作业计划。它的任务主要是依据用户的订单,合理安排生产活动中的每一个细节,使之紧密衔接,确保按用户要求的质量、数量和交货期交货。常以主生产计划、物料需求计划和生产作业计划来表示。

### 1. 主生产计划

主生产计划(Master Production Scheduling, MPS)是把综合计划具体化为可操作的实施计划,主要是确定每一具体的产品在每一具体时间段内的生产数量,包括进行商品出产进度安排等。对一般加工装配企业来说,它是生产计划系统的核心,是所有短期生产活动,包括材料采购、零部件外协、制造和装配等活动的依据。主生产作业计划的期限一般为季度或月度,故有些企业又称之为季、月度投入产出计划。主生产作业计划的对象是产品,它按生产计划规定的任务和实际的顾客订货合同制订作业计划,规定生产的品种、数量、加工进度和完工时间，规定每个生产单位(一般为车间或分厂)的任务和投入产出进度。主生产计划中的需求主要来源于客户订单、预测、备品备件、厂际间需求、客户选择件及附加件、计划维修件等。

2. 物料需求计划

主生产计划确定后，要依靠物料需求计划(Material Requirement Planning，MRP)保证主生产计划所规定的最终产品所需的全部物料及其他资源的及时供应。

MRP 就是分解 MPS 中的最终产品或项目，确定产品各级零部件制造或采购的数量、时间以及完工日期。它是根据产品结构将主生产计划展开为详细的材料需求、零部件生产及外协外购计划，解决什么时间、需要什么、需要多少的问题。

MRP 是计算机应用于生产运作管理的结果。随着信息技术的发展与管理水平的不断提高，MRP 经历了由简单到复杂、由低级到高级的不断提升的过程，逐渐由最初、最基本的开环 MRP 到闭环 MRP，再发展到现在的 MRPII 和 ERP 系统。

3. 生产作业计划

生产作业计划是生产计划的具体化计划，是生产计划的继续，主要根据零部件的生产计划，具体规定每种零件的投入时间和完工时间，以及每台设备上零件的加工顺序。在时间上，它把年度计划任务从年具体化到月、周、天、工作班的任务；在对象上，它把以产品为单位的计划，细分为组成产品的各种零部件的生产任务；在执行单位上，它把企业的任务细分到车间、工段、班组，直至每个工作地的任务。

## 二、生产计划的编制内容和步骤

确定生产计划是管理工作的首要职能，必须贯彻以销定产的原则，其实质是以需定产，以市场的需求来安排生产。这是市场经济的要求，也是提高企业经济效益、保证企业顺利发展的前提。编制生产计划是动态的、连续的过程，它包括具体编制计划、贯彻执行计划和检查、调整计划三个主要部分。其具体编制步骤和内容如下。

1. 调查研究、收集资料，确定目标，确定计划期内的市场需求

通过调查研究，主要摸清三个方面的情况：一是计划期内的市场需求；二是企业生产的外部环境；三是企业生产的内部条件。然后对各种资料和信息进行汇总、整理和综合分析。同时，认真总结和分析上期计划执行中的经验及存在的主要问题，制订在本期计划贯彻中进行改进的具体措施。

确定计划期内的市场需求方法有多种。对于制造业企业的生产计划来说，需求通常是以产品的数量表示的，需求信息来源于：①用户的直接订单；②市场需求预测；③未来的库存计划。有些产品的消费受季节性影响大，备货生产中需要考虑未来库存水平的要求，这部分计划也应纳入生产计划中。另外，有些产品的生产计划中还包括国家的一些指令性计划或指导性计划。

2. 统筹安排，拟订初步计划方案

企业根据国家、社会的需要以及提高企业经济效益，在统筹安排的基础上，提出初步生

产计划指标方案。生产计划方案主要是指各种产品生产指标的方案。在同样的内外条件下,存在着许多不同的生产方案。计划编制工作在这一阶段的任务就是要制订出各种不同的方案,并在生产能力分析的基础上,选择一个比较满意的计划。其主要内容包括:品种的选择和搭配;产量指标的选优和确定;产品出产进度的合理安排;车间之间的选择等。

3. 综合平衡分析,确定最佳方案

对计划部门提出的初步指标方案,必须进行综合平衡,研究措施,解决矛盾,以达到社会需要与企业生产可能之间的相互平衡。只有这样,才能做到合理利用企业的人、财、物,克服薄弱环节,挖掘生产潜力,使企业获得良好的经济效益。

生产计划的综合平衡有以下四个方面:①生产任务与生产能力的平衡,测算企业设备、生产场地、生产面积对生产任务的保证程度;②生产任务与劳动力的平衡,测算劳动力的工种、等级、数量、劳动生产率水平与生产任务的适应程度;③生产任务与物资供应的平衡,测算物资对生产任务的保证程度;④生产任务与成本财务的平衡,是为了保证实现利润目标,保证生产计划的完成资金需要量。

4. 确定计划,讨论、修正、报请批准

企业的生产计划,经过反复核算与综合平衡,即可编制年度计划草案。计划草案经有关科室、车间组织群众讨论后,进行必要的修正,经厂长或上级主管部门批准,即可作为企业正式计划。最后生成年度生产计划表和生产计划的编制说明。

生产计划的编制说明应主要包括下述内容:编制生产计划的指导思想和主要依据;预计年度生产计划完成情况;计划年度产量产值增长水平及出产进度安排;实现计划的有利条件和不利因素,存在的问题及解决措施;对各单位、各部门的要求等。

年度生产计划表主要包括产品产量计划表、工业产值计划表及计划编制说明,如表 6.1 所示。

表 6.1 20××年工业产值和产品产量计划　　　　　　　　单位:万元

| 产品名称 | | 单位 | 计划年度 | | | | |
|---|---|---|---|---|---|---|---|
| (型号、规格) | | | 全年 | 一季度 | 二季度 | 三季度 | 四季度 |
| 主要产品 | 产品甲 | 台 | 600 | 140 | 150 | 160 | 150 |
| | 产品乙 | 台 | 50 | 20 | 30 | | |
| 外售维修配件 | | 套 | 100 | | | 50 | 50 |
| 总产值<br>(按不变价格计算) | | 万元 | 1559.92 | | | | |
| 商品产值<br>(按现行价格计算) | | 万元 | 1211.96 | | | | |
| 净产值<br>(按现行价格计算) | | 万元 | 409.85 | | | | |

5. 实施计划,评价计划

计划编制结束后,要落实到各相关部门,组织实施。在实施过程中要检查、调查计划执行情况;最后对计划完成情况进行考核、总结。

# 第二节 综合生产计划

综合生产计划又称生产计划大纲,是根据市场需求预测和企业所拥有的生产资源,对企业未来较长一段时间内资源和需求之间的平衡所作的概括性设想,是根据企业所拥有的生产能力和需求预测对企业未来较长一段时间内的产出内容、产出量、劳动力水平、库存投资等问题所作的决策性描述。综合生产计划一般是按年度来编制的,所以又叫年度生产计划,但有些生产周期较长的产品,如重型机械、大型船舶等,可能是两年、三年或更长的时间。在该计划期内,使用的计划时间单位是月、双月或季。

## 一、综合生产计划的主要目标

综合生产计划的目标是如何充分利用企业的生产能力及生产资源,满足用户要求和市场需求,同时使生产负荷尽量均衡稳定,控制库存的合理水平并使总生产成本尽可能低。很明显,这些目标之间既有一致性,又存在某种相悖的特性。例如,可以通过增加库存来最大程度满足顾客的需求,做到按时交货、快速交货,但这会使库存增大、成本增加。当产品和服务出现较大的非均匀需求时,很难做到均衡生产和保持人员稳定。在需求量减少时解雇工人,需求量增加时就多雇工人,就会带来工人队伍的不稳定性,会引起产品质量下降,造成一系列管理问题。这些都可能使成本上升、利润下降。因此在综合生产计划制订过程中必须妥善处理好各种目标之间的矛盾,选择适当的策略加以解决。

## 二、综合生产计划的任务

综合生产计划的任务是对计划期内应当生产的产品品种、产量、质量、产值和出产期等指标做出总体安排。综合生产计划并不具体制订每一品种的生产数量、生产时间和每一车间、人员的具体工作任务,而是按照以下方式来安排生产的产品、时间和人员。

(1) 产品。按照产品的需求特性、加工特性、所需人员和设备上的相似性,将产品综合为几大系列,以系列为单位来制订综合生产计划。

(2) 时间。综合生产计划的计划期通常是年,因此有些企业也把综合生产计划称为年度生产计划或年度生产大纲。在该计划期内,使用的计划时间单位是月、双月或季。

(3) 人员。综合生产计划可用几种不同方式来考虑人员安排问题,如将人员按产品系列分组、按技能水平分组等。另外,还要考虑到需求变化所引起的所需人员数量的变动,决定是采取加班,还是扩大聘用等基本方针。

对于备货型生产企业来讲,由于生产的产品是按已有的标准产品或产品系列生产,对产品的需求可以预测,产品价格事先是知道的,顾客一般直接从成品库提货,因此编制综合生产计划的核心是确定品种与产量,有了品种与产量就可以计算产值。但对于订货型生产企业而言,由于是按用户要求生产,可能是变型产品或是无标准产品,用户可能对产品提出各种各样的要求,这就需要通过协议与合同方式对产品性能、质量、数量、交货期等进行确认,然后才能组织设计和制造。因此综合生产计划的核心是品种、数量、价格和交货期,即确定品种、数量和价格订货决策与出产进度安排尤为重要。

### (一)安排产品出产进度计划的要求

编制产品出产进度计划,就是将年度计划已确定的生产任务,按品种、规格、数量具体地分配到各季、各月,并规定各车间的生产任务。一般应考虑以下要求。

(1) 满足用户对品种和交货期要求,即保证完成合同要求,按照订货合同规定的品种、质量、数量和交货期限,成套完成任务。在产品出产安排的次序上,应当先重点后一般,先计划内后计划外,先外贸出口后国内市场。

(2) 尽可能保证全年各季、各月均衡地出产产品,合理搭配品种,注意排产的科学顺序,力求生产任务均衡,使设备和劳动力负荷均衡,使资产占用和资金回收相协调,使产值和利润逐步有所增长,避免大起大落。

(3) 产品出产进度一定要与生产技术准备工作进度协调衔接。尽量不要仓促上马,以免因技术准备不周,原材料、零配件供应不及时而产生产品质量或生产中断等事故。

(4) 市场需求有季节性的产品,原材料供应有季节性的产品,其出产进度一定要符合季节性要求,做到不误季节,及时生产。

(5) 留有适当的提前(保险)期。要尽可能往前赶,各计划期末都要留出一定的生产能力为下一计划期生产做准备,以保证各计划期的产品出产进度互相衔接。

### (二)产品出产进度的安排方法

不同生产类型的企业其产品出产进度的安排不同。产品出产进度的安排方法,取决于企业的生产类型、产量大小和产品的生产技术特点。下面按不同的生产类型进行阐述。

#### 1. 大量大批生产类型

大量大批生产类型企业生产的特点是产品的品种少而产量大。安排产品出产进度主要是确定计划年度各季、各月的产量。常用的方法有四种,如图 6.2 所示。

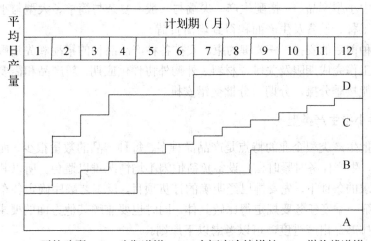

A:平均分配  B:分期递增  C:小幅度连续增长  D:抛物线递增

图 6.2 生产稳定情况下的产量分配方法

(1) 平均分配方式。平均分配方式即将全年计划产量平均分配到各季、各月。适用于市场对该产品的需要量比较稳定的情况下采用。

(2) 均匀递增法。均匀递增法也叫分期递增法，就是将全年计划产量分期、分阶段均匀递增地分配到各季、各月。这种方法适用于市场对该种产品的需要量不断增加，而企业的劳动生产率稳步提高的情况。

(3) 抛物线递增方式。抛物线递增方式即将全年计划产量按年初增长较快、以后增长较慢的方法，在各季、各月分配，产量增长近似抛物线形状。这种方法适用于新投产的产品，而且市场对该产品需要是不断增长的条件下使用。

2. 成批生产类型

成批生产类型企业生产的产品品种较多，而各种产品的产量大小不一，每种产品都有一定批量。因此，产品出产进度的安排，就不单纯是按季、按月分配各种产品的产量，而要考虑各产品品种的搭配与产量分配，以减少每季、每月生产的品种数，增大每种产品的批量，同时要使设备、劳动力的负荷比较均衡，以便合理利用人力、物力，提高经济效益。

(1) 主导产品——细水长流。首先安排产量大、经常生产的产品。将产量较大、季节性需求变动较小的产品，按"细水长流"的方式每季、每月都安排一定产量，尽可能使全年有比较均衡的生产，保持企业生产上的稳定性。

(2) 成批产品——集中轮番。成批产品采取"集中轮番"方式，这样可以减少每月同时生产的品种数，加大产品的生产批量，在较短时间内完成一种产品，再轮换生产别的产品。这样可以减少生产技术准备和生产作业准备的时间和工作量。但这种方式可能会出现产品出产期与用户要求的交货期不一致的情况，会增加库存量，占用更多的资金或者影响按期交货。因此对集中在什么时间生产最为有利，要进行经济分析权衡得失，再做决策。

(3) 以新产品代替老产品——交替安排。新老产品交替要有一定的交叉时间。在这段时间内，新产品产量逐步增加，老产品产量逐步减少。这样可以避免由于骤上骤下带来的产量过大波动，造成生产技术准备工作时松时紧，也有利于工人逐步提高生产新产品的熟练程度。

(4) 大中小型产品——搭配生产。尖端与一般、复杂与简单、大型与小型产品应合理搭配，以使各工种、设备及生产面积得到均衡负荷。

(5) 品种前后的安排——关键约束。安排各种产品品种的搭配和先后顺序时，要考虑生产技术准备工作完成期限及关键原材料、外购外协件供应期。新产品和需要关键设备加工的产品，尽可能按季分摊，分期、分批交错安排。

3. 单件小批生产类型

单件小批生产类型企业的特点是产品品种多，每种产品的数量很少，而且多是根据用户的订货生产，生产任务时紧时松，设备负荷忙闲不均情况难以避免。所以其进度安排是在满足交货期要求的条件下，先安排已经明确的订货项目，反工艺顺序确定各车间的投料和完工时间，其中第一季度任务要规定得比较具体。同时也要兼顾其他方面的要求。单件小批生产条件下，安排产品出产进度，可以考虑以下原则。

(1) 按交货期要求，安排已经确定的订单任务。优先安排国家重点项目的产品；优先安排生产周期长、工序多的产品；优先安排延期交货罚款多的产品；优先安排原材料价值高和产值高的产品；优先安排交货期紧的产品。

(2) 对那些已有初步协议的产品，可按概略的计量单位(吨位、千瓦、工时)做出初步安排，粗略地分配各季、各月的生产任务，随着各项订货的具体落实，通过季度、月度计划对原初步安排进行调整。

(3) 安排产品出产进度要考虑与生产技术准备工作进度的衔接，同类产品集中生产，新产品、需用关键设备的产品分散安排；尽量使人力、物力、财力充分利用，要做好生产能力的核算平衡工作，保证各种订货按期投入生产。

## 第三节　主生产计划

主生产计划是在综合生产计划的基础上制订的运作计划，是把综合计划具体化为可操作的实施计划，是协调企业日常生产生活的中心环节，其目的是要确定企业生产的最终产品的出产数量和出产时间。这里的最终产品是指对于企业来说最终完成，要出厂的完成品，具有独立需求特征的整机、部件或零件，它可以是直接用于消费的产成品，也可以是作为其他企业的部件或配件。这里的具体时间段通常是以周为单位，在有些情况下，也可以是以旬、日或月为单位。主生产计划是 MRP(物料需求计划)的输入部分之一，与我国通常采用的产品出产进度计划在计划的时间单位上略有不同，产品出产进度计划一般以月为计划时间单位，而主生产计划通常以周为单位。

### 一、编制主生产计划应注意的问题

制订合理的主生产计划，要注意处理好以下问题。

(1) 主生产计划与综合计划的衔接。主生产计划所确定的生产总量必须等于综合生产计划确定的生产总量。

例如，表 6.2 和表 6.3 就是某自行车厂的综合生产计划和主生产计划相对应的例子。

表 6.2　某自行车厂 1～6 月的综合生产计划

| 月份 | 1月 | 2月 | 3月 | 4月 | 5月 | 6月 |
| --- | --- | --- | --- | --- | --- | --- |
| 月产量 | 1800 | 2000 | 1900 | 1800 | 1800 | 1800 |

表 6.3　某自行车厂 1～2 月的主生产计划

| 周次 | 1月 | | | | 2月 | | | |
| --- | --- | --- | --- | --- | --- | --- | --- | --- |
|  | 1 | 2 | 3 | 4 | 5 | 6 | 7 | 8 |
| 24 型 | 200 | 300 | 300 | 200 | 200 | 200 | 200 | 200 |
| 26 型 | 200 | 200 | 200 | 200 | 300 | 300 | 300 | 300 |
| 月产量 | 1800 | | | | 2000 | | | |

其中综合生产计划安排 1 月份生产自行车 1800 辆，主生产计划安排各种型号(24 型、26

型)的产量分配到各周次的累计数量也是1800辆。

(2) 主生产计划的相对稳定化。综合生产计划所确定的某种产品在某时间段内的生产总量(也就是需求总量)应该以一种有效的方式分配在该时间段内的不同时间生产。这种分配应该是基于多方面考虑的,如需求的历史数据、对未来市场的预测、订单以及企业资源条件等。此外,在该例中,主生产计划是以周为单位的,但也可以日、旬或月为单位。当选定以周为单位以后,必须根据周次来考虑生产批量的大小,其中重要的考虑因素是作业交换时设备的调整费用、机会损失和库存成本等。

(3) 主生产计划中规定的出产数量

主生产计划中规定的出产数量可以是总需求量,也可以是净需求量。如果是总需求量,则要扣除现有库存量,才能得到实际需要生产的数量。一般来说,主生产计划中应列出净需求量。值得注意的是,主生产计划中所列出的产品需要量是指按独立需求处理的最终产品的数量。在表6.3中,最终产品是两种型号的自行车,而不是车架或其他零件。当最终产品需要量定下来以后,就可以根据产品结构确定各层零部件的需要量。

(4) 主生产计划中应当反映出顾客订货与企业需求预测的数量和时间要求等信息。已订货的产品安排在计划期的近期,预计要生产的产品安排在计划期的后期,这样便于充分利用企业的生产能力。当有顾客订货时,就将原预测产量转为实际订货,及时满足顾客要求。当预测产量不能满足实际订货要求时,企业就要加班加点。

(5) 主生产计划的计划期一定要比最长的产品生产周期长,否则,得到的零部件投入生产计划不可行。例如,若某种产品的毛坯准备、零件加工、部件装配及总装周期为12周,则主生产计划的计划期长度至少要等于12周,最好大于12周。此外,主生产计划的运行周期应与MRP的运行周期保持一致,即MRP每周运行一次,则主生产计划也应每周更新一次,以保持各层的连续性和一致性。

(6) 主生产计划中决定生产批量和生产时间时,必须考虑资源的约束条件。如与生产量有关的约束条件有设备生产能力、人员能力、库存能力(仓储空间大小)、流动资金总量等。在制订主生产计划时,首先要准确掌握这些约束条件,根据产品的轻重缓急来分配资源,将关键资源用于生产关键产品。

## 二、主生产计划的制订步骤

主生产计划的确定过程是一个反复试行的过程,首先,它是从综合生产计划开始的,对综合生产计划的分解和细化主要包括计算现有库存量,决定主生产计划产品的生产量与生产时间,计算待分配库存、粗能力计划分析等。其次,当一个方案制订出来以后,需要与所拥有的资源(如设备能力、人员、加班能力、外协能力等)平衡,如果超出了资源限度,就需调整原方案,直到符合资源约束条件的方案,或得出不能满足资源条件的结论。在后者的情况下,则需要对综合生产计划做出调整或者增加资源。符合资源约束条件的主生产计划是MRP的主要输入,它既规定了MRP要实现的基本任务,又提供了MRP实现的条件。因此,主生产计划是MRP系统成功运行的关键。最终的主生产计划需要得到决策机构的批准,然后作为MRP的输入条件。

主生产计划的制订程序如图6.3所示,其中RCCP为粗能力计划,将在第七章中介绍。

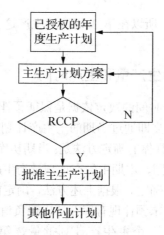

图 6.3 主生产计划的制订程序

为简便起见,暂不考虑最终产品的安全库存,本节讨论中以周为主生产计划单位。主生产计划的制订过程主要有三步:首先计算预计现有库存量,然后确定主生产计划的生产量和生产时间,最后计算待分配库存。

### (一)计算预计现有库存量

预计现有库存量(Projected On-Hand Inventory,POHI)是指每周的需求被满足后剩余的可利用的库存量。其计算公式为

$$I_t = I_{t-1} + P_t - \max(F_t, O_t)$$

式中:$I_t$——$t$ 周末的预计现有库存量,单位为件、个或台;

$P_t$——$t$ 周接收到的主生产计划生产量,单位同上;

$F_t$——$t$ 周的预计需求,单位同上;

$O_t$——$t$ 周的实际需求,即顾客订单量,单位同上。

说明:max 是取预计需求量和实际订货量中的大数,上式中之所以减去预计需求量和实际订货量之中的大数,是为了最大限度地满足需求。

**例 6.1** 某发动机制造企业,其产品包括一系列不同的型号和规格,现在企业想要为其 A 型产品制订一个主生产计划。年度生产计划根据市场营销部门的预测,该产品 3 月份的需求为 400 个,4 月份为 600 个,期初库存为 250 辆,生产批量为 300 辆。主生产计划以周为单位来制订。其他信息如表 6.4 所示,计算其主生产计划量。

表 6.4  A 型发动机的预计现有库存量

|  | 3 月 | | | | 4 月 | | | |
| --- | --- | --- | --- | --- | --- | --- | --- | --- |
| 周次 | 1 | 2 | 3 | 4 | 5 | 6 | 7 | 8 |
| 市场需求预计 | 100 | 100 | 100 | 100 | 150 | 150 | 150 | 150 |
| 现有订单订货量 | 75 | 75 | 50 | 50 | 0 | 0 | 0 | 0 |
| 预计现有库存量 | 150 | 50 | −50 | | | | | |

表 6.4 中第 1 周末的预计现有库存量为 250−100=150;第 3 周末的预计现有库存量为

50-100= -50，负数表示缺货，所以在第 3 周应该生产这么多产量，这是确定主生产计划批量的基础。

## (二)确定主生产计划的生产量和生产时间

主生产计划生产量和生产时间的决定依据是保证预计实有库存量是非负的。一旦现有库存量在某周有可能为负值，应立即通过当期的主生产计划量补上，这是确定主生产计划的生产量和生产时间的原则之一。具体的确定方法是：当期初库存量与本期订货量之差大于 0 时，则本期主生产计划量为 0；否则，本期主生产计划量为生产批量的整数倍，具体是一批还是若干批，要根据二者的差额来确定。根据上述方法，确定前述例子的主生产计划的生产量和生产时间(见表 6.6)，在第 3 周末预计现有库存量出现负值，那么至少在该周生产一个主生产计划批量。如果在该周生产一个主生产计划批量，第 3 周末的预计现有库存量就为 50+300-100= 250。以此类推，第 6 周、第 8 周各应生产出一个主生产计划批量，这样 3、4 月份完整的主生产计划如表 6.5 所示。

表6.5　A型发动机各期的现有库存量、主生产计划量和生产时间

| 周次 | 3月 | | | | 4月 | | | |
|---|---|---|---|---|---|---|---|---|
| | 1 | 2 | 3 | 4 | 5 | 6 | 7 | 8 |
| 市场需求预计 | 100 | 100 | 100 | 100 | 150 | 150 | 150 | 150 |
| 现有订单订货量 | 75 | 75 | 50 | 50 | 0 | 0 | 0 | 0 |
| 预计现有库存量 | 150 | 50 | 250 | 150 | 0 | 150 | 0 | 150 |
| 主生产计划量 | 0 | 0 | 300 | 0 | 0 | 300 | 0 | 300 |

注意：确定主生产计划批量时，在考虑制造库存目标的同时，尽可能与需求接近。例如，在第 3、6、8 周末各得到一个 300 的生产批量能满足需求计划，一般就不安排两个生产批量。

## (三)计算待分配库存量

待分配库存量(Available-To-Promise Inventory，ATPI)指销售部门在确切时间内可供货的产品数量。对于临时的订单，营销部门也可利用 ATPI 来签订供货合同，确定具体供货日期。待分配库存量的计算分两种情况。

(1) 第一期 ATPI=期初库存量+本期主生产计划-直至下一期(不包括该期) 主生产计划量到达为止的全部订货量。

(2) 以后各期 ATPI=该期主生产计划-从该期至下一期主生产计划到达为止的各期全部订货量(不包括该期)。

根据上述方法，计算主生产计划各期的待分配库存量如表 6.6 所示。

在前例中，假定该企业接收到该产品的 4 个订单，其订单量分别是 50、150、50 和 150 件，其交货期分别在第 2、3、4、5 周。根据前面计算的主生产计划量和各期的待分配库存量，按订货的先后顺序来安排，企业可满足前 3 个订单的要求，第 4 个订单可以与客户协商在第 6 周交货，否则只好放弃。

表 6.6　A 型发动机各期的现有库存量、主生产计划量和待分配库存量

| 周次 | 3月 | | | | 4月 | | | |
| --- | --- | --- | --- | --- | --- | --- | --- | --- |
| | 1 | 2 | 3 | 4 | 5 | 6 | 7 | 8 |
| 市场需求预计 | 100 | 100 | 100 | 100 | 150 | 150 | 150 | 150 |
| 现有订单订货量 | 75 | 75 | 50 | 50 | 0 | 0 | 0 | 0 |
| 预计现有库存量 | 150 | 50 | 250 | 150 | 0 | 150 | 0 | 150 |
| 主生产计划量 | 0 | 0 | 300 | 0 | 0 | 300 | 0 | 300 |
| 待分配库存量 | 100 | | 200 | | | 300 | | 300 |

注：以后各期 ATPI 只在有主生产计划量时才计算。

# 本 章 小 结

生产计划是一个系统，生产计划人员必须树立全局观念，不断完善生产计划的基础工作和基础数据。本章第一节首先介绍了生产计划的基本概念和生产计划的编制方法。第二节和第三节分别对综合生产计划和主生产计划的任务、目标和制订方法进行了阐述。

# 思 考 与 练 习

一、简答题

1. 简述生产计划系统的层次。
2. 说明综合生产计划的任务、特点和应做好的决策问题。
3. 编制主生产计划应注意哪些问题？

二、计算题

某企业生产甲、乙两种产品，生产这两种产品的关键设备年有效工时为 4650 小时，在设备上加工的时间定额分别为 3 小时和 1 小时；两种产品的材料消耗定额分别为 2 千克和 4 千克；生产该产品的关键材料年最大供应量为 9600 千克；产品甲每台需用某种配套零件 2 件，其年最大供应量为 2400 件；根据市场预测，产品乙的年需要量不大于 2000 台。每台产品的利润分别为 60 元和 30 元。试确定这两种产品的年生产量。

# 案 例 分 析

## D 公司方便面生产线

D 公司是一家主要从事方便面开发、生产和销售的大型食品企业。经营区域涵盖相邻三省，其品牌知名度和市场占有率在国内同行业中名列前茅。

**1. 方便面生产流程与设施布局**

D公司的方便面生产工厂坐落于A市国家级开发区,厂房设施先进,投资总额为数千万美元,该企业目前拥有多条块面、桶面和碗面生产线,月产200万箱左右。

整个方便面生产分为油酱包和粉包生产、面饼生产、方便面包装等重要过程,分布在三个相对独立的厂房中。

油酱包和粉包的生产。油酱包和粉包的生产采取的是工艺集中布置的原则。其中,油酱料的生产从外部采购进来的新鲜大蒜、生姜、豆豉等农产品开始,经过去皮、清洗、脱水,利用设备切成细末或颗粒状。同时,外购的酱料、精制油等定量混合后,投入炒煮锅加热,加入已粗加工好的生鲜原料,搅拌,经过脱水爆香,制成酱,大约1小时后便可以起锅,冷凝、装桶,送入储藏室冷冻。油酱制作车间共有半自动炒煮锅6口,利用机械搅拌装置进行充分的搅拌、翻炒。其中有一台设备,经过技术改造后,利用一根探测棒,能够自动探测和控制锅内温度,避免了以往由人工检测所带来的不可控因素,提高了产品质量,车间正准备改造其余全部的炒煮锅。在整个油酱的制作过程中,油酱的色泽主要是通过添加一定比例的辣椒红来达到预期的要求。

油酱包装车间紧挨着油酱车间,有专门的高卫生级管道从顶上送进油酱料,车间共有13台液体包装机,每台包装机由一名工人看管,包装用的塑料膜源源不断地从上端输入,一长串的油酱料包持续地生产出来。然后经过剪裁,压力的抽样检测,打包后被送到方便面包装车间。

油酱料包的包装基本能够实现自动化操作,每台机器都采取定岗定位的方式。

面饼的制造与方便面包装采取流水线作业方式。

从倒进面粉,一直到一箱一箱的方便面被传送带运往成品仓库,整个生产和包装流水线按工艺顺序依次直铺。从面粉投放开始,按配方要求,与其他辅料混合,在一定的温度和压力下,与适量的水一起和成面团,面团经过复杂的化学和物理反应,从而保证所要求的面饼的口感。面团经机器压延后形成条状面带,依次通过滚刀切割及挤压,形成花纹状面带。切丝后的面带进入密封的蒸煮箱进行蒸煮,烘干后切成块状面饼。在油炸前,还要往面饼上喷洒营养物质,以弥补因油炸而造成的营养物质流失。油炸后的面饼呈金黄色,通过风冷、干燥后进入下一道工序——包装。整个面饼的生产流水线高度自动化,随着流水线的前进而由机器自动完成。车间也很少有人,除面粉投料是人工操作外,流水线上还特意安排了一名面饼质量检查的工作人员,主要是检查面饼的形状。整个车间环境整洁。

袋面的包装流水线在面饼进入流水线时自动分成两列,车间布置呈纺锤形,流水线在两旁,工作人员在中间。随着面饼的流入,工作人员依此检查面饼质量,机器投放酱料包、调味包,经人工检查数量准确后,包装机自动进行薄膜包装。完成包装后的袋面由人工完成装箱,输入纸箱和纸箱封装都是由机器自动完成的。

碗(杯)面的包装与袋面稍有不同,在面饼进入流水线时,由机器自动完成面饼投包,负责酱料包、调味包和刀叉投放的工作人员高高地坐在上面,完成投包工作,通常同时安排多名工作人员,以免漏投。完成投包后的碗(杯)面由机器自动加盖顶盒、密封,然后进入薄膜包装环节。当中,流水线上还安装有一台小电扇,做辅助检查之用,凡是没有投足料的碗面在经过风扇时,就会被风吹走。装箱也是由人工完成,纸箱进入流水线和封箱也是由机器完成的。

通过传输装置，包装好的方便面自动由包装流水线送入仓库。

**2. 生产计划与调度**

方便面生产厂共有700人左右，90%以上是女职工。公司没有雇用临时工，生产任务紧张的时候，主要采用业务外包的办法，将技术含量不高、体力消耗较大、对质量影响不大的任务外包出去。

生产管理职能由生产管理部统一行使，下设生产管理科、调味包车间、制造车间和包装车间；调味包车间下设油酱料包和粉包两个班组。

生产管理科现有4人，一名部长助理，行使秘书职能；另有3名工程师，一名负责行政工作，一名负责机电设备管理工作，一名分管食品工艺及制程控制(此3人经常根据部门计划或现场情况发起或指导现场团队改善活动)。生产管理科的重要职责是协助生产管理部长编制生产计划和执行状况的追踪分析、进行生产调度与协调以及生产成本及管理绩效的分析、主管电脑系统运作等。

整个生产计划的编制，是由市场事业部做出的需求计划开始的，在此基础上，更高一层的公司部门召开由相关单位参加的产销协调会，协调会每周进行一次，通常是提前7~14天制订，如遇上特殊情况，可临时协调变更。在协调会上，产品需求计划得到生产部的确认，并由此作为生产计划发放到相关单位，各相关的生产单位按计划完成相应的生产任务，并对生产计划的执行状况进行统计和分析，及时反馈生产信息，对意外或未能完成生产的情况进行及时改善，以确保生产进度。如遇上临时的计划变更，业务、生产、采购等单位将快速确认，从市场的必要性与变更成本以及现有原料、半成品的库存情况进行综合考量，视具体情况决定如何完成变更的计划。

**3. 考勤与顶班**

工厂采取严格的考勤制度，考勤采用计算机自动系统，职工上班刷卡。在生产现场，班长还要做员工到岗记录，并将员工出勤与分班、调班情况录入计算机。

员工请假必须提前进行，如果出现临时缺岗的情况，通常由现场辅导员顶班。每条生产线上有一名作业辅导员，是工作年限很长的"大姐大"，她本身也有正常的工作任务分配，但留有较大的富余时间，相当于每条生产线上有半个富余员工，起到随时调剂人力资源的作用。另外，在淡季的时候，方便面装配线上还配备了一名完全的机动人员，随时准备顶班调剂；到旺季的时候，完全机动人员可以增加到2~3人(无顶班任务时，做事先已规划好的但不是很紧急的工作)。

**4. 员工工作与感受**

油酱包包装车间共13台油酱包包装机(液体包装机)，每台设备由一个工人负责照管。一名在此工作了10年的女工，觉得同社会其他工作相比，最大的区别是工作的严格性，尤其是涉及产品的质量与卫生方面的事项，公司在这方面提供的培训也很多。公司的考勤也很严格，迟到时间超过2分钟，就相当于迟到半小时，要受到严重的处分，通常会扣掉全勤奖。

虽然是一种重复性的劳动，因为已工作了10年，该女工感觉还比较顺手，没有觉得身心方面有什么不良影响。唯一觉得有影响的事情是每周两次的加班，影响自己做家务。

生产管理部部长认为："一般员工的品质规章意识较强，工作标准的执行度较好，但主动性、创造性则稍显不足。一般工人没有太多工作的成就感，他们主要关心的是两个问题，一是待遇；二是是否受尊重，怕被漠视。工作时间长了后，工人比较关心劳动强度问题，同时也很突出公平感,所以公司很注意奖惩决定的事实依据,并及时公告。对所有署名意见信都予以答复。"

装配工(包装工)团队管理。在方便面包装车间,流水线以大约每秒钟1米的速度快速运转,节拍一般在0.3~0.5秒之间,生产现场呈现出一片繁忙的景象。工人很少抬头,双手动作不停。车间并不安静,但那都是机器运行的噪声,几乎没有员工交谈。

方便面包装线上的工人,每2小时进行一次左右位置更换,左边的工人换到右边,以让工人的左右手轮换休息,腰部的轮换工作与休息也是考虑的重要因素之一;另外,流水线前后的工人每隔一个月也要进行一次大轮换。如工人X上个月在碗面装配线的前端负责给面碗放置叉子,这个月就被换到流水线的后端,负责将已经完工的方便面放入包装箱。

**5. 薪金与奖罚**

多数工人的月工资在900元左右,其中,600元是基本工资,另外300元是浮动工资,主要同整个工作团队的生产数量与质量挂钩,具体工作的质量也会影响工人的个人收入。另外,奖金还要视出勤情况而定,迟到一次扣30%,第二次扣70%,超过三次无全勤奖金,还要加扣工作表现方面的绩效奖金。

(资料来源:http://fangom.bokee.com.)

讨论:
1. 该企业生产计划是如何编制的?
2. 企业采取哪些措施对生产系统进行控制?
3. 有没有其他的生产计划控制方法?请具体说明。

# 第七章 物料需求与企业资源计划

【学习目标】

通过本章的学习,使学生了解独立需求与相关需求在生产计划中的不同,掌握 MRP 和 ERP 的原理、系统结构以及具体应用方法。

【关键概念】

独立需求(independent demand);相关需求(dependent demand);物料清单(bill of material); MRP; MRP Ⅱ; ERP; ERP Ⅱ

【引导案例】

## 伟达日用品公司

伟达日用品公司是一家坐落在华南某城市的日用品生产企业,在上海和杭州设有销售中心,这里将只涉及某工厂所生产的一种产品 M 与其在上海和杭州两个销售中心的销售情况。产品 M 的构成非常简单,它是由两个部件 A 组成,生产一个批量产品 M 的交货期为两天。产品 M 在上海和杭州两地的每天需求、订货批量、安全库存、现有库存和向工厂订货提前期数据如表 7.1 所示(单位:件)。

表7.1 产品 M 的有关数据

| 城市 | 每天期望需求 | 订货批量 | 安全库存 | 现有库存 | 预期到货 | 提前期/天 |
|---|---|---|---|---|---|---|
| 上海 | 6000 | 10 000 | 7000 | 12 500 | 第 2 天 10 000 件 | 2 |
| 杭州 | 3500 | 10 000 | 4000 | 9 200 | | 1 |

工厂的运营经理确定产品 M 的生产批量为 20 000 件,以便持有 10 000 件的安全库存。工厂当前产品 M 的存货量为 27 500 件,没有待运订单。工厂中,部件 A 的有关数据如表 7.2 所示。未来 5 天的两地销售中心的预测需求如表 7.3 所示。

表7.2 部件 A 的有关数据

| 订货批量 | 安全库存 | 现有库存 | 预期到货 | 提前期/天 |
|---|---|---|---|---|
| 40 000 | 20 000 | 65 000 | 第 3 天 40 000 件 | 4 |

表7.3 未来 5 天的两地销售中心的预测需求

| 城市 \ 天数 | 1 | 2 | 3 | 4 | 5 |
|---|---|---|---|---|---|
| 上海 | 6000 | 5000 | 6000 | 6500 | 5000 |
| 杭州 | 3000 | 3500 | 4000 | 3500 | 4000 |

(资料来源:威廉·史蒂文森. 运营管理[M]. 张群,张杰,译. 北京:机械工业出版社,2009.)

> 问题：
> 制订一份与配送需求计划相结合的物料需求计划。

# 第一节 开环 MRP

物流需求计划(Material Require Planning，MRP)是一个基于计算机的信息管理系统，为非独立需求零件的订货与时间进度安排而设计。从预定日期开始，把产成品特定数量的生产计划向前转换成组合零件与原材料需求，用生产提前期及其他信息决定何时订货以及订多少货。因此，对最终产品的需求转变成了对底层组件的需求，使订货、制作与装配过程都以确定的时间进行安排，以及时完成最终产品，并使存货保持在合理的低水平上。MRP 是一种存货控制方法，也是一种时间进度安排方法。

## 一、相关概念

为了讲述 MRP 的基本原理，首先介绍几个基本概念。

### (一)独立需求与相关需求

独立需求和相关需求是与 MRP 紧密相关的两个概念。独立需求是指用户对某种物料的需求与对其他物料的需求无关。例如，用户对企业的最终产品的需求是独立需求，它通常来自市场预测或客户订单。相关需求是指对某种物料的需求与其他需求有内相关性，这种相关性表现在空间、时间与数量三个方面上。例如，构成最终产品的零部件和原材料是相关需求，企业可以根据对最终产品的需求精确地计算出这些零部件和原材料的需求量和需求时间。

例如，自行车装配线(空间)在某个计划期(时间)生产任务为 10 000 台(数量)。这个需求与其他产品和零部件的需求无关，所以为独立需求。同时，这种需求决定了车架车间(另一个空间)在某个计划期(另一个时间)生产任务为 10 000 台(另一个数量)；同样，这种需求决定了轮毂车间(另一个空间)在某个计划期(另一个时间)的轮毂生产量是 20 000 个(另一个数量)，因为每辆自行车有两个轮毂，轮毂的需求是由自行车的需求决定的，因此为相关需求。

### (二)订货点法

#### 1. 订货点法的原理

20 世纪 40 年代初期，西方经济学家通过对库存物料随时间推移而被使用和消耗的规律的研究，提出了订货点的方法和理论，并将其运用于企业的库存计划管理中。

订货点法采用控制库存物品数量的方法，为需求的每种物料设置一个最大库存量和安全库存量，即当库存降到订货点时，就按照既定的批量再订购(生产)一批。其实质是基于"库存补充"的原则，目的是在需求不确定的情况下，为了保证供应而将所有的库存都留有一定的储备。对于稳定消耗的物料(即每天消耗的量大致相同)，这一订货点法的确起到了一定的作用，但对于非稳定消耗的物料并不适合运用这一方法。订货点法示意如图7.1所示。

## 第七章 物料需求与企业资源计划

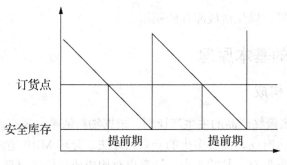

图 7.1 订货点法

确定订货点的公式为

$$\text{订货点}=\text{单位时区需求量}\times\text{提前期}+\text{安全库存} \tag{7.1}$$

**2. 订货点法的局限性**

订货点法实际上是处理独立需求库存的一种方法，用于处理相关需求，实际上是有很大局限性的。这种局限性主要体现在以下三个方面。

(1) 订货点法假定需求是连续的、均衡的，但对于相关需求而言，由于生产往往是成批进行的，故需求是断续的、不均衡的。

(2) 订货点法假定需求是独立的，但相关需求是取决于最终产品的。这种相关关系是由物料清单所决定的，何时需要多少则是由最终产品的生产计划所决定的。

(3) 订货点法不是着眼于未来的需求，而是根据过去的需求统计数据来确定订货点和安全库存量，相关需求则是以确定的生产计划为依据。

因此，用订货点法来处理相关需求问题，是一种很不合理、很不经济、效率极低的方法。它很容易导致库存量过大，需要的物料未到、不需要的物料先到，各种所需物料不配套等问题。对于相关需求物料来说，最好是用已有的最终产品的生产计划作为主要信息来源，而不是根据过去的统计平均值来制订生产库存计划。而 MRP，正是基于这样一种思路的相关需求物料的生产与库存计划方法。

### (三)物料需求计划的提出

针对订货点法的上述不足，许多管理专家都在探讨怎样才能使库存符合实际的生产计划这一问题。20 世纪 60 年代中期，美国 IBM 公司的管理专家及其合作者约瑟夫·奥利弗(Dr.Joseph A.Orlicky)博士提出了独立需求和相关需求的概念，将企业内的物料分成独立的需求物料和相关的需求物料两种类型。在此基础上总结了一种新的管理理论——MRP 理论，称其为基本 MRP。这种理论和方法与订货点法有着明显的不同。其主要区别表现在以下四个方面：①区分了独立需求和非独立需求。②基于物料清单。③考虑了产品结构。④采用了时间坐标。

MRP 系统是根据主生产计划的要求，输入库存记录及产品结构，根据物料清单、现有库存量和预计库存量，由计算机进行物料需求计算，输出零部件的生产计划、原材料及外购件的采购计划以及辅助报告等。MRP 适用于相关需求的计划与控制。它较好地解决了库存管理和生产控制中的难题，将最终产品的计划转为零部件、原材料的生产订购计划，在需要的时候提供需要的数量,以免造成库存的积压。

## 二、开环 MRP 的基本原理

### (一)开环 MRP 构成

开环 MRP 是依照最终产品的主生产计划,根据物料清单、现有库存量和预计库存量,计算哪些物料、在什么时候、需要多少的一系列方法。开环 MRP 适用于相关需求的计划与控制,其出发点就是根据对成品的需求,计算出对构成成品的原材料、零部件的相关需求,进而排出零部件的生产进度及采购日程。它将最终产品的计划转为零部件、原材料的生产订购计划。

开环 MRP 系统是能够根据产品的需求自动地推导出构成这些产品的零件与材料的需求量,根据产品的交货期确定企业内制零部件的生产日程和外购原材料与零部件的采购日期,将主生产计划转化为物料需求表的计算机信息处理系统。开环 MRP 的系统结构如图 7.2 所示。

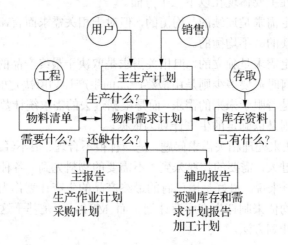

图 7.2 开环 MRP 系统结构

### (二)开环 MRP 的计算流程

物料需求计划编制子系统是 MRP 系统的核心部分。MRP 计划的编制是建立在其他三个子系统提供的数据基础上,以主生产计划为依据,按物料清单确定所需零件的需求总量,用需求总量减去可用库存后得到净需求量,通过批量编程和计算提前期得到了各种物料的需求量和需求时间,据此确定订单的内容和订单的发出时间。MRP 的计算流程如图 7.3 所示。

从 MRP 计算流程图中可以看到,主生产计划、物料清单、提前期、订货方针以及库存记录等构成了 MRP 的输入信息,在 MRP 的计算过程中起着关键性的作用。

#### 1. 主生产计划

主生产计划是确定每一个具体的产品在每一个具体的时间段的生产计划。计划的对象一般是最终产品,即企业的销售产品,但有时也可能是组件的主生产计划,然后再下达最终装配计划。主生产计划是一个重要的计划层次。企业的物料需求计划、车间作业计划、采购计划等均来源于主生产计划,即先由主生产计划驱动物料需求计划,再由物料需求计划生成车间作业计划与采购计划。所以,主生产计划在 MRP 系统中起着承上启下的作用,实现从宏观计划到微观计划的过渡与连接。主生产计划必须是可以执行、可以实现的,它应该符合企业的实际情况,其制订与执行的周期视企业的情况而定。

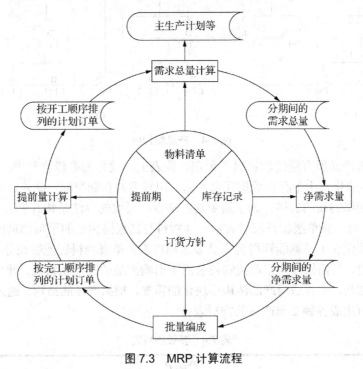

图 7.3 MRP 计算流程

### 2. 物料清单

物料清单(Bill Of Materials,BOM)是产品结构的技术性描述文件,它表明了最终产品的组件、零件直到原材料之间的结构关系、数量关系以及提前期。表述产品结构资料的两种基本方式是产品结构树与物料表。

(1) 产品结构树。产品结构树是以树状图形方式描述产品结构。我们可以把物料清单想象成一棵能够把产品装配过程所需组件与构件形象地视觉化的产品结构树,最终产品在树根位置,紧下边就是各个组件或主要构件。沿树向下,显示着制作每单位上层细项所需构件(如零部件、材料等)。其示意图如图 7.4(a)所示。

为了便于后面计算物料需求量,要求树状图按照低层码(lower level coding)绘制。物料的低层码是系统分配给物料清单上的每个物品一个从 $0\sim N$ 的数字码。在产品结构中,最上层的层级码为 0,下一层部件的层级码则为 1,依此类推。要求同一种物料只能出现在同一层级上,当一个物品在多个产品中所处的产品结构层次不同或即使处于同一产品结构中但却处于不同产品结构层次时,则取处在最底层的层级码作为该物品的低层码,即取数字最大的层级码,并将其集中表示在它们所处的各层级中最低的层级上,如图 7.4(b)所示。

(2) 物料表。产品结构树能直观地描述产品内各种物料的结构关系,但其图形方式不便于计算机处理。物料表是用表格形式表示的一张列表,包含着生产每单位产品所需要的所有部件、组件、零件与原材料的结构关系,便于用计算机存储和处理。

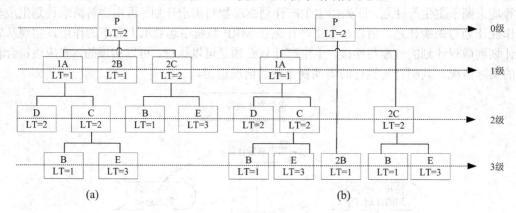

图 7.4 产品结构树

由于该表将产品所有层级的物料表示在一张表上,故称为多级物料表。多级物料表(见表 7.4)为矩阵式表格,由于存在数据冗余,需占用较多的存储空间。此外,对物料项进行修改时,需要重新编制新的表格。为了避免这些缺点,采取的办法是将其拆分为单级物料表,如图 7.5 所示。每一张单级物料表只表示一项物料与其直接相邻的子项物料的关系。通过自上而下的逐层检索和汇总就能够得到产品多级物料表。单级物料表能够充分利用存储空间;进行修改维护时,只需修改一张单级物料表而不影响产品的其他物料表。此外,单级物料表是一种模块化结构,尤其适应产品结构模块化的需要,根据产品的结构,通过调用相应的模块物料表,就可生成各种变形产品的物料表。

表 7.4 多级物料表

| 产品 P | | | 装配数量 | 提前期 |
|---|---|---|---|---|
| 零件号缩排 | | | | |
| A | | | 1 | |
| | D | | 1 | 2 |
| | C | | 1 | 2 |
| | | B | 1 | 1 |
| | | E | 1 | 3 |
| B | | | 2 | 1 |
| C | | | 2 | 2 |
| | B | | 1 | 2 |
| | E | | 1 | 3 |

| 项目P | |
|---|---|
| 零件号 | 装配数 |
| A | 1 |
| B | 2 |
| C | 2 |

| 子项目A | |
|---|---|
| 零件号 | 装配数 |
| D | 1 |
| C | 1 |

| 子项目C | |
|---|---|
| 零件号 | 装配数 |
| B | 1 |
| E | 1 |

图 7.5 单级物料表

### 3. 库存管理子系统

库存管理子系统包括了所有半成品、毛坯以及原材料等库存物料数据资料。数据资料分为两类。一类是固定数据，又称主数据，说明物料的基本特征，在一定的计划期内不会变动。包括物料的代码、名称、材质、单价、供应来源(自制、外购或外协)、供应提前期、批量规则、保险储备量、库存类别、允许的残料率(或废品率)等。另一类是变动数据，包括现有库存量、最小储备量、最大储备量、预留库存量、预计到货量等。这些数据随着时间变动，要根据最新的出入库情况随时进行账目更新，保持账物一致。

库存记录说明现在库存中有哪些物料，有多少，已经准备再进多少，从而在制订新的加工、采购计划时减掉相应的数量。

安全库存主要是为了应付市场波动以及供应商的不可靠性而设置的库存量。因此，从产品结构树的角度看，安全库存的位置主要处于 BOM 的顶层级和底层级。安全库存的具体数量是根据物料项目的历史资料、要求的服务水平(即缺货率)采用统计分析方法计算得到。

### 4. 提前期

提前期是指该项工作从开始到结束的时间。在 MRP 中不但要考虑 BOM 各个层次中的零部件需求量，而且要考虑为了满足最终产品的交货期，所需零部件的加工或采购提前期。提前期关系到生产指令或采购订单的下达时间点的确定，一般包括生产准备提前期、采购提前期、生产加工提前期、装配提前期、累计提前期、总提前期等。

生产准备提前期是从生产计划开始到生产准备完成(可以投入生产)。采购提前期是从采购订单下达到物料完工入库的全部时间。生产加工提前期是从生产加工投入开始(生产准备完成)至生产完工入库的全部时间。装配提前期是从装配投入开始至装配完工的全部时间。累计提前期是采购、加工、装配提前期的总和。总提前期是指产品的整个生产周期，包括产品设计提前期，生产准备提前期，采购提前期，加工、装配、试车、检测、发运的提前期总和。计划展望期是主生产计划所覆盖的时间范围，即计划的时间跨度，此长度之外(计划的最末时间后)，又是最下一个计划的时间范围。

如图 7.6 所示是产品结构在时间结构上的反映，以产品的应完工日期为起点倒排计划，可相应地求出各个零部件最晚应该开始加工时间或采购订单发出时间。

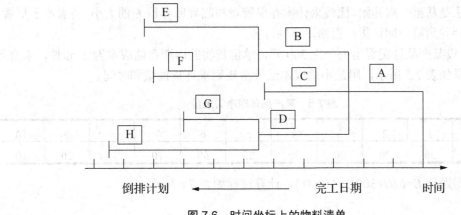

图 7.6　时间坐标上的物料清单

## 5. 订货方针

在 MRP 的计算过程中，为了确定每次订货的批量，需要对每一物料预先确定批量规则。批量即生产量或采购量的大小，在 MRP 中，这些批量规则通常称为订货方针。订货方针有多种，大体上可分为静态和动态批量规则两大类。

(1) 静态批量规则主要有以下两种方法。①固定批量法(Fixed Order Quantity，FOQ)，是典型的静态批量规则之一，即每一批量的大小都相同。在这种情况下，批量大小预先确定。当净需求量小于 FOQ 时，以 FOQ 作为计划订货量；当净需求量大于 FOQ 时，以净需求量作为计划订货量。②经济订货批量法(Economic Order Quantity，EOQ)，是库存管理中常用的批量方法。例如，订货量可以是由设备能力上限决定的量。对外购产品订货量可以得到价格折扣的最小量、整船量、被限定的最小购买量。

(2) 动态批量规则。动态批量规则允许每次订货的批量大小不一样，但必须大到足以防止缺货发生。主要有以下三种方法。①直接批量法。这种方法直接将净需求量作为计划订货量。②固定订货间隔期法。批量的大小等于未来 $P$ 周(从收到货的当周算起)的总需求量减去前一周的可用(现有)库存量。此方法的重点在于保证未来 $P$ 周的需求，但并不意味着每隔 $P$ 周必须发放一次订单，而只是意味着，当确定批量时，其大小必须满足 $P$ 周的需求。在实际操作中，可首先根据理想的批量(如 EOQ)除以每周的平均需求来确定 $P$，然后用 $P$ 周的需求表示目标批量，并取与之最接近的整数。③最小总成本法(Groff 法)。这是依据成本分析决定批量大小的一种方法，这种方法与 EOQ 的思路一致，但可处理离散情况。

设每次订货费用为 $C$，单位产品每周期的保管费为 $H$，未来各期的净需求量为 $D_i$，其基本思想是将未来第 $t$ 期的需求量 $D(t)$ 合并到相对 $t$ 的第一期一起订货(第一周有需求)，可以节省一次订货费($C$)，但却增加了库存保管费 $(t-1)*D(t)*H$，比较由于合并带来的订货成本的节省量与由此导致的保管成本增加量。若前者大于或等于后者，则合并订货；否则，分别订货。即

$$\begin{cases} D(2) \times H + 2D(3) \times H + \cdots + (t-1) \times D(t) \times H \leqslant C \\ D(2) + 2D \times (3) + \cdots + (t-1) \times D(t) \leqslant C/H \end{cases}$$

实际上，由于当保管费用等于订货费时，总费用最小，称两者相等时的累计库存量(存货数量与存货时间的乘积)为临界库存量 $E$。其计算公式为

$$E = C/H \tag{7.2}$$

基本做法是从第一周开始，比较累计库存保管费与临界库存量 $E$ 的大小，前者小于后者，将当期订货合并到第一期订货；否则，单独订货。

**例 7.1** 设某产品订货费用为一次 300 元，单位货物的周期存储成本为 2 元/件，未来各期的净需求量如表 7.5 所示，用最小总成本法批量规则求订货批量和时间。

表 7.5 某产品各期净需求量

| 周期 | 1 | 2 | 3 | 4 | 5 | 6 | 7 | 8 | 9 | 10 |
|---|---|---|---|---|---|---|---|---|---|---|
| 净需求量/件 | 30 | 20 | 20 | 30 | 25 | 60 | 70 | 50 | 20 | 10 |

**解**：根据题意 $E = C/H = 300/2 = 150$(件)，计算过程如表 7.6 所示。

表 7.6　订货批量计算

| 周期 | 净需求量/件 | 预定批量/件 | t | 累计库存量/件 |
|---|---|---|---|---|
| 1 | 30 | 30 | 0 | 0 |
| 2 | 20 | 50 | 1 | 20 |
| 3 | 20 | 70 | 2 | 60 |
| 4 | 30 | 100* | 3 | 150 |
| 5 | 25 | 25 | 0 | 0 |
| 6 | 60 | 85* | 1 | 60 |
| 7 | 70 | 70 | 0 | 0 |
| 8 | 50 | 120 | 1 | 50 |
| 9 | 20 | 140 | 2 | 90 |
| 10 | 10 | 150* | 3 | 120 |

第一次订货在第 1 周，订货量为 100 件；第二次订货在第 5 周，订货量为 85 件；第三次订货在第 7 周，订货量为 150 件。

**6. 库存记录**

库存记录说明现在库存中有哪些物料，有多少，已经准备再进多少，从而在制订新的加工、采购计划时减掉相应的数量。

库存记录通常被称作 MRP 表格，其计算过程构成了 MRP 的基本计算方法。

## 三、MRP 的计算模型

MRP 可以根据主生产计划回答要生产什么；根据物料清单回答要用到什么；根据库存记录回答已经有了什么；MRP 运算后得出的结果可以回答还缺什么、何时生产或订购。这些结果都是以 MRP 表格为中心得到的。

下面通过一个简单的例子来说明 MRP 的计算过程。

**1. MRP 的输入**

(1) 主生产计划。假定在第 2 周和第 7 周均要生产 75 单位产品 A，在第 5 周和第 8 周均要生产 40 单位产品 B，则主生产计划如表 7.7 所示。

表 7.7　主生产计划

| 周次 | 1 | 2 | 3 | 4 | 5 | 6 | 7 | 8 |
|---|---|---|---|---|---|---|---|---|
| 产品 A | | 75 | | | | | 75 | |
| 产品 B | | | | | 40 | | | 40 |

(2) 物料清单。假定 A 和 B 都需要零部件 C，1 单位 A 需要 2 单位 C，1 单位 B 需要 3 单位 C，其需求关系如图 7.7 所示。

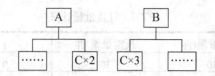

图 7.7　产品 A、B 的需求关系

(3) 提前期。假定产品 A、B 的生产提前期均为 1 周，零部件 C 的生产周期为 2 周。

(4) 订货方针。采用固定批量(批量大小为 230)的订货方针。

(5) 库存记录。假定零部件 C 的期初库存为 47 单位。

## 2. 计算需求总量

生产批量 230，生产周期 2 周，安全库存 50 个。MRP 库存记录中需求总量是指当周应准备好的量。本例中需求总量的计算结果如表 7.8 所示。

表 7.8　零部件 C 的需求总量

| 周次 | 1 | 2 | 3 | 4 | 5 | 6 | 7 | 8 |
|---|---|---|---|---|---|---|---|---|
| 需求总量 | 150 | | | 120 | | 150 | 120 | |

在确定需求总量时应该考虑以下因素。

(1) 物料清单。需求总量的计算是从最终产品开始，层层向下推算直至采购材料或外购件为止。这样建立的物料需求计划包括零部件的生产计划和原材料的物料计划。

本例中，由于 1 个产品 A 需要 2 个零部件 C、1 个产品 B 需要 3 个零部件 C，因此，要将产品的量乘以物料清单中相应的系数，才能得到零部件的需求总量。

(2) 相关需求与独立需求。在相关需求与独立需求同时存在的情况下，计算需求总量时应将相关需求部分按产品结构树推算的结果加上独立需求部分的需求量。

如果本例中的 C 既是 A 和 B 的零部件又是具有独立需求的产品的话，那么计算其需求量的时候便要同时考虑其相关需求与独立需求。

(3) 提前期。在确定需求总量的需求时间时，提前期也是个重要的因素。

本例中，产品 A、B 的生产提前期均为 1 周，即在计算各自的生产开始时间时，要用主生产计划中的时间减去生产提前期。这样，产品 A 的生产开始时间为第 1 周和第 6 周，产品 B 的生产开始时间为第 4 周和第 7 周。

## 3. 计算净需求量

在确定了需求总量之后，便可以根据现有库存和预计入库量来计算其净需求量。

计算净需求量还要考虑安全库存量。使用安全库存是为了应付紧急情况，防止由于生产日程的变更而产生缺料现象，它是一种缓冲性的库存量。净需求量是根据零件需求总量、现有库存状况所确定的实际需求量。计算净需求量，就是为了保证各周的现有库存量不低于安全库存。对于那些不需要安全库存的中间物料，净需求量的意义则是要保证现有库存量为非负值。

在本例中，假定零部件 C 在第 1 周的期初库存为 47 个单位，安全库存量为 50 个单位，在第 1 周预计入库量为 230 个单位，则零部件 C 的净需求量的计算过程如表 7.9 所示。

表 7.9　零部件 C 的净需求量

| 周次 | 1 | 2 | 3 | 4 | 5 | 6 | 7 | 8 |
|---|---|---|---|---|---|---|---|---|
| 需求总量 | 150 | 0 | 0 | 120 | 0 | 150 | 120 | 0 |
| 期初库存 | 47 | 127 | 127 | 127 | 50 | 50 | 50 | 50 |
| 预计入库量 | 230 | 0 | 0 | 0 | 0 | 0 | 0 | 0 |
| 是否缺货 | 否 | 否 | 否 | 是 | 否 | 是 | 是 | 否 |
| 净需求量 | 0 | 0 | 0 | 43 | 0 | 150 | 120 | 0 |

**4. 批量编成**

根据零部件的订货方针，计算各零部件按订货方针组成批量、按完工顺序排列的计划订单。这里，零部件 C 的订货方针为每批 230 单位的固定批量，其计算过程和结构如表 7.10 所示。

表 7.10　零部件 C 按完工顺序排列的计划订单

| 周次 | 1 | 2 | 3 | 4 | 5 | 6 | 7 | 8 |
|---|---|---|---|---|---|---|---|---|
| 需求总量 | 150 | 0 | 0 | 120 | 0 | 150 | 120 | 0 |
| 净需求量 | 153 | 0 | 0 | 43 | 0 | 150 | 120 | 0 |
| 期初库存 | 47 | 127 | 127 | 127 | 237 | 237 | 87 | 197 |
| 期末库存 | 127 | 127 | 127 | 237 | 237 | 87 | 197 | 197 |
| 按完工顺序完成的计划订单 | 230 | | | 230 | | | 230 | |

**5. 计算提前期**

把按完工顺序排列的计划订单减去提前期，就可以得到按开工顺序排列的计划订单。这里，零部件 C 的生产周期为 2 周，则其按开工顺序排列的计划订单的计算过程和结果如表 7.11 所示。

表 7.11　零部件 C 的生产提前期

| 周次 | 1 | 2 | 3 | 4 | 5 | 6 | 7 | 8 |
|---|---|---|---|---|---|---|---|---|
| 按完工顺序排列的计划订单 | | | | 230 | | | 230 | |
| 按开工顺序排列的计划订单 | | 230 | | | 230 | | | |

## 四、MRP 的输出

MRP 的输出报告分为主报告与辅助报告。主报告用于库存和生产管理，包括生产作业计划、生产指令、采购订单、库存状态报告以及计划或指令的变更通知单等。辅助报告包括预测库存和需求的计划报告、业绩控制报告、计划完成情况分析报告、例外报告等。

在上面的例子中，我们最终得到的是按开工顺序排列的计划订单，它告诉我们，为了满足生产计划的需求，在第 2 周和第 5 周，要分别发出 230 个单位的零部件 C 的订单。

## 五、MRP 系统的更新

MRP 系统的一个重要功能是根据计划实际执行情况及时对计划进行更新。更新考虑到更新周期及更新方式。

更新周期是指相邻两次 MRP 计算的时间间隔。更新周期长度的大小反映了 MRP 的细致程度，而与整个计算工作量成反比，一般取为一周。但随着计算机技术的提高，更新周期可缩短到以天为单位。当然，有关其他与时间有关的信息也需精确到天，如主生产计划、提前期、库存记录以及反馈信息等。一般，计划期长度应大于或等于产品的最长生产周期(含采购周期或外协周期)。

MRP 系统更新的方式有两种。一种是通常采用的重新生成方式，即按主生产计划，从 0 层级开始，对物料需求量重新进行展开计算，更新的间隔期一般为 1 周或 2 周。这种方式的处理工作量较大，用于比较稳定的生产环境。另一种为净变更方式，用于对生产环境不稳定且频繁地需要在较短的时间周期内更新计划的场合。净变更方式只对那些有变化的物料项目做重新计算和新的安排，这样使得计算工作大大减少，计划更新的频次加快，增强了系统适应变化的能力。

# 第二节　闭环 MRP

## 一、闭环 MRP 的提出

开环 MRP 方法的出现，在当时对提高库存管理和生产计划的准确性确实起了很大的作用。但随着开环 MRP 应用的不断发展，开环 MRP 方法也逐渐显现出它的一些不足。开环 MRP 仅给出了物料的需求计划，并没有考虑实际的生产能力是否可以完成这些计划，当生产能力不足时，这些物料需求计划仅仅是纸上谈兵，无法真正实施完成，从而也就失去其在实际应用中的价值。

从输入信息、处理过程以及输出信息中可以看到开环 MRP 有以下缺陷。

(1) MRP 系统的运行首先假定已有了主生产计划，并且主生产计划是可行的。

(2) MRP 系统的运行假定生产能力可行，即生产设备和人力能保证生产计划的实现。

(3) MRP 系统的运行假定物料采购计划可行，即供货能力和运输能力能保证完成物料的采购计划。

(4) MRP 系统的运行结果需要人工介入进行判断，不具反馈调节功能。

然而在复杂的现实生产环境中，开环 MRP 的假设是难以成立的。此外 MRP 系统的应用仅局限于物料管理，还不能满足企业生产管理的要求。

为了克服开环 MRP 的缺陷，在其基础上出现了 CLMRP (Closed-Loop MRP)，即闭环 MRP 系统。闭环 MRP 系统是一个集计划、执行、反馈为一体的综合性系统，它能对生产中的人力、设备和材料等各项资源进行计划与控制，它超越物料需求计划的范畴，成为生产管理系统。

## 二、闭环 MRP 的原理

### (一)闭环 MRP 流程图

当 MRP 系统具有来自输出结果执行状况的反馈信息时,便成为闭环 MRP。通常所说的闭环 MRP 在开环 MRP 的基础上扩展了综合生产计划、能力需求计划及执行反馈等功能。

"闭环"就是指执行功能能提供反馈信息,从而使计划在任何时候都保持有效。闭环 MRP 的逻辑流程如图 7.8 所示。

在闭环 MRP 的计划阶段,通过反馈调整使主生产计划与粗能力需求计划相匹配,在主生产计划被确认为可行后,MRP 的执行功能才开始运行。

在闭环 MRP 的执行过程中,仍然要根据能力计划和执行情况不断做出相应的调整,以使计划结果符合生产实际。

### (二)粗能力计划与能力需求计划

能力计划一般分为两级:粗能力计划(Rough-Cut Capacity Planning,RCCP)和能力需求计划(Capacity Requirement Planning,CRP)。

在闭环 MRP 系统中,把关键工作中心的负荷平衡称为粗能力计划,它的计划对象为独立需求件,主要面向的是主生产计划;把全部工作中心的负荷平衡称为能力需求计划,或称为详细能力计划,而它的计划对象为相关需求件,主要面向的是车间。由于 MRP 和主生产计划之间存在内在的联系,所以粗能力计划与能力需求计划之间也是一脉相承的,而后者正是在前者的基础上进行计算的。

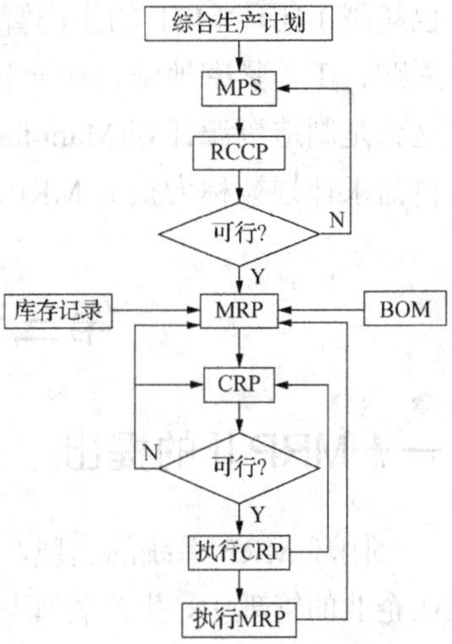

图 7.8 闭环 MRP 逻辑流程

RCCP 主要用于编制主生产计划,是指在闭环 MRP 设定完毕主生产计划后,通过对关键工作中心生产能力和计划生产量的对比,判断主生产计划是否可行。它将主生产计划转换成相关的工作中心能力的需要。它仅对生产计划所需的关键生产能力做一简单的估算,给出能力需求的概貌,目的是简化和加快能力计划的处理过程。

CRP 则是依据 MRP 的输出,并结合生产制造信息,计算各时段分配给工作中心的工作量,计算出人员负荷和设备负荷,判断是否超出该工作中心的最大工作能力,进行瓶颈预测,调整生产负荷,做好生产能力与设备负荷的平衡工作。CRP 一方面能充分利用人力与设备;另一方面,可以减少产品的加工等待时间,缩短生产周期,为生产人员提供相关信息。

粗能力计划和能力需求计划的主要区别表现在以下几个方面。

(1) 参与闭环 MRP 计算的时间点不一致,粗能力计划在主生产计划确定后即参与运算;而能力需求计划是在物料需求计划运算完毕后才参与运算。

(2) 粗能力计划只计算关键工作中心的负荷;而能力需求计划需要计算所有工作中心的负荷情况。

(3) 粗能力计划计算时间较短；而能力需求计划计算时间长，不宜频繁计算、更改。

### 三、闭环 MRP 的扩展

在闭环 MRP 基础上，如果以 MRP 为中心建立一个生产活动的信息处理系统，则采购部门可以利用 MRP 的功能建立采购计划；生产部门将销售计划与生产计划紧密配合来制订主生产计划表，并将其不断地细化；设计部门不再孤立地设计产品而是将改良设计与以上生产活动信息相联系；产品结构不再仅仅只有参考价值而是成为控制生产计划的重要依据。更进一步，可以将以上一切活动均与财务系统结合起来：将库存记录、工作中心和物料清单用作成本核算；根据由 MRP 得到的采购及供应商情况，建立应付账、销售生产合同和应收账；建立应收账与其应付账及与总账的关联，根据总账又产生各种报表。

在上述过程中，系统的信息共享程度和业务范围不仅超越了开环 MRP 的物料计划范畴，也超越了闭环 MRP 的生产管理范畴，将 MRP 的信息共享程度扩大，使生产、销售、财务、采购、工程紧密地结合在一起，共享有关数据，组成了一个全面生产管理的集成优化模式，这就是制造资源计划(Manufacturing Resources Planning，MRPⅡ)。为了避免名词的混淆，物料需求计划被称为狭义 MRP，而制造资源计划被称为广义 MRP 或 MRPⅡ。

## 第三节　制造资源计划(MRPⅡ)

### 一、MRPⅡ的提出

闭环 MRP 系统的出现，使生产活动方面的各种子系统得到了统一。但这还不够，因为在企业的管理中，生产管理只是一个方面，它所涉及的仅仅是物流，而与物流密切相关的还有资金流。这在许多企业中是由财会人员另行管理的，这就造成了数据的重复录入与存储，甚至造成数据的不一致性。

1977 年 9 月，由美国著名生产管理专家奥列弗·怀特(Oliver W. Wight)提出了一个新概念——制造资源计划，它是一个围绕企业的基本经营目标，以生产计划为主线，把生产、财务、销售、工程技术、采购等各个子系统集成为一个一体化的系统，并称为制造资源计划系统，为了区别于物料需求计划，亦缩写为 MRPⅡ。

MRPⅡ系统的能力平衡一般分为两种：无限能力计划和有限能力计划。前者不考虑能力的限制，而将各个工作中心负荷进行相加，找出超负荷和少负荷；后者则根据优先级分配给各个工作中心负荷。大多数的商品软件并没有解决有限能力的问题，即按 MRP 生成的计划是无限能力计划，虽然进行了能力计划，但是在解决能力冲突上并没有提出更好的解决方法，这样产生的计划在实施中必然与实际产生偏差。有些偏差可以通过车间的实时调度排除，但是如果不能排除则会对生产产生不利的影响。从另一个角度来讲，这种偏差是由于计划的不合理性引起的，它导致了生产的混乱、无序。因而如何产生合理的 MRP 计划将是系统成败的关键，也是系统是否实用的关键。

无限能力计划是在作物料需求计划时不考虑生产能力的限制，而后对各个工作中心的能力、负荷进行计算得出工作中心的负荷情况，产生能力报告。当负荷＞能力时，对超负荷的工作中心进行负荷调整。

有限能力计划是认为工作中心的能力是不变的，计划的安排按照优先级安排，先把能力分配给优先级高的物料，当工作中心负荷已满时，优先级别低的物料被推迟加工，即订单被推迟。该方法计算出的计划可以不进行负荷与能力平衡。

由于无限能力计划在这些方面的局限性，人们开始重视对有限能力计划策略的研究和开发。同时 JIT 和 OPT 等思想的涌现和应用也促进了有限能力计划的研究和发展。有限能力计划的研究内容和范围已经不局限于对 MRP 计划的能力评估，它已经扩展到解决制造系统的资源、能力和物料的实际可用性，以实现生产计划和资源利用的优化。

## 二、MRPⅡ的原理

MRPⅡ 系统，将 MRP 的信息共享程度扩大，使生产、销售、财务、采购、工程紧密地结合在一起，共享有关数据，组成了一个全面生产管理的集成优化模式，把企业经营销售运作功能、成本和财务功能、模拟功能[即"如果怎样将会怎样"(what-if)]等紧密地集成在一起，贯穿于整个企业运作过程。因此，人们把 MRPⅡ 系统称为"以物料的投入与产出活动为对象的全过程管理"，是帮助制造企业全面控制生产经营的一种行之有效的方法与手段。

### (一)MRPⅡ逻辑流程图

MRPⅡ 的基本思想就是把企业作为一个有机整体，从整体最优的角度出发，通过运用科学方法对企业各种制造资源和产、供、销、财各个环节进行有效地计划、组织和控制，使它们得以协调发展，并充分地发挥作用。MRPⅡ 的逻辑流程如图 7.9 所示。

在流程图的右侧是计划与控制的流程，它包括了决策层、计划层和执行层，可以理解为经营计划管理的流程。中间是基础数据，要存储在计算机系统的数据库中，并且反复调用。这些数据信息的集成，把企业各个部门的业务沟通起来，可以理解为计算机数据库系统。左侧是主要的财务系统，这里只列出应收账、总账和应付账。各个连线表明信息的流向及相互之间的集成关系。其中经营计划是 MRPⅡ 的起点，它根据市场需求和企业现有条件确定企业在生产中的产量、品种、利润等指标，从而决定企业包括产品销售计划，各种物料、资金、人工等的需求计划。在此基础上制订出企业的具体生产计划，确定生产何种产品及生产产量和投产时间。在制订生产计划的同时还需对生产能力进行平衡，以保证生产计划能够实际完成。然后根据生产计划制订产品生产计划，规定每种产品的生产数量和生产时间。它是营销和生产作业的根据。流程图中的业绩评价，是对 MRPⅡ 系统成效进行评定，以求进一步提高和改善业绩。

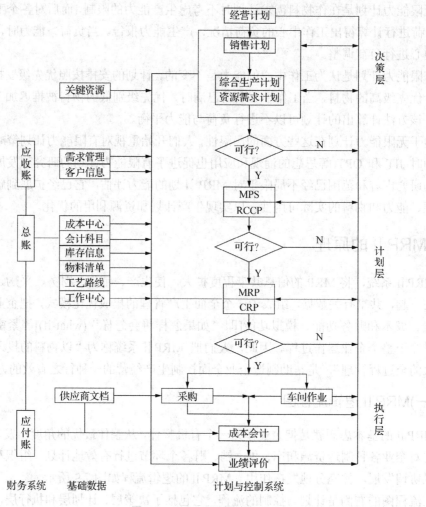

图 7.9  MRPⅡ逻辑流程

## (二)MRPⅡ管理模式的特点

MRPⅡ的特点可以从以下八个方面来说明，每一项特点都含有管理模式的变革和人员素质或行为变革两方面，这些特点是相辅相成的。

### 1. 在一个统一的数据库环境下进行数据管理

MRPⅡ系统是在一个统一的数据库环境下进行数据管理的，因此，企业的业务能迅速、准确、高效地进行运作。它能把企业制造中销售与分销、制造、财务三大业务功能紧密地有机集成，其所发生的业务数据都来源于一个数据库，在一个统一的数据库环境下全面地把企业各个业务部门的业务沟通运作，从而实现企业各个业务部门之间迅速、准确、高效地运作。

### 2. 全过程业务管理

MRPⅡ系统是通过客户的询价和报价，从客户订单需求和预测数据录入生成主生产计划(MPS)开始，经过物料清单(BOM)的分解，物料需求计划(MRP)的计算，并与库存控制沟通生成净需求,再与能力资源协调匹配,产生采购与制造订单,进行作业和采购活动的收料与发料、成本控制,直至完成客户订单的产品需求交付、发生的财务账务处理为止的全过程业务管理。

### 3. 管理的系统性

MRPⅡ是一项系统工程,它把企业所有与生产经营直接相关部门的工作连接成一个整体,各部门都从系统整体出发做好本职工作,每个员工都知道自己的工作质量同其他职能的关系。这只有在"一个计划"下才能成为系统,条块分割、各行其是的局面应被团队精神所取代。

### 4. 是一个制造业所公认的管理标准系统

MRPⅡ是一个制造业所公认的管理标准系统,它是由闭环 MRP 加上财务等功能所组成的。MRPⅡ系统克服了 MRP 系统的不足之处,在软件中增加了生产能力计划、生产活动控制、采购和物料管理计划三个方面的功能。

(1) 生产能力计划功能是以物料需求计划的输出作为输入,根据计划的零部件需求量和生产成本信息中的工序、工作中心等信息计算出设备与人力的需求量、各种设备的负荷量,以便判断是否有足够的生产能力,如发现能力不足,进行设备负荷调节和人力补充。如果能力实在无法平衡,则可以调整产品的生产计划。

(2) 生产活动控制功能是以调整好的物料需求计划的输出作为输入,利用计算机的模拟技术,按照作业优先执行的原则,自动地编制各种设备或工作中心的作业排序和作业完成日期。

(3) 采购和物料管理计划功能是根据物料需求计划和库存管理的策略编制物料采购计划,建立采购与进货管理,供应商档案和供应商账务处理、库存会计账务管理、成本、应收账、应付账、总账管理。

### 5. 数据共享性

MRPⅡ是一种制造企业管理信息系统,企业各部门都依据同一数据信息进行管理,任何一种数据变动都能及时地反映给所有部门,做到数据共享。在统一的数据库支持下,按照规范化的处理程序进行管理和决策。改变了过去那种信息不通、情况不明、盲目决策、相互矛盾的现象。为此,要求企业员工用严肃的态度对待数据,专人负责维护,提高信息"透明度",保证数据的及时、准确和完整。

### 6. 动态应变性

MRPⅡ是一个闭环系统,把客户需求和企业内部的制造活动,以及供应商的制造资源整合在一起,体现了完全按用户需求制造的思想,这使得企业适应市场与客户需求快速变化的能力增强。它要求跟踪、控制和反映瞬息万变的实际情况,管理人员可随时根据企业内外环境条件的变化迅速做出响应、及时决策调整,保证生产计划正常进行。它可以及时掌握各种动态信息,保持较短的生产周期,因而有较强的应变能力。为了做到这点,必须树立全员的信息意识,及时准确地把变动了的情况输入系统。

#### 7. 模拟预见性

MRPⅡ系统具备一定的模拟功能：模拟将来的物料需求而提出任何物料的缺料警告；模拟生产能力需求，发出能力不足的警告。这些警告为管理者提供了必要的信息和争取了时间，使管理者能及时地进行准备和安排。

MRPⅡ是经营生产管理规律的反映，按照规律建立的信息逻辑必然具有模拟功能。它可以解决"如果怎样将会怎样"的问题，可以预见相当长远的计划期内可能发生的问题，事先采取措施消除隐患，而不是等问题已经发生了再花几倍的精力去处理。这将使管理人员从忙忙碌碌的事务堆里解脱出来，致力于实质性的分析研究，提供多个可行方案供领导决策。

#### 8. 物流、资金流的统一

MRPⅡ包含了成本会计和财务功能，可以由生产活动直接产生财务数据，把实物形态的物料流动直接转换为价值形态的资金流动，保证生产和财务数据一致。财务部门及时得到资金信息用于控制成本，通过资金流动状况反映物料和经营情况，随时分析企业的经济效益，参与决策，指导和控制经营和生产活动。同时也要求全体员工牢牢树立成本意识，把消除浪费和降低成本作为一项经常性的任务。

以上八个方面的特点表明，MRPⅡ是一个比较完整的生产经营管理计划体系，是实现制造业企业整体效益的有效管理模式。

### 三、MRP与MRPⅡ的关系

MRPⅡ没有替换MRP，也不是它的改进版本，它所表示的只是扩展生产资源范围，以及企业的其他职能区域包括计划过程。因此制造资源计划的一个主要目标就是：把基本职能与诸如人事、工程、采购等其他职能在计划过程中聚集在一起。

谈到二者的关系，物料需求计划是整个过程的核心。整个过程始于各个来源的需求(如公司订单、预测，安全存货需求等)综合。生产、营销与财务人员的工作都按照主生产进度计划进行。尽管制造人员在确定进度计划时是一项重要的输入内容，在执行时负主要责任，但不能排除营销与财务也是很重要的输入内容，也负很大的责任。把这些职能区域合并在一起的基本原理，是增加了制订计划并使计划适合于其间每一个环节的可能性。另外，由于每一职能区域都涉及计划的明确叙述，它们对计划便有着相当的了解，也更有理由实现它。

显然，在这个过程中，制造资源、财务资源、营销资源都会被不同程度地利用。根据对各种资源的有用性评价对计划进行修正，然后确定主生产进度计划，这时物料需求计划就可以运行并生成物料与进度需求了。

### 四、MRPⅡ的扩展

从MRP到MRPⅡ的发展过程中我们可以看出，制造业企业系统观念的发展基本上是沿着两个方向延伸：①企业计划闭环的形成；②资源概念内涵的不断扩大。

但它在发展的同时没有摆脱两个局限：①资源仅仅局限于企业内部；②决策的结构化倾向明显。

## 第四节 ERP 与 ERP II

进入 20 世纪 90 年代，随着市场竞争的进一步加剧，以及企业竞争空间与范围的进一步扩大，由 20 世纪 80 年代 MRP II 主要面向企业内部资源全面计划管理的思想逐步发展为 90 年代怎样有效利用和管理整体资源的管理思想，企业资源计划(Enterprise Resource Planning，ERP)也就随之产生。ERP 是指建立在信息技术基础上，以系统化的管理思想，为企业决策层及员工提供决策运行手段的管理平台。ERP 系统集中信息技术与先进的管理思想于一身，成为现代企业的运行模式，反映时代对企业合理调配资源，最大化地创造社会财富的要求，成为企业在信息时代生存、发展的基石。

### 一、ERP 系统的提出和发展

20 世纪 90 年代初，美国 IT 分析公司 Gartner Group 根据时代变化、IT 技术发展及企业对管理的需要，在 MRP 和 MRP II 的基础上率先提出了 ERP 的概念，这一概念迅速成为企业所有后台职能(如生产、财务、人力资源、会计、采购、下单和成本核算等)的统称。ERP 以资源规划和库存的精确性及可见性为中心，强调车间内部和整个制造企业都应该进行信息共享，从而使 ERP 的发展突破了以下局限。

(1) 从管理对象来看，不仅限于制造过程，而且是整个企业资源。

(2) 从计划的范围来讲，ERP 的计划已经不局限在企业内部，而是把供需链内的供应商等外部资源也看作受控对象被集成进来。

(3) ERP 将时间作为一项关键的资源来考虑，使企业在传统的功能方面向实时化方向推进了一大步。

(4) 在决策方法方面，决策支持系统(Decision Support System，DSS)被看作 ERP 中不可缺少的一部分，而使 ERP 能够解决半结构化和非结构化的问题。

因此，ERP 是在 MRP、MRP II 基础上进一步的扩充与发展，其功能范围扩展到整个企业的经营活动。它以信息共享为基础，实现了对整个企业范围的经营资源的综合管理。ERP 的诞生可以看作企业管理技术的一大进步。

### 二、ERP 的原理

ERP 是对 MRP II 的进一步发展，它以信息共享为基础，实现了对整个企业范围的经营资源的综合管理。ERP 是一种经营概念，它最初是一种基于企业内部供应链的管理思想，在 MRP II 的基础上扩展了管理范围。其基本思想是把企业的业务流程看作一个紧密连接的供应链，并将企业内部划分成几个相互协同作业的支持子系统，如财务、市场营销、生产制造、服务维护、工程技术等，可对企业内部供应链上的所有环节如订单、采购、库存、计划、生产制造、质量控制、运输、分销、服务与维护、财务、成本控制、经营风险与投资、决策支持、人力资源等有效地进行管理，从管理范围和深度上为企业提供了更丰富的功能和工具。

进一步地,我们可以从管理思想、软件产品、管理系统三个层次给出它的定义。

(1) ERP 是由美国著名的计算机技术咨询和评估集团 Garter Group 提出的一整套企业管理系统体系标准,其实质是在 MRPⅡ基础上进一步发展而成的面向供应链的管理思想。

(2) ERP 是综合应用了客户机/服务器体系、关系数据库结构、面向对象技术、图形用户界面、第四代语言、网络通信等信息产业成果,以 ERP 管理思想为灵魂的软件产品。

(3) ERP 是整合了企业管理理念、业务流程、基础数据、人力物力、计算机硬件和软件于一体的企业资源管理系统。

### (一)ERP 的构成

ERP 的核心是 MRPⅡ。ERP 系统同 MRPⅡ系统一样,也是在一个统一的数据库环境下进行数据管理的,其所发生的业务数据都来源于一个数据库,在一个统一的数据库环境下全面地把企业各个业务部门的业务沟通运作。ERP 是在 MRPⅡ的销售/分销、制造、财务三大功能基础上的扩展延伸,其基本架构、基础逻辑和需求运算仍然遵循 MRP/MRPⅡ,并无本质上的变化与改进,只是在内容范围上包含更广。ERP 系统覆盖企业财务、销售、采购、客户关系、人力资源、生产制造、资产管理、工程项目、商业智能、供应链管理及电子商务等业务,并针对一些特定的行业如证券、银行、基金、保险、电信、烟草流通及公共财政等提供了行业应用方案。

ERP 系统的一般构成如图 7.10 所示。

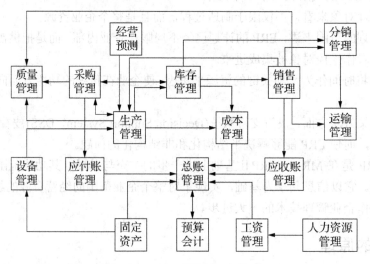

图 7.10　ERP 系统的一般构成

### (二)ERP 的不足

ERP 的基本思想是将企业的业务流程看作是一个紧密连接的供应链,其中包括供应商、制造工厂、分销网络和客户等;将企业内部划分成几个相互协同作业的支持子系统,如财务、市场营销、生产制造、质量控制、服务维护等。

为了满足第三产业蓬勃发展的趋势,对 ERP 系统的需求已打破了只局限在传统制造业,而扩展到各行各业,如金融业、高科技产业、信息产业、零售业等,从而使 ERP 的应用范围大大扩展。金融业成为现代经济的核心，信息产业日益成为现代经济的主导。但目前 ERP 存在着以下不足。

(1) 在实际实施 ERP 系统的时候，一方面，受到企业管理基础的影响；另一方面管理人员的素质和高层领导的参与程度在很大程度上决定了系统实施的成败。

(2) ERP 系统往往跟不上计算机技术的发展，而使得客户怀疑其先进性，如早期强调的客户机/服务器模式，已经被日益高涨的电子商务浪潮所淹没。

(3) 当今的时代已进入现代市场经济阶段，并正在向知识经济时代过渡，第三产业的充分发展已成为现代经济发展的显著标志。

(4) ERP 是一种基于供应链的管理思想，是在 MRP II 的基础上扩展了管理范围，把客户需求和企业内部的制造活动以及供应商的制造资源整合在一起，体现了按用户需求制造的思想。但是，在当前激烈竞争的市场经济条件下，企业不仅只关心客户和供应商的信息，还要了解竞争对手的信息。对企业产品用户群的动态和相关对手的信息的监视管理已提到议事日程上来。

(5) 电子商务时代的来临也给传统的 ERP 系统带来新的课题。在电子商务时代，一对一的市场方法、个性化订单和需求及在线客户服务等新的企业运作和服务模式是传统 ERP 系统所不曾料到的。大多数 ERP 系统供应商都面临这项新的课题带来的威胁。

虽然在国内许多客户也看到传统意义上的 ERP 系统大多不能满足新的市场环境对企业管理提出的要求，大多数 ERP 厂商提供的产品或系统还是陈旧的企业内部业务管理系统。基于新的电子商务平台的企业管理系统还不多见。盼望出现新一代的企业管理系统，能够彻底改变 ERP 系统陈旧的局限性，并解决 ERP 系统效益不大的老大难问题。

## 三、ERP II

20 世纪初，也就是 ERP 诞生 10 年之后，ERP 遇到了许多新情况，面临着许多新挑战。所以，Gartner Group 又提出了一个新的概念——ERP II。Gartner Group 在一份报告中指出：到 2005 年，企业需要在利益社区内为协作商务而发布关键业务信息的需求将会使得 ERP II 代替 ERP 系统作为企业内部和企业之间业务流程管理的首选。这预示着作为企业管理解决方案的核心系统 ERP 将逐渐被新一代的、满足协作商务需求的 ERP II 系统所取代。ERP II 具备了制造和资源规划以外的功能，那就是对企业间交易的处理。

### (一)ERP II 的出现

企业正在将自身业务从纵向的、高度集成的、注重内部功能优化的大而全模式向更灵活、更专注于核心竞争力的实体模式转化，从而使企业可以在整个供应链和价值网络中优化其经济和组织结构。一个首要的优化方式就是不仅注重 B2B 或 B2C 电子商务模式，而且更注重协作商务(c-commerce)过程。协作商务是指在企业内部员工之间、业务伙伴之间、企业与客户之间通过电子化方式协同工作的商业社区。这个商业社区可以是某个行业或行业段，或供应链或供应链段。在协作社区内，企业不仅仅依靠各自产品或服务的质量、成本和交付速度来竞争，而且还需要依赖为其他协作伙伴提供的信息质量获得竞争优势。

这一变化使得企业客户或解决方案供应商需要重新考虑和设计企业管理系统，以便包括更多的外向型系统元素。传统ERP系统不得不从系统结构和业务功能等诸多方面彻底改变，这也就是说，新一代的管理系统应运而生，这就是ERPⅡ。

随着企业不断转向新的商务模式，以企业为中心、以内部资源和效率的优化为使命的传统ERP已经受到质疑，ERPⅡ已经开始萌芽。具体来说，ERPⅡ是由以下几个因素推动产生的。

(1) 企业用户对传统ERP的神话产生质疑。传统ERP从技术上讲只注重资源优化和交易处理，这不足以支持新的重在企业之间关系的、重在提高企业竞争力的战略。

(2) 网络环境下的企业发展。企业开始从关注内部功能最优化的垂直一体化组织，转变为更灵活的以核心能力为基础的、由多个企业参与的广联型实体，努力使自身在供应链和价值网络中找到最佳定位。这一战略转型使传统ERP的应用软件不仅架构显得过时，而且商务关联度显得欠缺。

(3) 协同商务的发展。随着互联网和电子商务的发展，协同商务正成为新的商业模式；共同的商业利益驱动的协同商务，要求在利益共同体中建立能用来共享信息和精诚合作的各种系统，而这一要求无法由传统ERP来满足。

### (二)ERPⅡ的含义

ERPⅡ是指通过支持、整合和优化针对具体行业的公司内部和公司之间的合作、运作和财务过程来创造客户和股东价值的一种商务发展战略和一套软件应用系统。

ERPⅡ定义是一种新的商业战略，它由一组行业专业化的应用组成，通过它们建立和优化企业内部和企业之间流程、协作运营和财务运作流程，从而将客户和股东价值优化。市场研究指出，企业需要在协作社区内为协作商务而发布关键业务信息的需求将会使得ERPⅡ逐步代替ERP系统成为企业内部和企业之间业务流程管理的首选。

ERPⅡ的定义强调未来的企业注重深度行业专业分工和企业之间的交流，而不仅仅是企业业务过程管理。

随着电子商务平台的建立，企业与外部组织的联系更加密切，从而也影响了企业业务形态及管理需求的提升。

### (三)ERPⅡ系统的特征

ERPⅡ是指通过支持、整合和优化针对具体行业的公司内部和公司之间的合作、运作和财务过程来创造客户和股东价值的一种商务发展战略和一套软件应用系统。

ERPⅡ涉及业务、应用和技术战略方面的6项要素：①作用；②领域；③功能；④业务处理；⑤系统结构；⑥数据处理。

(1) 作用：ERPⅡ从传统ERP的资源优化和业务处理扩展到利用企业间协作运营的资源信息，并且不仅仅是电子商务模式的销售和采购。

(2) 领域：ERPⅡ的领域已经扩展到非制造业。

(3) 功能：超越传统通用的制造、分销和财务部分，而扩展到那些针对特定行业或行业段业务。

(4) 业务处理：从注重企业内部流程管理发展到外部连接。

(5) 系统结构：不同于单调的ERP系统结构，ERPⅡ系统结构是面向Web和面向集成设计的，同时是开放的、组件化的。

(6) 数据处理：不同于 ERP 系统企图存储所有数据在企业内部，ERP II 面向分布在整个商业社区的业务数据处理。

可以看出，除了系统结构的不同之外，这些 ERP II 的特征代表了传统 ERP 的扩展。表 7.12 清晰地展示了从 ERP 到 ERP II 的发展趋势，另外也从技术层面说明了 ERP 和 ERP II 的不同之处。

表 7.12 ERP 和 ERP II 的不同

|  | ERP | ERP II |
| --- | --- | --- |
| 作用 | 企业内部管理优化 | 参与价值链/协作商务 |
| 领域 | 制造业/分销 | 所有行业 |
| 功能 | 制造、销售、财务等 | 跨行业、行业段和特定行业 |
| 业务处理 | 内部业务 | 外部连接 |
| 系统结构 | 封闭、单一整体 | 开放、组件化 |
| 数据处理 | 内部产生和使用 | 内外部发布和采用 |

## 四、简要回顾

至此完成了对整个 ERP 原理的介绍。当然，ERP 仍旧处于不断发展变化的过程中。最后，作为一个总结，我们可以通过表 7.13 来对 ERP 发展的几个主要阶段进行一下简要回顾。

表 7.13 ERP 发展的主要阶段

| 阶段 | 企业经营方式 | 问题提出 | 管理软件及发展阶段 | 理论基础 |
| --- | --- | --- | --- | --- |
| 20 世纪 50 年代 |  |  | 订货点法 |  |
| (I) 20 世纪 60 年代 | 追求降低成本 手工订货、发货 生产缺货频繁 | 如何确定订货时间和订货数量？ | 开环 MRP 系统 | 库存管理理论 主生产计划 BOM 期量标准 |
| (II) 20 世纪 70 年代 | 计划偏离实际 人工完成车间作业计划 | 如何把计划有效实施和及时调整？ | 闭环 MRP 系统 | 能力需求计划 车间作业管理 计划、实施、反馈与控制的循环 |
| (III) 20 世纪 80 年代 | 追求竞争优势 各子系统缺乏联系，矛盾重重 | 如何实现管理系统一体化？ | MRP II 系统 | 系统集成技术 物流管理 决策模拟 |
| (IV) 20 世纪 90 年代 | 追求创新 要求适应市场环境的迅速变化 | 如何在全社会范围内利用一切可利用的资源？ | ERP 系统 | 供应链 混合型生产环境 事前控制 |
| 今后 |  |  | 协同商务；电子商务 |  |

## 本章小结

本章介绍了 ERP 的发展历程(开环 MRP、闭环 MRP、MRP Ⅱ、ERP、ERP Ⅱ)及每个阶段的管理思想。MRP Ⅱ 是在 MRP 基础上进一步的扩充与发展,其功能范围扩展到整个企业的经营活动。ERP 是对 MRP Ⅱ 的进一步发展,它以整个企业范围的信息共享为基础。ERP 理论的形成是随着产品复杂性的增加、市场竞争的加剧及信息全球化而产生的。

## 思考与练习

### 一、简答题

1. 什么是物料清单?
2. 什么是 MPS？MPS 在生产计划中处于什么地位？其来源是什么?
3. 试解释以下概念：GR、POH、SR。
4. 简述基本 MRP 的计划逻辑。
5. 物料需求计划与订货点理论的根本不同点是什么?
6. 什么是闭环 MRP 计划理论？它与基本 MRP 计划理论有何异同?
7. 什么是 MRP Ⅱ 计划理论？它与闭环 MRP 计划理论有何异同?
8. 试画出 MRP Ⅱ 的逻辑流程。
9. ERP 是什么？它是软件还是一种管理理论?
10. ERP 与 MRP Ⅱ 有何异同?
11. 你对 ERP 的未来发展有何看法?

### 二、计算题

1. 某产品 X 由 1 个单位 A 及 1 个单位 B 组成；A 由 2 个单位 E 和 2 个单位 F 制成；B 由 2 个单位 E 和 4 个单位 H 制成。各种物料的提前期和生产批量如表 7.14 所示。设在第 8 周需要 X 为 10 个单位，第 12 周需要 X 为 12 个单位。假设各物料目前没有库存。

表 7.14  各种物料的提前期和生产批量

| 产品 | X | A | B | E | F | H |
| --- | --- | --- | --- | --- | --- | --- |
| 提前期/周 | 1 | 2 | 2 | 1 | 1 | 2 |
| 生产批量/件 | 10 | 10 | 10 | 20 | 20 | 20 |

(1) 试画出产品结构图。
(2) 制订一个 MRP 计划表。

2. 购买零件 A 的提前期是 4 周，定货量小批量为 20 件，A 现有数量为 42 件，在第 4 周的预计到达量为 20 件。已知对零件 A 的需求如表 7.15 所示。用 MRP 系统计算表确定发出订单的时间和数量。

表 7.15　零件 A 各期的需求

| 周次 | 2 | 3 | 4 | 5 | 6 | 7 | 8 |
|---|---|---|---|---|---|---|---|
| 需求量 | 17 | 0 | 14 | 2 | 28 | 9 | 18 |

# 案例分析

## 三菱电机(广州)压缩机有限公司实施 ERP 系统

三菱电机(广州)压缩机有限公司根据本企业的需求，同时参考开思软件公司及其他一些咨询方的建议，对多家硬件及系统供应商的产品进行了详细的性能/价格比分析，最终选择的是 IBM 公司的产品：服务器 IBM AS/400170 小型机、数据库为 DB2、OS/400 操作系统。同时，为了适应系统的需求和企业对系统的要求，该公司重新架构了企业的网络系统，并与开思软件公司签订了综合布线工程子合同，选购了交换机、光纤、UPS 等一批网络及外设产品。

企业实施 ERP 项目是一个从始至终的过程，企业在不断地发展，ERP 也必须不断地从深度和广度拓展应用，在应用过程中，问题将会伴随着整个应用过程，特别是实施过程。现将三菱电机(广州)压缩机有限公司在实施 ERP 的过程中出现的一些典型问题和解决方法进行介绍。

**1. ERP 运作标准和考核制度的建立**

必要的运作标准和考核制度是保障 ERP 成功实施和应用的要素之一。在三菱电机(广州)压缩机有限公司实施 ERP 的过程中，在双方的协作下，逐步建立和完善了运作标准和考核制度。通过分析对比发现，标准和制度执行前后，数据的准确性有翻倍的效果。标准和制度使企业管理人员在业务运作时有章可依、有据可循。事实证明，ERP 运作标准和考核制度是成功 ERP 用户的法宝。

**2. 传统财务向 ERP 集成财务的转变**

三菱电机(广州)压缩机有限公司的财务部门在未实施 ERP 之前，使用的是某公司的财务软件，财务人员习惯了单一财务软件的做法，对 ERP 软件财务运作的理解和使用存在一定的阻力。在实施过程中，采用了对比的方法，首先从科目结构出发，详细解说 ERP 财务运作如何体现集成和真正意义上的管理型财务。通过分析，三菱电机(广州)压缩机有限公司原财务系统有 800 多个科目，利用开思 ERP 财务科目的数量、部门等特性，最终确定了 280 个科目，大大简化了科目结构。同时，利用 ERP 的集成性，凭证的自动生成大大减少了财务人员的工作量，他们可以把更多的精力集中到更深度的财务监控和管理工作中去。

**3. 编码问题**

企业业务管理在 ERP 的运作，从数据的角度出发，首先是数据的编码问题，这也是形成良好基础数据的关键，也是影响企业 ERP 应用效果的关键要素之一。在三菱电机(广州)压缩机有限公司准备基础数据的过程中，该公司首先向对方相关人员阐明了编码的重要性，强调了编码工作要在进度和质量上平衡，编码规则既要考虑企业各业务部门的需求和要求，也要考虑企业未来的发展需要，同时，也要兼顾操作的方便性。编码工作要形成文档性的标准文件，基础数据及企业未来新增的数据要严格按编码规则执行，同时，也要严格按编码申请的流程进行审批。经过一段时间的整合，三菱电机(广州)压缩机有限公司制定了 ERP 运作的所有编码的规则和申请流程。同时，也发现和纠正了未实施 ERP 之前多套编码的问题，确定了编码的唯一性，为企业数据集成提供了保障。

**4. 培训问题**

培训是使企业从管理和技术上掌握 ERP 思想和运作的过程，是企业成功实施 ERP 的关键要素。在进行培训时，采取了多层次、分重点的策略，从培训人员上，分中高层领导、业务骨干、操作层进行逐级培训；从培训内容上，利用开思公司多年来行之有效的工作方法，对企业的业务部门按部门进行归类和分类，以实际发生的业务数据为材料，对各岗位进行实例培训。同时，为了保证培训的效果，必须进行培训考核，并给通过考核的人发放 ERP 上岗证，通过严密有效的培训。既保证了 ERP 输入数据的准确性，又比预期缩短了实施周期，保证了项目的良性实施。

**5. 实施小组的定期会议**

ERP 是一套集成的企业全面经营管理系统，某一部门的数据出现问题，将直接影响到其他部门的数据，在应用过程中，总会发生一些非理想化的情况，出现问题并不是坏事，只要企业能重视和解决，就能促进和理顺管理环节。在三菱电机(广州)压缩机有限公司实施 ERP 的过程中，始终强调实施小组的定期会议是不可缺的。在每一周周末，实施小组都要开一个碰头会议，分析和总结各部门的应用成果、出现的问题。这样，既有内部经验的交流，也能集中协调部门之间的问题。同时，还能调动各部门使用 ERP 的积极性，激起各部门在应用中多出成绩的良好竞争局面。

**6. 单据及报表问题**

企业的业务数据有很多单据和报表，在信息管理之前，保留原来单据是必要的，但在实施信息化、系统化之后，除必要的业务单据外，大部分业务实现无纸化办公。在这个问题上，处理要非常谨慎，选择的时机也非常关键。在处理这个问题上，与公司中高层领导和各业务部门骨干进行了非常详尽的沟通和分析，确定要保留的单据，并完成手工与计算机在更广泛意义上的切换。

**7. 如何利用 ERP**

在三菱电机(广州)压缩机有限公司实施 ERP 过程的初期，很多员工认为 ERP 只是一种任务，领导要求做什么就做什么，是纯粹的"推式管理"，而且数据录入以后，真正去利用数据、提炼数据价值的人并不多，ERP 大多数情况下变成了数据采集系统。发现这种现象后，一方面，该公司进行了数据深度应用的培训；另一方面，该公司从中层领导和业务骨干中着手，要求必须把 ERP 运用到日常管理工作中去，按规定要求的业务必须在 ERP 中运作，审批工作和报表以电脑为准。通过这种策略，管理人员对 ERP 的认识和应用变被动为主动，更多情况是在"拉式"思想指导下工作。此外，对 ERP 的数据，如果不加利用，ERP 只能充当采集系统，在这方面，让公司领导转换观念是非常重要的。ERP 的数据只有被真正利用才能产生价值，才能为企业的经营管理服务。

(资料来源：赵启兰. 生产运作管理[M]. 北京：清华大学出版社，北京交通大学出版社，2008.)

讨论：
1. 谈谈你对企业实施 ERP 的一些看法。
2. 结合案例及实践，谈谈在实施 ERP 时应注意的问题。

# 第八章　生产作业计划

【学习目标】

通过本章的学习，使学生了解生产作业计划的基本概念；掌握各种生产类型的期量标准及其确定方法；掌握基于约束的生产作业计划的编制方法。

【关键概念】

生产作业计划(production operations plan)；期量标准(standards of quantity)；节拍(beat)；标准工作指示图表(standard work instructions chart)；约束理论(theory of constraint)；作业进度控制(control for the operations)

【引导案例】

### DR 柴油机修理厂的生产控制系统

DR 柴油机修理厂在各种柴油发动机修理方面一直处于行业领先地位。该厂位于中原地带，成立于 1988 年，当时是由十几个技术能手白手起家，起初主要修理汽车发动机、船用柴油机。后来，它的修理范围逐渐扩大到修理各种类型的柴油机。由于柴油机型号不一，该修理厂的生产只能按照客户提供的机型进行专项修理，常常造成修理周期过长。但由于其在用户中长期树立的良好形象，排队待修的现象时有发生，近几年，该厂开始注意适当减少柴油机的修理种类，并增加专用的配件修理设备，使人机配合及效率达到最佳。

该修理厂针对柴油机配件的型号种类，从国外采购了先进的加工范围宽广的曲轴车床和磨床，与中科院合作，设计并制造了万能凸轮轴磨床。此外，采取自己加工，有关配件外购的方式，设计并组装了复合式柴油机试验台等。这些设备的投入使用，极大地提高了生产率和修理质量。但是在生产过程中，该厂仍采用传统的运作模式，各种设备和技术工人的使用率并没有得到很大的提高，而且，因行业的凝聚效应，该厂的周围聚集了大量的修理厂，加剧了该行业的竞争。

近几个月来，许多老客户都在抱怨修理价太高，服务较差，并存在批量修理转向其他厂家的现象。为此，工厂邀请了一个咨询机构对它的生产系统做了一次调研。

该咨询机构的调研报告如下。

(1) 各个车间内部基本上具备生产加工修理能力，修理流水线上的各种条件基本具备。

(2) 各种专用设备和加工人员的配备符合生产的要求，但存在一些通用机床失修、接近报废的状况，同时，专用工装及夹具相当缺乏，导致柴油机的部分配件加工时间延长和质量的下降。各专用重点设备还存在使用不合理，安排时间混乱的现象。

(3) 由于车间存在大量的生产失控的现象，因此必须进行有针对性的改进。在生产控制系统中存在的问题主要反映为下列几个方面。

① 在修件库存高。几乎所有车间生产区堆满了修理件和加工件。

② 生产过程中，安排的急活、临时任务太多，严重地影响了正常生产任务的完成。

③ 相关的修理件和加工件没有修理和加工记录，没有形成定点放置。

④ 加工件督促的管理人员形成不了统一指挥，生产安排的随意性较大。
⑤ 由于没有相关记录，同时存在互换的可能性，造成修理件和加工件积压、损坏或者丢失。
⑥ 因为加工件没有形成配套生产，计划没有分解到各工序，造成生产任务的安排极其烦琐。
⑦ 装配车间需要按统一时间按台车配齐修理和加工好的配件，这样才能按时组装成一台完整的柴油机，缺一个螺丝钉都不行。但实际情况是：一方面配件积压；一方面组装停工。
⑧ 生产部门人员安排职责不到位。计划安排不按最优的顺序，此外，他们还承担转运、交接的任务并缺少相关记录。
⑨ 由于没有相应的记录，无法统计具体型号的机型修理完工时间，计划没有了根据，造成计划时常更改，同时也无法确定交货期，造成加班赶任务的问题。
⑩ 售后服务部门与生产部门发生矛盾。由于没有统筹安排，出厂的柴油机发生质量问题，售后服务部门为缩小三包损失，常常拿走用于正常生产的配件，造成生产计划的混乱。
⑪ 由于没有详细的记录，几乎所有生产数据都缺乏真实性，造成生产周期确定不了，销售部门没有可靠数据来源，而是凭估计与顾客随意签订交货期。
⑫ 从车间的生产管理人员到生产管理部门，已经习惯于口头传达各种生产指令，相反，对各种文字性的生产计划安排当成象征性工作，从没有对照生产计划安排与实际进度的差距。在他们心目中，估计是最精确的，但实际情况是：这个精度从车间到管理部门是逐级递减，相互影响，最后，生产计划安排成了一纸空文。

由此，该咨询机构在分析了这些问题产生的原因后，同时也认识到工厂的主管对生产过程重视不够，工厂整个氛围还停留在传统的生产方式上。虽然设备的添置改良在一定程度上影响了人员的相应调整，但系统地规划没有到位，即规模扩大了，但生产管理手段没有及时更新，从而导致目前生产计划和控制系统无法执行的现状。

针对该厂的现状，该咨询机构的方案要考虑可行性，如何分阶段分步骤的建立生产计划与控制系统。

(资料来源：陈荣秋，马士华. 生产运作管理[M]. 北京：机械工业出版社，2009.)

问题：
1. 概括这个修理厂的生产控制系统的基本特点。说明该系统是怎样起作用的？
2. 如果你想建立一个新的控制系统，需要哪些数据？
3. 你的控制系统是怎样的？在该系统中生产部门和各个组装车间各承担什么职责？

# 第一节 生产作业计划概述

MRP 是一个基于计算机的信息管理系统，为非独立需求零件的订货与时间进度安排而设计。从预定日期开始，把产成品特定数量的生产计划向前转换成组合零件与原材料需求，用生产提前期及其他信息决定何时订货以及订多少货。因此，对最终产品的需求转变成了对底层组件的需求，使订货、制作与装配过程都以确定的时间进行安排，以及时完成最终产品，并使存货保持在合理的低水平上。MRP 是一种存货控制方法，也是一种时间进度安排方法。

综合生产计划和主生产计划确定以后，就要制订详细的生产作业计划。生产作业计划是企业管理活动的首要职能，是组织和控制企业生产运作活动的依据，是企业所有生产运作活动的基础。故生产作业计划在企业的生产运作管理中占有极其重要的地位。

生产作业计划是把主生产计划规定的任务，一项一项具体分配到每个生产单位、每个工作中心和每个操作工人。也就是规定他们在月、周、日以至每一轮班中的工作任务，即生产什么；生产多少；在哪个设备上生产和什么时间生产。生产作业计划是综合生产计划工作的继续，它是组织日常生产活动、建立正常生产秩序的重要手段，是企业计划管理的重要环节。

## 一、生产作业计划的概念和特点

生产作业计划是企业年度生产计划的具体执行计划，根据企业年、季度生产计划所规定的生产任务和进度，并考虑到各个时期企业内部条件和外部环境，把企业的年度、季度生产计划中规定的生产任务，以及临时性的计划外任务，落实到车间、工段、小组、工作地和个人，并按日历顺序安排生产进度的具体计划。

生产作业计划是根据生产计划，依照一定的期量标准来编制的。这样就有多种形式的生产作业计划，如车间月计划、车间周计划、班组周计划、班组日计划及班组轮班计划等。每一生产作业计划，详细规定每一生产环节在某一时期内应完成的生产任务和按日历进度安排的生产进度。

生产作业计划要充分体现组织生产战略和总体计划的各方面要求，这主要反映在效率、资源利用和总成本的优化上。生产作业计划与控制工作，是一个动态管理过程，它涉及对总体计划任务的下达、详细作业进度计划的编制，以及在实施过程中的静态和动态的控制。生产作业计划与控制同样要体现系统优化的观点。

主生产计划一般只规定完整产品的生产进度，而生产作业计划则详细规定各零部件，甚至工序的进度部署。与主生产计划相比，生产作业计划具有以下三个特点。

(1) 计划期更短。生产计划的计划期常常表现为季、月，而生产作业计划详细规定月、旬、日、小时的工作任务。

(2) 计划内容更具体。主生产计划是全厂的计划，而生产作业计划则把生产任务落实到车间、工段、班组、机台和工人。

(3) 计划单位更小。生产计划的单位是最终产品，生产作业计划的计划单位是产品的部件、零件直到工序。

## 二、生产作业计划的作用

生产作业计划的作用是通过一系列的计划安排和生产调度工作，充分利用企业的人力、物力，保证企业每个生产环节在品种、数量和时间上相互协调和衔接，组织有节奏的均衡生产，取得良好的经济效果。其具体表现在以下四个方面。

(1) 生产作业计划起着具体落实生产计划的作用。生产作业计划在空间上把全厂生产任务细分到车间、工段、班组、机台和个人；在时间上把年、季较长计划期的任务细分到月、旬、日、轮班、小时；在计划单位上把成品产品细分到零件和工序。

(2) 生产作业计划可以建立正常的生产秩序和工作秩序，实现均衡生产。生产作业计划与生产实际活动紧密衔接，是组织均衡生产的重要保证。编制生产作业计划，可以发现和克服生产薄弱环节，针对薄弱环节提出作业要求和具体措施。平衡试算更细致，有利于充分地利用生产能力，使生产任务和生产能力进一步得到平衡。能够适应内外部环境的变化，及时采取措施，挖掘生产潜力，提高经济效益。

(3) 生产作业计划是企业计划管理的重要环节，确保了企业年度经营计划的顺利实现。生产作业计划是和工人直接经常见面的计划，明确每一生产环节和每一工人的每天生产任务，有利于充分调动工人的积极性，完成计划任务，也便于检查和督促。通过它，工人心中有数，干部的日常管理就有了秩序；保证了各部门和车间之间的衔接配合；及时检查和解决生产中遇到的问题，保证了生产任务的完成。生产作业计划是规定全体职工奋斗目标，调动职工积极性的重要手段。

(4) 生产作业计划是联系供、产、销等日常工作和日常生产技术准备工作的纽带，通过它把企业日常生产经营活动组织起来。

## 三、生产作业计划的编制

### (一)编制生产作业计划的信息资料

要编制好生产作业计划，必须有充分可靠的依据资料，主要应有以下各类资料。

(1) 生产任务方面的资料，包括企业的年度、季度生产计划，各项订货合同，新产品试制计划等。

(2) 技术资料，包括产品图纸、产品设计及工艺技术文件、工时定额和完成系数、产品技术检验规范、外协零件清单、按车间编制的零件明细表等；各种产品、零件分工种、分工序的工时消耗定额及其分析资料。

(3) 生产能力方面的资料，现有生产能力及其利用情况，包括各工种生产工人情况，设备的类型、数量及其运转情况，设备状况和维修计划，生产设备负荷情况；厂房生产面积利用情况、台时消耗定额和生产能力查定情况；动力供应情况和物资消耗情况。

(4) 生产准备工作方面的资料，包括工艺装备准备情况和原材料、外协件、配套库存及供应情况等；人员配备情况及其各类人员数的技术等级。

(5) 期量标准的贯彻情况。主要产品期量标准的变动情况。

(6) 现有库存情况。成品和原材料、外购件、外协件、工艺装备等的供应和库存情况，前期生产作业计划预计完成情况和在制品情况结存预计及分布情况等。

(7) 成本、费用核算资料。

(8) 市场动态及产品销售情况。

### (二)编制生产作业计划的工作内容

生产作业计划编制工作主要包括以下一些内容，这些工作是有机联系的整体。

(1) 收集为编制计划所需要的各项资料。

(2) 编制全厂的生产作业计划和车间内部的作业计划。

(3) 负责生产前作业准备工作的组织，编制生产准备计划；检查生产作业准备。

(4) 核算、平衡生产能力；进行设备的负荷核算和平衡。

(5) 负责生产任务的分配下达,这是生产作业计划工作的首要任务,也是各个生产组织单元进一步制订详细作业进度计划的前提。生产任务的分配下达,一般是将总体(中期)计划的生产任务按品种、产量、质量、进度各方面具体要求下达给各个生产车间或工段,由车间或工段编制生产作业计划,然后由车间、工段对生产任务进一步分配,下达给各个班组、工序甚至工作地和个人。

(6) 制定或修改期量标准,编制生产作业计划。

(7) 生产作业控制,包括生产调度、进度管理、在制品管理等。

## 第二节 期量标准

期量标准又称作业计划标准,是编制生产作业计划的基础,是指在一定的生产技术及组织条件下对生产对象在生产期限和生产数量方面所规定的标准数据。期量标准中的"期"就是时间,包括生产周期、生产提前期、生产间隔期等;"量"就是数量,如生产批量、在制品数量等。它是在具体编制生产作业计划中的一种主要依据。合理的期量标准可以正确和迅速地编制生产作业计划,使产品投入和产出的时间和数量按规定的标准来确定,这对于提高生产过程的组织水平,保证各生产环节之间的衔接配合,实现均衡生产,加强生产计划管理,合理利用人力、物力及财力资源,提高生产经济效益,具有积极作用。不同生产类型的期量标准内容是不同的。

## 一、大量流水生产的期量标准

大量流水生产的期量标准有节拍、流水线标准作业指示图表、在制品占用量定额等。其中节拍在第四章已经详细介绍,下面介绍其他两个期量标准。

### (一)流水线标准作业指示图表

流水线标准作业指示图表又称标准计划,主要是规定整个流水线的工作和中断时间及程序。在大量流水生产条件下,每个工作地都按一定的节拍反复地完成规定的工序。由于流水线的生产对象是固定的,生产任务比较稳定,流水线基本上可按标准计划进行工作。车间只需根据当月产量要求,适当调整流水线的工作班次和工作时间,所以流水线生产计划工作的核心问题是编制标准作业指示图表,协调整个流水线的生产。

流水线标准作业指示图表是根据流水线的节拍和工序时间定额来制定的。正确制定流水线作业指示图表对提高生产效率、设备利用率以及减少在制品起着重要作用。它还是简化生产作业计划、提高生产作业计划质量的工具。工序同期化程度不同的流水线,流水线作业指示图表的内容和形式是不相同的。对于连续流水线,每个工作地的工作制度基本一致,所以规定的是整个流水线的工作制度。对于间断流水线,规定的是每一个工作地的工作时间程序。

1. 连续流水线的标准作业指示图表

连续流水线的工序同期化程度很高,各个工序的节拍基本等于流水线的节拍,因此工作地的负荷率高。连续流水线开始工作后,线上各个工作地都必须保持连续工作,不允许停顿和中断。这时就不存在工人利用个别设备不工作的时间去兼顾其他设备的问题。因此,连续流水线的标准作业指示图表比较简单,除了规定的休息时间之外,在整个工作班时间内,流水线都在连续地进行重复性生产。因此只需要规定每条流水线在轮班内的工作中断次数、中断时刻和中断时间,以避免个别工人的休息活动影响整条流水线的正常运行。班内休息的次数和每次休息的时间根据流水线工作的特点而定。图 8.1 是五种工作紧张程度不同的流水线标准计划作业指示图表。

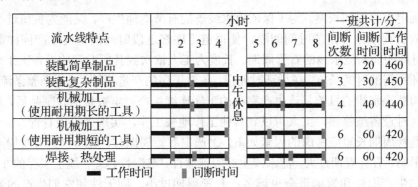

图 8.1 连续流水线工作与中断时间交替程序

2. 间断流水线的标准作业指示图表

间断流水线是指流水线上两个相邻工序之间,由于生产率不同,如果按连续流水线的方式组织生产,则线上除生产率最低的那道工序外,其他所有工序都不能连续工作,并将在每一个节拍中都发生短暂的停工等待。因此间断流水线标准作业指示图表规定了每一个工作地的工作程序,编制较为复杂,如图 8.2 所示。

| 流水线名称 | 工作班次 | 日产量 | 节拍 | 运输批量 | 节奏 | 看管周期 | 看管周期产量 |
|---|---|---|---|---|---|---|---|
| 转向器垫板 | 2 | 96 | 10分/件 | 1 | 10分/件 | 120分钟 | 12 |

| 工序号 | 工时定额 | 工作地号 | 设备负荷率% | 工人号 | 劳动组织 | 看管周期内作业指示图表 | | | | | | | | | | | | 看管周期内产量 |
|---|---|---|---|---|---|---|---|---|---|---|---|---|---|---|---|---|---|---|
| | | | | | | 10 | 20 | 30 | 40 | 50 | 60 | 70 | 80 | 90 | 100 | 110 | 120 | |
| 1 | 4 | 01 | 40 | | | | | | | | | | | | | | | 12 |
| 2 | 4 | 02 | 40 | | | | | | | | | | | | | | | 12 |
| 3 | 15 | 03 | 100 | | | | | | | | | | | | | | | 8 |
| | | 04 | 50 | | | | | | | | | | | | | | | 4 |
| 4 | 8 | 05 | 66 | | | | | | | | | | | | | | | 12 |
| 5 | 5 | 06 | 50 | | | | | | | | | | | | | | | 12 |
| 6 | 5 | 07 | 50 | | | | | | | | | | | | | | | 12 |
| 7 | 10 | 08 | 100 | | | | | | | | | | | | | | | 12 |

图 8.2 间断流水线标准作业指示图表

编制间断流水线标准作业指示图表的依据是：①计划产量(日产量或者班产量)；②流水线每日的工作班数；③流水线的工作地数；④生产对象的加工劳动量，即各工序的工时定额；⑤工序间制品的运输批量；⑥流水线上可配备的生产工人人数等。

它的编制步骤一般包括：确定看管周期；确定看管周期内各工作地的产量及负荷率；计算看管周期内各工作地工作时间长度；确定工作起止时间和每个工作地的工人数量及劳动组织形式等。

(1) 确定看管周期长度。为了保证流水线既能有节奏地生产，又能为负荷过小的工人安排多设备看管而规定一定的时间间隔，使每道工序在这段时间间隔内生产同样数量的在制品，这段时间叫间断流水线的看管周期。长度为工人依次到其所看管的设备上工作，经历一个工作循环所需的时间长度。在循环时间段，各道工序的产量相等，以平衡整条流水线运行。所以设计间断流水线的目的是让生产率高的工序连续生产一定数量的在制品后，其中停顿一段时间，这时设备虽停顿，工人可以到其他工作地去工作，实现多机床看管。

确定看管周期长短应考虑的因素如下。①选定看管周期时，应考虑到看管周期对在制品占用量的影响。看管周期过大，流水线生产的连续性、节奏性越差，线上积存的在制品越多，因而占用的生产面积和流动资金也越多；看管周期过小，则无法使它们生产的数量相同。②根据流水线各工作地间的距离大小决定看管周期长短。看管周期太短，工人在工作班内频繁地奔走，把过多的精力消耗在走路上，对工人和生产都不利。所以工作地之间距离大，看管周期可取长些；反之取短些。③根据加工对象的特点来确定。如体积大、价值高，看管周期取短，以使在制品占用量减少；反之取长。

此外，间断流水线尽管在节拍意义下是不平衡的，但在看管周期的意义下是平衡的，所以，看管周期大于节拍和节奏，一般取工作班时间的整数倍，如2、4、8小时。

(2) 计算看管周期内各工作地的产量及负荷率。在一个看管周期内各工序的产量应是相等的，这个数量即是看管周期内的产量，记为$Q$。则看管周期$T$、节拍$r$和$Q$满足下列关系。

$$Q = \frac{T}{r} \tag{8.1}$$

各工序在看管周期内的工作延续时间$T_i$为

$$T_i = Q \times t_i \tag{8.2}$$

式中：$t_i$——$i$工序单件时间。

当某工序工作延续时间小于看管周期时，工作地数为1，该工作地产量为$Q$，工作地负荷率为$T_i/T = t_i/r$。工作地在看管周期内将有部分空闲时间，为充分利用此空闲时间，应合理确定该工作地的工作起止时间。

当某工序工作延续时间大于看管周期时，工作地数大于或等于2，各工作地的延续时间可以有两种安排方法。一种是均衡安排法，即把负荷平均分配给各工作地。

$$T_{i,j} = \frac{T_i}{S_e} \tag{8.3}$$

另一种是非均衡安排法：使前$(S_{ei}-1)$个工作地的工作延续时间等于看管周期(满负荷)，剩余一个工作的工作延续时间为

$$T_{i,余} = T_i - (S_{ei}-1) \times T \tag{8.4}$$

(3) 绘制作业指示图表，考虑平均在制品占用量少和工人的合理安排，确定工作地负荷不满的各工作地的起始时间点，同时为便于组织多设备看管，提高工人劳动效率，组织工人进行多机床看管，确定流水线上工人人数及劳动组织形式。

## (二)在制品占用量定额

在制品是指从原材料投入到成品入库为止，处于生产过程中尚未完工的所有毛坯、零部件、半成品及产品的总称。大量流水生产，生产重复进行，生产过程十分稳定，所以生产过程各个环节上的在制品也保持稳定不变。当生产过程某些环节的在制品数量发生异常变动时，通常反映生产过程出现了不正常状况。所以控制生产过程各环节上的在制品数量，是大量流水生产的重要管理手段。为此需要制定在制品占用量定额作为控制的依据。在制品占用量定额是在一定的时间、地点和具体生产技术组织条件下，为了保证生产正常进行必须保有的在制品数量标准。合理的在制品定额，应既能保证生产的正常需要，又能使在制品占用量保持较少的水平。

在制品占用量按存放地点分为流水线(车间)内在制品占用量和流水线(车间)间在制品占用量。按性质和用途分为工艺占用量、运输占用量、周转占用量和保险占用量。其构成如图8.3所示。

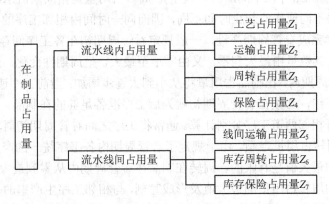

图8.3　在制品占用量构成

### 1. 流水线内在制品占用量

制定流水线内在制品占用量定额时，主要应根据不同类型的占用量定额分别予以确定。

(1) 工艺占用量 $Z_1$。

工艺占用量是保证流水线按照计划节拍正常必须拥有的在制品数量，指流水线内各工作地上正在加工、装配或检验的在制品数量总和。工艺占用量的大小取决于：流水线内工序数目；每道工序的工作地数目；每个工作地同时加工的在制品数量。$Z_1$ 的计算公式为

$$Z_1 = \sum_{i=1}^{m} S_i q_i \tag{8.5}$$

式中：$m$ —— 流水线内工序数目；

$S_i$ —— 工序 $i$ 的工作地数目；

$q_i$ —— 工序 $i$ 的每个工作地同时加工的在制品数量。

在连续流水线中工艺占用量是相对稳定的,在间断流水线上则是可变的。其数值是在流水线的设计过程中确定的。因此,欲减少工艺占用量必须在流水线的设计阶段采取一定的技术组织措施。

(2) 运输占用量 $Z_2$(存在于连续流水线上)。运输占用量是指流水线内各工序之间正处于运输过程中或放置在运输工具上的在制品数量。运输在制品一般在连续流水线上考虑。而在间断流水线上,若周转在制品能满足运输需要时,就不考虑运输在制品占用量。其大小与运输方式、运输批量、运输间隔期、制品重量和体积及存放地点有关。$Z_2$ 的计算公式为

$$Z_2 = (m-1) \times Q_y \tag{8.6}$$

式中:$m$ —— 流水线的工序数;
　　　$Q_y$ —— 工序间运输批量。

当流水线采用连续式传送带时,传送装置上占用的在制品计算公式为

$$Z_2 = Q_y \times \frac{L}{l} \tag{8.7}$$

式中:$L$ —— 传送带工作区总长;
　　　$l$ —— 分区单位长。

(3) 周转占用量 $Z_3$(存在于间断流水线上)。周转占用量是指间断流水线上两个相邻工序之间,由于生产率不同或作业起止时间不同,因而同一时间内相邻工序的产量不同。为使每个工作地能够连续完成看管周期产量,一般规定看管周期初在各工序间存放的在制品数量,又称流动占用量。其数量由最大到零,又由零增至最大,呈周期性变化。当前工序速度快于后工序时,在看管周期内,在制品占用量将从小到大逐步增加;当前工序速度慢于后工序时,为使后工序工作连续,必须在看管周期初就为后工序准备足够的在制品。

它的计算按每相邻两道工序分别计算。通常将工序之间看管周期初周转在制品占用量之和,作为流水线周转占用量定额。由于规定了看管周期内各工序统一的产量,因而周转在制品在看管周期内的最大值是有限的。周转在制品在看管周期内从零到最大值动态变化。

相邻工序之间周转占用量的最大值及形成时刻,与相邻工序生产率的差异以及工作起止时间的安排有关。因此,对作业指示图表经过分析以后,计算周转在制品占用量。根据看管周期内前后工序间的生产率变化情况,把看管周期划分为几个时段。各时间段的最大周转在制品占用量计算公式为

$$Z_T = t_s \times \left( \frac{S_e}{t_e} - \frac{S_1}{t_1} \right) \tag{8.8}$$

式中:$Z_T$ —— 周转占用量的最大值;
　　　$t_s$ —— 相邻两个工序同时工作时间段长度;
　　　$S_e, t_e, S_1, t_1$ —— 前、后工序的工作地数目和单件工时定额。

计算 $Z_T$ 如果为正值,表明最大周转占用量形成于该时间段的最后;如果 $Z_T$ 为负值,则表示形成于该时间段的开始。

(4) 保险占用量 $Z_4$。流水线的保险占用量是为防备发生意外事故时,用以保证连续生产正常进行而储备的在制品数量。它可以分为以下两种:一是整个流水线设立的保险占用量,这类保险占用量通常集中放置在流水线的末端,是用来弥补意外废品损失和防止前工序出现

生产故障，造成零件供应中断而设置的在制品；二是工序专用保险占用量，这类保险占用量一般放置在关键工序和关键设备旁边，是用来弥补实际工作效率与计划节拍不符及设备发生故障时使用。

保险在制品占用量大小，主要取决于设备故障恢复时间，以及由设备故障导致停工而造成损失的大小。保险在制品一经动用，则必须通过加班加点等非正常工作班的方式把用去的保险在制品补充回来(利用非工作班时间或提高工作强度)。

**2. 流水线间在制品占用量**

(1) 线间运输占用量 $Z_5$。流水线间运输在制品占用量随运输方式不同而不同，其计算方法与流水线内运输在制品占用量的计算方法相同。

(2) 库存周转占用量 $Z_6$。库存周转占用量，是由于前后车间或流水线之间生产率不同或工作制度(班次或起止时间)不同而形成的在制品占用量。其作用是协调前后车间或流水线之间的正常生产。在前后车间或流水线之间仅仅是生产率不同的情况下，占用量的确定与 $Z_3$ 相同；在生产率与班次均不同的情况下，可用下式确定。

$$Z_6 = N_{\min}(f_{\min} - f_{\max}) \tag{8.9}$$

式中：$N_{\min}$、$f_{\min}$——生产率低的班产量和工作班次；

$f_{\max}$——生产率高的工作班次。

**例 8.1** 机加工车间某流水线每日开两班，班产量为 100 台，装配生产线每日开一班，班产量为 200 台。依据式(8.9)有 $Z_6=100\times(2-1)=100$。

(3) 库存保险占用量 $Z_7$。库存保险占用量是由于供应车间或流水线因意外原因造成交付延迟时，为保证需用车间正常生产而设置的在制品占用量。其计算公式为

$$Z_7 = \frac{T_{\text{in}}}{C} \tag{8.10}$$

式中：$T_{\text{in}}$——供应车间的恢复间隔期；

$C$——供应车间的生产节拍。

恢复间隔期具有不确定性，可依据统计资料分析确定。

车间或流水线之间的在制品占用量的 $Z_{\text{st}}$ 就是 $Z_5$、$Z_6$、$Z_7$ 三种占用量之和。

前面详细阐述了大量流水线在制品占用量定额的计算方法，在确定在制品占用量定额时还应注意以下几个问题。①应明确每条流水线上哪种占用量在生产中起主导作用。②占用量定额应结合作业指示图表，按每种零件分别计算。计算时，应考虑生产的彼此衔接，然后按存放地点汇总。③占用量定额由生产计划部门制定后，有关部门还应进行估价并核算流动资金占用。④占用量定额制定后，必须按车间、班组和仓库细分，并交工人讨论熟悉。⑤占用量定额一经批准，应该严肃执行，并注意定额水平的变动情况，定期予以调整。

**例 8.2** 根据图 8.2 所示间断流水线标准作业指示图表，计算该间断流水线各工序的流动在制品数量。

**解**：根据公式(8.8)计算相邻工序间的流动在制品占用量的变化值，然后绘制工序间流动在制品占用量变化图，如图 8.4 所示。

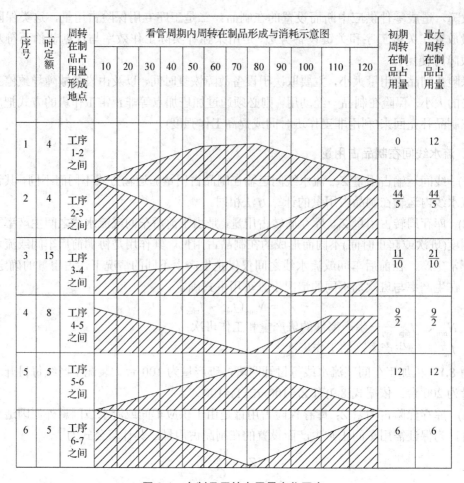

图 8.4 在制品周转占用量变化图表

### (三)间断流水线作业指示图表的优化

设有相邻的两道工序,工时定额为 $t_i$ 及 $t_j$,$t_i = t_j = 1$ 分钟/件,看管周期为 120 分钟。两工序间的流动在制品占用量与两工序在看管周期内工作时间的安排方式有关。现在以下述三种安排为例(见图 8.5),试分析其优缺点。

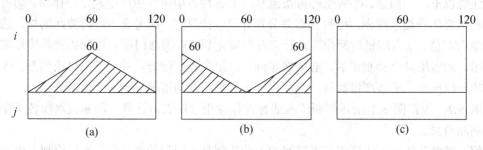

图 8.5 不同安排时工序间流动在制品占用量

图 8.5(a)中 $i$ 工序全部完工后,再开始 $j$ 工序的加工。此时两工序间的流动在制品占用量最大值为 60。平均占用量按三角形面积的一半计,为 $(1/2) \times 60 = 30$。这种安排的优点是,前

后两道工序完全错开,可以由一名工人看管这两个工作地,可节约人力。它的缺点是流动在制品占用量大,占用流动资金多。

图 8.5(b)中先进行后工序 $j$,再加工前工序 $i$,同样是两道工序完全错开,可以由一名工人看管这两道工序,它的流动在制品占用量最大值也是 60,平均占用量从三角形面积计算,与(a)方案相同。所以就以上两点而言,这两种方案是等价的。但是如果该间断流水线不是昼夜三班连续工作,则(a)方案在非工作班内的流动在制品占用量为零,而(b)方案则始终保持60。如果该流水线每天工作一个班,则(a)方案平均全天的在制品占用量为

$$\frac{1}{3} \times \frac{1}{2} \times 60 = 10$$

而(b)方案为

$$\frac{1}{3} \times \left( \frac{1}{2} \times 60 + 60 + 60 \right) = 50$$

(b)方案的在制品占用量为(a)方案的 5 倍。图 8.5 中(c)方案是前后两道工序同步进行,由于两工序的生产率相等,所以工序间的流动在制品为零。前后工序同步进行的缺点是,当工作地的负荷不满时,有较多空闲时间,不利于组织多机床看管,不能节约人力。通过上述例子可以看出,编制间断流水线作业指示图表的优化原则如下。①相邻工序尽可能同步进行,前后工序工作时间重合越多,则工序间的周转在制品占用量越少。②让后工序的结束时间等于和晚于前工序的结束时间;或后工序的开始时间等于和晚于前工序的开始时间,使看管周期末的流动在制品等于 0。这样就能保证流水线在非工作班内不占用周转在制品。③如果要求节约人力,要组织工人进行多机床看管,则应将负荷不满的工作地的工作时间尽量错开。

## 二、成批生产类型的期量标准

### (一)批量和生产间隔期

批量是指相同在制品一次投入或出产的数量,也是消耗一次准备结束时间,连续装配加工的同种产品数量。生产间隔期又叫生产重复期,是相邻两批同种在制品投入或产出的时间间隔。由于成批轮番生产企业不能像流水生产那样每天小批量地投料生产,所以需要确定一个合理的生产批量。按批量分批地生产产品是成批轮番生产类型的主要特征。

批量与生产间隔期有着密切的关系。在产品生产任务确定以后,平均日产量不变时,批量大,生产间隔期就会相应延长;反之,批量小,生产间隔期相应缩短。其相互关系可用下列公式表示。

批量=生产间隔期×平均日产量

从上式可以看出,在生产任务已定的情况下,即平均日产量不变时,批量和生产间隔期成正比关系。在年计划产量一定的条件下,批量大,则设备调整时间(品种转换次数)少,设备调整费用相应减少,而且有利于简化生产的组织管理工作和生产技术准备工作,提高工人熟练程度,稳定产品质量,提高劳动生产率;但在制品占用量增加,占用的生产面积增大,生产周期延长,交货期延长,对流动资金的使用不利。反之,批量小则品种转换次数多,设备调整时间多,设备利用率降低,不利于提高工人的熟练程度,产品质量和劳动率也会受到影响。因此,合理确定多品种批量生产条件下的批量和生产间隔期,是该类生产类型条

件下的重要期量标准。确定批量和生产间隔期通常有两种方式：以量定期法和以期定量法。

**1. 以量定期法**

以量定期法就是根据技术经济效果的综合要求，先计算出一个批量，然后再根据生产任务和批量来确定生产间隔期。

(1) 最小批量法。此法是以保证设备合理利用为出发点确定批量的一种计算方法，是从设备的合理利用角度考虑，结合批量经济性而确定批量的方法。其基本原则是，设备调整时间占总加工时间的比例不大于规定值。计算公式为

$$\frac{t_{准备}}{Q \times t_{单件}} \leqslant \alpha \tag{8.11}$$

$$Q_{\min} = \frac{t_{准备}}{\alpha \times t_{单件}} \tag{8.12}$$

式中：$t_{准备}$——设备准备结束时间；

$t_{单件}$——单件工序工时；

$\alpha$——允许的设备调整时间损失系数（0.03～0.15）；

$Q_{\min}$——最小批量。

(2) 经济批量法。此法是以使生产费用最低为目标确定批量的一种计算方法。与批量相关的总费用由两部分构成。一部分为资金占用费用 $C_1$：

$$C_1 = \frac{Q}{2}i \tag{8.13}$$

式中：$i$——单位在制品年占用费。

另一部分是随批量增加而减少的费用 $C_2$，如品种转换而导致的设备调整费及其他准备与结束费：

$$C_2 = \frac{N}{Q}A \tag{8.14}$$

式中：$A$——设备一次调整费。

$$C = C_1 + C_2 = \frac{Q}{2}i + \frac{N}{Q}A \tag{8.15}$$

式(8.15)对 $Q$ 求导，并令其为零，可得到最优批量计算式。

$$Q^* = \sqrt{\frac{2AN}{c}} \tag{8.16}$$

式中：$Q^*$——经济批量；

$N$——某种产品全年计划产量；

$A$——设备一次调整所需费用，单位为元/次；

$C$——单位产品的年平均保管费用，单位为元/年件。

用以上两种方法计算所得的批量初始值还需要经过修正，以便于组织生产。修正批量时考虑以下几点要求。

① 批量应不小于主要加工工序半个轮班的产量。

② 批量应与月产量成倍数关系。

③ 前后工艺阶段的批量应相等，或前环节的批量为后环节批量的若干倍。
④ 保证各种零件在数量上的成套性。
⑤ 其他因素对批量的影响，如加工时的零件装卡数、模具和刀具的耐用度等。
⑥ 为便于组织和管理，生产批量和生产间隔期的种类一般不能太多，同一工段的批量种类一般不多于三种为好。

**2. 以期定量法**

对于某些难以按标准批量组织生产的企业，由于生产条件不太稳定，可以采用以期定量法。以期定量法就是先将零件按复杂程度、工艺特点、价值大小等因素分类，然后主要凭经验确定各类零件的生产间隔期。价值大的间隔期短，价值小的间隔期长，然后根据间隔期和生产任务确定各类零件的批量。当生产任务变动时，生产间隔期不变，只调整批量。

以期定量法的优点是简便易行，灵活性大，容易保证零件的成套性和生产均衡性。但由于主要是凭经验(按价值、体积、加工劳动量及生产周期等)来确定各组零件的生产间隔期，未经过计算，经济效果较差。

## (二)生产周期

生产周期是指从原材料投入生产起到最后完工为止的整个生产过程所经历的全部日历时间。确定生产周期是编制计划的基础。产品的生产周期由各零部件的生产周期组成，包括零件的毛坯生产周期、机加工生产周期和装配生产周期，以及各工艺阶段之间的保险期时间之和。产品生命周期结构如图 8.6 所示。

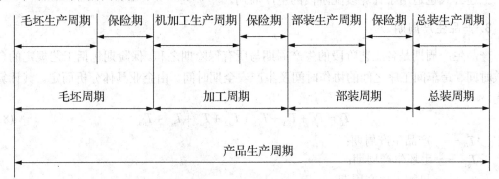

图 8.6　产品生产周期结构

确定生产周期标准，一般首先根据生产流程，确定零件在各个工艺阶段上的生产周期，然后确定零件生产周期，最后确定产品的生产周期。

**1. 零件工序生产周期**

零件工序生产周期指一批零件在某道工序上的作业时间。其计算公式为

$$T_{oi} = \frac{t_i Q}{SF_e k_t} + t_{pi} \tag{8.17}$$

式中：$T_{oi}$——一批零件的第 $i$ 道工序生产周期；
　　　$t_i$——单件工序生产时间；

$Q$——零件批量；
$S$——同时完成该工序的工作中心数；
$F_e$——有效工作时间；
$k_t$——工时定额完成系数；
$t_{pi}$——第 $i$ 道工序准备结束时间。

#### 2. 零件生产周期

零件生产周期指零件从投入时刻起至加工完毕的时间长度。零件在整个加工过程中要经过多道工序加工，生产周期在很大程度上与零件在工序间的移动方式有关。典型的移动方式有：顺序移动、平行移动和顺序平行移动，其中平行移动的时间最短，顺序移动的时间最长。因此，生产周期需要用一个平行系数加以修正，一般顺序移动方式的系数可以用 1.0；顺序平行移动的系数采用 0.5~0.8。其计算公式为

$$T_o = a\sum_{i=1}^{m}T_{oi} + (m+1)t_d \tag{8.18}$$

式中：$T_o$——一批零件的加工生产周期；
　　　$\alpha$——平行系数；
　　　$m$——工序数目；
　　　$t_d$——零件在工序之间移动时的平均间断时间，包括检验、运输及等待时间。

上述公式也适用于计算装配阶段的生产周期。

#### 3. 产品生产周期

产品生产周期是各工艺阶段的生产周期与所有保险期之和。保险期包括工艺规定的自然时效时间、跨车间工序之间的协作时间及生产安全期时间。由企业具体分析而定。其计算公式为

$$T_o = T_{o1} + T_{is1} + T_{o2} + T_{is2} + T_{o3} + T_{is3} + T_{o4} \tag{8.19}$$

式中：$T_o$ ——产品生产周期；
　　　$T_{o1}$ ——毛坯生产周期；
　　　$T_{o2}$ ——机加工生产周期；
　　　$T_{o3}$ ——部件装配生产周期；
　　　$T_{o4}$ ——总装生产周期；
　　　$T_{is1}$ ——毛坯保险期；
　　　$T_{is2}$ ——机加工保险期；
　　　$T_{is3}$ ——部件装配保险期。

### (三)生产提前期

生产提前期是指产品(零件)在各生产环节出产(投入)的时间同成品出产时间相比所要提前的时间。它是以产品最后完工时间为起点，根据各工艺阶段的生产周期和保险期，反工艺过程的顺序进行计算。

生产提前期是在成批生产和单件小批生产条件下，编制生产作业计划不可缺少的期量标准。以机械企业为例，由于装配车间出产的时间就是成品出产的时间，所以：①装配车间的出产提前期为零；②根据装配车间的生产周期计算装配车间的投入提前期；③根据装配车间的投入提前期加入一定的安全期计算机加工车间的出产提前期；依次反工艺类推，一直算到毛坯车间的投入提前期。各车间的提前期及其相互关系如图 8.7 所示。

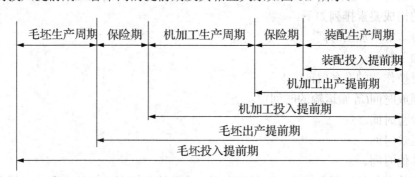

**图 8.7 提前期与生产周期、保险期关系**

一般公式为

出产提前期=后续车间投入提前期+保险期

投入提前期=该车间出产提前期+该车间生产周期

当不同工艺阶段的批量不同时，生产提前期的公式为

出产提前期=后续车间投入提前期+保险期+(本车间生产间隔期−后车间生产间隔期)

**例 8.3** 某批产品，各车间的生产批量等资料如表 8.1 所示，计算各车间的投入提前期和出产提前期。

**表 8.1 各车间的期量标准**

| 期量标准 | 装配车间 | 机加工车间 | 毛坯车间 |
|---|---|---|---|
| 批量/台 | 50 | 100 | 200 |
| 生产周期/天 | 5 | 5 | 10 |
| 生产间隔期/天 | 5 | 10 | 20 |
| 出产提前期/天 | 0 | | |
| 投入提前期/天 | 5 | | |

**解：**

装配车间：出产提前期=0

投入提前期=出产提前期+生产周期=0+5=5

机加工车间：出产提前期=装配车间投入提前期+保险期+(机加工车间生产间隔期−装配车间生产间隔期)=5+0+(10−5)=10

投入提前期=出产提前期+生产周期=10+5=15

毛坯车间：出产提前期=机加工投入提前期+保险期+(毛坯车间生产间隔−机加工车间生产间隔)=15+0+(20−10)=25

投入提前期=出产提前期+生产周期=25+10=35

生产提前期同生产周期有着密切的联系，它是在确定了各个生产环节的生产周期的基础上制定的。同生产周期一样，正确地制定生产提前标准，对于组织各生产环节的紧密衔接、减少在制品占用量、缩短交货期限等有着重要作用。

实践表明，由于多种原因的影响，实际的生产提前期一般大大超过真正用于加工产品(零件)的时间，其中包含着大量的闲置时间。按照占生产提前期比重的重要次序，可以将生产提前期的构成要素排列如下。

(1) 排队等候加工时间。
(2) 加工时间。
(3) 更换作业的准备时间。
(4) 停放时间(等候运输的时间)。
(5) 检验时间。
(6) 运输时间。
(7) 其他时间。

在一般的多任务车间环境中，正常情况下，排队等候加工时间要占到生产提前期的大约90%的比重；真正的加工时间的比重，平均不到 5%。造成排队等候加工时间如此之长的原因主要有两个：批量的大小和优先次序的先后。因此，减小批量，可以大大缩短生产提前期；合理地安排零件加工的优先次序，可以降低零件的平均等候加工时间。

### (四)在制品占用量定额

#### 1. 车间在制品占用量

在成批生产条件下，车间在制品占用量按各工艺阶段分别计算。由于在制品整批地在车间之间转移，故车间内部在制品按如下公式计算。

$$Z_{车间}=N\times n \tag{8.20}$$

式中：$N$ —— 车间内部在制品批数，$N=T_i/R$；
$\quad\ n$ —— 生产批量；
$\quad\ T_i$ —— 生产周期；
$\quad\ R$ —— 生产间隔期。

当：$T_i/R<1$ 时，车间内部在制品为 1 批或 0 批；
$\quad\ T_i/R=1$ 时，车间内部在制品为 1 批；
$\quad\ T_i/R>1$ 时，车间内部在制品为 1 批或 2 批。

#### 2. 库存在制品占用量

库存在制品占用量包括流动在制品占用量和保险在制品占用量。前者由前后两车间的生产批量和间隔期不同而产生，或由出入库时刻不同而产生。

(1) 库存流动在制品占用量。库存流动在制品占用量有最大值、最小值、平均值和期末值四种，其中平均值用于核定流动资金占用量。

(2) 库存保险在制品占用量。其计算公式为

$$Z_b=T_b\times q \tag{8.21}$$

式中：$Z_b$ —— 保险在制品占用量；

$T_b$——保险期;

$q$——后车间平均日需求量。

它是为防止前车间发生意外而影响到后车间的正常生产而设置的。一般根据后车间日需用量和前车间排除故障所需时间两个因素决定。

## 三、单件小批生产类型的期量标准

单件小批生产的特点是企业生产的产品品种多,每种产品的数量较少,价值大,结构复杂,生产周期长,一般根据用户的要求,按订货合同组织生产。因此其作业计划所要解决的主要问题是控制好生产流程、按期交货。单件小批生产的期量标准有产品生产周期图表、生产提前期、产品劳动量日历分配图表等。

### (一)产品生产周期图表

产品生产周期图表是单件小批生产最基本的期量标准,它规定各工艺阶段的提前期、生产周期及其相互衔接关系等内容。

单项工程的生产周期是指从工程开工到工程完成的全部日历时间,一般采用"网络技术"方法表示和计算;成套设备的生产周期是指从原材料投入起到设备装配完成的全部日历时间,一般以零部件在各加工车间的生产周期为基础,根据零件组装等衔接关系,绘制生产周期图表,以此来确定成套设备的生产周期。

### (二)生产提前期

生产提前期是指组成成品的各零件在各车间投入或产出的日期距产品装配产出日期或交货期应提前的时间。利用生产周期图表可以计算出零部件各工艺阶段的投入、产出提前期。

### (三)产品劳动量日历分配图表

产品劳动量日历分配表(见表 8.2)是将产品的总劳动量按工种分配到生产周期各时间段的图表;在产品生产周期图表的基础上,按时间定额等资料汇总得到。它反映产品加工劳动量在生产周期内分布规律的期量标准。

表 8.2 产品劳动量日历分配表

| 编号 | 设备大组名称 | 产品生产周期/周 | | | | | | | | | |
|---|---|---|---|---|---|---|---|---|---|---|---|
| | | 1 | 2 | 3 | 4 | 5 | 6 | 7 | 8 | 9 | 10 |
| 101 | 铸造 | | 20 | 25 | 25 | 20 | 10 | | | | |
| 201 | 焊接 | 5 | 10 | 25 | 30 | 20 | 10 | | | | |
| 301 | 摇臂钻 | 5 | 5 | 10 | 15 | 20 | 20 | 10 | 10 | 5 | |
| 401 | 装配 | | | | | 5 | 10 | 20 | 20 | 20 | 25 |

单件小批生产条件下,按订单生产的最大问题是生产不均衡,保证交货期是生产作业计

划的首要问题。在单件生产条件下，按反工艺顺序制定出产品生产周期图表，确定各工艺阶段的生产提前期是其主要的期量标准内容。当用户订单为专用产品时，企业常需要进行一系列的生产技术准备工作，这种情况下，采用网络计划工具和方法是有效的计划方法。

## 第三节　基于约束理论的生产作业计划

### 一、约束理论概述

#### (一)约束理论的产生

约束理论(Theory Of Constraints，TOC)是以色列物理学家、企业管理顾问戈德拉特博士(Dr. Eliyahu M. Goldratt)在他开创的优化生产技术(Optimized Production Technology，OPT)基础上发展起来的管理哲理，该理论提出了在制造业经营生产活动中定义和消除制约因素的一些规范化方法，以支持连续改进(continuous improvement)。同时 TOC 也是对 MRPII 和 JIT 在观念和方法上的发展。

1984 年，Goldratt 博士在他出版的第一本以小说体写成的 TOC 专著《目标》中，描述了一位厂长应用约束理论使工厂在短时间内扭亏为盈的故事。Goldratt 博士把一个企业比喻作一条链子。链子连接在一起象征一个完整的系统，能够产生巨大的力量，就像企业内部各个部门、科室互相配合、亲密合作。Goldratt 博士认为任何一种体制至少都会有一个约束因素，从而阻碍它充分发挥潜能。以企业为例，它经常为各种不确定的因素所阻碍，无法实现利润最大化。这个系统就如同我们的链条比喻一样，约束因素使它无法承受重荷而很容易断裂。这个简单而形象的比喻深入人心，加上书中描述的问题在很多企业普遍存在，使人读起来有亲切感。一时间，该书在全球畅销，销售 200 多万册。1986 年后半年，Goldratt 博士和 Robert E. Fox 共同创立 Goldratt 研究机构。1991 年，当更多的人开始知道和了解 TOC 的时候，TOC 又发展出用来逻辑化、系统化解决问题的思维过程(Thinking Process，TP)。TOC 理论就这样经过不断地发展而逐渐成熟。

#### (二)TOC 的九条原则

TOC 的基本思想具体体现在九条原则上，这九条原则是实施 TOC 的基石。TOC 有关生产计划与控制的算法和软件，就是按这九条原则提出和开发的。此外，这些原则也可以独立于软件之外，直接用于指导实际的生产管理活动。

1. 平衡物流，而不平衡能力

平衡生产能力是一种传统的生产管理方法，它要求各工作地的生产能力都与市场需求平衡，试图通过平衡能力来产生一种连续的产品流。线平衡的方法就是这种方法的一个很好的范例。从能力的角度来看，制造产品的工作被分解为大致相等的部分，人们通过考察生产加工过程中各种制造资源来平衡它们的生产能力，以保证各种资源都达到最大的利用率，同时在生产中形成一个连续的物料流通过这些资源。

TOC 则主张在企业内平衡物流，认为平衡能力实际是做不到的。因为波动是绝对的，市场每时每刻都在变化，生产能力总是相对稳定的。一味追求做不到的事情将导致企业无法生存。所以必须接受市场波动及其引起的相关事件这个现实，并在这种前提下追求物流平衡。所谓物流平衡就是使各个工序都与瓶颈工序同步。

### 2. 非瓶颈资源的利用程度不是由它们自己的潜力决定的，而是由系统的约束决定的

系统约束就是瓶颈。因为系统的产出是由所经过瓶颈的量决定的，即瓶颈限制了产销量。而非瓶颈资源的充分利用不仅不能提高产销量，而且会使库存和运行费增加。从图8.8所示的瓶颈与非瓶颈的四种基本关系中，我们可以看出，关系(a)(b)(c)中非瓶颈资源的利用程度是由瓶颈资源来决定的。如关系(a)，非瓶颈资源为后续工序，只能加工由瓶颈传送过来的工件，其使用率自然受瓶颈的制约；关系(b)，虽然非瓶颈资源为前道工序，能够充分地使用，使用程度可以达到100%，但整个系统的产出是由后续工序，即瓶颈决定的，非瓶颈资源的充分使用只会造成在制品库存的增加，而不改变产出；关系(c)，由于非瓶颈与瓶颈资源的后续工序为装配，此时非瓶颈也能充分地使用，但受装配配套性的限制，由非瓶颈加工出来的工件，其中能够进行装配的，必然受到瓶颈产出制约，多余部分也只能增加在制品库存。而对于第4种关系，非瓶颈资源的使用程度虽不受瓶颈的制约，但显然应由市场的需求来决定。从以上分析，容易看出，非瓶颈资源的使用率一般不应该达到100%。

### 3. 资源的"利用"(Utilization)和"活力"(Activation)不是同义词

"利用"是指资源应该利用的程度，"活力"是指资源能够利用的程度。按照传统的观点，一般是将资源能够利用的能力加以充分利用，所以"利用"和"活力"是同义的。按TOC的观点，两者有着重要的区别。因为需要做多少工作(即"利用")与能够做多少工作(即"活力")之间是不同的。所以在系统非瓶颈资源的安排使用上，应基于系统的约束。例如，一个非瓶颈资源能够达到100%的利用率，但其后续资源如果只能承受其60%的产出，则其另外的40%产出，将变成在制品库存，此时从非瓶颈资源本身考察，其利用率很好，但从整个系统的观点，其中只有60%是有效的。所以"利用"注重的是有效性，而"活力"注重的则是可行性。从平衡物流的角度出发，应允许非关键资源有适当的闲置时间。

### 4. 瓶颈上一小时的损失则是整个系统一个小时的损失

一般说来，生产时间包括加工时间和调整准备时间。但瓶颈资源与非瓶颈资源上的调整准备时间的意义是不同的。因为瓶颈控制了产销率，瓶颈上中断一个小时，是没有附加的生产能力来补充的。而如果在瓶颈资源上节省一个小时的调整准备时间，则将能增加一个小时的加工时间，相应地，整个系统增加了一个小时的产出。所以瓶颈必须保持100%的"利用"，尽量增大其产出。为此，对瓶颈还应采取特别的保护措施，不使其因管理不善而中断或等工。增大瓶颈物流的方法一般有如下几种：①减少调整准备时间和频率，瓶颈上的批量应尽可能大；②实行午餐和工修连续工作制，减少状态调整所需的时间损失；③加工前注重质量检查；④利用时间缓冲器等。

### 5. 非瓶颈获得的一小时是毫无意义的

因为在非瓶颈资源上的生产时间除了加工时间和调整准备时间之外，还有闲置时间，节约一个小时的调整准备时间并不能增加产销率，而只能增加一小时的闲置时间。当然，如果

节约了一个小时的加工时间和调整准备时间,可以进一步减少加工批量,加大批次,以降低在制品库存和生产提前期。

#### 6. 瓶颈控制了库存和产销率

因为产销率指的是单位时间内生产出来并销售出去的量,所以它受到企业的生产能力和市场的需求量这两方面的制约,而它们都是由瓶颈控制的。如果瓶颈存在于企业内部,表明企业的生产能力不足,因受到瓶颈能力的限制,相应的产销率也受到限制;而如果当企业所有的资源都能维持高于市场需求的能力,则市场需求就成了瓶颈。这时即使企业能多生产,但由于市场承受能力不足,产销率也不能增加。同时,由于瓶颈控制了产销率,所以企业的非瓶颈则应与瓶颈同步,它们的库存水平只要能维持瓶颈上的物流连续稳定即可,过多的库存只是浪费,这样,瓶颈也就相应地控制了库存。

以上六条原则都是涉及资源的,以下两条是涉及物流的。

#### 7. 转运批量可以不等于(在许多时候应该不等于)加工批量

车间现场的计划与控制的一个重要的方面就是批量的确定,它影响到企业的库存和产销率。TOC采用了一种独特的动态批量系统,它把在制品库存分为两种不同的批量形式,即:①转运批量,指工序间转运一批零件的数量;②加工批量,指经过一次调整准备所加工的同种零件的数量,可以是一个或几个转运批量之和。在自动装配线上,转运批量为1,而加工批量很大。

根据TOC的观点,为了使瓶颈上的产销率达到最大,瓶颈上的加工批量必须大。但另一方面,在制品库存也不应增加,所以转运批量应该小,即意味着非瓶颈上的加工批量要小,这样就可以减少库存费用和加工费用。

#### 8. 加工批量应是可变的,而不是固定的

这一原则是原则7的直接应用。在TOC中,转运批量是从零部件的角度来考虑的,而加工批量则是从资源的角度来考虑的。由于资源有瓶颈和非瓶颈之分,瓶颈要求加工批量大,转运批量小,同时考虑到库存费用、零部件需求等其他因素,加工批量应是变化的。

#### 9. 安排作业计划应同时兼顾所有的约束,提前期是作业计划的结果,而不应是预定值

传统制订作业计划的方法一般包括以下几个步骤:①确定批量;②计算提前期;③安排优先权,据此安排作业计划;④根据能力限制调整作业计划,再重复前三个步骤。而在TOC中,提前期是批量、优先权和其他许多因素的函数。在这点上,TOC与MRP正好相反。在MRP中,提前期一般都是预先制定的,而下例可以看出提前期应该是后定的。例如,某个企业有两批订货,要求零件A和零件B各100件,A、B两零件都需在机床M上加工0.35小时,如果假设该企业有两台M机床,则A、B的提前期都为35个小时(100×0.35);但如果该企业只有一台M机床,则当A先加工时,其提前期为35小时,而B要再等35小时才能加工,其提前期实际上为70个小时。反之亦然。所以提前期应是计划的结果。

### (三)TOC的五大核心步骤

TOC有一套思考的方法和持续改善的程序,称为五大核心步骤(five focusing steps),这

五大核心步骤如下。
(1) 找出系统中存在哪些约束。
(2) 寻找突破(exploit)这些约束的办法。
(3) 使企业的所有其他活动服从于步骤 2 中提出的各种措施。
(4) 具体实施步骤 2 中提出的措施，使第一步中找出的约束环节不再是企业的约束。
(5) 回到步骤 1，别让惰性成为约束，持续不断地改善。

## 二、约束理论在生产作业排序中的应用

### (一)MRPⅡ、JIT 和 TOC 的对比分析

MRPⅡ起源于美国，根植于批量生产方式。其优势在于长期计划能力，缺点在于：①提前期、批量等参数预先静态设定；②能力约束考虑不足；③计划与控制相分离；④底层功能较弱，造成计划的抗扰动能力差。适用于有一定批量、提前期相对稳定、能力需求波动不大的生产类型。

JIT 起源于日本，根植于重复性生产方式。其缺点在于：①整体计划性弱，生产控制只是被动跟随；②追求零库存，但未考虑到库存对系统的产销率、物流平衡等方面的正面影响；③对设备、人员及供应链要求很高。JIT 最适用的是按订单装配且物流发达的生产类型。

TOC 起源于以色列，根植于离散型生产方式。TOC 的优势在于：①正视瓶颈的存在并充分利用瓶颈把瓶颈计划调度和非瓶颈的计划调度区别对待；②TOC 不需要预先设定提前期，提前期是编制计划的结果；③综合了推拉两种方式的优点；④TOC 承认能力不平衡的绝对性，保证生产物流的平衡和生产节奏的同步；⑤TOC 是集计划与控制于一体的方法，实现了生产计划与控制的和谐与统一。TOC 主要适用于离散型生产、机群型布置多品种批量生产和有多种产品搭配组合的订货生产及订货组装生产。

### (二)TOC 排产的基本思想

瓶颈(bottlenecks)是 TOC 的最重要的概念。按照通常的假设，在设计一个企业时，可以使生产过程中各阶段的生产能力相等，即达到能力的平衡。但这只是一种理想状态。因为，生产是一个动态的过程，需求随时都在变化，使得能力的平衡在实际中是做不到的。因此，在生产过程中必然会出现有的资源负荷过大，成为卡"脖子"的地方即变为瓶颈。这样，企业的制造资源就存在瓶颈与非瓶颈的区别。

按 TOC 的定义，所谓瓶颈(或瓶颈资源)，指的是实际生产能力小于或等于生产负荷的资源，这一类资源限制了整个生产系统的产出速度。其余的资源则为非瓶颈资源。因此，要判别是否瓶颈，应从资源的实际生产能力与它的生产负荷(或对其的需求量)来考察。这里说的需求量不一定是市场的需要量，而是指企业为了完成其产品计划而对该资源的需求量。

假设某产品 P 的生产流程如下。

原材料——机器 A——机器 B——市场

市场需求每周 25 个单位；机器 A 的生产能力为每周生产 15 个单位；机器 B 的生产能力为每周生产 20 个单位。

在这里，如果相对市场需求来说机器 A 与机器 B 都应该为瓶颈。但根据 TOC 的定义，只有机器 A 为瓶颈，因为机器 B 的生产能力虽然每周只有 20 个单位，但每周只能接到机器 A 所能生产的 15 个单位的最大生产负荷，即其生产能力超过了对其的需求量，为非瓶颈。如果企业又购买了一台机器 A，则机器 B 为唯一的瓶颈。这时，尽管两台机器 A 每周能生产 30 个单位，但市场需求要求其每周只生产 25 个单位。而机器 B 每周只能生产 20 个单位，小于对其每周生产 25 个单位的需求量，则为瓶颈。从这个例子中可以看出，生产能力小于市场需求的资源，按 TOC 的定义不一定为瓶颈。

根据以上的定义，任何企业只应该存在着少数的瓶颈资源。按 TOC 的观点，瓶颈资源的数目一般小于 5 个。瓶颈与非瓶颈之间存在着四种基本的关系(见图 8.8)。它们分别是：①从瓶颈到非瓶颈资源(见图 8.8(a))；②非瓶颈到瓶颈资源(见图 8.8(b))；③瓶颈资源和非瓶颈资源到同一装配中心(见图 8.8(c))；④瓶颈资源和非瓶颈资源相互独立(见图 8.8(d))。

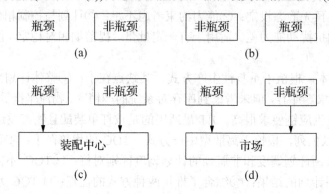

图 8.8　瓶颈资源与非瓶颈资源的关系

### (三)约束理论在生产计划中应用的关键技术

在制造系统中应用约束理论制订生产计划，其所涉及的关键技术和步骤包含以下三个方面。

#### 1. 瓶颈资源识别

对于制造系统，瓶颈资源就是指那些生产任务量大于其生产能力的设备/制造单元。因为在任务不断变化的单件小批量生产环境下生产能力不平衡是必然的、不可避免的；生产能力不平衡说明必然存在能力上的薄弱环节，即瓶颈环节；企业计划与控制的重点应是企业的瓶颈环节。

#### 2. 瓶颈资源排产

瓶颈资源的确定将企业的整个生产网络划分为关键网络和非关键网络，将需要生产的零部件划分为关键件和一般件。为保证瓶颈资源的充分利用，需按照生产订单的重要、紧急程度对瓶颈资源上的生产任务按照一定规则、合理的批量进行排序。

#### 3. DBR 系统排产

DBR 系统，即"鼓"(Drum)、"缓冲器"(Buffer)和"绳子"(Rope)系统。TOC 把主生产

计划比喻成"鼓",根据瓶颈资源和能力约束资源(Capacity Constraint Resources,CCR)的可用能力来确定企业的最大物流量,作为约束全局的"鼓点",鼓点相当于指挥生产的节拍;在所有瓶颈和总装工序前要保留物料储备缓冲,以保证充分利用瓶颈资源,实现最大的有效产出。安排好瓶颈资源上的生产任务后,需要在整个生产系统恰当的位置设置合理的缓冲,选取合适的批量,瓶颈资源之前的工序按照"拉动"方式进行,瓶颈资源之后的工序按照"推动"方式进行,完成计划期内所有任务的排产。

## 本 章 小 结

生产作业计划的准确性和可行性依赖于期量标准的准确性和能力计划的详尽性。期量标准因企业的生产类型和生产组织形式的不同而不同,但有一点是共同的,这就是没有先进准确的期量标准,不可能有高质量的生产作业计划。本章在对生产作业计划的基本概念介绍的基础上,对三种生产类型下的期量标准进行了详细的讲解。瓶颈是制约企业生产计划的重要因素,因此,在安排生产作业计划时,要充分考虑瓶颈资源的约束,本章第三部分介绍了基于 TOC 理论的生产计划排产方法。

## 思 考 与 练 习

### 一、简答题

1. 如何降低各种在制品的占用量?
2. 生产作业计划是什么?其任务是什么?
3. 制订生产作业计划有什么要求?
4. 大量生产类型期量标准有哪些?如何制定?
5. 成批生产类型期量标准有哪些?如何制定?
6. 单件小批生产的期量标准有哪些?如何制定?

### 二、计算题

1. 对于某批产品,装配车间的批量为 40 件,生产周期为 30 天,生产间隔期为 10 天。机加工车间的批量为 120 件,生产周期为 50 天,生产间隔期为 30 天,保险期为 10 天。毛坯车间的批量为 240 件,生产周期为 20 天,生产间隔期为 60 天,保险期为 5 天。试分别计算装配车间投入提前期,机加工车间出产提前期,机加工车间投入提前期,毛坯车间出产提前期,毛坯车间投入提前期。

2. 某流水线上计划生产甲、乙、丙、丁四种产品。其计划产量分别为 3000、2500、2400、2200 件。每种产品在流水线上各工序单件作业时间之和分别为 50、45、45、40 分钟。流水线按两班制生产,每月有效工作时间为 2400 分钟。试计算每种产品的节拍。

3. 已知甲产品在各车间的批量、生产周期的标准资料如表 8.3 所示。

表8.3 各车间的批量、生产周期

| 车　间 | 批量/件 | 生产周期/天 |
|---|---|---|
| 装配 | 30 | 10 |
| 机加工 | 60 | 30 |
| 毛坯 | 120 | 15 |

各车间之间的保险天数均为5天，月产量120件，有效工作日为24天。求各工艺阶段的投入、出产提前期。

# 案例分析

### 红酸果

此时的科德角正值隆冬季节，安·希金斯醒来时出了一身冷汗。她总是做这样的噩梦：卡车源源不断地开来，可是却无法将红酸果卸下来，因为储存箱里早已装满了等待处理的果子。当工厂早晨那座旧钟的指针指向午夜时，被处理的酸果还在分选机上跳着，月光照在工人们的脸上，泛起了奇异的红光。他们已经很疲劳了，但一想到能拿加班费，心里就美滋滋的，也就不觉得累了。

两个月前，安·希金斯到马萨诸塞州普里茅斯的"红酸果之角"加工厂就任负责生产的副总裁。她当时辞去了康涅狄格州一个保健机构经理的职务，一心想摆脱管理工作带来的压力，到马萨诸塞州的海边享受清静的生活。可是，她没有想到在酸果加工厂会遇到难题，她明白在采取改进措施之前自己还将度过许多不眠之夜。

### 加工厂的情况

"红酸果之角"加工厂是当地数百个种植者合办的一个加工厂。过去，酸果都是采用"干收法"采收的，即用手从树上采摘下来。近几年，"湿收法"已成为主要采收方法。这是一种机械化程度较高的方法。人们用水冲酸果蔓，酸果就会从树上掉下来，这样一来就容易收集了，因为酸果都漂浮在水面上。去年，加工厂接收的酸果有58%是采用"湿收法"采收的，预计来年采用"湿收法"采收的浆果将达到70%。

红酸果是在9月初至12月采收的。高峰期从9月下旬开始，共持续约20天。表8.4显示的是去年高峰期间(9月20日至10月9日)每天送到加工厂的酸果总数和湿果所占比例。在这20天里，平均每天送来的酸果为16 380桶。在采收季节其余的日子里，送来的果子就少多了。如表8.4所示，从9月1日至9月19日，送来的酸果为44 176桶，平均每天为2209桶，而从10月10日至12月10日，送来的酸果为238 413桶，平均每天为3845桶。

酸果用卡车运到之后，要在专用的传送装置经过几道工序的处理，去除石子和叶茎，烘干湿果，接着把果子分成三级：即一级品、二级品和不合格品。然后再把它们包装起来，运送到生产厂，加工成冻浆果、果汁或果酱。

### 接收与临时储存

每星期7天从早7点至晚7点，都有(种植者租用的)卡车陆陆续续开到加工厂。卡车的装载量从20~400桶不等,平均每辆卡车的装载量为75桶。卡车卸货时,先要倒到基瓦尼型倾倒机的平台上。然后这个平台倾斜,把酸果倒在通向加工厂储存箱的快速运转带上。

卸一车酸果平均要用7.5分钟。加工厂共有5台基瓦尼型倾倒机,每台要有3名工人操作。第5台倾倒机是前一年花了200 000美元添加的。

酸果倾倒之后,通过传送装置被送到27个储存箱中的一个。1号至16号储存箱只存放干果,每个储存箱可存放250桶。25号至27号储存箱的储存量为400桶,只存放湿果。其余的储存箱(17号至24号)每个可以存放250桶,可用于存放干果,也可用于存放湿果。高峰期时,在这种情况下,所具有的湿果储存量可达到3200桶(有3个可存放400桶的储存箱,还有8个可存放250桶的储存箱)。如果没有存放的地方,到达的卡车就得等待。

储存箱和传送装置是由一名工人在中央控制板上操纵的。打开储存箱后,酸果就会落到通向各道工序的传送带上。

### 去石子、去叶子和烘干

采用"干收法"采收的酸果,先要经过一道工序以去除石子,而采用"湿收法"采收的酸果则无需经过这一道工序。现有3台去石子设备,每台设备每小时可以处理1500桶。采用"干收法"采收的浆果的第二道工序是去除叶茎和茎干。现有3台去叶茎设备,每台设备每小时可以处理1500桶。

湿收的酸果被从储存箱送到3台去叶茎设备中的一台。去除叶茎之后,湿果被送到3台烘干机中的一台去烘干。每台烘干设备每小时可以处理200桶。

传送装置和控制系统可以同时处理湿果和干果。

### 分选

接下来,酸果被分选为三级:即一级品、二级品和不合格品。分选工序所依据的原理是,好的酸果要比差的酸果弹得高。去掉叶茎的果子通过传送装置被送往3条大型分选线。分选设备每小时可以处理400桶。

在分选设备中,酸果从一个漏斗落到由斜面弹板组成的装置上,每块板都有一道门或隔栏。这种门栏有两个不同的高度。弹过高门栏的酸果为一级品;弹过低门栏的酸果为二级品;两道门栏都没有弹过的果子则为不合格品。不同的传送装置把一级酸果和二级酸果分别传送到装运区。

### 散装与袋装

酸果通过传送装置运送到装运区。在装运区,4个打包台和两个散装卡车装运台具有灵活而充足的装运能力。装进散装卡车的酸果被直接送到加工厂,袋装的果子被冷库存放。无论是哪种情况,它们最终都要被制作成果汁、果酱或冷冻水果。

### 安排劳动力

在收获的季节(9月1日至12月15日),加工厂一周7天都开工。在大约20天的高峰期,计划使用53人,而在其余的非高峰期,只有27人上班。工人在每天前8个小时内拿固定的计时工资,加班则多加50%的工资。平均的工资水平是每小时12.50美元。

按照高峰期工作计划和非高峰期工作计划,负责接收的工人每天都要从早上7点工作到晚上7点。如表8.4、表8.5所示,在非高峰期,其他的工人从下午3点开始上班,一直要工作到晚上11点;在高峰期,其他的工人被安排从上午11点一直工作到晚上11点。但是,工作时间超过晚上11点的情况是司空见惯的。在这种情况下,大约需要15名工人操纵储存箱、通过整套系统来处理果子和进行散装。虽然干果可以在储存箱内过夜，但湿果必须在下班前从储存箱中倒出来。另外。还需要至少两个小时的时间打扫卫生和维护设备，因此该厂一天开工的时间从没有超过22个小时。

虽然该厂有15年工作的人员，但是大多数员工是根据季节雇用的外籍工人。由于缺勤，使得上班的工人只能延长工作时间。

**制订计划**

安·希金斯意识到，当务之急是要制订出明年的计划。种植者目前仍在抱怨去年卡车长时间等待的事情，同时加班现象已失去控制。由于在高峰期每周7天都要开工，而且每个班次是12个小时，因此适当加班是不可避免的，也是计划之内的。但是，在去年旺季时，该厂有许多天的工作时间都远远超过了原计划的12个小时，这样工人就要多拿加班费。

安·希金斯刚收到了该厂经理比尔·奥布里恩提出的一份建议书。他建议再购置一些设备。奥布里恩是性格粗犷的、有30年工作经验的行家里手，除了烤酸果面包之外，这个行当中的每个工作他基本上都干过。他第一次与安·希金斯见面就摆出了一副冷漠的神情，这显然表明，他没有把她放在眼里。

奥布里恩建议再购置两台单价为75 000美元的烘干机，更换16个单价为15 000美元的干果储存箱，这样这些储存箱既可以存放湿果，也可以存放干果。安·希金斯想对这个选择方案和其他任何有吸引力的方案进行评估。

表8.4　送到工厂的数量

A. 高峰期

| 日　　期 | 合计数量(以桶为单位) | 送来的湿果 |
| --- | --- | --- |
| 9月20日 | 16 014 | 31% |
| 9月21日 | 17 024 | 39 |
| 9月22日 | 16 550 | 39 |
| 9月23日 | 18 340 | 42 |
| 9月24日 | 18 879 | 41 |
| 9月25日 | 18 257 | 36 |
| 9月26日 | 17 905 | 45 |
| 9月27日 | 16 281 | 42 |
| 9月28日 | 13 343 | 38 |
| 9月29日 | 18 717 | 43 |
| 9月30日 | 18 063 | 59 |
| 10月1日 | 18 018 | 69 |
| 10月2日 | 15 195 | 60 |
| 10月3日 | 15 816 | 60 |
| 10月4日 | 16 536 | 57 |
| 10月5日 | 17 304 | 55 |
| 10月6日 | 14 793 | 46 |
| 10月7日 | 13 862 | 61 |
| 10月8日 | 11 786 | 56 |
| 10月9日 | 14 913 | 54 |
| 平均每天送来的数量 9月20日至10月9日=16 380桶 | | |

B. 非高峰期

| 阶段 | 合计数量<br>(以桶为单位) | 平均每天数量 | 送来的湿果 |
|---|---|---|---|
| 9月1日至9月19日 | 44 176 | 2209 | 54% |
| 10月10日至12月10日 | 238 413 | 3845 | 75% |

表8.5 非高峰期的工作计划

A. 非高峰期(27名工人)

| | 接收(6人)、每台倾倒机3人 | 去石子、去叶茎、烘干(1人) | 分选(10人)、每条线5人 | 装运(8人) | 控制室操作员1人 |
|---|---|---|---|---|---|
| 上午7点<br>9点<br>11点<br>下午1点<br>3点<br>5点<br>7点<br>9点<br>11点 | 上午7点<br><br><br><br><br><br><br>下午7点 | | | | |

B. 高峰期(53名工人)

| | 接收(15人)、每台倾倒机3人 | 去石子、去叶茎、烘干(1人) | 分选(15人)、每条线5人 | 装运(20人) | 控制室操作员1人 |
|---|---|---|---|---|---|
| 上午7点<br>9点<br>11点<br>下午1点<br>3点<br>5点<br>7点<br>9点<br>11点 | 上午7点<br><br><br><br><br><br><br>下午7点 | | | | |

讨论：

1. 绘制红酸果处理的流程图。
2. 在高峰期此过程的瓶颈是什么工序？
3. 计算卡车的平均等待时间是多少？
4. 过程处理的安排是否有问题？
5. 假设卡车等待的成本是$10/小时卡车，计算高峰期(按18000桶，70%湿果计)的总成

本是多少？(假设卡车是均匀到达)

6. 对奥布里恩的建议你怎么看？

7. 你对整个作业系统有什么建议？请尽量扩展思路。

(资料来源：http://ishare.iask.sina.com.cn/f/j223zKWa3o.html.)

# 第九章 生产作业排序

【学习目标】

通过本章的学习，使学生熟悉排序问题的表示方法；了解排序问题的优先调度规则；掌握流水作业排序方法；车间作业排序方法。

【关键概念】

作业排序(job scheduling)；流水作业(flow shop)；车间作业(job shop)；流程时间(flow time)；最优生产技术(optimal production technology)

【引导案例】

**Hi-Ho Yo-Yo 有限公司**

贝克杰夫手里拿着一包油炸圈饼走进你的办公室时，时间是星期一早上9点过一点。

他笑着说："我已经与安妮讨论了有关我们护垫印刷作业短期生产能力的问题。你知道，这正是我们将 Yo-Yos 标志印到顾客定制产品上的环节。7月份我们接到了比以往更多的订单，我希望能以尽可能好的方式向护垫印刷作业下达订单，以使我们能够满足我们所承诺的交货期。你有时间看一下订单目录(附件)并考虑一下我们应采用什么进度计划来完成这些订单吗？顺便说一下，你在这里短暂的停留已经树立起很好的名声。你有使我们'资深'的管理人员都能理解的方式来很好地解释为什么你的建议是最好的方法。请对我也做同样的事情。我想知道为什么你的建议是最好的进度计划，有没有其他可能的权衡计划。"

由于你的进度已经落后于你为安妮所制定的 MRP 报告的时间安排，你同意考虑。这些称赞之后，你怎么能说不呢？杰夫说："请在几天内反馈给我。"然后离开了你的办公室。

用几分钟看完你过去的运营管理文件后，你给生产控制办公室打电话确认护垫印刷作业的进度计划，如表9.1所示。他们确认护垫印刷车间每天8小时一个班次。他们告诉你7月份护垫印刷作业将有23个工作日，从7月1号星期五开始(他们工作三个星期六：7月9日、16日和23日，7月4日有一天假期)。你感谢他们提供了这些信息后开始制订你的计划。

表9.1 护垫印刷作业的进度计划

| 工作 | 接到订单日期 | 准备时间/小时 | 生产时间/天 | 交货期 |
|---|---|---|---|---|
| A | 6/4 | 2 | 6 | 7/11 |
| B | 6/7 | 4 | 2 | 7/8 |
| C | 6/12 | 2 | 8 | 7/25 |
| D | 6/14 | 4 | 3 | 7/19 |
| E | 6/15 | 4 | 9 | 7/29 |

注：准备时间是设置护垫印刷机能够开始工作的时间。准备工作包括清洗打印头和补加墨水、安装护垫以及调整机器。准备工作都是在新的一天开始时去做，相同的工作没有必要做准备工作。

你要负责为杰夫和其他管理人员解释你的计划并使他们明白你的计划。因此,计划应尽可能的明确。

(资料来源:威廉·史蒂文森.运营管理[M].张群,张杰,译.北京:机械工业出版社,2005.)

问题:

使用下面不同的规则为杰夫写一个报告,来归纳你的发现并建议他使用什么规则。规则:FCFS、SPT、EDD 和 CR。

# 第一节 作业排序的基本概念

## 一、作业计划与作业排序

作业计划是生产计划的具体执行计划,规定工件工艺路线、加工设备、开始加工与完成时间等。作业排序则是要将不同的工作任务安排一个执行的顺序,使预定的目标最优化。实际上就是要解决如何按时间的先后,将有限的人力、物力资源分配给不同工作任务,提高工人和设备的利用率,保证作业计划的实现。

作业排序是制订作业计划的一个中心环节,但它不等于作业计划,只是作业计划的一部分。作业排序和作业计划不是同义语,作业排序只是确定工件在机器上的加工顺序,而作业计划则不仅包括确定工件的加工顺序,而且还包括确定机器加工每个工件的开始时间和完成时间,因此只有作业计划才能指导每个工人的生产活动。如果按最早可能开(完)工时间来编排作业计划,则排序完后,作业计划也就确定了。

## 二、排序问题的表示方法

调度问题通常使用三元组表示法,由三个域($\alpha$、$\beta$、$\gamma$)组成,分别具有以下含义。

(1) $\alpha$ 域表示处理机的数量、类型和环境,它可以为以下之一。
- $1$:单处理机。
- $P_m$:$m$ 台同速平行机。
- $Q_m$:$m$ 台恒速平行机。
- $R_m$:$m$ 台变速平行机。
- $F_m$:$m$ 台机器,同顺序作业(也称为流水作业,flow shop)。
- $J_m$:$m$ 台机器,异顺序作业(也称为车间作业,job shop)。
- $O_m$:$m$ 台机器,自由顺序作业(也称为开放作业,open shop)。
- $FF_s$:$s$ 类机器,柔性流水作业。

(2) $\beta$ 域表示任务或作业的性质、加工要求和限制,资源的种类、数量和对加工的影响等约束条件,同时可以包含多项。可能的取值主要如下。
- $r_j$:工件有不同的到达时间。如果 $\beta$ 域中不出现 $r_j$,说明 $r_j = 0, j = 1,2,\cdots,n$。
- prmp:加工时允许中断。如果 $\beta$ 域中不出现 prmp,表示加工时不允许中断。
- prec、chains、intree、outtree:表示工件的相关性,分别表示一般优先约束、链、入树和出树。如果 $\beta$ 域中不出现这些项，表示任务集是无关的。

- prmu：该约束只可以出现在流水作业环境中，当 prmu 出现时，工件按照先进先出 (First In First Out，FIFO) 的原则加工，所有工件的每一工序的加工顺序都相同，即工件按照通过第一台机器的顺序始终不变地通过所有机器。
- nwt：无等待限制只可能出现在流水作业环境中，表示被加工的工件不允许在两台相邻的机器之间等待。
- no-idle：该约束只可以出现在流水作业环境中，表示加工工件的机器不允许在两个相邻的工件间空闲。
- brkdwn：机器故障 (breakdowns)，表示机器不能连续被使用。
- $s_{jk}$：表示在 $T_j$ 和 $T_k$ 之间的安装时间 (setup time)。如果 $T_k$ 是第一个被加工的任务，$S_{0k}$ 表示对 $T_k$ 的安装时间，如果 $T_j$ 是最后一个被加工的任务，$S_{j0}$ 表示 $T_j$ 加工后清理现场的时间。如果安装时间与处理机 $p_i$ 有关，安装时间要多一个下标 $i$，即 $S_{ijk}$。如果 $\beta$ 域中不出现 $S_{ijk}$，则所有的安装时间都是零。
- $M_j$：处理机资格限制 (processor eligibility)。当处理机环境是平行机时，$M_j$ 可能出现在 $\beta$ 域中，当 $M_j$ 出现在 $\beta$ 域中，不是所有的处理机都能加工任务 $T_j$，$M_j$ 表示能加工任务 $T_j$ 的处理机集，如果 $\beta$ 域中不出现 $M_j$，$T_j$ 可以在任何处理机上加工。
- block：阻塞 (blocking) 现象只可能出现在流水作业中。如果在两个相邻的机器之间有一个容量有限的缓冲区，当缓冲区被占满时，上流的机器就不能释放加工完成的作业，即被加工完的作业被阻塞在上流机器上，本书中最常见的阻塞是零缓冲区。在这种情况下，如果在下流的机器上加工的作业还没完成，上流机器上已完工的作业就不能离开机器，于是，被阻塞的作业也阻塞下一个要在它占有的机器上加工的作业，在以后的内容中，我们假设 block 意味着 prmu。
- Recrc：循环 (recirculation) 只可以出现在异顺序作业环境中，它表示作业可以多于一次地访问同一处理机。

任何约束条件的项都可以出现在 $\beta$ 域中，同时可出现多项。若出现两项或两项以上，两项之间要用逗号隔开。另外，有些项不说自明。例如，$p_j=p$ 意味着所有任务的加工时间是相等的。还有一些约束条件，不必在 $\beta$ 域中说明。例如，目标函数是最大延误，这说明任务有工期，无须在 $\beta$ 域中特别指明。

(3) $\gamma$ 域表示要优化的目标函数，可以是以下之一。

- $C_{\max}$：时间表长。
- $\sum C_j$，$1|r_j,\text{prmp}|\sum w_j C_j$：总完工时间，加权总完工时间。
- $L_{\max}$：最大延误。
- $\sum D_j$，$\sum w_j D_j$：总误工，加权总误工。
- $\sum U_j$，$\sum w_j U_j$：误工任务数，加权误工任务数。

**例 9.1**  $1|r_j,\text{prmp}|\sum w_j C_j$ 表示一个单机、可中断的排序问题，任务有不同的到达时间，极小化的目标函数是加权总完工时间。

**例 9.2**  $P_m\|C_{\max}$ 表示一个任务集无关、不可中断、极小化排序时间表长的同速机排序问题。

**例 9.3**  $F_m|p_{ij}=p_j|\sum w_j C_j$ 表示一个由 $m$ 台处理机组成的流水作业排序问题，每个作业

的所有工序的加工时间都相等,目标是找一个加工 $n$ 个作业的顺序,按照这个顺序加工,加权总完工时间最短。

**例 9.4** $FF_s|r_j|\sum w_j D_j$ 表示一个柔性流水作业排序问题,作业有不同的到达时间和工期,目标是极小化加权总误工。

调度除了满足问题的所有约束之外,还要最小化或最大化与整个目标有关的目标函数。一个理想的调度问题通常是多目标的,而这些目标往往是相互冲突的,所以在解决实际调度问题时,通常选择一个或几个主要因素作为目标函数。常见的优化目标主要有基于工件最大完工时间的目标、基于工件交货期的目标和基于生产成本的目标。如果目标函数是完成时间的非减函数,则称之为正则指标(如 makespan 等);否则称为非正则指标(如提前/拖期问题)。随着准时制(JIT)生产方式的兴起,目标函数为非正则的调度问题的研究越来越受到重视。

## 三、作业排序问题的分类

调度问题涉及与排序过程密切相关的四大要素,这些要素包括机器、工件、约束关系以及目标函数。机器的数量、类型和环境有十几种情况;工件及其之间的约束关系更是错综复杂,再加上度量指标不同的目标函数,形成了种类繁多的调度问题。一些常见的调度问题分类如下。

(1) 按机器的种类和数量不同,可以分为单台机器排序和多台机器排序问题。

(2) 对于多台机器的排序问题,根据工件在生产系统中的流动方式,调度问题可分为流水作业调度(flow shop scheduling)、车间作业调度(job shop scheduling)、混合流水作业调度(hybrid flow shop scheduling)以及开放作业调度(open shop scheduling)等问题。

(3) 根据车间的生产环境和有关参数是否可变的特点,分为静态环境下的调度问题和动态环境下的调度问题。如果在制订调度计划时,所有的工件均已经到达车间,有确定的加工时间和机器生产能力,属于静态生产环境下的调度问题。若工件陆续到达车间,要随时对它们进行调度,或者在调度方案的执行过程中,工件的加工时间可变,机器生产能力可变,工件交货期可变等,称为动态环境下的调度问题。

(4) 根据调度的确定性,可以分为确定性调度问题和随机性调度问题。如果调度决策时工件参数都是已知的,没有不确定性,则称该问题为确定性调度问题;如果调度决策时至少一个工件参数(如工件加工时间、工件准备时间等)是随机的、不确定的,则称该问题为随机性调度问题。

(5) 根据生产组织方式的不同,可分为 MRP 系统、JIT 系统等调度问题。

(6) 根据生产调度问题的优化目标大致可以归结为三类。

第一类:最大能力指标,包括基于加工完成时间的性能指标,如最大完工时间(makespan)、平均完工时间、最大流程时间、总流程时间等。由于这类调度问题的主要目标是提高生产设备的利用率,缩短产品的生产周期,使工厂的生产能力最大,所以这类生产调度问题被称为最大能力调度问题。

第二类:成本指标,包括最大利润、最小投资、最大收益等。

第三类:客户满意度指标,包括基于交货期的性能指标,如最大推迟完成时间、平均推迟完成时间、最小延迟时间、最小提前/拖后惩罚等。

## 第二节 作业排序方法

工件加工排序问题一般可作如下描述：$n$ 种工件在有 $m$ 台设备的车间内加工，每种工件加工所需要的设备数可以是不同的，加工的顺序也可以不同，要求排出效果尽可能好的工件加工次序。目前对这个问题的研究所取得的成果只能解决少数几种特殊条件下的排序问题，其思路是先确定一个优化目标，再寻求解题模型。

不同的加工顺序得出的结果差别很大。为此，需要采用一些方法得出最优或令人满意的加工顺序。在一组机器上有多种可能的排序方案来加工一组工件，排序方法也有很多种，从简单的手工方法，如甘特图，直至完全计算机化的求最优的数学模型。这里介绍一类用于车间作业的启发式排序方法，称为调度方法，这是实际使用最多的一类方法。这类方法的基本描述是：对于某一工作地，在给定的一段时间内，顺次决定下一个被加工的工件。一般来说，一个工作地可选择的下一个工件会有多种，因此，按什么样的准则来选择，对排序方案的优劣有很大影响。

生产任务的到达方式、车间中的设备种类和数量、车间中的人员数量、生产任务在车间的流动模式、作业计划的评价标准等都会影响生产作业排序。下面介绍一些特殊的排序方法。

### 一、作业排序的优先调度规则

为了得到所希望的排序方案，需要借助一些优先调度规则。当几项工作在一个工作地等待时，运用这些优先调度规则可以决定下一项应进行的工作。所以，所谓调度方法，就是运用若干项预先规定的优先调度规则，顺次决定下一个应被加工的工件的排序方法。这种方法的一个最主要的优点是，它可以根据最新的实际运作情况信息来决定下一步要做的工作。优先调度规则也可以预先存入计算机化的排序系统，利用它自动产生工作的调度清单和工件加工的优先顺序，以便管理者用来为工作地分配工作。

在实际生产中，由于工件品种多，每种工件的工序数也很多，而且多数工件不属于流水型(各工件的工艺顺序不相同)，排序方法的应用受到限制。较为简单的做法是按照优先调度规则，逐一选出优先加工的工件。优先调度规则的种类很多，具有代表性的如表 9.2 所示。

表9.2 优先调度规则

| 规则 | 全称 | 描述 |
| --- | --- | --- |
| SPT | shortest processing time | 优先选择最短加工时间的工件 |
| LPT | longest processing time | 优先选择最长加工时间的工件 |
| EDD | earliest due date | 优先选择具有最早交货期的工件 |
| FCFS | first come first serve | 选择同一机床上工件队列中最先到达的工序 |
| MS | minimum slack | 优先选择具有最少迟缓时间的工序 |
| LWKR | least work remaining | 优先选择剩余总加工时间最短的工件的工序 |
| MWKR | most work remaining | 优先选择剩余总加工时间最长的工件的工序 |

续表

| 规则 | 全称 | 描述 |
|---|---|---|
| MOR | most operation remaining | 优先选择剩余工序数最多的工件的工序 |
| LOR | least operation remaining | 优先选择剩余工序数最少的工件的工序 |
| SST | shortest slack time | 即"最短松弛时间"规则。优先选择完工期限最早的任务 |
| SCR | smallest critical ratio | 优先选择关键比最小的任务。关键比是工件允许停留时间和工件余下加工时间的比值 |
| RANDOM | random | 随机挑选任务 |

迄今人们已提出了100多个优先调度规则。以上各种优先规则的使用，由于任务条件不同，可能取得的效果也不同。例如，SPT规则可使工件的平均流程时间最短，从而减少在制品数量；FCFS规则来自排队论，对参与排队的人员比较公平；EDD规则和SCR规则可使工件延误时间最少；MWKR规则使不同工作量的工件完工时间尽量接近；LWKR规则使工作量小的工件尽快完成；等等。

在实践中，有时可将几种规则加以组合，可以取得效果较好的进度安排。例如，SPT+MWKR+RANDOM，它的含义是，首先按SPT规则选择下一个工件；若有多个工件具有相同的优先级，则运用MWKR规则再选择；若仍有多个工件满足条件，则运用RANDOM规则随机地选择一个。

按照这种优先调度方法，可赋予不同工件不同的优先权，可以使生成的排序方案按预定目标优化。以上这些优先调度规则的简单性演示了排序工作的复杂性。实际上要将数以百计的工件在数以百计的工作地(机器)上的加工顺序决定下来，是一件非常复杂的工作，需要有大量的信息和熟练的排序技巧。对于每一个准备排序的工件，计划人员都需要两大类信息：有关加工要求和现在的状况。加工要求信息包括预定的完工期、工艺路线、标准的作业交换时间、加工时间、各工序的预计等待时间、各工序的可替代设备以及各工序所需的原材料和零件等。现况信息包括工件的现在位置(在某台设备前排队等待或正在被加工)，现在完成了多少工序(如果已开始加工)，在每一工序的实际到达时间和离去时间，实际加工时间和作业交换时间，各工序所产生的废品(它可以用来估计重新加工量)以及其他的有关信息。优先调度规则就是利用这些信息的一部分来为每个工作地决定工件的加工顺序，其余的信息可以用来估计工件按照其加工路线到达下一个工作地的时间，以及当初计划使用的机器正在工作时是否可使用替代机器以及是否需要物料搬运设备等。这些信息的大部分在一天中是随时改变的，所以用手工获取这些信息几乎是不可能的或效率极低的。

## 二、单设备排序问题

### (一)问题描述

单设备排序问题即只有一道工序的工件在同一台设备上加工的排序问题。评价标准一般是平均流程时间最短或最大延期量最小。

几种工件在一台设备上加工，不论加工顺序如何，最大流程时间$T$是一个固定值。其计算公式为

$$T = \sum_{i=1}^{n} t_i \qquad (9.1)$$

式中：$t_i$——工件 $i$ 的加工时间；
$n$——工件种数。

## (二)排序方法

**定理 1**：对于单设备排序问题，SPT 规则使平均流程时间最小。

工件的流程时间为

$$T_j = T_{j-1} + t_j \qquad (9.2)$$

式中：$T_j$——第 $j$ 个工件的流程时间($j$ 为排列顺序)；
$t_j$——工件 $j$ 的加工时间。

平均流程时间的计算公式为

$$\bar{T} = \frac{\sum T_i}{n} \qquad (9.3)$$

**定理 2**：对于单设备排序问题，EDD 规则使最大延迟或最大误期最短。

**定理 3**：对于单设备排序问题，若存在使最大误期为 0 的排序方案，则在交货期不小于考虑中的工件的作业时间之和的工件中，将作业时间最大的工件安排在最后位置，如此反复进行，可得到使平均流程时间最小的最优工件顺序。

**例 9.5** 设有 5 种工件在同一设备上加工，其加工时间及交货期如表 9.3 所示，试安排其加工顺序。

表 9.3 工件加工时间及交货期

| 工件编号 | A | B | C | D | E |
|---|---|---|---|---|---|
| 加工时间/天 | 7 | 5 | 3 | 4 | 10 |
| 预定交货期(第几天) | 28 | 10 | 20 | 16 | 14 |

**解**：按 SPT 规则，该 5 种工件的加工顺序应为 C→D→B→A→E。

平均流程时间 $\bar{T} = \dfrac{\sum T_i}{n}$

$$= \frac{3+(3+4)+(3+4+5)+(3+4+5+7)+(3+4+5+7+10)}{5} = 14(天)$$

按 EDD 规则，工件的加工顺序及交货延期量如表 9.4 所示。

表 9.4 工件的加工顺序及交货延期量

| 工件编号及加工顺序 | B | E | D | C | A |
|---|---|---|---|---|---|
| 加工时间/天 | 5 | 10 | 4 | 3 | 7 |
| 完工时间(第几天) | 5 | 15 | 19 | 22 | 29 |
| 预定交货期(第几天) | 10 | 14 | 16 | 20 | 28 |
| 交货延期量/天 | 0 | 1 | 3 | 2 | 1 |

由表 9.4 可知，最大延期量 $D_{max}$= 3 天。

## 三、流水作业排序问题

### (一)问题描述

对流水作业调度问题的研究通常作如下假设。
(1) 任务或作业和处理机都是有限的。
(2) 工件在每台机器上的加工顺序相同，且是确定的。
(3) 工件在每道工序的加工时间是确定的。
(4) 每个工件在同一时刻只能在一台机器上加工。
(5) 每台机器在同一时刻只能加工一个工件，即资源的析取约束。
(6) 不能抢先占有，即工件在加工过程中不能强制中断(no-preemptive)。
(7) 所有工件都是独立的，且在零时刻准备就绪。
(8) 工件在机器上的调整准备时间可忽略。
(9) 允许存在中间库存，工件在相邻阶段之间是允许等待的。

### (二)排序方法

在流水作业调度算法研究方面，目前求解算法主要包括精确算法、启发式规则以及智能搜索算法等。精确算法包括枚举法、分支定界法、动态规划法等。用精确算法可以保证得到一般 $n|m|P|C_{max}$ 问题的最优解，但对于实际生产中规模较大的问题，计算量相当大，以致连计算机也无法求解。同时，还需考虑经济性。如果为了求最优解付出的代价超过了得到这个最优解所带来的好处，也是不值得的。由于流水作业调度问题的 NP-hard 特性，一些智能搜索算法如邻域搜索、遗传算法、禁忌搜索、模拟退火等，在解决规模较大的该类问题时具有较好的效果。为了解决生产实际中的排序问题，人们提出了各种启发式算法。启发式算法又称构造型方法，其计算量小、算法简单并且能得到较好解，因而十分实用。下面介绍求一般 $n|m|P|C_{max}$ 问题的几种启发式算法。

**1. Johnson 算法**

(1) 算法步骤。对于两台设备，目标是使总流程时间最小的流水作业调度问题，Johnson(约翰逊)算法可以求得最优解。算法的步骤如下。
① 列出工件组的工序矩阵。
② 在工序矩阵中选出加工时间最短的工序，若工序位于第 1 道工序，则置于首位；反之，置于末位；若最小工序有多个，可任选其中一个。
③ 将已排序的工件从工序矩阵中消去。
④ 重复步骤 2、3，至所有工件已排定顺序。

**例 9.6** 设有甲、乙、丙、丁 4 种工件，均需经过两道工序加工，假设每道工序只有一台机器，各种工件在机床上加工所需时间如表 9.5 所示。试安排 4 种工件的加工顺序。

表9.5　工件加工时间　　　　　　　　　　　　　　　　　　　　　　　min

|  | 甲 | 乙 | 丙 | 丁 |
|---|---|---|---|---|
| 工序 1 | 4 | 10 | 5 | 8 |
| 工序 2 | 3 | 6 | 7 | 2 |

**解**：根据 Johnson 算法，计算过程如下。

① 找出最小值，最小值为 2，在第 2 道工序，对应的工件为丁，则将丁安排在最后加工。

② 去掉丁后，最小值为 3，在第 2 道工序，对应的工件为甲，则将甲安排在第 3 位加工。

③ 去掉丁、甲后，最小值为 5，在第 1 道工序，对应的工件为丙，则将丙安排在最先加工。

④ 得加工顺序为：丙→乙→甲→丁。

⑤ 绘制甘特图，如图 9.1 所示，计算总工时。

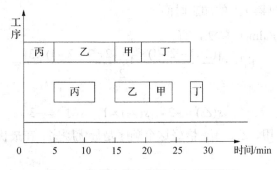

图 9.1　工件在两台机床上加工的顺序

由图 9.1 可知，总工时=5+10+4+8+2 =29min。

(2) Johnson 算法在 3 阶段流水作业中的应用。

随着设备数量的增加，优化难度加大。对于 3 阶段流水作业调度问题，如满足以下两个条件中的任何一个，可用 Johnson 算法求解。

① $\min\{t_{iA}\} \geq \max\{t_{iB}\}$

② $\min\{t_{iC}\} \geq \max\{t_{iB}\}$

算法如下。

第一步，令 $T_{i1} = t_{i1} + t_{i2}$，$T_{i2} = t_{i2} + t_{i3}$，得到两台虚拟设备的工序工时。

第二步，对两台虚拟设备，按 Johnson 算法排序。

(3) Johnson 算法的变形。

可以把 Johnson 算法做些改变，改变后的算法按以下步骤进行。

① 将所有 $a_i \leq b_i$ 的工件按 $a_i$ 值不减的顺序排成一个序列 A。

② 将所有 $a_i > b_i$ 的工件按 $b_i$ 值不增的顺序排成一个序列 B。

③ 将 A 放到 B 之前，就构成了最优加工顺序。

按改进后的算法对例 9.6 求解。序列 A 为丙，序列 B 为乙、甲、丁，构成最优顺序为丙、乙、甲、丁，与 Johnson 算法一致。

当从应用 Johnson 算法求得的最优顺序中任意去掉一些工件时，余下的工件仍构成最优顺序。例如，对于例 9.6 的最优顺序丙、乙、甲、丁，若去掉一些工件，得到的顺序丙、乙、丁和乙、甲、丁等仍为余下工件的最优顺序。但是，工件的加工顺序不能颠倒，否则不一定是最优顺序。同时还要指出，Johnson 算法只是一个充分条件，不是必要条件。不符合这个法则的加工顺序，也可能是一个最优顺序。例如，对于例 9.6，顺序丙、甲、乙、丁虽不符合 Johnson 算法，但也是一个最优顺序。

### 2. Palmer 算法

1965 年，D.S.Palmer 提出按斜度指标排列工件的启发式算法，称之为 Palmer(帕尔玛)算法。该方法首先对每个工件计算斜度指标 $S(i)$，然后将工件按照 $S(i)$ 值递减的顺序排列，从而得到一个近优调度。工件的斜度指标可按下式计算。

$$S(i) = \frac{\sum_{j=1}^{m}(2j-m-1)t_{ij}}{2}, i=1,2,\cdots,n; j=1,2,\cdots,m$$

式中：$t_{ij}$——工件 $i$ 在机器 $j$ 上的加工时间。

对于例 9.6，根据 Palmer 算法，有

$$s(甲) = \frac{[(2\times1-2-1)\times4+(2\times2-2-1)\times3]}{2} = -\frac{1}{2}$$

同理计算得到

$$s(乙) = -2, \quad s(丙) = 1, \quad s(丁) = -3$$

得到加工顺序丙、甲、乙、丁，恰好这个顺序是最优顺序。在最优顺序下，$F_{max}$=29min。

### 3. Gupta 算法

该方法首先对每个工件计算参量 $S(i) = \dfrac{C}{\min\limits_{1\leqslant j\leqslant m-1}(t_{ij}+t_{i(j-1)})}$，其中，若 $t_{im}\leqslant t_{i1}$ 则 $C=1$，否则 $C=-1$，然后将工件按照参量 $S(i)$ 值递增的顺序排列，从而得到一个近优调度。

对于例 9.6，根据 Gupta 算法，有

$$s(甲) = \frac{1}{3}, \quad s(乙) = \frac{1}{6}, \quad s(丙) = -\frac{1}{5}, \quad s(丁) = \frac{1}{2}$$

得到加工顺序丙、乙、甲、丁，恰好这个顺序是最优顺序。在最优顺序下，$F_{max}$=29min。

### 4. 关键工作法

关键工作法是我国学者陈荣秋 1983 年提出的一个启发式算法。其算法步骤如下。

(1) 计算每个工件的总加工时间，找出加工时间最长的工件 $C(j=m)$，将其作为关键工件。

(2) 对于余下的工件，若 $p_{i1}\leqslant p_{im}$ 则按 $p_{i1}$ 递增的顺序排成一个序列 $S_a$；若 $p_{i1}>p_{im}$，则按 $p_{i1}$ 递减的顺序排成一个序列 $S_b$。

(3) 顺序($S_a$，$C$，$S_b$)即为所求的顺序。

对于例 9.6，根据关键工作法计算如下。

(1) 通过计算，加工时间最长的是乙。

(2) $p_{il} \leq p_{im}$ 的工件是丙,故排成的 $S_a$ 是丙。

(3) $p_{il} > p_{im}$ 的工件是甲和丁,故排成的 $S_b$ 是甲、丁。

得到加工顺序丙、乙、甲、丁,恰好这个顺序是最优顺序。在最优顺序下,$F_{max}=29\text{min}$。

### 5. CDS 算法

CDS 算法是由坎普贝尔(Campbell)、杜德克(Dudek)、史密斯(Smith)三人合作创立的启发式算法,简称 CDS 算法。他们把 Johnson 算法用于一般的 $n/m/P/F_{max}$ 问题,得到 $m-1$ 个加工顺序,取其中最优者。

该算法首先计算参量 $T_{i1}(r) = \sum_{j=1}^{r} t_{ij}$ 和参量 $T_{i2}(r) = \sum_{j=r+1}^{m} t_{ij}$,然后对 $r$ 从 1 至 $m-1$ 采用 Jonshon 算法分别求解得到 $m-1$ 个排序,进而采用其中目标值最小的排序作为最优调度。

**例 9.7** 已知有 5 个工件要在 4 台设备上加工的流水作业排序问题,加工时间如表 9.6 所示,根据 CDS 算法求解。

表 9.6 工件加工时间               单位:min

| $i$ | A | B | C | D | E |
| --- | --- | --- | --- | --- | --- |
| $P_{i1}$ | 5 | 6 | 7 | 4 | 3 |
| $P_{i2}$ | 10 | 6 | 3 | 16 | 4 |
| $P_{i3}$ | 2 | 10 | 13 | 9 | 6 |
| $P_{i4}$ | 1 | 7 | 9 | 6 | 8 |

**解**:因为 $m=4$,故可以形成 3 组两台设备的加工方案,如表 9.7 所示。

表 9.7 CDS 工件加工时间            单位:min

| $i$ | A | B | C | D | E |
| --- | --- | --- | --- | --- | --- |
| $P_{i1}$ | 5 | 6 | 7 | 4 | 3 |
| $P_{i4}$ | 1 | 7 | 9 | 6 | 8 |
| $P_{i1}+P_{i2}$ | 15 | 12 | 10 | 20 | 7 |
| $P_{i3}+P_{i4}$ | 3 | 17 | 22 | 15 | 14 |
| $P_{i1}+P_{i2}+P_{i3}$ | 17 | 22 | 23 | 29 | 13 |
| $P_{i2}+P_{i3}+P_{i4}$ | 13 | 23 | 25 | 31 | 18 |

分别利用 Johnson 算法,得到 3 种调度结果 EDBCA、ECBDA、EBCDA,流程时间分别为 65、54、55min。

因此最后取调度 ECBDA。

### 6. NEH 算法

M.Nawaz、E.Enscore 和 H.Ham 共同提出了一个插入算法。算法假定在所有机器上的总加工时间越大的工件比总加工时间越小的工件应该得到越高的优先级。他们不是把原来的问题转化为一个模拟的两台机器问题,而是通过每一步加入一个新工件,从而求得最好的局部解,最后构造工件的加工顺序。其算法步骤如下。

(1) 按工件在机器上的总加工时间递减的顺序排列 $n$ 个工件。
(2) 取前两个工件调度使部分最大流程时间达到极小。
(3) 从 $k=3 \sim n$,把第 $k$ 个工件插入到 $k$ 个可能的位置,求得最大的流程时间。

对于例9.6,根据NEH算法计算如下。
(1) 按工件在机器上的总加工时间递减的顺序排列得到顺序乙、丙、丁、甲。
(2) 取前两个工件为丙、乙,选择二者中的较优排序。
(3) 将丁、甲插入,经计算得到最优顺序丙、乙、甲、丁和丙、甲、乙、丁。

恰好这两个顺序都是最优顺序。在最优顺序下,$F_{max}=29\text{min}$。

## 四、车间作业排序问题

### (一)问题描述

车间作业排序问题是指 $n$ 个工件在 $m$ 台处理机上的加工,已知各操作的加工时间和各工件的加工次序,要求确定与工艺约束条件相容的各处理机上所有工件的开工时间,使加工性能指标最优。车间作业排序问题属于一般情况下的作业排序问题,非常具有代表性与复杂性,其他调度模型大多可以看作特定条件下的车间作业排序问题。

#### 1. 析取图

析取图是描述车间作业排序问题的常用工具,能够把问题各工序之间的约束关系直观而明确地表示出来。例如,表9.8中4个工件在3台机器上加工的车间作业排序问题对应的析取图如图9.2所示。

表9.8  4×3 车间作业调度问题的处理时间和操作顺序

| $J_1$ | | $J_2$ | | $J_3$ | | $J_4$ | |
| --- | --- | --- | --- | --- | --- | --- | --- |
| $m_i$ | $p_i$ | $m_i$ | $p_i$ | $m_i$ | $p_i$ | $m_i$ | $p_i$ |
| 1 | 5 | 3 | 7 | 1 | 1 | 2 | 4 |
| 2 | 8 | 1 | 3 | 3 | 7 | 3 | 11 |
| 3 | 2 | 2 | 9 | 2 | 10 | 1 | 7 |

定义1:子集 $V$ 是所有工序构成的顶点集,用圆圈表示,此外还包括两个虚节点,即开始节点和结束节点。每个节点上标注的数字表示节点的权重,即工件在该机器上的加工时间,开始和结束节点上的加工时间定义为0。

定义2:子集 $A$ 是所有具有直接相连关系的两个节点之间关系的集合,这种连接关系使用一条称为弧的有向连线表示。实际上它代表了一个工件在不同机器上加工时的先后约束关系,图9.2中以实心连线表示。两个节点 $i$ 和 $j$ 之间先后约束关系用 $i<j$ 或 $i>j$ 表示,是操作 $i$ 和 $j$ 之间的一种偏序关系,即必须先加工 $i$ 才可加工 $j$。

定义3:子集 $E$ 是同一台机器加工不同工件时两个工件之间的一种约束关系的集合,这种约束关系称为分离约束或分离弧。以 $i\|j$ 表示。例如,图9.2中工件1的操作1、工件2的操作2、工件3的操作1以及工件4的操作3共用机器 $M_1$,由于同一机器不可同时加工两个或两个以上的工件,所以存在资源共享冲突,于是这4个工件的不同操作之间存在一

种相互制约关系,图 9.2 中以 6 条虚连线表示。

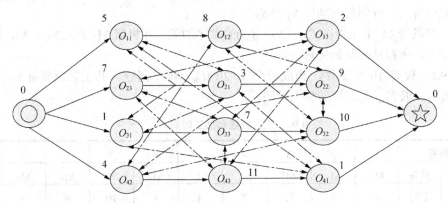

图 9.2　4×3 车间作业调度问题析取图

2. 数学模型

车间作业排序问题是实际生产中最常碰到的,也是处理上最复杂的一种排序问题。对于一般的车间作业排序问题,每个工件都有它自己独立的工艺路线。因此要描述一道工序,需要 3 个参数:$i$、$j$ 和 $k$,$i$ 表示工件号,$j$ 表示工序号,$k$ 表示用于加工 $i$ 工件第 $j$ 道工序的机器的代号。通常用加工矩阵 $D$ 来描述一般的非流水型问题。例如:

$$D = \begin{bmatrix} 1,1,1 & 1,2,3 & 1,3,2 \\ 2,1,3 & 2,2,1 & 2,3,2 \end{bmatrix}$$

矩阵的每一行描述一个工件,每一列描述一道工序。其中,1,1,1 代表 1 号工件的第 1 道工序在 1 号设备上加工;1,2,3 代表 1 号工件的第 2 道工序在 3 号设备上加工,以此类推。加工矩阵没有反映加工的时间。为了表示加工时间,可以用与加工矩阵 $D$ 相对应的加工时间矩阵 $T$ 来表示:

$$T = \begin{bmatrix} 4,7,3 \\ 5,6,8 \end{bmatrix}$$

矩阵中,4,7,3 表示 1 号工件第 1、2、3 道工序的加工时间;5,6,8 是 2 号工件第 1、2、3 道工序的加工时间。

(二)排序方法

1. $n|2|G|F_{max}$ 的排序问题

对于 $n$ 个工件,2 台机器(2 道工序)以 $F_{max}$ 为目标的车间作业排序问题,J.R.Jackson 提出了一个有效算法。这个算法借鉴了 Jackson 算法,是 Johnson 算法的推广应用。Jackson 算法的步骤如下:

(1) 将 $n$ 个工件分为 4 个集合。①只有一道工序,且这道工序是在 $M_1$ 上加工的工件,属 $A$ 集合。②只有一道工序,且这道工序是在 $M_2$ 上加工的工件,属 $B$ 集合。③有 2 道工序,且第 1 道工序是在 $M_1$ 上加工,第 2 道工序是在 $M_2$ 上加工的工件,属 $AB$ 集合。④有 2 道工序,且第 1 道工序是在 $M_2$ 上加工,第 2 道工序是在 $M_1$ 上加工的工件,属 $BA$ 集合。

(2) 对于 $AB$ 集合中的工件,按 Johnson 算法进行排序,得到顺序 $S_{AB}$,对于 $BA$ 集合中的工件，也按 Johnson 算法进行排序，得到顺序 $S_{BA}$，对于 $A$ 集合和 $B$ 集合中的工件，可以按任意顺序排列，分别得到顺序 $S_A$ 和 $S_B$。

(3) 在机器 $M_1$ 上工件按 $(S_{AB}, S_A, S_{BA})$ 的顺序加工，在机器 $M_2$ 上按 $(S_{BA}, S_B, S_{AB})$ 的顺序进行加工。所得结果是最优解。

**例 9.8** 设有 10 个工件，构成一个 $10|2|G|F_{max}$ 排序问题。其工艺路线和加工时间如表 9.9 所示，求 $F_{max}$ 是最短的加工顺序。

表 9.9 工艺路线和加工时间    min

| 工件号 | | 1 | 2 | 3 | 4 | 5 | 6 | 7 | 8 | 9 | 10 |
|---|---|---|---|---|---|---|---|---|---|---|---|
| 第 1 道工序 | 设备 | $M_1$ | $M_2$ | $M_1$ | $M_1$ | $M_2$ | $M_2$ | $M_2$ | $M_1$ | $M_1$ | $M_2$ |
| | 工时 | 6 | 9 | 12 | 7 | 4 | 8 | 10 | 9 | 5 | 7 |
| 第 2 道工序 | 设备 | $M_2$ | $M_1$ | $M_2$ | $M_2$ | | $M_1$ | | $M_2$ | $M_1$ | |
| | 工时 | 8 | 12 | 7 | 10 | | 7 | | 11 | 10 | |

**解：**

$\{AB\}$ 集合中有 1、3、4、8 号工件；

$\{BA\}$ 集合中有 2、6、9 号工件；

$\{A\}$ 集合中有 7 号工件；

$\{B\}$ 集合中有 5、10 号工件；

$\{AB\}$ 集合按 Johnson 算法排序，得到工件的投产顺序为 1、4、8、3；

$\{BA\}$ 集合按 Johnson 算法排序，得到工件的投产顺序为 9、2、6；

$\{B\}$ 集合中的工件可以任意排列，任取为 10、5 的顺序。

由此得到全部工件的总的投产顺序为

在 $M_1$ 设备上为 1→4→8→3→7→9→2→6。

在 $M_2$ 设备上为 9→2→6→10→5→1→4→8→3。

在 $M_1$ 设备上的加工工时及流程时间如表 9.10 所示。

表 9.10 工件在 $M_1$ 设备上的加工工时及流程时间    min

| 在 $M_1$ 上加工的工件 | 1 | 4 | 8 | 3 | 7 | 9 | 2 | 6 | $F_{max}$ |
|---|---|---|---|---|---|---|---|---|---|
| 各工序的加工工时 | 6 | 7 | 9 | 12 | 10 | 10 | 12 | 7 | 73 |
| 各工序末的流程时间 | 6 | 13 | 22 | 34 | 44 | 54 | 66 | 73 | |

在 $M_2$ 设备上的加工工时及流程时间如表 9.11 所示。

表 9.11 工件在 $M_2$ 设备上的加工工时及流程时间    min

| 在 $M_2$ 上加工的工件 | 9 | 2 | 6 | 10 | 5 | 1 | 4 | 8 | 3 | $F_{max}$ |
|---|---|---|---|---|---|---|---|---|---|---|
| 各工序的加工工时 | 5 | 9 | 7 | 4 | 8 | 10 | 11 | 7 | | 69 |
| 各工序末的流程时间 | 5 | 14 | 22 | 29 | 33 | 41 | 51 | 62 | 69 | |

采用 Jackson 算法排序，使设备的闲置时间为零，因而得到的 $F_{max}$ 是最短的，即实现了目标最优。

## 2. $n|m|G|F_{max}$ 的排序问题

对于一般的 $n|m|G|F_{max}(m \geqslant 3)$ 的排序问题，在理论上说可以采用整数规划法来求最优解。但在生产实际中它们都是无效算法。1959 年 H.M.Wagner 和 E.H.Bowman 最先提出用整数规划法求解 $n|m|G|F_{max}$ 问题的最优解。1960 年又有 A.S.Manne 也提出用整数规划法求解 $n|m|G|F_{max}$ 问题。Manne 提出的方法，相对而言，所用的变量数和约束条件数较少，但是对于一个机器设备数为 5、工件数为 6 的问题，就有 105 个变量，174 个约束条件。规模再大一些的问题，变量数和约束条件就成倍地增长，由于计算量太大，这种方法目前尚无实用价值。1965 年 G.H.Brooks 和 C.R.White 提出用分支定界法求解 $n/m/G/F_{max}$ 问题的最优解，该方法比整数规划法效果好。但是在问题的规模稍大时，其计算工作量仍是令人难以接受。限于篇幅，本书不拟在此介绍分支定界法求解 $n/m/G/F_{max}$ 问题了。

启发式算法是求解一般车间作业顺序问题使用最多的方法。下面介绍两种比较简单的启发式算法。

为了表示每台机器上工件的加工顺序，可以用加工顺序矩阵 $S$ 表示。

$$S = \begin{bmatrix} 1,1,1 & 2,2,1 \\ 1,3,2 & 2,3,2 \\ 2,1,3 & 1,2,3 \end{bmatrix}$$

$S$ 矩阵的每一行代表一种机器设备，每一行的数据表示在该设备上工件和工序的投产顺序。矩阵 $S$ 只能表示每台设备上工件的加工顺序，还不是一项作业计划。因为加工顺序没有反映每道工序的起止时间。如果在时间的安排上不作任何限制，在可行的加工顺序下，可以作出无数种作业计划。其中，各工序都按最早可能开(完)工时间安排的作业计划称为半能动作业计划(semi-active schedule)。任何一台机器的每段空闲时间都不足以加工一道可加工工序的半能动作业计划，称为能动作业计划(active schedule)。无延迟作业计划(non-delay schedule)，是没有任何延迟出现的能动作业计划。所谓"延迟"，是指有工件等待加工时，机器出现空闲，即使这段空闲不足以完成一道工序。

能动作业计划和无延迟作业计划在研究一般车间作业顺序问题时有重要作用。下面介绍它们的生成方法。为此先作一些符号说明。

将每安排一道工序称作一"步"，设：

$\{S_t\}$——$t$ 步之前已排序工序构成的部分作业计划；

$\{O_t\}$——第 $t$ 步可以排序的工序的集合；

$T_k$——$\{O_t\}$ 中工序 $O_k$ 的最早可能开工时间。

(1) 能动作业计划。

① 设 $t=1$，$\{S_t\}$ 为空集，$\{O_t\}$ 为各工件第 1 道工序的集合。

② 求 $T^* = \min\{T_k'\}$，并求出 $T^*$ 出现的机器 $M^*$。如果 $M^*$ 有多台，则任选一台。

③ 从 $\{O_t\}$ 中挑出满足以下两个条件的工序 $O_j$：需要机器加工 $M^*$，且 $T_j < T^*$。

④ 将确定的工序 $O_j$ 放入 $\{S_t\}$，从 $\{O_t\}$ 中消去 $O_j$ 并将 $O_j$ 的紧后工序放入 $\{O_t\}$，使 $t=t+1$。

⑤ 若还有未安排的工序，转步骤 2；否则，停止。

**例 9.9** 有一个 $2/3/G/F_{max}$ 问题，其加工描述矩阵 $D$ 和加工时间矩阵 $T$ 分别为

$$D = \begin{bmatrix} 1,1,1 & 1,2,3 & 1,3,2 \\ 2,1,3 & 2,2,1 & 2,3,2 \end{bmatrix}, \quad T = \begin{bmatrix} 2,4,1 \\ 3,4,5 \end{bmatrix}$$

试构成一个能动作业计划。

**解**：求解过程如表 9.12 所示。

表 9.12 能动作业计划的构成

| $t$ | $|O_1|$ | $T_k$ | $T_k'$ | $T^*$ | $M^*$ | $O_j$ |
|---|---|---|---|---|---|---|
| 1 | 1,1,1<br>2,1,3 | 0<br>0 | 2<br>3 | 2 | $M_1$ | 1,1,1 |
| 2 | 1,2,3<br>2,1,3 | 2<br>0 | 6<br>3 | 3 | $M_3$ | 2,1,3 |
| 3 | 1,2,3<br>2,2,1 | 3<br>3 | 7<br>7 | 7 | $M_3$<br>$M_1$ | 1,2,3 |
| 4 | 1,3,2<br>2,2,1 | 7<br>3 | 8<br>7 | 7 | $M_1$ | 2,2,1 |
| 5 | 1,3,2<br>2,3,2 | 7<br>7 | 8<br>12 | 8 | $M_2$ | 1,3,2 |
| 6 | 2,3,2 | 8 | 13 | 13 | $M_2$ | 2,3,2 |

当 $t=1$，$|O_1|$ 为 2 个工件的第 1 道工序的集合，$|O_1|=\{(1,1,1)(2,1,3)\}$，它们的最早可能开工时间是零，工序(1,1,1)的最早完工时间为 2，工序(2,1,3)的最早完工时间是 3。因此，$T^*=2$，$T^*$ 出现在 $M_1$ 上。$M_1$ 上仅有一道可排序的工序(1,1,1)。所以，首先安排(1,1,1)，当(1,1,1)确定之后，其紧后工序(1,2,3)就进入$|O_2|$。其后排法相同。当 $t=3$ 时，$M^*$ 有 2 个，这时任取一个。按表 9.12 中得出的能动作业计划如图 9.3 所示。

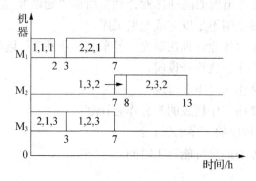

图 9.3 能动作业计划

按以上步骤可以求出所有的能动作业计划。当 $t=2$ 时，也可以安排工序(1，2，3)。因为该工序也需经机器 $M_3$ 加工而且最早可能开工时间小于 $T^*$。同样，当 $t=5$ 时，可以先安排工序(2，3，2)。这样，可以得出所有的能动作业计划，从中可以找出最优的作业计划。

(2) 无延迟作业计划的构成步骤。

① 设 $t=1$，$\{S_t\}$ 为空集，$\{O_1\}$ 为各工件第 1 道工序的集合。

② 求 $T^* = \min\{T_k'\}$，并求出 $T^*$ 出现的机器 $M^*$。如果 $M^*$ 有多台，则任选一台。

③ 从 $\{O_t\}$ 中挑出满足以下两个条件的工序 $O_j$：需要机器加工 $M^*$，且 $T_j = T^*$。

④ 将确定的工序 $O_j$ 放入 $\{S_t\}$，从 $\{O_t\}$ 中消去 $O_j$，并将 $O_j$ 的紧后工序放入 $\{O_t\}$，使 $t=t+1$。

⑤ 若还有未安排的工序，转步骤 2；否则，停止。

对例 9.9 构成的无延迟计划，其求解过程如表 9.13 所示。

表 9.13 无延迟作业计划的构成

| $t$ | $|O_1|$ | $T_k$ | $T_k'$ | $T^*$ | $M^*$ | $O_j$ |
|---|---|---|---|---|---|---|
| 1 | 1,1,1 | 0 | 2 | 0 | $M_1$ | 1,1,1 |
|   | 2,1,3 | 0 | 3 | 0 | $M_3$ |  |
| 2 | 1,2,3 | 2 | 6 |   |   |  |
|   | 2,1,3 | 0 | 3 | 0 | $M_3$ | 2,1,3 |
| 3 | 1,2,3 | 3 | 7 | 3 | $M_3$ | 1,2,3 |
|   | 2,2,1 | 3 | 7 | 3 | $M_1$ |  |
| 4 | 1,3,2 | 7 | 8 |   |   |  |
|   | 2,2,1 | 3 | 7 | 3 | $M_1$ | 2,2,1 |
| 5 | 1,3,2 | 7 | 8 | 7 | $M_2$ |  |
|   | 2,3,2 | 7 | 12 | 7 | $M_2$ | 2,3,2 |
| 6 | 2,3,2 | 8 | 13 | 12 | $M_2$ | 1,3,2 |

得出的无延迟计划如图 9.4 所示，同样，按以上步骤可以求出所有的无延迟作业计划。

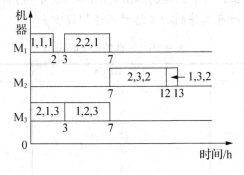

图 9.4 无延迟计划

## 本 章 小 结

生产作业排序问题是生产运作管理的细节问题。本章首先介绍了有关排序问题的基本概念和分类，在此基础上对单设备和多设备流水作业排序方法进行了介绍，同时对车间作业排序中比较简单的问题进行了分析和求解。

# 思考与练习

## 一、简答题

1. 常用的作业排序优先调度规则有哪些？
2. 作业排序的分类有哪些？
3. 什么是作业排序？它与作业计划有什么不同？

## 二、计算题

1. 有6项待加工的作业在某工作中心需要进行的加工时间如表9.14所示。

表9.14 待加工作业的加工时间

| 作业 | 作业时间/小时 | 预定交付日期/小时 |
|---|---|---|
| A | 12 | 15 |
| B | 10 | 25 |
| C | 6 | 20 |
| D | 14 | 12 |
| E | 5 | 9 |
| F | 7 | 14 |

求分别使用SPT、EDD和SCR优先调度规则时，得出的加工顺序。

2. 假设有7个工件需要在两个工作中心进行，加工顺序为先在工作中心1进行加工，后在工作中心2上进行加工，每个工件的加工时间(单位为小时)如表9.15所示，请找出一个最优的排序计划，使完成所有工件的加工总时间达到最少。

表9.15 工件的加工时间

| 工件 | 工作中心1 | 工作中心2 |
|---|---|---|
| A | 5 | 7 |
| B | 9 | 3 |
| C | 4 | 10 |
| D | 7 | 5 |
| E | 15 | 9 |
| F | 9 | 3 |
| G | 12 | 8 |

3. 5个工件在两台设备的流水作业排序问题资料如表9.16所示。试用Johnson算法排序。并计算最短流程时间。

表9.16 工件的加工时间

| 工件号 | $J_1$ | $J_2$ | $J_3$ | $J_4$ | $J_5$ |
|---|---|---|---|---|---|
| 工序1 | 12 | 4 | 5 | 15 | 10 |
| 工序2 | 22 | 5 | 3 | 16 | 8 |

# 案例分析

## 老俄勒冈木材厂

1995年，乔治·布朗开始在老俄勒冈木材厂生产旧式俄勒冈圆桌。每张圆桌要用手工仔细制成，且使用优质的橡树为材料。生产过程有四个步骤：准备、装配、抛光及包装，每一步由一个人完成。除了监督整个操作流程以外，乔治要完成所有产品的抛光。索奥斯基·汤姆完成准备工作，斯塔克·凯斯完成包装工序，戴维斯·里昂完成装配工序。其中准备工序包含切割及构造桌子的各种基本部件。

尽管每个人仅负责生产过程中的一道工序，但每人都能完成其中任一个步骤。乔治制定了一个措施是每个人偶尔由自己完成几张桌子的四道工序而无须他人的帮助，引进这个小小的竞争用于鉴别谁能以最少的时间完成一张完整的桌子。乔治特别强调平均总的和中间完成时间，其数据如下。

四个步骤：准备，装配，抛光，包装各人用时情况。

汤姆 100，60，90，25(分钟)

乔治 80，80，60，10(分钟)

里昂 110，90，80，10(分钟)

凯斯 120，70，100，25(分钟)

凯斯制作一张旧式俄勒冈桌子所花的时间多于其他员工。除了比其他员工制作得慢以外，他对目前负责包装工序很不满意，因为这使他每天空闲了大部分时间。他的第一选择是抛光，第二选择是准备工作。

除了质量以外，乔治还关心成本和效率。当某一天一个员工没有上班，就会产生一个重大的排程问题，超时工作的成本太高。若等那个员工来上班，就会产生误工。

为了克服这个问题，乔治又雇用了一个新员工连·冉迪。冉迪的职责是做各种临时的工作。当某个员工没有来时，就让他代替工作。乔治给予冉迪各道工序的培训，他特别满意冉迪学会各道工序的速度。冉迪的各个工序的完成时间如下。

四个步骤：准备，装配，抛光，包装用时情况。

冉迪 110，80，100，10(分钟)

(资料来源：Jay Heizer, Barry Render. 生产与作业管理教程[M]. 4版. 北京：华夏出版社，1999.)

**问题：**

不论谁完成包装工序，都会造成严重的低利用率。你能找一个要么给每个人单独完成所有的工序，要么完成一道工序更好的办法吗(使用四人或者五人小组)？若按你的办法，每天可以生产多少张桌子(有效工作时间为8小时)。

# 第十章 项目作业计划

【学习目标】

通过本章的学习,使学生了解项目作业计划的基本概念及主要内容;掌握网络计划技术的基本原理与应用。

【关键概念】

项目作业计划(project job management); 网络计划技术(network planning technique)

【引导案例】

### 夜莺项目——A

你是拉茜·布朗的项目助理,她负责执行夜莺项目。夜莺是对手持电子医疗参考指南仪的开发所取的代号,这是为紧急医疗救护人员设计的,他们需要一个快速的医疗参考指南,以便在紧急情况下使用。

拉茜及她的项目团队正在进行的项目的目标是在MedCON召开之时提供30个可工作模型,这是每年召开最大的医疗设备展。满足MedCON的10月25日最终期限是能否获得成功的关键,所有的主要医疗设备厂商会在MedCON上展示和订购新产品。拉茜还听说,有传言竞争者在考虑开发一种类似的产品,而她知道,成为市场上的第一个会带来显著的销售优势。此外,如果能提出一种可行计划来满足MedCON的最终期限管理高层将同意提供一笔资金支持。

项目团队花费了一个上午来为夜莺制订进度计划。他们从WBS开始,寻找建立网络所需要的信息,需要时就增加活动。而后团队在其中增加了他们为每个活动所收集的时间估计。表10.1是关于这些活动的初步信息,包括时间长度和前置活动。

表10.1 活动初步信息

| 活 动 | 描 述 | 时间长度 | 前置活动 |
| --- | --- | --- | --- |
| 1 | 结构决策 | 10 | 无 |
| 2 | 内部设计 | 20 | 1 |
| 3 | 外部设计 | 18 | 1 |
| 4 | 特征设计 | 15 | 1 |
| 5 | 语音识别 | 5 | 2,3 |
| 6 | 容器 | 4 | 2,3 |
| 7 | 屏幕 | 2 | 2,3 |
| 8 | 扬声器输出麦克 | 2 | 2,3 |
| 9 | 磁带机械 | 2 | 2,3 |
| 10 | 数据库 | 40 | 4 |
| 11 | 麦克风/声卡 | 5 | 4 |

续表

| 活动 | 描述 | 时间长度 | 前置活动 |
|---|---|---|---|
| 12 | 寻呼机 | 4 | 4 |
| 13 | 读取条形码 | 3 | 4 |
| 14 | 闹钟 | 4 | 4 |
| 15 | 计算机输入/输出 | 5 | 4 |
| 16 | 检查设计 | 10 | 5,6,7,8,9,10,11,12,13,14,15 |
| 17 | 价格构成 | 5 | 5,6,7,8,9,10,11,12,13,14,15 |
| 18 | 集成 | 15 | 16,17 |
| 19 | 文档设计 | 35 | 16 |
| 20 | 获得原型组件 | 20 | 18 |
| 21 | 组装原型 | 10 | 20 |
| 22 | 实验室检验原型 | 20 | 21 |
| 23 | 现场检验原型 | 20 | 19,22 |
| 24 | 调整设计 | 20 | 23 |
| 25 | 定制主机部分 | 2 | 24 |
| 26 | 定制客户部分 | 2 | 24 |
| 27 | 组装第一个生产单位 | 10 | 25,FS－8 个时间单位<br>26,FS－13 个时间单位 |
| 28 | 检验生产单位 | 10 | 27 |
| 29 | 生产 30 个单位 | 15 | 28 |
| 30 | 培训销售代表 | 10 | 29 |

使用你可利用的任何计算机软件来建立这些活动的进度计划，注意最迟和最早时间、关键路线以及项目的估计完成时间。

准备一个简短备忘录讨论以下问题。

(1) 项目团队从星期一工作到星期五，项目是否能如计划要求满足 10 月 25 日的最终期限？

(2) 在关键路线上有哪些活动？

(3) 这一网络的敏感性如何？

### 夜莺项目——B

拉茜和项目团队关心你的分析结果，他们花费了整个下午来进行头脑风暴，以寻找缩短项目时间长度的方法。他们排除了外购一些活动的主意，原因是这一工作中绝大部分的性质是研发，只能在内部进行。他们考虑过通过取消一些计划的产品特征来改变项目的范围。经过许多争论后，他们觉得不能在任何核心特征和市场成功之间进行妥协。而后他们将注意力转向通过加班和增加额外的技术人员来加速活动的完成。拉茜在她的项目建议中包含了一个可自由处理的 20 万美元的资金，她愿意投入这一资金中的一半来加速项目，用剩下的 10 万美元来应付意外问题。经过漫长的谈论，她的团队得到的结论是，以下活动可以在特定成本下得到缩短。

语音识别系统可以在 15 000 美元的成本下从 5 天缩短到 2 天。

数据库的生成可以在 35 000 美元的成本下从 40 天缩短到 35 天。
文档设计可以在 25 000 美元的成本下从 35 天缩短到 30 天。
外部设计可以在 20 000 美元的成本下从 18 天缩短到 12 天。
获得原型组件可以在 30 000 美元的成本下从 20 天缩短到 15 天。
定制主机部分可以在 20 000 美元的成本下从 10 天缩短到 5 天。

肯·克拉克是一个开发工程师,他指出,网络仅包含了完成—开始关系,有可能可以通过开始—开始延迟来缩短项目时间。例如,他说他的人不需要等待所有现场检验完成后才开始进行设计上的最后调整,他们可以在检验开始 15 天后就开始进行调整。项目团队花费了那一天的剩余时间来分析他们如何通过在网络中引入滞后来缩短项目。他们得到的结论是,以下完成—开始关系可以转化为滞后。

文档设计可以在检查设计开始 5 天后开始。
调整设计可以在现场检验开始 15 天后开始。
定制主机部分可以在调整设计开始 5 天后开始。
定制客户部分可以在调整设计开始 5 天后开始。
培训销售代表可以在检验生产单位开始 5 天后开始,并在 30 个单位生产后的 5 天以后结束。

当会议结束后,拉茜转向你,让你评价所提出的各种选择,尝试建立一个进度计划来满足 10 月 25 日的最终期限,你需要准备一个报告提交给项目团队,回答以下问题。

(1) 是否有可能满足最终期限?
(2) 如果能,那么你建议如何改变原始进度计划(A 部分)以及为什么?评价压缩活动和引入滞后对缩短项目时间长度的相对影响。
(3) 新的进度计划看上去什么样?
(4) 在最终完成进度计划之前还应考虑哪些其他因素?

基于以下信息产生你的项目进度计划和评价你的选择。

(1) 如果你选择缩短以上所述的任何一种活动,则必然是按照指明的时间和成本(也就是,你不能选择在缩小的成本下将数据库缩短到 37 天;你只能在 35 000 美元成本下将其缩短到 35 天)。
(2) 你只能花费最多 10 万美元来缩短项目活动;滞后不包含任何额外成本。

(资料来源:https://wenku.baidu.com/view/645d42bfed630b1c58eeb54c.html。)

# 第一节　项目作业计划概述

## 一、项目作业计划的基本概念

项目作业计划是项目组织根据项目目标的规定,对项目实施工作进行的各项作业做出周密安排。项目作业计划围绕项目目标的完成系统地确定项目的任务、安排各项任务进度、编制完成任务所需的资源预算等,从而保证项目能够在合理的工期内,用尽可能低的成本和尽可能高的质量完成。项目作业计划是项目得以实施和完成的基础及依据。项目作业计划的质量是决定项目成败、优劣的关键性因素之一。

项目作业计划可以降低不确定性。我们并不期待项目工作像我们计划的那样精确地发生,已计划了的工作使我们可以考虑到可能的结果并在适当的时候采取必要的纠正行动。

项目作业计划可以提高效率。当定义了要做的工作和完成工作所需要的资源后,就可以根据资源安排进度计划。可以平行安排工作进度而不一定顺序安排,这样就可以最大程度地利用资源,也能比其他方式花更少的时间完成项目工作。

## 二、项目作业计划的内容

### 1. 时间进度计划

时间进度计划是根据实际条件和合同要求,以拟建项目的竣工投产或交付使用时间为目标,按照合理的顺序所安排的实施日程。其实质是把各作业的时间估计值反映在逻辑关系图上,通过调整,使得整个项目能在工期和预算允许的范围内最好地安排任务。时间进度计划也是物资、技术资源供应计划编制的依据,如果进度计划不合理,将导致人力、物力使用的不均衡,影响经济效益。

### 2. 人员组织计划

人员组织计划主要是表明工作分解结构图中的各项工作任务应该由谁来承担以及各项工作间的关系如何。人员组织计划的编制通常是先自上而下地进行,然后再自下而上进行修改确定,这是项目经理与项目组成员共同商讨确定的结果。为此,项目经理在与项目组主要成员商讨前,对将要分配给各个主要成员的职责范围大小及其能力预先要有估计。所以,编制出一个较好的计划,需要花费一定的时间,并要对项目组成员的能力有深入的了解。而且,这个计划的预计结果将在成本估计和进度计划中反映出来。

### 3. 进度报告计划

项目实施工作一开展,由于外部环境的不确定性,实际进度与计划进度会有出入。因此,要定期检查实际进度与计划进度的差距,并且,要预测有关作业的发展速度。为了完成所定工期、成本和质量目标,需要修改原来的计划和调整有关作业的速度,此即为进度控制计划。

## 第二节 网络计划技术

### 一、网络计划技术的基本概念

网络计划技术是指在项目网络模型的基础上,对项目进行适当地规划及有效地控制执行,使人力、物力发挥最大的功能,以节省费用、缩短工期、提高工作效率的一种科学方法。据国外统计资料报道,应用网络计划技术平均能够缩短工期1/5,节约资金10%左右。

网络计划技术是利用网络图表达计划任务的进度安排及其各项作业之间的相互关系,进而对网络分析并计算网络时间值,确定关键工序和关键路线,求出工期,并运用一定的技术组织措施优化方案。这种方法,适用于工程项目管理,其优点在于能缩短作业时间,降低成本,实现资源的优化配置,提高经济效益。在这种计划方法的运用中,网络图的正确绘制是一个首要问题。

## 二、网络图的基本概念

网络图是由甘特图演绎而成的。虽然甘特图具有直观、简单、易懂、易绘制等特点,但不能反映工序之间的逻辑关系。网络图却可以将各工序在时、序的约束与联系完善地表达出来。网络图是一种写意图像,是一种组织与管理的数学方法,通过数与形的结合运算,反映工程全貌,并且指出对全局有影响的关键路线所在,对工程项目的进度进行科学的统筹安排。

网络图是表示项目构成及其基本参数的有向赋权图。按照赋权的不同,分为箭线式网络图与节点式网络图两种基本形式。前者是以弧表示作业,具有清晰、直观和易懂的特点,但在绘制过程中需引入虚作业,增加了绘制难度;而后者以节点表示作业,不清晰直观,但无须引入虚作业,绘制过程简单,在计算机辅助项目管理软件中多采用此种形式。本节只介绍箭线式网络图。箭线式网络图由作业、事项两个基本元素构成。

### 1. 作业

一项需消耗资源并在一定时间内完成的独立工序,表示为标注有名称与时间的箭线,即弧。需要注意的是,绘制箭线式网络图时,常需引入虚作业,虚作业是既不消耗资源又不占用时间的箭线,仅仅是为了表示作业间逻辑关系而设置的,表示为虚箭线。

### 2. 事项

作业开始或结束的瞬间,是相邻作业在时间上的分界点,表示为网络图上的带有编号的节点。网络图中的事项有三种:始点事项,表示整个项目的开始;终点事项,表示整个项目的结束;中间事项,如图 10.1 所示。

图 10.1 箭线式网络图的基本符号

在作业与事项的基础上可构成路线,表示从网络图的始点事项到终点事项,由事项与作业组成的交替序列,即一条有向通路。路线上各作业时间之和为该路线的长度。由于路线上前序作业的结束是后续作业开始的必要条件之一,因此,整个项目的工期大于或等于任何路线的长度,长度最大的路线为关键路线。

## 三、网络图的绘制规则

绘制网络图时,首先必须对生产运作计划的目标进行分析,根据生产运作过程的内在联系,明确应该完成哪些作业,这些作业的先后衔接和并列关系状态,以及所占用的时间。然后遵循下列规则绘制网络图。

(1) 只有所有的紧前作业全部完成后，后续作业才能开始。
(2) 箭线的首尾必须和事件相联系。
(3) 只允许有一个始事件和一个终事件。
(4) 任意两个事件之间只允许有一条箭线相连。若有平行作业，则应借助虚作业加以区别。
(5) 不允许出现封闭的循环线路。
(6) 事件编号严禁重复，且箭尾事件编号小于箭头事件编号。

绘制网络图的难点在于为满足这些规则正确地引入虚作业。常见的需要引入虚作业的情况有以下几种。

### 1. 平行作业的表示

作业 A 结束后，作业 B 和作业 C 可同时开始；两者结束后，作业 D 开始。图 10.2(a) 的画法不符合绘制规则，需要引入虚作业，绘制成图 10.2(b) 的形式。

| 作业 | 紧后作业 |
| --- | --- |
| A | B、C |
| B | D |
| C | D |

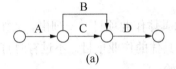 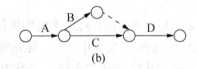

图 10.2　平行作业的表示

### 2. 平行交叉作业的表示

在图 10.3 中，作业 A 结束后，作业 B 和作业 C 可同时开始，作业 C 的紧后作业包含在作业 B 的紧后作业中。作业 B 与 C，D 与 E，形成平行交叉关系。正确的画法是从紧后作业多的作业的结束节点引入一个虚作业，指向紧后作业少的作业的结束节点。

| 作业 | 紧后作业 |
| --- | --- |
| A | B、C |
| B | D、E |
| C | D |
| D | F |
| E | F |

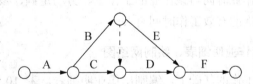

图 10.3　平行交叉作业的表示 1

在图 10.4 中，作业 B 和作业 C 可同时开始，作业 C 的紧后作业与作业 B 的紧后作业中存在公共部分且并未形成包含关系。作业 D、E、F 形成平行交叉关系。正确的画法是从作业 B 与作业 C 的结束节点各引入一个虚作业，指向公共部分作业的开始节点。

| 作业 | 紧后作业 |
|---|---|
| A | B、C |
| B | D、E |
| C | D、F |
| D | G |
| E | G |
| F | G |

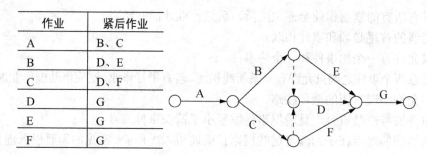

图 10.4　平行交叉作业的表示 2

## 四、网络计划编制程序

### 1. 明确计划目标

这是在计划之初必须明确的问题。目标是计划所要求达到的预期结果，工程项目的预期结果要根据具体情况来确定。例如，要建一幢大楼，其预期结果就是要在一个可能的时间内将大楼盖起来，并保证质量。

### 2. 分解任务

目标确定之后，就要在目标之下将实现目标的具体作业项目一一列出。又如，建一幢大楼，其中打地基、砌砖、安装电线、上屋顶等都是具体的作业项目。不过有时打地基并非是第一项作业，还要从填沟(平整土地)、夯实基础开始。

### 3. 确定各项作业间的逻辑关系

这里的逻辑关系就是各工序(作业)的先后顺序的交错关系，是一种空间概念"序"的约束。通常用"紧前工序""紧后工序"来表达这种关系。

### 4. 确定各作业时间

作业时间是在一定条件下完成该作业所需的时间，记为 $t_{ij}$，它是网络图最基本的参数。各项作业的作业时间与该作业的工作量、劳动定额、参加该作业的人数(或设备数)、工作班次及每个班次的有效工作时间有关。

### 5. 编制作业明细表、绘制网络图

在前面工作的基础上，编制出作业明细表，表 10.1 中给出了构成项目的所有作业、作业之间的逻辑关系、每一作业所需的作业时间和各种资源的数量及关于作业的特殊要求。然后就可绘制网络图。

**例 10.1** 某经贸大厦项目施工计划明细表如表 10.2 所示，试绘制网络图，如图 10.5 所示。

表 10.2  某经贸大厦项目施工计划明细表

| 工序名称 | 序号 | 工作时间/月 | 紧前工序 |
| --- | --- | --- | --- |
| 框架 | a | 2 | |
| 屋面 | b | 1 | a |
| 外墙 | c | 3 | a |
| 门窗 | d | 2.5 | c |
| 卫生管道 | e | 1.5 | c |
| 电气 | f | 2 | b、d |
| 内部装修 | g | 4 | e、f |
| 外部油漆 | h | 3 | b、d |

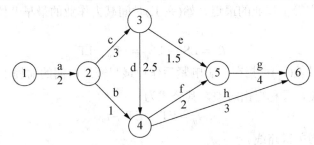

图 10.5  某经贸大厦项目施工网络图

## 五、项目进度计划的编制

根据上述方法所建立的项目网络模型计算出有关的时间参数，就可编制出初步的项目进度计划。再根据项目管理的目标以及应满足的各种约束条件，通过调整作业的起讫日期对资源进行合理分配与有效利用，编制出最终的项目进度计划。

网络图时间参数的常用计算法有图上作业法、表格法和计算机辅助软件计算。图上作业法直接在网络图上进行各时间参数的计算，直观易懂。表格法是在特定的表格上完成计算。但手工计算方法一般只用于简单网络图。对于复杂网络图应采用计算机辅助软件完成，如微软公司的 Project 2000。

(1) 节点时间参数的计算。

① 节点最早时间($ET_j$)。即开工事项或完工事项的最早可能时间，其公式为

$$ET_j = \max_i \{ET_i + t_{ij}\} \tag{10.1}$$

这是一个递推关系式，由始节点开始从左向右顺序计算，直至终节点。始节点的最早时间为 0；终节点的最早时间为总工期。

② 节点最迟时间($LT_i$)。即开工事项或完工事项的最迟必须完成时间，其公式为

$$LT_i = \min_j \{LT_j - t_{ij}\} \tag{10.2}$$

由终节点开始从右向左逆序计算，直至始节点。终节点的最迟时间为总工期。

(2) 作业时间参数的计算。

① 作业最早开工时间($ES_{ij}$)，指作业的最早可能开始时间。它等于作业开始事项的节

点最早时间，也可按照递推关系式从始节点开始顺序计算，其公式为

$$ES_{ij} = ET_i = \max_k \{ES_{ki} + t_{ki}\} \quad (10.3)$$

② 作业最早完工时间($EF_{ij}$)。它等于作业的最早开始时间与作业时间之和，其公式为

$$EF_{ij} = ES_{ij} + t_{ij} \quad (10.4)$$

③ 作业最迟开工时间($LS_{ij}$)，指作业的最迟必须开工的时间。它等于作业结束事项的节点最迟时间与作业时间之差，也可按照递推公式从终节点逆序计算，其公式为

$$LS_{ij} = LT_j - t_{ij} = \min_k \{LS_{jk} - t_{ij}\} \quad (10.5)$$

④ 作业最迟完工时间($LS_{ij}$)。它等于作业的最迟开工时间与作业时间之和，其公式为

$$LF_{ij} = LS_{ij} + t_{ij} = LT_j \quad (10.6)$$

⑤ 作业的总时差($R_{ij}$)，指在不影响整个项目工程完工的前提下，某作业开工时间允许推迟的最大限度。它等于作业的最迟开始(完工)时间减去作业的最早开始(完工)时间，其公式为

$$R_{ij} = LS_{ij} - ES_{ij} = LF_{ij} - EF_{ij} \quad (10.7)$$

⑥ 作业的单时差($r_{ij}$)，指在不影响紧后作业最早开工时间的前提下，某作业完工时间允许推迟的最大限度，又称自由时差，其公式为

$$r_{ij} = ET_j - ET_i - t_{ij} \quad (10.8)$$

(3) 关键作业与关键路线。

总时差为零的作业称为关键作业，由关键作业组成的路线为关键路线，关键路线的长度即为总工期。

**例 10.2** 表 10.3 是某项目各项作业明细表的部分资料，试绘制网络图和计算时间参数，求出总工期及关键路线。

表 10.3 某项目各项作业的明细表

| 作业代码 | A | B | C | D | E | F | G | H | I | J |
|---|---|---|---|---|---|---|---|---|---|---|
| 作业时间 | 4 | 8 | 2 | 3 | 5 | 6 | 8 | 15 | 4 | 6 |
| 紧前作业 | — | A | A | B | B | C | C | E、F | D | G |

**解**：由表 10.3 所给资料先绘制草图，然后整理得到所求网络图，如图 10.6 所示。根据网络图及各作业时间，采用表格法计算网络时间参数，如表 10.4 所示。该项目的总工期为 32 天，关键作业依次为 A、B、E、H。采用表格法计算时，必须首先按照字典顺序依次填入节点编号，再填入对应的作业代码(不必考虑代码的顺序)。然后即可进行参数的计算。

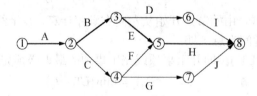

图 10.6 网络图

表 10.4　网络时间参数计算

| 作业代码 | 节点编号 | | 作业时间 | 节点最早时间与最迟时间 | | 作业最早开工与完工时间 | | 作业最迟开工与完工时间 | | 总时差 | 单时差 | 关键路线 |
|---|---|---|---|---|---|---|---|---|---|---|---|---|
| | $i$ | $j$ | $T$ | ET | LT | ES | EF | LS | LF | $R$ | $r$ | CP |
| A | 1 | 2 | 4 | 0 | 0 | 0 | 4 | 0 | 4 | 0 | 0 | * |
| B | 2 | 3 | 8 | 4 | 4 | 4 | 12 | 4 | 12 | 0 | 0 | * |
| C | 2 | 4 | 2 | | | 4 | 6 | 9 | 11 | 5 | 0 | |
| E | 3 | 5 | 5 | 12 | 12 | 12 | 17 | 12 | 17 | 0 | 0 | * |
| D | 3 | 6 | 3 | | | 12 | 15 | 25 | 28 | 13 | 0 | |
| F | 4 | 5 | 6 | 6 | 11 | 6 | 12 | 11 | 17 | 5 | 5 | |
| G | 4 | 7 | 8 | | | 6 | 14 | 18 | 26 | 12 | 0 | |
| H | 5 | 8 | 15 | 17 | 17 | 17 | 32 | 17 | 32 | 0 | 0 | * |
| I | 6 | 8 | 4 | 15 | 28 | 15 | 19 | 28 | 32 | 13 | 13 | |
| J | 7 | 8 | 6 | 14 | 26 | 14 | 20 | 26 | 32 | 12 | 12 | |
| | 8 | | | 32 | 32 | | | | | | | |

## 六、网络计划优化

### (一) 时间优化

时间优化就是在人力、物力、财力等条件有保证的前提下，寻求缩短工程的指标，使工程周期符合目标工期的要求。这种情况通常发生在计划任务比较紧急、目标工期比关键线路周期短的时候。由于工程周期由关键线路决定，因此，压缩工程周期的核心在于如何压缩关键线路。关键线路又是由关键作业组成，因此，从根本上说，时间优化的中心是如何缩短关键作业的作业时间。缩短关键线路的途径如下。

(1) 把串联作业改为平行作业或交叉作业。

(2) 缩短关键作业的作业时间。压缩时必须注意压缩过程中关键线路是否发生转移，以及技术上的可行性。

**例 10.3**　假设例 10.2 所给项目的目标工期为 26 天，试确定赶工路线。

**解**：将节点 8 最迟时间 32 修改为目标工期 26，重新计算节点最迟时间 LT，然后依照式 (10.6)、式 (10.7) 计算各作业的最迟完工时间 LF 和总时差 $R$，计算结果如表 10.5 所示。

表 10.5　网络赶工路线计算

| 作业代码 | 结点编号 | | 作业时间 | 结点最早时间与最迟时间 | | 作业最早开工与完工时间 | | 作业最迟开工与完工时间 | | 总时差 | 单时差 | 关键路线 |
|---|---|---|---|---|---|---|---|---|---|---|---|---|
| | $i$ | $j$ | $T$ | ET | LT | ES | EF | LS | LF | $R$ | $r$ | CP |
| A | 1 | 2 | 4 | 0 | −6 | 0 | 4 | 0 | −2 | −6 | 0 | * |
| B | 2 | 3 | 8 | 4 | −2 | 4 | 12 | 4 | 6 | −6 | 0 | * |
| C | 2 | 4 | 2 | | | 4 | 6 | 9 | 5 | −1 | 0 | |
| E | 3 | 5 | 5 | 12 | 6 | 12 | 17 | 12 | 11 | −6 | 0 | * |

续表

| 作业代码 | 结点编号 | | 作业时间 | 结点最早时间与最迟时间 | | 作业最早开工与完工时间 | | 作业最迟开工与完工时间 | | 总时差 | 单时差 | 关键路线 |
|---|---|---|---|---|---|---|---|---|---|---|---|---|
| | $i$ | $j$ | $T$ | ET | LT | ES | EF | LS | LF | $R$ | $r$ | CP |
| D | 3 | 6 | 3 | | | 12 | 15 | 25 | 22 | 7 | 0 | |
| F | 4 | 5 | 6 | 6 | 5 | 6 | 12 | 11 | 11 | -1 | 5 | |
| G | 4 | 7 | 8 | | | 6 | 14 | 18 | 20 | 6 | 0 | |
| H | 5 | 8 | 15 | 17 | 11 | 17 | 32 | 17 | 26 | -6 | 0 | * |
| I | 6 | 8 | 4 | 15 | 22 | 15 | 19 | 28 | 26 | 7 | 13 | |
| J | 7 | 8 | 6 | 14 | 20 | 14 | 20 | 26 | 26 | 6 | 12 | |
| | | 8 | | 32 | 26 | | | | | | | |

从表10.5中可看到作业A、B、C、E、F、H的时差均为负值。赶工路线有两条,一条是由作业A、B、E、H构成,另一条是由作业A、C、F、H构成,前者必须赶工的天数为6天,后者必须赶工的天数为1天,这是因为如原关键路线在非公共作业B、E上赶工5天时,原先长度为27的次长路线作业A、C、F、H将成为新的一条关键路线。为实现目标工期,两条路线均需赶工1天。表10.6给出了将作业B、E、H分别压缩1、1、4天后,网络图的时间参数。

表10.6 压缩后的网络时间参数计算

| 作业代码 | 结点编号 | | 作业时间 | 结点最早时间与最迟时间 | | 作业最早开工与完工时间 | | 作业最迟开工与完工时间 | | 总时差 | 单时差 | 关键路线 |
|---|---|---|---|---|---|---|---|---|---|---|---|---|
| | $i$ | $j$ | $T$ | ET | LT | ES | EF | LS | LF | $R$ | $r$ | CP |
| A | 1 | 2 | 4 | 0 | 0 | 0 | 4 | 0 | 4 | 0 | 0 | * |
| B | 2 | 3 | 7 | 4 | 4 | 4 | 11 | 4 | 11 | 0 | 0 | * |
| C | 2 | 4 | 2 | | | 4 | 6 | 8 | 10 | 4 | 0 | |
| E | 3 | 4 | 4 | 11 | 11 | 11 | 15 | 11 | 15 | 0 | 0 | * |
| D | 3 | 6 | 3 | | | 11 | 14 | 19 | 22 | 8 | 0 | |
| F | 4 | 5 | 6 | 6 | 10 | 6 | 12 | 9 | 15 | 3 | 3 | |
| G | 4 | 7 | 8 | | | 6 | 14 | 12 | 20 | 6 | 0 | |
| H | 5 | 8 | 11 | 15 | 15 | 15 | 26 | 15 | 26 | 0 | 0 | * |
| I | 6 | 8 | 4 | 14 | 22 | 14 | 18 | 22 | 26 | 8 | 8 | |
| J | 7 | 8 | 6 | 14 | 20 | 14 | 20 | 20 | 26 | 6 | 6 | |
| | | 8 | | 26 | 26 | | | | | | | |

## (二)时间—费用优化

### 1. 时间与费用的关系

时间—费用优化就是在使工期尽可能短的同时,也使费用尽可能少。能够实现时间—费用优化的原因是，工程总费用可以分为直接费用和间接费用两部分，这两部分费用随工期变化而变化的趋势是相反的。

(1) 直接费用。直接费用是指与完成工程项目直接有关的费用，能够直接计入成本计算对象(如直接人工费、加班费、材料费、设备费等)。直接费用一般与工期成反比关系，减少直接费用的投入导致工期延长，当直接费用减少到一定程度时，就不能再减少下去(否则工期成为无限长)，称此时的直接费用为正常费用，记为 $C_N$。反之，直接费用增加，工期缩短，当直接费用增加到一定度 $C_M$ 时，工期不再缩短，称 $C_M$ 为极限费用。相应的工期分别称为正常工期 $T_N$ 与极限工期 $T_M$。

每缩短单位时间工期所需增加的直接费用被称为直接费用率(赶工费用变化率)，其计算公式为

$$a = (C_M - C_N)/(T_N - T_M) \tag{10.9}$$

(2) 间接费用。间接费用是指与整个项目有关的，不能或不宜直接分摊给某一作业的费用，它包括项目管理费用、拖延工期罚款、提前完工的奖金、占用资金应付利息等。间接费用与工期成反比关系。通常将间接费用与工期的关系看作线性的，在知道单位时间的间接费用额时，则项目总的间接费用就是单位时间间接费用额与项目总的完工周期的乘积，如图 10.7 所示。

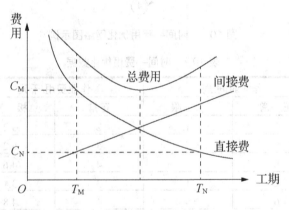

图 10.7 项目费用与时间的关系

### 2. 时间—费用优化方法

首先，确定各作业的正常作业时间、极限作业时间、正常费用、极限费用及直接费用率；确定项目的间接费用率；对所有作业取正常作业时间，确定关键路线、总工期和总费用。

压缩过程分为以下两个步骤。

(1) 确定待压缩作业。当网络图仅有一条关键路线时，压缩关键路线上直接费用变化率最小的作业；当存在数条关键路线 $l_1, \cdots, l_k$，则需使所有关键路线的长度得到压缩，总工期方能得到压缩。这要求从每一条关键路线 $l_i$ 上，选取一个作业 $J_i$，使 $J_i$ 对应的直接费用变化率 $a_i$ 之和最小，即使式 10.10 成立的作业为待压缩作业。

$$\min\left\{\sum_{i=1}^{k} a_i \,\middle|\, j_i \in l_i \right\} \tag{10.10}$$

注：若 $J_i$ 为不同关键路线的公共作业，则 $J_i$ 对应的直接费用变化率 $a_i$ 只计算一次。

(2) 确定压缩长度。压缩长度既要满足极限作业时间的限制，又要考虑网络中次长路线工期与关键路线工期差额的限制，取两者中较小值。

压缩过程的优化标准为直接费用率≤间接费用率。

**例 10.4** 图 10.8 为一网络图，表 10.7 为其相应的数据。图中 A→B→E→F 为关键路线，总工期为 20 周，总费用为 30 千元，试压缩关键路线。

**解**：首先，只有一条关键路线，次长路线工期为 18 周。故压缩该路线上的 B 作业 2 周，总工期变为 18 周，总费用为 29.6 千元。压缩后，网络图的关键路线有 2 条。压缩公共作业中的 E 作业 2 周，总工期变为 16 周，总费用为 29.4 千元。再次压缩 B、C 作业各 2 周，总工期为 14 周，总费用 29.4 千元。

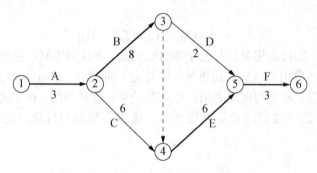

图 10.8　时间—费用优化网络图示例

表 10.7　时间—费用优化数据

| 作业代码 | 作业时间/周 | | 作业费用/千元 | | 直接费用率/(千元/周) |
|---|---|---|---|---|---|
| | 正 常 | 极 限 | 正 常 | 极 限 | |
| A | 3 | 1 | 2 | 3.2 | 0.6 |
| B | 8 | 4 | 5 | 6.2 | 0.3 |
| C | 6 | 3 | 4 | 4.6 | 0.2 |
| D | 2 | 1 | 3 | 3.1 | 0.1 |
| E | 6 | 4 | 4 | 4.8 | 0.4 |
| F | 3 | 2 | 2 | 2.8 | 0.8 |

间接费用率：0.5 千元/周

**例 10.5**　不同工作方式的有关数据(正常工期为 25 天、极限费用为 582 万元)如表 10.8 所示，如果需要在 20 天内完工，如何调整计划？

表 10.8　正常及极限方式相关数据

| 作业代码 | 作业时间/天 | | 作业费用/万元 | | 费用变化率/(万元/天) |
|---|---|---|---|---|---|
| | 正 常 | 极 限 | 正 常 | 极 限 | |
| A | 3 | 3 | 315 | 135 | ∞ |
| B | 5 | 3 | 214 | 228 | 7 |
| C | 11 | 9 | 29 | 41 | 6 |

续表

| 作业代码 | 作业时间/天 | | 作业费用/万元 | | 费用变化率/(万元/天) |
|---|---|---|---|---|---|
| | 正常 | 极限 | 正常 | 极限 | |
| D | 10 | 7 | 107 | 119 | 4 |
| E | 7 | 5 | 97 | 113 | 8 |

**解：**

① 如图 10.9 所示，根据正常情况下的网络图，求出关键路线。关键路线为 A→B→D→E。

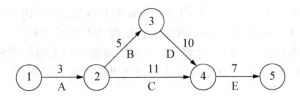

图 10.9　某项目网络图(一)

② 首先考虑缩短关键工序，为了满足赶工方式下费用最低的要求，在关键工序中，优先考虑费用变化率最低的工序，因此选择工序 D。根据表 10.8 中条件，可以缩短 3 天。同时，还应该考虑调整后是否会改变关键路线。调整后 1→2→4 工期为 14 天，1→2→3→4 工期为 15 天，如图 10.10 所示。关键路线没有改变，故调整可行、有效。

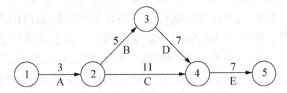

图 10.10　某项目网络图(二)

此时，整个计划总工期缩短 22 天，增加费用 12 万元，总费用达到 594 万元。工序 D 的费用变化率已经变为无穷大，工期变为 7 天。为了使总工期限制在 20 天，必须重复上述方法。

③ 根据上述方法，显然最理想的划分如图 10.11 所示，工序 B 变化一天是有效的，否则会改变关键路线。增加费用 7 万元，总工期为 21 天，总经费达到 601 万元。

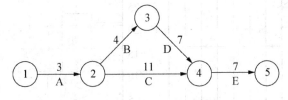

图 10.11　某项目网络图(三)

④ 此时，工序 B、C 和 E 还可以继续压缩，如果压缩 B，会改变关键路线，需同时再压缩 C 才会使总工期减少，所以要考虑同时压缩 B 和 C 两个工序的费用。通过比较，只有压缩 E，工期变为 20 天，费用为 609 万元。调整后的网络图如图 10.12 所示。

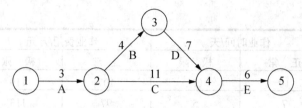

图 10.12　某项目网络图(四)

### (三)时间—资源优化

时间—资源优化指在资源限定的条件下并在要求的时间内，使资源达到充分而均衡的利用。时间-资源优化的基本思路是在不超过有限资源和保证总时间的条件下，将资源优先分配给关键作业和时差较小的作业，并尽可能地使资源均衡连续地投入，最后安排给时差大的作业。反之，在进行调整时，先调整时差大的作业，将那些与关键作业同时进行的作业推迟，以消除资源负荷高峰，使资源的总需求量降低到其供应能力的限度内，并尽可能地在整个项目工期内均衡。

其具体步骤为：首先根据工期、工作量，计算每一作业所需的资源数量，并按照计划规定的时间单位做出一个初步的项目进度计划安排；然后绘制(编制)出工期内对应的资源需求计划图(或表)；若资源需求计划图(或表)出现不合理之处或超过了资源的供应限度，则利用非关键作业的时差进行资源的合理调配，即将时差大的作业推迟，从而得到新的进度计划；再次重复上述过程，直至满足资源的限制条件，而且资源需求计划在整个项目工期内要求尽可能的均衡。必要时，适当调整总工期，以保证资源的合理使用。下面举例说明这一过程。

**例 10.6**　在图 10.13 中，图(a)为某项目的网络计划依时间做出的进度安排，图中实箭线表示作业，箭线上标明了该作业的代码与所需资源数量，实箭线在横轴上的水平距离表示该作业的作业时间长度。与箭线箭头处连接的虚线的长度表示该作业总时差。图(b)为与图(a)对应的工期内资源需求计划变化。由图(a)、(b)可看出，该资源需求计划是非常不均衡的。在总工期 11 天内，最高的资源需求量为 24 人，最低的为 1 人。图(c)中，将时差最大的作业 A 推迟到第 7 天开工，图(d)为对应的资源需求计划，与图(b)相比较有所改善。如此进行下去，最后得到图(g)，对应的图(h)中的资源需求计划是非常理想的。这只是一个例子，实际条件下的资源均衡过程是非常复杂和烦琐的，但思路是一致的。

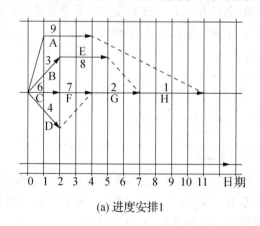

(a) 进度安排1

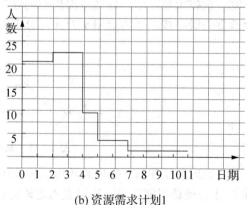

(b) 资源需求计划1

图 10.13　人力资源的调整平衡

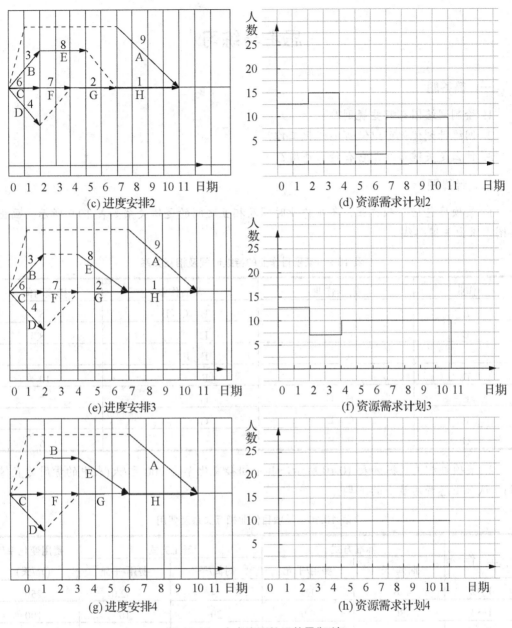

图 10.13 人力资源的调整平衡(续)

# 本 章 小 结

项目作业计划是生产运作计划的重要内容,本章主要介绍了项目作业计划的若干基本概念,并详细介绍了网络计划技术的基本原理、方法与应用。

# 思考与练习

## 一、简答题

1. 绘制网络图有哪些规则？
2. 网络计划优化可以做哪些优化工作？
3. 什么是关键路线？它有什么作用？

## 二、计算题

1. 某项目包括 7 项作业，各项作业时间及相互之间的逻辑关系如表 10.9 所示，画出网络图，求出关键路线。

表 10.9 某项目作业的持续时间及相互关系

| 作业 | 紧前作业 | 紧后作业 | 持续时间 |
| --- | --- | --- | --- |
| A |  | B、C、D | 5 |
| B | A | E | 8 |
| C | A | E、F | 9 |
| D | A | F | 10 |
| E | B、C | G | 7 |
| F | C、D | G | 8 |
| G | E、F |  | 6 |

2. 某项目相关数据如表 10.10 所示，其中间接变化率为 200 元/天(表中的费用为直接费用)，试求出总费用最小的工期。

表 10.10 某项目作业相互关系及费用

| 工作 | 标准方式 | | 赶工方式 | | 费用变化率/ (元/天) |
| --- | --- | --- | --- | --- | --- |
|  | 时间/天 | 费用/千元 | 时间/天 | 费用/千元 |  |
| 1→2 | 6 | 1.5 | 4 | 2.0 | 250 |
| 1→3 | 30 | 9.0 | 20 | 10 | 100 |
| 2→3 | 18 | 5 | 10 | 6 | 125 |
| 2→4 | 12 | 4.0 | 8 | 4.5 | 125 |
| 3→4 | 36 | 12 | 22 | 14 | 143 |
| 3→5 | 30 | 8.5 | 18 | 9.2 | 58 |
| 4→5 | 0 |  |  |  |  |
| 4→6 | 30 | 9.5 | 16 | 10.3 | 57 |
| 5→6 | 18 | 4.5 | 10 | 5.0 | 62 |

# 案 例 分 析

## FP公司的产品推出计划

FP公司是一家高质量的家用小型机械制造商,目前的生产线包括电熨斗、小型手动真空吸尘器和许多厨房用具(如烤面包机、搅拌机、蛋奶烘饼烤模、咖啡壶等)。FP公司有强大的研发部门,不断研究改进现有产品,开发新产品。

现在,研发部门正在研究一种新型厨房用具,用它冰冻食品能够像微波炉加热食品一样快,当然使用的技术完全不同。这项产品暂时命名为Big Chill,初始价格为125美元,因此目标市场定位为高收入群体。根据价格来看,它有希望成为一个利润可观的项目。研发部工程人员现在已经有了一个满意的工作模型,在生产与营销人员的共同努力下,这项产品在圣诞节前的采购季节及时备好。产品推出的目标日期定在24周以后。

现有问题:

FP公司的营销副总裁Vera Sloan最近得到可信消息,某个竞争者也正在开发类似产品,而且他们也打算在差不多同一时间推出。另外,她的消息来源还指出,竞争者计划以比较低的价格99美元销售,希望吸引中高收入和高收入群体。Vera在她的几名有关Big Chill的关键营销员的帮助下决定,为了竞争目的,必须降低售价,降到与竞争者的差距在10美元以内。在这个价格水平上仍然能够盈利,尽管没有最初期望的利润那么大。

同时,Vera也在考虑能否加快正常的产品推介工作,在速度上击败竞争对手。如果可能,她希望提前6周完成,这样就把产品推出日期提前到了18周。在初级阶段,就能以125美元的价格出售Big Chill,等到竞争者的产品实际面世之时,再将售价降低到109美元。由于市场研究预测显示前6周的销量可以达到每周约2000件,如果提前推出计划能够顺利实施的话,就有机会为公司带来非常可观的利润。另外,领先进入市场会为公司带来一定的声誉。在可以预测的未来商战中,有助于提高市场的份额。

研发部门的Michiel R列出了产品推介工作的一个任务表,包括所有必须按顺序完成的任务。作业列表及优先关系如表10.11所示。Big Chill推介工作的时间与成本估计则如表10.12所示。Vera看过表后,认为时间太长,尤其是接收设备的时间,Michiel R告知:有些作业能够伴随着成本的增加进行赶工,而设备在6周内会到达一部分,剩下的只要多付钱,也可以赶在6周内到达。

表10.11 作业列表及优先关系

| 活 动 | 描 述 | 直接前序 |
| --- | --- | --- |
| A | 选择与订购设备 | |
| B | 从供应商处接收设备 | A |
| C | 安装与调试设备 | B |
| D | 物料清单定稿 | B |
| E | 订购元部件 | C |

续表

| 活动 | 描述 | 直接前序 |
|---|---|---|
| F | 接受元部件 | E |
| G | 首次生产运行 | D、F |
| H | 营销计划定稿 |  |
| I | 做杂志广告 | H |
| J | 草拟电视广告 | H |
| K | 做电视广告 | J |
| L | 延续广告作业 | I、K |
| M | 把产品推向消费者 | G、L |

表 10.12 时间与成本

| 活动 | 正常时间/周 | 正常成本/美元 | 赶工时间/周 | 赶工成本/美元 |
|---|---|---|---|---|
| A | 3 | 2 000 | 2 | 4 500 |
| B | 8 | 9 000 | 6 | 12 000 |
| C | 4 | 2 000 | 2 | 7 000 |
| D | 2 | 1 000 | 1 | 2 000 |
| E | 2 | 2 000 | 1 | 3 000 |
| F | 5 | 0 | 5 | 0 |
| G | 6 | 12 000 | 3 | 24 000 |
| H | 4 | 3 500 | 2 | 8 000 |
| I | 4 | 5 000 | 3 | 8 000 |
| J | 3 | 8 000 | 2 | 15 000 |
| K | 4 | 50 000 | 3 | 70 000 |
| L | 6 | 10 000 | 6 | 10 000 |
| M | 1 | 5 000 | 1 | 5 000 |

(资料来源：Robert J. Thieraus, Margarel Cuingham and Melanie Blackwell. Xavier University, Cincinnati, Ohio.)

**讨论：**

FP 公司必须决定是否按照 Vera Sloan 的建议在从现在算起的第 18 周时把 Big Chill 推向市场。你作为研发部的项目管理专家，你被问到以下问题。

1. 使用正常时间项目何时结束？你还有更好的安排吗？
2. 项目可能在 18 周内完成吗？如果增加额外成本呢？哪些作业需要赶工？
3. 出于提高利润的考虑，额外成本值得付出吗？
4. 需求估计非常不确定，在不改变你的意见的前提下需求数量的变化幅度有多大？
5. 出于利润考虑，还有比 Vera 建议的 18 周更好的时间结果吗？

# 第十一章　现场管理

【学习目标】

通过本章的学习，使学生深入了解现场管理的概念、特点、内容；以及现场管理制度、5S 活动、定置管理的相关概念和内容。

【关键概念】

现场管理(site management)；5S 管理(5S management)；定置管理(fixed-position management)；目视管理(visual management)；看板管理(kanban management)

【引导案例】

## 借助 5S，模具车间免于搬迁

一家轮胎制造公司，每年生产大约 1500 种不同型号的轮胎，按小批量生产及测试。工厂内有一个部门，专门负责轮胎橡胶挤压的设计、制作、试模和运送等工作。虽然这个部门仅有 6 位员工，但他们常常抱怨没有足够的空间从事他们的工作。当 IE 工程师到访时，发现他们确实被局限在狭窄的空间里：有限的工作台上布满了纸张、文件、图样、量具、制作中的模具、电脑显示器和键盘；工作桌旁和靠墙处，放置着 5 个尺寸不同、颜色也不同的大型档案柜，里面存放着库存模具的相关文件；柜子的门一开，就会阻挡通道，没有人能在办公室内通行。办公室隔壁有一间小的模具制作室，完工的模具存放在此并靠墙边排列，紧邻的是橡胶挤压机。同样，那些模具和其他材料的存放柜也是不同尺寸、不同颜色的。

为了解决这个问题，公司考虑部门的搬迁，IE 工程师被管理部门邀请来，评估他们搬迁地点的建议，但其实管理部门觉得，有两个理由使他们难以接受此项搬迁建议：第一，重新搬迁需花上一笔经费；第二，待搬迁地点早已被另一单位占用。

IE 工程师聆听工作人员的抱怨后，提议他们先试做 5S 活动，之后再讨论搬迁之事。而工作人员先是坚持，认为唯有搬迁才是解决之道，但最后还是接受建议，同意先试 5S 活动。

5S 活动先从模具存放柜的整理开始，IE 工程师发现近 14 000 组的文件存放在柜子里，每组都涉及不同型号的轮胎与模具，而其中只有 1500 组文件是每年都会使用到的。同样，虽然公司每年只制作 1500 副模具，其中 500 副是新做的，但那里仍然存放着满布灰尘的 14 000 副模具。

IE 工程师告诉经理们，5S 活动的起始，就是要将不需要的东西清理掉。"但是，要我们将旧文件及模具清理掉，是不可能的。"员工们坚持："我们根本就不知道，下次什么时候要什么型号的模具。通常，在我们接到订单后，都从现有模具中，寻找与设计近似的模具。"

"如果我们保留旧的模具，我们只需要找一副与订单接近的模具，然后略作修改即可，而不必重新设计和制作一副全新的模具。而制作一副新模具，从设计到制作，需花上更多的时间，成本也较贵，因为每次都要订购一副新的模板。"

这个部门存放着旧模具，但是无权去处置它们，其决定权掌握在另一栋建筑的轮胎开发工程师手里，一位"现场"的责任工程师说："这些家伙实在是难以沟通！"结果，相关部门对废弃旧模具之事，也就一直没有共识，当然也就一筹莫展了。

IE 工程师说："每年，你从 14 000 副的模具库存中，找 1000 副来适应新规格。那现有的库存模具至少足够用 14 年。是否可能列出 3 年以上未使用过的模具清单，有了这些清单，你就可与工程师们讨论问题了。"

一个月后，IE 工程师又去了公司，发现员工们十分高兴地整理掉一些不需要的文件，也从办公室搬走了一个档案柜，员工们也说，他们已卖出了 2000 多副旧模具——足足有几立方米的金属给废料商。现场员工们也因而与轮胎发展部的工程师们关系增进而深感欣慰。而同时，部门间也针对消除旧模具达成了共识，并立下了规则。员工们还感受到，因存放较少的模具文件，找寻需要用的模具所耗费的时间损失相对减少了很多。

这些，只是 5S 计划的初步成果，接下来的工作也带来了更多的改善。包括研发出一套模具准备排程系统，重新布置办公室，依操作流程重新定位制作模具的机台，设置更好的照明与通风系统等。

最终，这家公司将原来挤压模具的生产交期时间由三天减为两天，工作环境也变得井然有序，员工们感到更快乐。似乎他们早已忘记，当初坚持要搬迁的事了。

(资料来源：今井正明. 现场改善——低成本管理方法[M]. 机械工业出版社，2010.)

问题：
1. 这家公司为什么要采用 5S 管理模式？
2. 实施 5S 管理对该公司有哪些要求？
3. 该公司成功的实施 5S 管理为我们带来了那些启示？

# 第一节　现场管理概述

## 一、现场管理的概念

现场一般是指作业场所。生产现场就是从事产品生产、制造或提供生产服务的场所，即劳动者运用劳动手段，作用于劳动对象，完成一定生产作业任务的场所。它既包括一线各基本生产车间的作业场所，又包括辅助生产部门的作业场所，如库房、试验室和锅炉房等。我国工业企业规模较小，习惯于把生产现场简称为车间、工场或生产第一线。

工业企业的生产现场由于受行业特点的影响，既具有共性，又具有各自的特性。所谓共性，是指有些基本原理和方法对所有企业的生产现场都是普遍适用的，如所有生产现场都要求生产诸要素的合理配置，都有一个投入与产出转换的效益问题；在管理上都具有综合性、区域性、动态性和可控性等特点。所谓特性，则是指由于生产工艺、技术装备、生产规模和生产类型等不同，从而优化现场管理的具体要求和方法也不尽相同。从生产技术特点看，不同行业的生产现场有明显的差别：钢铁企业为炼铁、炼钢、轧钢生产现场；纺织企业为纺纱、织布、印染生产现场。即使是在同一个机械制造企业中，机加工与热处理的生产现场也有很大差异。从技术装备程度看，有些生产现场拥有较多机械化、自动化设备，技术密集程度较高，如大型化工企业的生产现场，一般都是通过设备和管道设施对原料进行加工。而有的生产现场则以手工业为主，劳动密集程度较高。从生产规模看，大型企业的生产现场，在人员素质、管理水平和环境条件等方面，一般要比小型企业具有较多的优势。从生产类型看，订货生产与存货生产、连续生产与间断生产、单一品种生产与多品种生产、流水生产与成批生产，其生产现场的组织管理方式皆不相同。按对象原则设置的生产现场与按工艺原则设置的生产现场，其组织管理方式也有区别。所以研究现场管理的重点首先放在共性上，主要揭示生产现场运作的一般规律，但在具体实施时要从企业生产现场的实际情况出发，注意不同生产现场的特性要求，防止"一刀切"。

有现场就必然有现场管理。现场管理就是运用科学的管理思想、管理方法和管理手段，对现场的各种生产要素，如人(操作者、管理者)、机(设备)、料(原材料)、法(工艺、检测方法)、环(环境)、资(资金)、能(能源)、信(信息)等，进行合理配置和优化组合，通过计划、组织、控制、协调和激励等管理职能，保证现场按预定的目标，实现优质、高效、低耗、均衡、安全、文明的生产。现场管理是企业管理的重要环节，企业管理中的很多问题必然会在现场得到反映，各项专业管理工作也要在现场落实。可是作为基层环节的现场管理，其首要任务是保证现场的各项生产活动能高效率、有秩序地进行，实现预定的目标任务，现场出现的各种生产技术问题，有关人员在现场就能及时解决，不等、不拖、不"上交"。从这个意义上来说，生产现场管理也就是现场的生产管理。

## 二、现场管理的内容

现场管理的特性决定现场管理的内容是多方面的，既包括现场生产的组织管理工作，又包括落实到现场的各项专业管理和管理基础工作。因此，现场管理的内容可以从不同的角度去概括和分析。例如，从管理职能分析，现场管理的层次与范围虽不同于企业管理，但仍是具有计划、组织、控制、激励和教育等职能，这些职能在生产现场都有所体现，所以可以据此概括和分析现场管理的内容。下面是从优化生产现场的人、机、料、法、环等主要生产要素，从优化质量、设备等主要专业管理系统这一角度来概括和分析生产现场管理的内容。以某工件生产现场为例，现场管理可以包括以下几项内容。

### 1. 工艺管理

加强工艺管理，严格工艺纪律，提高工艺技术水平是企业发展的需要。工艺管理工作，有助于企业产品质量的提高和工艺技术的进步，从而促进企业的发展。工艺管理分为以下几个方面。

(1) 严格贯彻执行工艺规程，对工艺文件规定的参数、技术要求，严格遵守并认真执行。

(2) 对新工人和工种变动人员进行岗位技能培训，经考试合格并有专业指导方可上岗操作，生产技术部门不定期检查工艺纪律执行情况。

(3) 原材料、半成品、零配件进入车间后要进行自检，符合标准或有接收手续方可投产。

(4) 合理化建议、技术改进、新材料应用必须进行试验、鉴定、审批后纳入有关技术、工艺文件方可用于生产。

(5) 生产部门应建立库存工装台账，按规定办理领出、维修、报废手续，做好各项记录。

(6) 合理使用设备、量具、工位器具，保持其精度和良好技术状态。

### 2. 质量管理

为保证企业的产品质量，需要实施质量管理制度，以便提前发现异常、迅速处理改善，借以提高及确保产品品质符合管理及市场需要。通常质量管理需要制定以下相关细则。

(1) 各车间应严格执行企业管理文件中关于"各级人员的质量职责"的规定，履行自己的职责、协调工作。

(2) 对关键过程按规定严格控制，对出现的异常情况，要查明原因，及时排除，使质量始终处于稳定的受控状态。

(3) 认真执行"三检"制度，操作人员对自己生产的产品要做到自检，检查合格后，方能转入下工序，下工序对上工序的产品进行检查，不合格产品有权拒绝接收。发现质量事故时，做到责任者查不清不放过、事故原因不排除不放过、预防措施不制定不放过。

(4) 车间要对所生产的产品质量负责，做到不合格的材料不投产、不合格的半成品不转序。

### 3. 设备管理

设备管理是企业为了保证生产设备正常安全运行，保持其技术状况完好并不断改善和提高企业装备素质而编制的一些章程和规定。首先，车间设备指定专人管理，严格执行企业的设备使用、维护、保养、管理制度，认真执行设备保养制度，严格遵守操作规程。其次，设备台账卡片、交接班记录、运转记录，要求记录齐全、完整、账卡相符，填写及时、准确、整洁。最后，实行重点设备凭证上岗操作，做到证机相符。

### 4. 工具管理

为确保工具的完整及维修工作的开展，要规范各类工具的保管、领用、以旧(坏)换新、移交、报废等，加强单位工具管理。

(1) 技术部门员工可申请长期借用基本工具用于对设备的维护、维修和开展工作，因工作变动或有遗失、损坏需照价赔偿，领用时做好记录。

(2) 个人领用的基本工具，应由领用人妥善保管、爱护使用，若有丢失，一般应由领用人负责赔偿。

(3) 因工作需要另外借用的工具，必须履行借用手续，借用完毕及时限期归还，领用及归还时需填写相应记录。

(4) 设备工具原则上不外借其他单位、部门或个人，因特殊原因需要借用者，需经审核手续；借用的专用工具，如有损失，应向管理者报告并根据实际情况酌情赔偿。

(5) 购买一般工具，应由管理者批准，购买大型工具需提出书面报告，列入购置计划，需高层管理者批准。

### 5. 计量管理

为保证计量工作的全面性、计量器具的准确性、计量管理的统一性、实施过程的严肃性，使计量工作在生产经营、推动企业技术进步、提高产品质量、降低物资消耗、加强经济核算、提高经济效益等方面发挥应有的作用。企业作业现场的计量管理需要有如下内容。

(1) 计量器具使用人员要做到计量完好、准确、清洁并及时送检。
(2) 凡自制或新购计量器具均应送质量部门检查,合格后办理入库、领出手续。
(3) 禁用精密度较高的计量工具测量粗糙工件,更不准作为他用,不得使用非法计量单位的量具。
(4) 文件、报表、记录等相关文件要采用科学计量单位。
(5) 需报废的计量器具,应报相关部门核定。

### 6. 文明生产

文明生产要求车间整齐清洁,展示及工作图表美观大方,设计合理,填写及时,准确清晰,原始记录、台账、生产小票齐全、完整、按规定填写,并且应准确填写交接班记录、交接内容。室内外经常保持清洁,不堆放垃圾;生产区域严禁吸烟;车间内管路线路设置合理、安装整齐,没有积水、积油;车间内工位器具、设备附件、更衣柜、工作台、工具箱、产品架和各种搬运小车等均应合理摆放,做到清洁有序;车间照明合理,严禁长明灯,长流水。坚持现场管理,实现文明生产、文明运转、文明操作。

### 7. 安全生产

安全生产是确保生产秩序,保证各项生产正常运作,持续营造良好工作环境,促进企业发展的重要内容。安全生产要严格执行各项安全操作规程,经常开展安全活动,不定期进行认真整改、清除隐患。特殊工种作业应持特殊作业操作证上岗,学徒工、实习生及其他学员上岗操作时应有专业人员带领指导,不得独立操作;重点设备要有专人管理。加强事故管理,坚持对重大未遂事故不放过,要有事故原始记录及处理报告,记录要准确,上报要及时。

### 8. 能源管理

为降低企业物耗,杜绝浪费现象,提高能源利用率,生产作业现场需要进行能源管理,管理人员和作业人员要结合生产和物资消耗实际情况,积极履行节能职责,开展能源消耗统计核算工作,认真执行企业下达的能源消耗定额。生产过程中,随时检查耗能设备运行情况,杜绝跑、冒、滴、漏,消除长流水现象,严格控制设备预热时间,杜绝空车运行。

### 9. 车间管理

为了维持良好的生产秩序和车间环境,提高劳动生产率与经济效益,应根据公司制度,具体制定车间管理的规则,上报批准后实施。车间管理要做到奖罚分明、账目齐全、分配公开公正。对产品车间要不定期开展内部工艺、产品质量自检自纠工作,并组织作业人员参加技术培训,使其达到岗位技能要求。

在不同行业的不同企业中,现场管理的内容及其重点不尽相同。上述内容是依据当前大多数生产企业的实际情况提出的,具有一定的普遍意义。随着生产技术的发展和管理水平的提高,现场管理的内容将更加丰富、充实。

## 三、现场管理的原则

现场管理的概念和内容具有多方面性,现场管理的原则有以下三个。

(1) 经济效益原则。企业作为经营主体，其现场管理的目标包括成本目标、进度目标和质量目标，这三者相辅相成。生产现场的管理要克服只抓进度和质量而不计成本和市场，从而形成单纯的生产观和进度观。相关部门应在精品奉献(按合同约定)、降低成本、拓展市场等方面下功夫，并同时在生产经营诸要素中，在严格保证合同约定质量和作业安全的前提下，时时处处精打细算，力争少投入多产出，坚决杜绝浪费和不合理开支。

(2) 科学合理原则。现场管理要达到成本、进度、质量、安全的目标，作业现场的组织措施、管理措施、经济措施、技术措施等都应当符合科学合理的原则，才能做到现场管理的科学化，真正符合现代化大生产的客观要求。同时还要做到操作方法和作业流程合理，现场资源有效利用，现场定置安全科学，员工的聪明才智才能够充分发挥出来。

(3) 标准化、规范化原则。标准化、规范化是对作业现场的基本管理要求。为了有效协调现场生产活动，作业现场的诸要素都必须服从一个统一的意志，克服主观随意性。只有这样，才能从根本上提高现场生产的工作效率和管理效益，从而建立起一个科学而规范的现场作业秩序。

## 四、现场管理的工具

### (一)目视管理

目视管理是一种公开化的、视觉显示为特征的管理方式，亦称"看得见的管理""一目了然的管理""图示管理"。它是利用形象直观、色彩适宜的各种视觉感知信息(如仪器图示、图表看板、颜色、区域规划、信号灯、标识等)将管理者的要求和意图让大家都看得见，以达到员工的自主管理、自我控制及提高劳动生产率的一种管理方式。目视管理是工厂整体管理的有效方法，它是从制造现场到办公场所、从经营者到一线工作者，全体员工都能够通过"眼睛看"就能了解工厂当前的生产状况，各部门为提高生产效率应该如何去做等，是最行之有效的管理手法。

目视管理实施的如何，很大程度上反映了一个企业的现场管理水平。无论是在现场还是在办公室，目视管理均大有用武之地。在领会其要点及水准的基础上，大量使用目视管理将会给企业内部管理带来巨大的好处。首先，目视管理是高效率的管理方法；管理对管理者而言也许体现了优越感，但对被管理者来说并不是一件愉快的事情，"尽量减少管理，尽量自主管理"这一符合人性要求的管理法则，在目视管理中发挥得淋漓尽致。实施目视管理，即使部门之间、全员之间并不相互了解，但通过眼睛观察就能正确地把握企业的现场运行情况，判断工作正常与否，这样就可以实现自主管理，省却了许多无谓的请示、命令、询问，使得管理系统能高效率的运作。其次，目视管理是"对错一目了然"的方法，很多企业的管理规章制度只停留在文件上，殊不知不用看文件，在现场就能判定对错对现场管理来说是多么的重要，目视管理恰好可以解决这样的问题。最后，目视管理有不同的水准，适合不同特点和发展阶段的企业。目视管理可以分为三个水准：初级水准，即有表示，能明白现在的状态；中级水准，即谁都能判断良好与否；高级水准，即管理方法(异常处理等)都列明。

### (二)看板管理

看板管理方法是在同一道工序或者前后工序之间进行物流或信息流的传递。它是一种拉动式的管理方式，它需要从最后一道工序通过信息流向上一道工序传递信息，这种传递信息的载体就是看板。

看板管理是发现问题、解决问题的非常有效且直观的手段，尤其是优秀的现场管理必不可少的工具之一。管理看板是管理可视化的一种表现形式，即对数据、情报等的状况一目了然的、透明化的管理活动。它通过各种形式如标语、现况板、图表、电子屏等把文件上、头脑里或现场隐藏的情报揭示出来，以便任何人都可以及时掌握管理现状和必要的情报，从而能够快速制定并实施应对措施。按照责任层级的不同，一般可以分为公司管理看板、部门车间管理看板和班组管理看板三类。

看板管理的作用如下。①生产计划发布。将生产计划实时发布到生产现场。②实时产量统计。实时收集生产现场产量。③生产线异常通知。出现缺料、设备故障等异常，实时通报相关人员。④处理流程跟踪。跟踪异常处理过程，督促相关人员及时处理。⑤生产效率统计。统计生产效率，并对各生产线效率进行统计分析。⑥异常状况统计：统计各类异常状况次数及时间，并进行归类。

## 第二节　5S 管　理

### 一、5S 管理的概念

5S 活动是指对生产现场各生产要素(主要是物的要素)所处的状态不断地进行整理、整顿、清扫、清洁、提高素养的活动；这 5 个词语罗马拼音的首字母都是"S"，所以简称 5S 活动。5S 活动起源于日本，1955 年日本当时推行的 2S 宣传口号为"安全始于整理整顿，终于整理整顿"，其目的仅为了确保作业空间和安全；后因生产控制和品质控制的需要，逐步提出后续 3S，即"清扫、清洁、提高素养"，从而其应用空间及使用范围进一步拓展。1986年，首部 5S 著作问世，对整个日本现场管理模式带来了巨大冲击，并由此掀起 5S 热潮。

日本企业将 5S 活动作为工厂管理的基础，使企业的经济效益有了明显的提高，为日本后来成为经济大国奠定了基础。5S 活动对于塑造企业形象、降低成本、准时交货、安全生产、严格的标准化、完美的工作场所等现场改善方面的巨大作用逐渐被各国管理界所认识，随着世界经济的发展，5S 现已成为各国工厂管理的一种重要方法。根据企业进一步拓展的需要，一些企业在原 5S 的基础上增加了节约及安全两个要素，形成 7S，还有些企业加上习惯化、服务及坚持，形成 10S。但是最根本的管理思想还是 5S。

### 二、5S 管理方法

#### 1. 整理(Seiri)

整理是 5S 活动的第一步，日语中的"整理"不仅是指日常所说的把东西整理好、摆放好，更多的意思是指将不要的东西处理掉。因此，"整理"是指区分必要和不必要的物品，将不必要的物品废弃或放在别处保管，在生产现场只放置必需物品。

整理活动的核心内容是对生产现场的物品加以分类。首先要把生产现场所有物品清查一遍,各个位置、各个部分不留死角地进行检查,分析物品的功能,做出要与不要的判断。由于每个企业的实际生产情况不同,判断的方法也不相同,但一个粗略的判断原则是,可将未来一个月内不需要的物品归为不要,移出现场。实际操作中,可以制作一些红色标签,挂在认为不需要的物品上,当无法清楚地判断某一物品是需要还是不需要时,仍将红色标签挂上。如果挂着红色标签,但事实上仍是需要的,需要员工提供确实需要此物品的原因。

做出分类之后,就要坚决地把不需要的物品,如剩料、多余半成品、切屑、垃圾、多余工具、报废的设备、工人个人生活用品等清理出现场,达到现场无不用之物。

通过整理,可以改善和增加生产面积,减少由于物品乱放、好坏不分而造成的差错,使库存更合理,消除浪费,节约资金,保障安全生产,提高产品质量。

### 2. 整顿(Seiton)

整顿是将整理后需要的物品进行科学、合理地布置和摆放,它是 5S 的第二项活动,也是生产现场改善的关键,是 5S 的重点。整顿的内容包括将物品依使用类别分类,以寻找时间和工作量最少为原则来安置这些物品。如果将这项工作深入下去,就是"定置管理"。

通过整顿应达到以下要求。

(1) 物品放置要有固定的场所,不需要花费时间去寻找,随手就可以把物品拿到手。物品放置场所分为原材料放置场所、半成品放置场所、工艺装备放置场所、零部件放置场所以及残次品放置场所等。

(2) 物品摆放地点要科学合理。科学地设计物品摆放地点与作业点的距离,按使用频率高低的顺序摆放,常用的放近些,偶尔使用或不常用的则应放远些。

(3) 物品摆放要目视化。物品要按一定的规则进行定量化摆放,过目知数,不同物品采用不同的色彩和标记,如仓库管理采用的"四号定位"法、"五五摆放"法。

### 3. 清扫(Seiso)

清扫是指把生产现场打扫干净,包括机器、工具、地面、墙壁、天花板及其他工作场所。生产现场在生产过程中会积存灰尘、油污、垃圾等,从而使生产现场变得脏乱,而脏乱的现场会使设备精度丧失、故障多发,影响产品质量,还会影响人们的工作情绪、身心健康,因而清扫变得越来越重要。清扫又可称为点检,员工在清扫时,可以发现许多不正常的地方。如果机器布满灰尘、碎屑或由排水、排烟和排气带来很多污垢,是难以发现潜在问题的;而在清扫机器的时候,作业人员能轻易地检查出漏油之处、外盖裂痕或是螺丝松动之处,从而排除故障。清扫过程中要注意以下问题。

(1) 谁使用谁清扫。清扫时间可以是每天开始作业前及结束作业后的几分钟,也可以是每周、每月一次几十分钟。清扫工作不是由特定的人员来承担,而是每个员工自主地进行。

(2) 对机器设备、工具、模具、量具的清扫,着眼于对它们的维护保养。

(3) 清扫是为了改善,要在清扫过程中发现缺陷及时改进。

### 4. 清洁(Seiketsu)

清洁是整理、整顿、清扫这 3S 的制度化与深入化。清洁要做到"三不",即不制造脏乱、不扩散脏乱、不恢复脏乱,其目的是为保持前面 3S 的成果。清洁追求的是对良好状态持之以恒的保持,包括生产现场的环境整齐、美观、整洁,生产现场各类人员着装、仪表、仪容整洁，还包括员工精神上的整洁。

#### 5. 素养(Shitsuke)

素养是一种作业习惯和行为规范，是 5S 的最终目标。素养无论对企业还是员工个人都是非常重要的。提高素养就是逐步养成良好的作业习惯、行为规范和高尚的道德品德，自觉遵守各项规章制度。素养能改善企业内人际关系，增强员工集体主义观念及团队精神，帮助企业建立良好的企业文化。在生产现场工作中，提高素养，人人养成好习惯，不需别人督促和提醒，不需领导检查，这对改善生产现场工作极为重要。

5S 活动开展起来比较容易，可以搞得轰轰烈烈，也通常会取得一定的效果，但要一贯坚持、不断优化就不太容易。尤其素养不是一朝一夕所能够养成的，应耐心、反复地进行教育和引导。同时企业和管理人员必须认识到，开展 5S 活动一定要全体员工参与进来，强调员工的自觉参与，而不是被动去做。5S 活动是一个按整理、整顿、清扫、清洁、提高素养的顺序依次进行、不断循环的过程，其重心是提高素养；每经过一轮循环，素养就得到一次提高，如此循环往复，使企业的素养得到不断的提高，形成团队精神和企业文化。

## 三、5S 管理的推行步骤

掌握了 5S 的基础知识，不等于具备推行 5S 活动的能力，因推行步骤、方法不当导致事倍功半，甚至中途夭折的事例并不鲜见。因此，推行 5S 管理，掌握正确的步骤、方法是非常重要的。5S 活动推行的步骤如下所述。

步骤 1：成立推行组织。
(1) 成立推行委员会及推行办公室。
(2) 确定组织责任人相应职责。
(3) 划分委员的主要工作。
(4) 编组及责任区划分：建议由企业主要领导出任 5S 活动推行委员会主要职务，以支持 5S 活动。

步骤 2：推行方针拟定及目标制定。

推行方针的制定要结合企业具体情况，要有号召力；方针一旦制定，要广为宣传，将推行方针作为导入之指导原则。

例一：推行 5S 管理、塑中集一流形象。
例二：告别昨日，挑战自我，塑造捷虹新形象。
例三：于细微之处着手，塑造公司新形象。
例四：规范现场与现物、提升人的品质。

目标制定是设定期望的目标作为努力的方向，也便于活动过程中的成果检查。目标的制定要同企业的具体情况相结合。

例一：要求第 4 个月各部门考核 90 分以上。
例二：有来宾到厂参观，不必事先临时做准备。

步骤 3：拟订工作计划及实施方法。
(1) 拟订日程计划作为推行及控制之依据。

(2) 收集资料及借鉴他厂做法。
(3) 制定5S活动实施办法。
(4) 制定要与不要的物品区分方法。
(5) 制定5S活动评比的办法。
(6) 制定5S活动奖惩办法。
(7) 其他相关规定(5S时间等)。

大的工作过程一定要有计划，以便大家对整个过程有一个整体的了解。项目责任者清楚自己及其他担当者的工作是什么、何时要完成，相互配合造就一种团队作战精神。

步骤4：教育。
(1) 每个部门对全员进行教育。全员教育内容包括：5S的内容及目的、5S的实施方法、5S的评比方法。
(2) 新进员工的5S训练。5S活动教育是非常重要的，可以让员工了解5S活动给自身工作及企业带来的好处，从而主动地去做而不是被迫地去做。教育形式要多样化，理论授课、观看视频资料、观摩他厂案例或样板区域、学习推行手册等方式均可视情况加以使用。

步骤5：活动前的宣传造势。
5S活动要全员重视、参与才能取得良好的效果，事前的有效宣传非常重要。
(1) 最高主管发表宣言(晨会、内部报刊等)。
(2) 海报、内部报刊宣传。
(3) 宣传栏。

步骤6：实施。
(1) 前期作业准备。实施前可以开展方法说明会，准备必要的道具。
(2) 工厂"洗澡"运动(全体上下彻底大扫除)。
(3) 建立地面划线及物品标识标准。
(4) 展开"三定""三要素"。
(5) 定点摄影。
(6) 做成"5S日常确认表"及监督实施。
(7) 红牌作战。

步骤7：活动评比办法确定。
(1) 加权系数有困难系数、人数系数、面积系数、教养系数。
(2) 考核评分法。

步骤8：查核。
(1) 现场查核。
(2) 5S问题点质疑、解答。
(3) 举办各种活动及比赛(如征文活动等)。

步骤9：评比及奖惩。
依5S活动竞赛办法进行评比，公布成绩并严格实施奖惩。

步骤10：检讨与修正。
各责任部门依缺点项目进行改善，不断提高。可以采用QC手法和IE手法；在5S活动中，适当地导入QC手法、IE手法是很有必要的，能使5S活动推行得更加顺利、更有成效。

步骤 11：纳入定期管理活动中。
(1) 标准化、制度化的完善。
(2) 实施各种 5S 强化月活动。

需要强调的是，企业因其背景、组织结构、企业文化、人员素质的不同，推行时可能会有各种不同的问题出现。推行责任人及相关组织要根据实施过程中所遇到的具体问题，采取可行的对策，这样才能取得满意的效果。

## 四、5S 管理的推广与发展

在 5S 活动的基础上，有人提出了 6S 管理活动，在整理、整顿、清扫、清洁、素养的基础上增加了"自检"(Self-criticism)，即每日下班前作自我反省与检讨，目的是总结经验与不足；确定一至两种改进措施；培养自觉性、韧性和耐心。

根据企业进一步发展的需要，有些公司在原来 5S 的基础上又增加了节约(Save)及安全(Safety)这两个要素，形成了 7S；还有人将 5S 延伸为 8S，增加安全(Safety)、节约(Save)、学习(Study)三个项目，8S 管理法的目的是使企业在现场管理的基础上，通过创建学习型组织不断提升企业文化的素养，消除安全隐患、节约成本和时间，使企业在激烈的竞争中立于不败之地。另有一些企业在 7S 基础上，增加了效率(Speed)、服务(Service)及坚持(Shikoku)，形成了 10S。

随着管理的不断完善和精细化，5S 管理的内容不断地被扩充，甚至有企业和研究者提出 13S，即在 5S 的基础上增加安全、节约、服务、满意、坚持、共享、效率、学习。但无论怎么变化，所谓的 $n$S 都是从 5S 里衍生出来的，5S 仍旧是基础的、重要的管理思想和文化。

## 第三节 定 置 管 理

### 一、定置管理概述

定置管理是一种科学的现场管理方法和技术，它是 5S 活动中整理、整顿针对实际状态的深入与细化，是一个动态的整理、整顿体系。定置管理是主要研究生产要素中人、物、场所三者之间的关系，使之达到最佳结合状态的一种科学管理方法。它以物在场所的科学定置为前提，以完善的信息系统为媒介，以实际人和物的有效结合为目的，使生产现场的管理科学化、规范化和标准化，从而优化企业物流系统，改善现场管理，建立起现场的文明秩序，使企业实现人尽其力、物尽其用、时尽其效，以达到高效、优质、安全的生产效果。

定置管理可使材料、零部件、工装、夹具和量具等现场物品按动作经济原则摆放，防止混杂、碰伤、挤压变形，以保证产品质量，提高作业效率；可使生产要素优化组合，使员工进一步养成文明生产的好习惯，形成遵守纪律的好风气，自觉地不断改进自己工作场所的环境，使生产规范有序。定置管理具有结合性、目的性、针对性、系统性、有效性和艰巨性的特点，人与物的结合是定置管理的本质和主体，物与场所的结合是定置管理的前提和基础，它从属于、服务于现场管理,是现场管理中的一种特定管理方法。

## 二、定置管理的内容

定置管理的核心内容是强调物品的科学、合理摆放及依次进入每一道工序,使整个操作流程规范化,各道工序之间秩序井然,不致延误、阻碍下一道工序的操作。

### (一)人与物结合的基本状态

定置管理要在生产现场实现人、物、场所三者最佳结合,要由人在现场中对现场中的物进行整理、整顿。按人与物有效结合的程度,可将人与物的结合归纳为 A、B、C 三种基本状态。

(1) A 类状态。这是指人与物处于立即结合的状态,即将经常使用的直接影响生产效率的物品放置于作业者附近(若合理就可以固定),当作业者需要时能立即拿到。

(2) B 类状态。人与物处于待结合状态,表现为人与物处于寻找状态或尚不能很好地发挥效能的状态。

(3) C 类状态。人与物已失去结合的意义,与生产无关,这类物品应尽量从生产区排除。

### (二)定置管理的分类

#### 1. 按管理范围分类

按管理范围不同,可把定置管理分为以下五种类型,如图 11.1 所示。

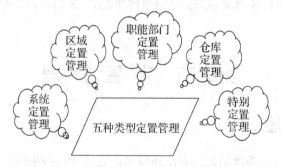

图 11.1 按管理范围区分的五种定置管理类型

(1) 系统定置管理。在整个企业各系统各部门实行定置管理。

(2) 区域定置管理。按工艺流程把生产现场分为若干定置区域,对每个区域实行定置管理。

(3) 职能部门定置管理。企业的各职能部门对各种物品和文件资料实行定置管理。

(4) 仓库定置管理:对仓库内存放物实行定置管理。

(5) 特别定置管理:对影响质量和安全的薄弱环节,包括易燃易爆、易变质、有毒物品等实行定置管理。

#### 2. 按工厂实践活动分类

按工厂实践活动不同,可把定置管理分为以下五种类型:

(1) 区域定置。规范各车间的现场定置，在颜色、大小、尺寸上均形成统一的状态，使所有人都能一目了然、正确识别相关区域。

(2) 生产厂区的定置。对于生产区域的具体划分、标注，使生产现场更规范化。

(3) 设备定置。设备定置就是对设备运动形态过程的定置。其目的是充分发挥现有设备的最大能力，完全排除无效的工作损失，彻底消除人机系统的慢性损失，使设备动态目标、修理目标、备件供应目标达到最佳状态。

(4) 办公室定置。这是为了规范办公环境，给员工创造清新、整齐的办公场所，便于统一治理，而对办公室人员、物品摆放等方面进行的安排和管理，其内容如图11.2所示。

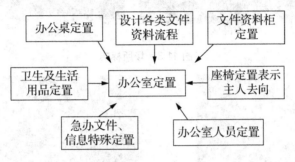

图 11.2　办公室定置

(5) 办公室人员定置。在生产中明确责任人的具体责任，并明确员工的技能，使人员得到最大化自我实现。

### (三)信息媒介在定置管理中的功用

随着信息技术的迅猛发展，信息媒介越来越多地影响着定置管理。信息媒介是指人与物、物与场所合理结合过程中起指导、控制和确认等作用的信息载体。生产中使用的物品品种繁多、规格复杂，它们不可能都放置在操作者的手边，如何找到各种物品，需要有一定的信息来指引；物品流动时的流向和数量需要有信息来指导和控制；为了便于寻找和避免混放物品，也需要有信息来确认。在定置管理中，完善而准确的信息媒介很重要，它影响到人、物、场所的有效结合程度。人与物的结合，常有以下五种信息媒介物。

(1) 物品的位置台账，记录物品位置，可以了解所需物品的存放场所。

(2) 定置管理图，表明"该处在哪里"，在定置图上可以看到物品存放场所的具体位置。

(3) 场所标志，表明"这儿就是该处"，它是物品存放场所的标志，通常用名称、图示、编号等表示，如图11.3所示。

(4) 现货标示，表明"此物即该物"，是物品的自我标示，一般用各种标牌表示，标牌上有货物本身的名称及相关事项。图11.4所示为库存实物卡，标有货物及库存信息。

(5) 形迹管理，表明"此处放该物"。形迹管理是把工具等物品的形状轮廓标示出来，让形状来做定位标示，让人一看就明白如何归位的管理方法。图11.5所示工具柜，每层刻出工具形状的凹槽，可以使人清楚地知道工具的摆放位置，对工具的清点也一目了然。

图 11.3 场所标志

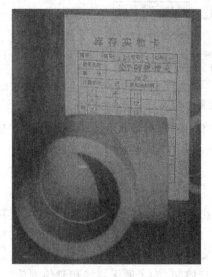

图 11.4 现货标识图

图 11.5 工具按形迹摆放

在寻找物品的过程中,人们通过媒介物(1)、(2)被引导到目的场所,通过媒介物(3)、(4)、(5)来确认需要结合的物品。因此媒介物(1)、(2)称为"引导媒介物",而媒介物(3)、(4)、(5)则称为"确认媒介物"。人与物结合的这五个信息媒介缺一不可。

通常对现场信息媒介的要求是:场所标志清楚、场所设有定置图、物品台账齐全、存放物品的序号及编号齐备、信息标准化,每个区域所放物品有标志牌显示。建立人与物之间的连接信息,是定置管理技术的特色;应认真地建立、健全、连接信息系统,并形成畅通的信息流,有效地引导和控制物流。

## 三、定置管理的步骤

### 1. 现场调查

现场调查是指一整套完整的、有效且全面的方法,用于了解在生产现场中的人、机、料、器、环的操作使用以及生产管理情况,如表 11.1 所示。

表 11.1 现场调查具体内容

| 序号 | 调查具体内容 | 序号 | 调查具体内容 |
| --- | --- | --- | --- |
| 1 | 人、机操作情况 | 7 | 生产现场物品搬运情况 |
| 2 | 物流情况 | 8 | 生产线现场物品摆放情况 |
| 3 | 作业面积和空间利用情况 | 9 | 质量保证和安全生产情况 |
| 4 | 原材料、在制品管理情况 | 10 | 设备运转和利用情况 |
| 5 | 半成品库和中间库的管理情况 | 11 | 生产中各类消耗情况 |
| 6 | 工位、器具的配备和使用情况 | | |

**2. 提出改善方案**

针对现场调查资料，运用工业工程中的"方法研究""时间研究"和"5W1H""ECRS"技术进行分析，提出改进方案。可以将分析的问题归纳为：人与物的结合情况，现场物流及搬运情况，现场信息流情况，工艺方法情况，现场场地利用情况，员工操作情况，安全防范措施等。提出改进方案后，定置管理人员要对新的改进方案进行具体的技术经济分析，并和旧的工作方法、工艺流程和搬运线路进行对比、评估。经确认是比较理想的方案后，才可作为标准化的方法实施。

**3. 定置管理设计**

定置管理设计是在遵循设计原则的前提下，绘制一幅带有定置管理特点、能反映定置管理要求的管理文件和目标的图形，该图称为定置管理图，简称定置图。定置图的种类如图 11.6 所示。

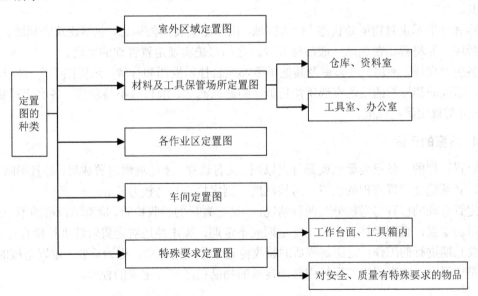

图 11.6 定置图的种类

定置管理设计的具体内容如下。

(1) 各种场地和各种物品的定置设计。定置设计必须符合工作要求，主要包括：①单一的流向和看得见的搬运线路；②最大程度地利用空间；③最大的操作方便和最小的不顺手、不愉快；④最短的运输距离和最少的装卸次数；⑤切实的安全防护保障；⑥最少的改进费用；⑦最理想的统一标准。

(2) 定置图。定置图是对生产现场所有物进行定置，并通过调整物品来改善现场中人与物、人与场所、物与场所相互关系的综合反映图。定置图绘制的内容有：①现场中所有的物均应绘制在图上，并标明设计、审核、批准人、日期等；②定置图绘制要简明、扼要、完整，物品按比例绘制大致轮廓，相对位置要准确，区域划分清晰鲜明，定置图中的机器设备一律用虚线表示，定置的物品(如工具箱、柜子、料架以及流动物品)一律用实线表示，定置区域用双点画线表示；③生产现场暂时没有的，但已定置并决定制作的物品，也应在图上表示出来，准备清理的无用之物不得在图上出现；④定置物可用标准符号或自定符号进行标注，并在图上加以说明；⑤定置图应按定置管理标准的要求绘制，也应随着定置关系的变化而能进行修改。

(3) 信息媒介物的设计。信息媒介物设计的范围包括：①生产现场各种区域、通道、活动器具和位置信息符号的设计；②各种货架、工具箱、生活柜等的结构和编号的标准设计；③物品台账、物品(仓库存放物)确认卡片的标准设计；④信息符号设计和图示板(示板图)、标牌设计；⑤制订各种物品的进出、收发办法的设计，等等。

在推行定置管理，进行工艺研究、各类物品停放布置、场所区域划分等都需要运用各种信息符号。各个企业应根据实际情况设计和应用有关信息符号，并纳入定置管理标准。在信息符号设计时，优先采用 ISO(国际标准)、GB(国家标准)。其他符号企业应根据行业特点、产品特点、生产特点进行设计。设计符号要简明、形象、美观。

示板图是现场定置情况的综合信息标志，是定置图的艺术表现和反映，是实现定置管理的工具。

标牌是指示定置物所处状态、标志区域、指示定置类型的标志，包括建筑物标牌、货架、货柜标牌、原材料、在制品、成品标牌等。它们都是实现定置管理的手段。

各生产现场、库房、办公室及其他场所都应悬挂示板图和标牌。示板图中内容应与蓝图一致。示板图和标牌的底色宜选用淡色调，画面应清洁、醒目且不易脱落。各类定置物、区(点)应分类规定颜色标准。

#### 4. 方案的评估

定置管理的一条重要原则就是持之以恒。又有这样，才能巩固定置成果，并且不断发展。因此，必须建立定置管理的检查、考核制度，制定检查与考核办法。

定置管理的检查与考核分为两种情况：一是定置后的验收检查，检查不合格的不予通过，必须重新定置，直到合格为止；二是定期或不定期、突击性地对定置管理进行检查与考核。这是要长期进行的工作，它比定置后的验收检查工作更为复杂、更为重要。定置考核的基本指标是定置率，它表明生产现场中必须定置的物品已经实现定置的程度。

# 本 章 小 结

生产现场集中了企业的人力、物力、财力，由于企业的主要活动都是在生产现场完成的，因此，从生产现场的状况就可以了解该企业的经营状况。加强企业生产现场管理对于降低企业生产成本，提高企业经济效益有着重要的现实作用。本章第一节阐述了现场和现场管理的概念，现场管理的内容，以及现场管理的原则和工具；第二节介绍了5S管理的含义，5S管理的内容和具体要求，5S管理的步骤，5S管理的推广与发展；第三节介绍了定置管理的含义，定置管理的基本理论，如何推行定置管理。

## 思考与练习

1. 试述现场与现场管理的概念。
2. 何谓5S管理？其方法和步骤是什么？
3. 试述5S活动对搞好企业生产运作管理的意义？
4. 何谓定置管理？定置管理的工作步骤是什么？

## 案 例 分 析

### 龙头企业现场也曾不忍直视

F公司坐落在长白山国有林区，其主要业务包括采伐林木、培育森林；具体以生产、销售刨花板为主。公司的刨花板生产线采用德国、芬兰、意大利等国家的先进技术和设备。生产的具有自主知识产权的环保刨花板，以其甲醛含量低于国际和国内同类产品而深受消费者喜爱。

目前，F公司是国内人造板行业龙头企业，公司已经形成年生产刨花板100万立方米，中密度纤维板100万立方米，三聚氰胺浸渍纸10 000万平方米，木材30万立方米，定制锯材2万立方米，饰面刨花板35万立方米，后成型防火板80万平方米，胶粘剂等林化产品50万吨，蜂蜜产品5000吨的生产规模。

一方面，本行业由于比较早地引入自动化控制，所以在工业3.0自动化控制方面程度较高，但是由于设计理念过时，生产控制设备进步较快，在生产线衔接上难免会出现跑冒滴漏的现象，同时由于过早地引入工业3.0的生产模式，从而导致再向4.0进行产业升级时，升级成本较高，且技术上、理念上的困难较多，从当代互联网思维以及精细化管理的角度进行观察存在着很多问题。

(1) 现场浪费。由于本行业始于20世纪80年代，由国家引进几条低产能自动化生产线，而后国内厂家仿制，但是只能对部分工艺技术较为低级的设备仿造，且部分设备的精度不足，所以当时国内刨花板生产线核心设备由国外进口，部分配套设备采用国内仿造设备，从而进行流水作业。但是在中前期工段特别是各个工序衔接处"跑冒滴漏"的现象极其严重，对生产现场卫生和周边环境造成恶劣影响，同时对产品成本和有限的生产力造成了极大的浪费。

(2) 管理模式的落后。发展初期，求大于供，同时初期加工企业多为原料型国有企业，始终以产供销为主要管理模式,以生产为主,供应成本为辅,销售产成品为主要经营目标。随着市场化的推进,导致了管理上的落后,从而造成了管理模式、生产模式、销售模式、思维模式的全面落后,进而造成了市场竞争力的下降。

(3) 奖惩制度的落后,员工的精益化意识薄弱。受到技术和工艺的限制,产品的产能终归会达到瓶颈,使得一线工程技术和操作人员的收入无法进一步提高,并且受到国有企业体制化思想的影响,员工的收入不与贡献相挂钩,只与职务相关,从而慢慢形成了责任越大但收入并不是越多的现象,严重打击了企业员工的工作积极性。

(4) 选工用工体制的落后。由于受到国有企业体制化思想的影响,从生产一线到企业经营,现有国有刨花板企业,依靠国家补贴支持和原有的管理经验,在试用员工上不需要太多的专业知识和团队运作经验,从而导致企业无法进一步提高,影响了企业的发展。

另一方面,F 公司的人造板生产线在建立初期,总体上的生产布局、设备配置以及物品摆放情况都迎合了当时的车间布置以及物流等方面。然而在不断扩大生产规模的同时也显现出了越来越多的问题,甚至可以说对企业的安全生产埋下了一系列的隐患。下面就具体阐述当前 F 公司人造板生产线存在的一些问题。

(1) 人员。刨花板生产技术人员严重缺乏,人才流失严重。员工的日常行为不够规范,没有养成良好的卫生习惯,随手乱扔垃圾,废品没有扔到垃圾箱里。公司在人力资源和刨花板生产管理中没有完善的管理体系,新员工上岗没有规范的岗位、技能、业务等方面的知识培训。员工的素质参差不齐,不能满足刨花板生产中对人力资源的需求。

(2) 设备。在刨花板生产过程中损坏的部分设备没有及时维修、更换,对配件室的零件没有规范的管理,阻碍了物件的流通;没有及时对易耗没能做好日常保养及维护工作,机器使用情况和使用寿命受到了严重影响;没有按照规定进行日常检查,不能及时发现设备的异常情况。

(3) 材料。由于原材料采购价格偏高,采购的不规范化;一般性的消耗材料库存较大;库房的原材料及半成品挤占有限的库房空间等因素,导致产品质量不稳定问题。公司产品质检工作不能做到可控和可追溯,不能及时找到原因和明确划分责任,奖惩制度不能得到很好的执行,不能杜绝类似的事情再次发生。

(4) 操作工序、方法。因为刨花板产能的增加和生产设备的改造,在控制室内增加了很多操作设备,未能合理地摆放设备,无形中增加了员工的工作量,延长了员工的工作时间,加重了员工的疲劳感,长此以往必然会逐渐削弱员工的工作积极性。

(5) 质量管理。公司现有的质量监督方案和管理办法不能满足生产过程中的全程监控。

(6) 生产现场污染物排放。公司在刨花板生产过程中产生的污染物主要是砂光木粉和木垃圾,这些污染物如果不及时处理会对环境造成极大污染。

(7) 环境。公司生产现场混乱,员工随意摆放物品增加了员工找寻物品的时间,直接影响工作效率;车间内的各种废品、垃圾使整个车间杂乱无章;未能够及时有效地维护生产设备,设备上都是灰尘,并且由于工作环境温度高、通风不畅,严重影响设备的使用寿命,而且威胁到员工的安全。

F 公司运用现场管理理论中的鱼骨图综合分析公司在生产现场中遇到的各种问题，如图 11.7 所示。

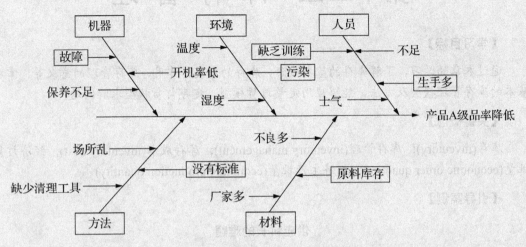

图 11.7　分析生产现场问题鱼骨图

F 公司具体的现场管理方面的设计方案主要可分为四个阶段：第一个阶段是初步诊断阶段；第二个阶段是制订计划阶段；第三个阶段是实施阶段；最后一个阶段是预防改进阶段。在实施阶段中主要从目视管理、6S 管理以及质量管理等方面展开，重点强调了后期的常态化、固化管理。

通过现场管理的推行实现了以下效果。

(1) 保证了工作环境的整洁、舒适。

(2) 促进了公司安全工作的开展。

(3) 加强了设备管理。通过日常检查及时发现设备的异常情况，及时督促并进行维修。

(4) 加强了工艺和记录的管理。6S 考核逐渐渗透到工艺领域，不断加强工艺和记录的管理，并把工艺记录的检查作为日常考核的一项重要内容。

(5) 减少了公司资源的浪费。公司规范员工的日常行为，养成节约的好习惯。

(6) 提高了员工素质。规范员工的日常行为，通过习惯的养成，激发员工的工作热情和干劲，大大提高了员工的素质，营造一种"单位即是家"的温暖氛围。

现场管理已经被证明是立竿见影的管理体系，F 公司通过开展现场管理，取得了很好的效果，迅速改善了公司在现场管理中存在的问题，特别是在优化环境、提升员工素质、推进安全生产、培育企业竞争力等方面均具有重要的意义，总之对于优化人的管理水平、综合实力等各方面具有良好的促进作用。

(资料来源：司学朋. F 公司生产现场管理改善研究[J]. 吉林大学硕士论文, 2016.)

讨论：

1. F 公司在现场管理过程中运用了哪些方法？

2. 对于 F 公司的现场管理你有哪些看法？

# 第十二章 库存管理

【学习目标】

通过本章的学习，了解库存的基本概念，库存的分类、作用，库存管理的意义等；掌握基本的库存管理模型及方法，能够应用定量订货模型、定期订货模型求解问题。

【关键概念】

库存(inventory)；库存管理(inventory management)；库存成本(inventory cost)；经济订货批量(economic order quantity)；经济生产批量(economic production quantity)

【引导案例】

### 供应科长的难题

1998年4月，蓝色梦幻食品公司物资供应一科刘科长正为如何控制物资库存量发愁。刘科长曾在一家农产品公司从事销售工作，后在一家饮料公司从事生产管理工作，1995年应聘到蓝色梦幻食品公司工作。因其为人正直，工作认真负责，善于学习新知识，而被委以负责物资管理工作的重任。蓝色梦幻食品公司的主导产品是保健饼干，这种采用生物工程技术制成的饼干对头晕头疼、食欲不振、失眠、消化不良、腹泻、肝功能不正常等多种疾病有明显的改善和保健作用。该产品生产工艺独特，基本流程大致如下。

菌种制作→母液形成→配料→上流水线加工→内封装盒→装箱

虽然该产品才推出几年，但销售额却增长迅速(见表12.1)，特别是1997年下半年，市场上甚至出现了供不应求的状况。于是1998年公司制定了"保6争1"的目标，即销售额在1998年要达到6000万元，力争达到1个亿。

表12.1 蓝色梦幻食品公司销售额

| 年份 | 1994 | 1995 | 1996 | 1997 |
| --- | --- | --- | --- | --- |
| 销售额/万元 | 60 | 600 | 2000 | 4500 |
| 增长率/% | — | 900 | 233 | 125 |

供应一科是专门负责公司包装物资采购的部门，包装物资主要是包装箱、包装盒内垫片和塑料纸，其中包装盒的外层贴纸是从韩国进口的。刘科长在1997年曾试图用经济订货批量模型来控制库存量，其基本公式为

$$Q^* = \sqrt{\frac{2DS}{H}}$$

其中，$D$为年需求量，$S$为每次订货费，$H$为单位物资年存储费用。但刘科长却发现这个公式看上去简单，用起来却并不简单。首先是年需求量难确定，因为公司主导产品的需求量波动幅度很大。1997年初，公司认为年销售额能达到1000万元就不错了，谁料到实际销售额居然达到了4000多万元。由于产品销量波动幅度大，难以预测，包装物资的年需求量

也就难以预测，而且可以肯定，其波动幅度也会很大。即使能给出物资年需求量的估计值，刘科长发现公式中的 $S$ 和 $H$ 也难以估计，订货费 $S$ 有时一次只要几十元，有时一次需要几千元，波动幅度很大，平均计算的可靠性自然不高，而单位物资的年存储费由于供应科组建时间不长，缺乏积累资料也难以精确估计。即使克服了诸多困难，估计出了计算所需的 3 个数据，刘科长发现不管如何计算或合理调整参数，按这个公式计算出的订货批量都不适用。1997 年 10 月刘科长按此模型确定订货批量后，不久就发生了缺货，因影响了生产而受到公司领导的批评。刘科长从此断了使用经济订货批量模型的念头。

1997 年底，一个偶然的机会，刘科长从一所大学从事物资管理教学的一位老教授处了解到了 MRP(物料需求计划)，认识到 MRP 能降低库存量。刘科长如获至宝般从老教授处借来了大量 MRP 资料，并聘请一位曾为另一家企业设计了 MRP 软件的计算机专业的朋友进行有关软件的开发，因为公司产品的结构和生产工艺流程简单，软件开发似乎也很容易。但不久刘科长就发现，这个 MRP 好像也不能解决他的难题。首先，MRP 要求生产计划可靠，但蓝色梦幻公司的产品销售计划变动很大，所以生产计划可以说是月月要变，而且变动幅度很大。其次，刘科长发现，在 MRP 中实际上也存在一个订货批量的计算问题，虽然 MRP 有关资料中提出了多种批量的计算方法，刘科长认为这些方法的实质似乎离不开经济订货批量模型的思想。基于此，刘科长对 MRP 的热情也就急剧下降了，不过公司正推行计算机管理，所以刘科长前段在 MRP 的工作也可以说是没有白费。

1998 年春节一过，公司产品的销售形势发生了重大变化。在 1998 年 2 月，销售量出现了下降，公司不得不把刚刚投产的两条生产线中的一条停了下来。但原来为应付销售量迅速增长而订购的大量物资却陆续到货，一时间，公司仓库的库存量大增。刘科长又忙着与供应商协商推迟或取消订单，但与代理进口韩国纸的外贸公司协商时，刘科长颇为为难。因为进口物资一般要提前半年报计划，以便外贸公司安排洽谈订货、看样、签约、外币准备、运输等相关事宜。1997 年下半年，刘科长一再要求外贸公司增加订货，外贸公司克服了诸多困难，不断增加订货量，却不料蓝色梦幻公司现在又提出减少订货，取消一些订单，外贸公司对此很有意见，要求蓝色梦幻公司分担部分损失。

不过，有一条消息让刘科长感到存在一个很大的成本节约机会，那就是由于东南亚金融危机，导致韩元大幅贬值，贬值幅度高达 50%之多。由于韩元贬值，韩国进口纸的价格大跌。刘科长觉得这是一个机会。但由于现在仓库库存量较大，刘科长正犹豫要不要向公司领导提交利用这个机会的报告。

1998 年 3 月，公司聘请了国外有关管理专家来厂讲课。大家对这位管理专家所讲到的准时生产制特别感兴趣。按准时生产制，公司库存应尽可能减少，库存量为零是最终的目标。如果能把库存降下来，刘科长粗算了一下，仅库存费一年就可节约几十万元。不过刘科长特别担心若实行准时生产制，肯定会发生缺货，那时所造成的影响生产的损失恐怕会远远超过库存的节约金额。所以在公司讨论是否实行准时生产制时，刘科长表示极力反对。刘科长觉得准时生产制离他自己还很遥远，眼下他所要做的是如何控制库存量。

(资料来源：厉以宁，曹凤岐. 中国企业管理教学案例[M]. 北京：北京大学出版社，1999.)

问题：
1. 应用经济订货批量模型与 MRP 方法的前提条件是什么？有何不同？
2. 刘科长对经济订货批量和 MRP 这两种方法的看法正确吗？

3. 准时生产制能否在蓝色梦幻食品公司应用成功?
4. 刘科长应该如何应对"韩元贬值"这个现象?
5. 如果你是刘科长,你将如何控制库存量?你认为蓝色梦幻食品公司的物资需求有何特点?

# 第一节 库存概述

库存(inventory),无论对于制造业还是服务业都极其重要。库存一方面占用大量的资金和空间,增加了生产系统运行成本,减少了企业的利润;另一方面它能防止短缺,平滑波动,避免生产过程的中断,使生产过程均衡地进行。如何科学地管理库存,从而使库存既能满足生产过程的需要,又能最大程度地降低占用费用,是库存管理的核心问题。

## 一、库存的基本概念

库存是指一切闲置的、用于未来的、有经济价值的资源,处于储存状态的物品或商品,具有整合需求和供给、维持各项活动顺畅进行的功能。

库存一词的定义是:"以支持生产、维护、操作和客户服务为目的而存储的各种物料,包括原材料和在制品、维修件和生产消耗品、成品和备件等。"从狭义上可以定义为存放在仓库中的物品;广义上则可以被定义为具有经济价值的任何物品的停滞与储藏。资源的闲置就是库存,与这种资源是否存放在仓库中没有关系,与资源是否处于运动状态也没有关系。例如,上海大众生产的捷达轿车通过物流渠道运输至天津地区销售,从上海到天津运输的过程中,捷达轿车处于闲置状态,那么此时的捷达轿车仍然应被视为库存,是一种在途库存。显然库存与其字面上的"库"没有任何必然的联系。由此看来,我们常常看到国内学者将库存的英文inventory翻译为"存储"或"储备"是有其渊源的。

## 二、库存的分类

库存是一项代价很高的投资,在了解库存作用前,有必要先了解库存的分类。由于生成的原因不同,库存的分类方法有很多种,以下从几种角度来看库存的分类。

### 1. 按资源需求的重复程度

按资源需求的重复程度,可分为单周期库存和多周期库存。

(1) 单周期库存是指需求仅发生在比较短的一段时间内,或库存时间不太长的需求,也称一次性订货量问题。一般发生在下面两种情况:偶然发生的物品需求;经常发生,但生命周期短、数量不确定的物品需求。单周期库存的典型例证是库存管理领域较为经典的"报童问题"。

(2) 多周期库存是指在足够长的时间里对某种物品重复的连续的需求,其库存需要不断地补充,如工厂常用的原材料、零配件等物料。因此多周期库存问题的决策包括:何时订货?每次订多少?多长时间检查库存?回答这三个问题是多周期库存控制的核心。

多周期库存是生产企业中最为常见的状态,也是本章重点需要论述的内容。

#### 2. 按库存物品的形成原因(或作用)

按库存物品的形成原因(或作用),可分为安全库存、储备库存、在途库存和周转库存。

(1) 安全库存(Safety Stock,SS)也称保险库存,是为了应付需求、制造与供应的意外情况(如大量突发性订货、交货期突然延期、临时用量增加、交货误期等特殊原因),企业需要持有周期库存以外的安全库存或缓冲库存。

(2) 储备库存一般是企业用于应付季节性市场采购与销售情况,如采购困难、材料涨价、销售旺季等。

(3) 在途库存是由于材料和产品运输以及停放在相邻两个工作地之间或相邻两个组织之间而产生的库存。需要注意的是,在进行库存持有成本的计算时,应将在途库存看作是出发地的库存。因为在途的物品还不能使用、销售或随时发货。

(4) 周转库存是指为了应付正常周转而储备的库存,一般用于生产等企业经营需要而产生的库存,如按生产计划采购的物品等。它的产生是基于经济采购批量思想。

#### 3. 按库存物品存在的状态

按库存物品存在的状态,可分为原材料库存、在制品库存、维修库存和成品库存。

(1) 原材料库存包括原材料和外购零部件。例如,压缩机生产厂通常外购毛坯件进行加工,把毛坯件视为原材料,而很多标准化的螺母和螺丝都属于外购而来的零部件,这些都属于原材料,而归为原材料库存。

(2) 在制品库存包括处在产品生产不同阶段的半成品。很多企业的半成品直接放在生产线或生产车间,等待进入下一个生产环节。还有一些企业则是将很多生产出来的半成品入库保管,在需要进一步生产时,再通过生产车间的派工单到半成品仓库领取。

(3) 维修库存包括用于维修与养护的经常消耗的物品或部件,维修备件库存居于这一类。

(4) 成品库存是准备运送给消费者的完整的或最终的产品。

#### 4. 按物品需求的相关性

按物品需求的相关性,可分为独立需求库存和相关需求库存。

(1) 独立需求是指物品的需求量之间没有直接的联系,也就是说没有量的传递关系,可以分别确定。从库存管理的角度来说,独立需求库存是指那些随机的、企业自身不能控制而是由市场所决定的需求。独立需求的最明显的特点是需求的对象和数量不稳定,只能通过预测方法粗略地估计。独立需求物品的库存管理模型一般按核定量库存管理模型或定期库存控制模型来控制,本章主要讨论独立需求库存。

(2) 相关需求也称从属需求,是指物料的需求量存在一定的相关性。一种物料的需求与更高层次上的物品需求相关联,前者的需求由后者决定,这样物料的需求不再具有独立性。相关需求是物料需求计划的主要研究对象。

这两类需求都是多周期需求,而单周期需求不考虑相关或独立的问题。

此外,按库存用途还可分为投资库存、经常性库存、保险性库存、闲置库存和季节性库存；按价值划分，可分为贵重物品和普通物资，如库存 ABC 分类法就属于按价值分类的方法。其中投资库存是指持有库存不是为了满足目前的需求，而是出于其他原因，如由于价格上涨、物料短缺或是为了预防罢工等囤积的库存。季节性库存是投资库存的一种形式，指的是生产季节开始之前累积的库存，目的在于保证稳定的生产运转。闲置库存是指在某些具体的时间内不存在需求的库存。

## 三、库存的作用和弊端

一般情况下，生产与消费之间存在着一定的时间差，库存的主要作用就是在供应和需求之间进行时间调整。库存对市场的发展、企业的正常运作与发展起着非常重要的作用。但是这些库存的作用都是相对的。客观来说，任何企业都不希望存在任何形式的库存，无论原材料、在制品还是成品，企业都会想方设法降低库存。

### (一)库存的作用

(1) 保证生产的计划性、平稳性，以消除或避免销售波动的影响。企业按销售订单与销售预测安排生产计划(参考主计划生产部分)，并制订采购计划，下达采购订单。由于采购的物品需要一定的提前期，这个提前期是根据统计数据或者是在供应商生产稳定的前提下制订的，但存在一定的风险，有可能因拖后而延迟交货，最终影响企业的正常生产，造成生产的不稳定。为了降低这种风险，企业就会增加材料的库存量。

(2) 防止生产中断，保证各运营环节的独立性。生产过程一般包含多个环节，需求不稳定将带来生产不均衡，同理，生产过程出问题也将使供应脱节。任何一个环节出现故障和问题，都将影响整个生产系统的正常运行，在易出故障的车间和工序之间设置合理的库存，可有效地避免或减少这种生产中断。因此一定量的库存，就像蓄水池，把市场和生产系统隔离开，起到缓冲的作用。

(3) 维持销售产品的稳定。成品库存将外部需求和内部生产分隔开，像水库一样。销售预测型企业对最终销售产品必须保持一定数量的库存，其目的是应付市场的销售变化。对订货量小、订货次数多、订货时间随机的用户，保持适量的库存，可满足随时订货和随时提货的要求。随着供应链管理的形成，这种库存也在减少或消失。

(4) 减少资金占用。库存的材料、在制品及成品是企业流通资金的主要占用部分，因而库存量的控制实际上也是进行流通资金的平衡。例如，加大订货批量会降低企业的订货费用，保持一定的在制品库存与材料会节省生产交换次数，提高工作效率，但这两方面都要寻找最佳控制点。

(5) 降低物流成本。用适当的时间间隔补充与需求量相适应的合理的货物量以降低物流成本，消除或避免销售波动的影响。

(6) 储备功能。在价格下降时大量储存，减少损失，以应对灾害等不时之需。

### (二)库存的弊端

(1) 增加仓库面积和库存保管费用，增加了企业的产品成本与管理成本。占用大量的流动资金，造成资金呆滞，既加重了货款利息等负担，又会影响资金的时间价值和机会收益；

库存材料的成本增加直接增加了产品成本,而相关库存设备、管理人员的增加也加大了企业的管理成本。

(2) 掩盖了企业众多管理问题,如计划不周、采购不利、生产不均衡、产品质量不稳定及市场销售不利等。

(3) 造成产成品和原材料的有形损耗和无形损耗;造成企业资源的大量闲置,影响其合理配置和优化;掩盖了企业生产、经营全过程的各种矛盾和问题,不利于企业提高管理水平。

(4) 同时,库存量过小也会产生很多问题:造成服务水平的下降,影响销售利润和企业信誉;造成生产系统原材料或其他物料供应不足,影响生产过程的正常进行;使订货间隔期缩短,订货次数增加,致使订货(生产)成本提高;影响生产过程的均衡性和装配时的成套性。

## 四、库存成本

### (一)库存成本的产生

(1) 不确定性与安全存货。不确定性主要考虑:制造商、批发商、零售商和消费者需求量和购买时间的不确定性;制造商完成订单所需的时间和运输交付的可靠性。处理不确定性的惯常做法是进行需求预测,但要准确预测出需求大小很难,因此必须备有安全存货来缓冲,以防不确定性。

(2) 运输途中和在制品存货。处于移动状态的产品和原材料也会产生与时间周期相关的存货成本,时间越长成本越高。例如,空运在途时间最短,节约了相关的存货成本,但运费高;水运在途时间长,存货成本相对高,可能导致相关的顾客服务成本也高。

(3) 季节性存货。季节性存货可能涉及公司物流系统的进货或出货方,或者双方。通常面临季节性供给或需求的公司都需要仔细分析自己的存货量。

(4) 经济批量与周转存货。经济批量与购买、生产、运输都有联系,购买批量大可以获得较多的价格折扣,同样大量运输也可获得较多的运输折扣,但都可能带来存货持有成本。生产同一产品的批量越大时,其单位生产成本就越低,但是也会带来存货的持有成本和产品陈旧过时问题。因此在购买、运输和生产三个方面要权衡分析,确定合适的周转存货。

不适量、不适时的供应都会对企业造成损害。供应的数量不足和供应时间延迟会导致缺货,影响企业的正常运转,甚至造成停产、停业;订购数量过多或补货时间提前,都会导致库存增加,产生库存成本。由于企业采购和进货都是分批次进行,这种按批次的进货与企业持续变动的需求二者之间存在时间、空间、品种和数量等矛盾,因此周转库存特别要加强库存管理。

### (二)库存成本的构成

库存成本是整个物流成本中的一个主要组成部分,而物流成本又占国民经济产值的很大部分。在整个库存经营过程中,会发生各种各样的费用,主要有以下三种。

成本是库存管理最重要的优化目标,因为库存管理者最先想到的是优化自己库存的成本。这些库存成本具体如下。

## 1. 存储成本

存储成本是指物品存放于仓库中需要支付的费用,这部分费用与物品价值和平均库存量有关。这些费用包括以下各项。

(1) 资金成本。库存资源本身有价值,占用了资金,这些资金本可以用于其他活动来创造新的价值,库存使这部分资金闲置起来,造成机会损失。例如,采购的物品是通过贷款与借款的方式投资的,那么企业为此需要支付利息与保险金等。

(2) 仓储空间费用。要维持库存必须建造仓库、配备设备,还有供暖、照明、修理、保管等开支,这是维持仓储空间的费用,如仓库的管理费用、仓库房租水电费、设备维修费、仓库作业成本等。

(3) 保管费用。保管费用是指在保管过程中为物品保管所花费的全部费用。包括:出入库的装卸、搬运、堆码和检验费用;保管工具和用料费用;保管人员的有关费用。保管费用与被保管物品数量和保管时间的长短有关,所保管的物品数量越多,保管时间越长,所耗费的保管费用就越高。

(4) 物品损耗与变质成本。即物品在存储过程中发生的损耗与变质所导致的损失。在闲置过程中,物品会发生变质和陈旧,如金属生锈、药品过期、油漆褪色、鲜货变质等。

## 2. 订货成本

(1) 订货费。当库存的物品是来自外部的供应者时,库存管理者需要与物品供应者进行物品供应的交易活动,这种订货过程发生的费用就是订货费。订货费是指订货过程中发生的与订货有关的全部费用,包括差旅费、订货手续费、通信费、招待费以及订货人员的有关费用。订货费用的特点是:在一次订货中,订货费用与订货量的多少无关;而若干次订货的总订货费用与订货次数有关,订货次数越多,总订货费用越多。设一次订货费为 $c$,且每次订货费都相等,在 $T$ 期间内共订了 $n$ 次货,则 $T$ 期间内的总费用 $C_1$ 可表示为

$$C_1 = n \times c$$

另外,当 $T$ 期间内的总需求量 $D$ 确定不变时,则单位时间内的平均订货费用与订货批量成反比。

订货费与发出订单活动和收货活动有关,包括评判要价、谈判、准备订单、通信、收货检查等。它一般与订货次数有关,而与一次订多少无关。

(2) 调整费用。当库存物品来自库存管理的内部,即自制的物品,企业要为此进行生产的调整,这种为准备、调整工艺而发生的费用就是调整费用。订货费和调整费用与全年发生的订货次数有关,一般与一次订多少无关。

例如,加工零件一般需要准备图纸、工艺和工具,需要调整机床、安装工艺装备等活动的费用。如果花费一次调整准备费多加工一些零件,则分摊在每个零件上的调整准备费就少,但扩大加工批量会增加库存。

(3) 购买费和加工费。采购或加工的批量大,可能会有价格折扣。

(4) 生产管理费。加工批量大,为每批工件做出安排的工作量就会少。

## 3. 缺货成本

缺货就是当用户来买货时,仓库因为没有现货供应而损失了这次销售机会。当企业库存

物品无法满足用户的需求而造成损失时,就发生了缺货成本。缺货成本一方面可能是由于失去盈利的机会而导致机会损失,这是一种机会成本;另一方面是企业由于缺货而延迟交货所支付的赔偿,或为此而进行的补救费用(如加班费)。

它反映失去销售机会带来的损失、信誉损失以及影响生产造成的损失。它与缺货多少、缺货次数有关。

我们常以 $C_2$ 表示缺货费,但由于缺货费受多种因素影响,只能以实际发生量为准。批量大则发生缺货的情况就少,缺货损失就少。

## 第二节 库存管理概述

库存管理是企业管理中的一个重要问题,是指企业为了生产、销售等经营管理需要而对计划存储、流通的有关物品进行相应的管理,如对存储的物品进行接收、发放、存储保管等一系列的管理活动。主要是"与库存物料的计划与控制有关的业务",目的是支持生产运作。

### 一、库存管理的含义

库存管理也称库存控制,是在库存论的指导下,在经济、合理或某些特定的前提下(如不允许缺货与降低服务水平等)建立库存数量的界限,即库存量(需求量)、库存水平、订货量等数据界限。对制造业或服务业生产、经营全过程的各类物品、产品以及其他资源进行管理和控制,使其储备保持在经济合理的水平上,是企业根据外界对库存的要求与订购的特点,预测、计划和执行一种库存的行为,并对这种行为进行控制。它的重点在于确定如何订货、订购多少、何时订货等问题。

下面列出库存管理与仓库管理的区别。

仓库管理主要针对仓库或库房的布置、物料运输和搬运以及存储自动化等进行管理;库存管理的对象是库存项目,即企业中的所有物料,包括原材料、零部件、在制品、半成品及产品,以及其辅助物料。

库存管理的主要功能是在供、需之间建立缓冲区,达到缓和用户需求与企业生产能力之间、最终装配需求与零配件之间、零件加工工序之间、生产厂家需求与原材料供应商之间的矛盾。

### 二、库存管理的作用

库存管理的目的是在满足顾客服务要求的前提下通过对企业的库存水平进行控制,力求尽可能降低库存水平、提高物流系统的效率,以强化企业的竞争力。库存管理的作用主要体现在企业经营中和物流管理中。

#### 1. 库存管理在企业经营中的作用

在企业经营过程的各个环节中,也就是说,在采购、生产、销售过程中,库存使各个环节上相对独立的经济活动成为可能。同时库存可以调节各个环节之间由于供求品种及数量之间的差别，把采购、生产和经营的各个环节连接起来并起到润滑剂的作用。对于库存在企业中的角色，不同的部门存在不同的看法。库存管理部门和其他部门的目标存在冲突，为了实现最佳库存管理，需要协调各个部门，使每个部门不仅是以有效实现本部门的功能为目标，更要以实现企业的整体效益为目标。

库存管理在企业经营中的作用可总括为以下几点。

(1) 对顾客需求进行预期。顾客可能随着周围环境、时代潮流、天气、个人偏好习惯的改变而改变购买习惯，从而影响到商品的销售，这就涉及预期库存，因为它们被持有是为了满足预期的大众平均需求。

(2) 平滑生产要求。季节性需求模式的企业淡季库存过剩，旺季库存不足。这种库存被命名为季节性库存。加工新鲜水果、蔬菜的公司会涉及季节性库存，出售滑雪板、贺卡、雪上汽车或圣诞树的商店也一样。

(3) 分离运作过程。过去的制造企业用库存作缓存，为持续生产而持续运作，否则就会由于设备故障而陷入混乱，并导致部分业务临时中止。缓存使得在解决问题时，不必中断其他业务。同样地，运用原材料库存的公司使生产过程和来自供应商的运送中断问题隔离开来，制成品库存割裂了销售过程和制造过程。最近，有些公司对库存缓存进行了进一步的研究，发现它们缓解了成本和空间的占用。此外，他们还认识到外包加工和消除故障源会大大减少运作过程对库存的需要。

(4) 阻止脱销。延迟送货和意料之外的需求增长都会导致缺货风险。延迟的发生可能由于供应商缺货、气候条件、运错货物、质量问题等。持有安全库存能够降低缺货风险，安全库存是指为对付需求和交付时间的时间差而持有的超过平均需求的库存。

(5) 利用订货周期。为使采购和库存成本平衡，公司往往一次性地购进大量商品，有可能超过需求量。把所购买物品的其中一些或全部储存起来用于后期使用，这种方式十分必要。此时必须等货物入库之后才可使用。因此，保存库存能够使公司以经济的批量采购和生产，无须为短期需求与购买或生产的平衡而费尽心机。这就导致了订货周期或定期订单，订货周期并不总是由经济订货批量所决定，在有些情况下，集体订货和固定时间订货会更现实或更经济。

(6) 避免价格上涨。有时公司预期未来的物价会发生上涨，为避免增加成本，公司就会以超过平时正常水平的数量进行采购。储存多余商品的能力也允许公司利用更大订单获取价格折扣。

(7) 准许业务营运。生产运作过程需要花费一定量的时间，这个事实(即生产的非即时性)意味着通常都会有一些在制品库存。另外，商品的中间库存(包括生产现场的原材料、半成品和产成品以及存在仓库里的商品)会形成生产与销售系统流水线库存。

### 2. 库存管理在供应链管理中的作用

如果从单个企业扩大到同供应商、制造商、批发商和零售商组成的物流范围来考虑库存问题的话，就会发现有问题的库存数量将会大大增加。组成物流供应链的各企业之间的关系在过去是相互买卖交易关系，因而企业并不习惯在它们之间交流信息，也不习惯相互协调进行库存管理，更不用说在整个供应链水平上分享交流信息和共同协调进行库存管理，这样往往会形成不必要的大量库存，同时也可能降低顾客的满意度。例如，过去组成供应链的各个企业对各自供应商准确、及时交货承诺不能完全信赖，因而，它们的储存往往超过实际需要库存量,一旦超过交付期限或出现不能交货现象时,这超过实际需要量的库存常常被称为"缓冲库存"。同样地,在过去,组成供应链的各个企业与各自顾客(需要方)之间由于缺少信息交流,从而对顾客的需要,特别是最终消费者的实时需要难以把握,往往根据预测来安排生产。由于预测与实际往往存在差距,容易产生库存不足(缺货)或库存过剩的现象。另外,企业为了满足顾客的大量突发性订货往往准备"缓冲库存"。据有关资料统计,这种缓冲库存通常占库存量的 1/3,因此,从物流管理整体来看,过去这种传统交易习惯导致的不必要库存给企业增加了成本,而这些成本最终将反映在产品价格上,导致顾客满意度的降低。因而对供应链进行库存管理不仅可以降低库存水平,从而减少资金占用和库存维持成本,同时还有利于提高顾客的满意程度。当然,实现真正意义上的零库存,在现实中是不可能的,这只是即时生产方式下的努力目标。目前,已经出现了许多在维持或改进顾客服务水平的基础上优化企业内部和整个供应链库存的主体技术。

随着组成供应链的企业间关系从过去建立在买卖交易基础上的对立型关系向基于共同利益的协作伙伴型关系的转变,供应链中各个企业间交流、分享信息,协调进行库存管理成为可能,而先进的库存管理方法和技术的出现使这种可能变为现实。

## 三、库存管理中存在的问题

在供应链中,每个企业都会向其上游订货,一般情况下,销售商并不会来一个订单就向上级供应商订货一次,而是在考虑库存和运输费用的基础上,在一个周期或者汇总到一定数量后再向供应商订货;为了减少订货频率、降低成本和规避断货风险,销售商往往按照最佳经济规模加量订货。同时频繁的订货也会增加供应商的工作量和成本,供应商也往往要求销售商在一定数量或一定周期订货,此时销售商为了尽早得到货物或全额得到货物,或者以备不时之需,往往会人为提高订货量。这样,订货量的层层放大,有可能导致最终的供应商所得到的订单需求是用户的实际需求的几倍甚至几十倍。这给各个企业在库存管理以及生产方面都带来了极大的负面效应。我们称这种现象为"牛鞭效应"。造成这种现象的主要原因在于以下几点。

(1) 销售预测不准确是影响库存居高不下的主要原因。公众爱好具有易变性,很多因素都会引起不规则的购买倾向,从而导致一般用户和分销商需求也具有很大的不确定性。加之与下游企业的信息沟通不流畅等,都增加了销售预测的难度。

(2) 订货策略的失误和及时控制的能力较差。这种不确定来自订购部门本身,牵涉是否有合理的订货策略,对上下游企业的供给及需求等信息是否了解准确、及时等。

(3) 订货周期的不稳定。这主要取决于自己的供货渠道是否单一,以及供应商的表现水平是否令人满意。

(4) 没有有效地与各个部门沟通,使得库存、在途货物以及需求等基本信息发生偏差。

(5) 企业之间的信息不对称。由于缺少信息交流和共享,企业无法掌握下游的真正需求和上游的供货能力,只好自行多储存货物。同时,供应链上无法实现存货互通有无和转运调拨,只能各自持有高额库存,这会导致并加剧牛鞭效应。

(6) 提前期。需求的变动随提前期的增长而增大,且提前期越长,需求变动引起的订货量就越大,企业由于对交货的准确时间心中无数,往往希望对交货日期留有一定的余地,因而持有较长的提前期,因此逐级的提前期拉长也造成了牛鞭效应。

(7) 库存失衡。传统的销售一般是由供应商将商品送交销售商,其库存责任仍然归供应商,待销售完成后再进行结算,但商品却由分销商掌握和调度。这就导致了销售商普遍倾向于加大订货量掌握库存控制权,因而加剧了订货需求的加大,导致了牛鞭效应。

## 四、库存管理的发展趋势

库存管理是每个组织都面临的共同问题,随着计算机技术和网络通信技术的发展,以及全球经济一体化的推进,库存管理呈现出向计算机化、网络化、整合化和零库存方向发展的趋势。

### 1. 计算机化与网络化管理

库存管理计算机化不仅能把复杂的数据处理简单化,而且能使库存管理系统化。由于计算机具有记忆、自动处理功能,因而能把复杂的库存管理工作推向更高的阶段;计算机的高效率能及时解决库存管理的临时变动、临时需要问题。

随着网络的迅速发展,库存管理网络化正成为一种新的趋势。充分利用网络渠道,可以大量节省通信和管理费用,可以及时查询公司在各地的库存资料;可以建立整个供应链下的库存管理系统,充分发挥出网络化的优势;网络化的库存管理还可以做到库存管理的实时性。

### 2. 整合化管理

库存费用是企业物流管理的主要费用。因此,库存管理必须实行整合化,即把供应链上各相关的供应商、零售商、批发商、厂商等库存管理设施整合起来,实行企业库存管理的优化。力求尽可能地降低库存,提高供应链的整体效益。

### 3. 零库存管理

库存管理的终极目标是实现零库存。所谓零库存,就是指库存对象的数量趋于或等于零,库存设施、设备的数量及库存劳动消耗同时趋于或等于零。当然这种零库存只是某个单位的零库存,是组织把自己的库存转移给其上游的供应商或下游的零售商,从而实现自己的零库存。例如,丰田公司的准时制生产方式就是一种"零库存"。零库存应当包含两层意义:①库存物品的数量趋于或等于零(即近乎于零库存物品);②库存设施、设备的数量及库存劳动耗费同时趋于或等于零(即不存在库存活动)。而后一种意义上的零库存,实际上是社会库存结构的合理调整和库存集中化的表现,就其经济意义而言,它并不是通常意义上的仓库物资数量的合理减少。

通过以下途径可以实现零库存的库存管理。

(1) 委托保管方式。接受用户的委托,由受托方代存代管所有权属于用户的物品,从而使用户不再保有库存,甚至可不再保有保险储备库存,从而实现零库存。受托方收取一定数量的代管费用。

(2) 协作分包方式。在许多发达国家,制造企业都是以一家规模很大的主企业和数以千百计的小型分包企业组成一个金字塔形结构。主企业主要负责装配和产品开拓市场的指导,分包企业各自分包劳务、分包零部件制造、分包供应和分包销售。

(3) 轮动方式。轮动方式也称同步方式，是在对系统进行周密设计前提下，使各个环节速率完全协调，从而根本取消甚至是工位之间暂时停滞的一种零库存、零储备形式。这种方式是在传送带式生产基础上，进行更大规模延伸形成的一种使生产与材料供应同步进行，通过传送系统供应从而实现零库存的形式。

(4) 实行"即时供货"制度。所谓"即时供货"即"看板供货"。这种供货制度就是在企业内部各工序之间或者在建立供求关系的企业之间，采用固定格式的卡片，由下一个环节根据自己的生产节奏逆方向向上一个环节提出供货要求，上一个环节则根据卡片上指定的供应数量、品种等即时组织送货。很明显，实行这样的供货办法(或供货制度)，可以做到准时、同步向需求者供应货物。在这种场合下，后者自然不会另设库存。

(5) 无库存储备。国家战略储备的物品，往往是重要物品，战略储备在关键时刻可以发挥巨大作用，所以几乎所有国家都要有各种名义的战略储备。由于战略储备的重要，一般这种储备都保存在条件良好的仓库中，以防止其损失，延长其保存年限。因而，实现零库存几乎是不可想象的事。无库存的储备，是仍然保持储备，但不采取库存形式，以此达到零库存。有些国家将不易损失的铝这种战略物品做成隔音墙、路障等储备起来，以防万一。

(6) 依靠物流企业准时而均衡供货。通常，物流企业都拥有配套的物流设施和先进的物流设备，也拥有大量的资金和物品资源。依靠物流企业准时而均衡地向需求者供货，实际上就是以集中库存的形式来保障生产经营活动的正常运转，从而实现零库存。

## 第三节　库存管理模型及方法

### 一、库存管理模型的分类

1915 年，美国的 F. W. 哈里斯发表关于经济订货批量的模型，开创了现代库存理论的研究。在此之前，意大利的 V. 帕累托在研究世界财富分配问题时曾提出帕累托定律，运用于库存管理方面的即为 ABC 分类法。随着管理工作的科学化，库存管理的理论有了很大的发展，形成许多库存模型，应用于企业管理中已得到显著的效果。不同的生产和供应情况采用不同的库存模型。

(1) 按订货方式可分为定量订货模型和定期订货模型。从字面意义上不难理解，定量订货模型是基于"事件动机"的，以库存量订货点为媒介，即当库存量下降到某一个固定控制值时，企业将采取措施进行采购，而且每次采购的数量是固定的，但时间不定，只有在库存量再次下降到控制值时，采购才会再次发生。定期订货模型则是基于"时间动机"的，以时间为媒介，数量不确定，时间周期事先确定。

(2) 库存管理模型按供需情况可分为确定型和概率型两类。确定型模型的主要参数都已确切知道；概率型模型的主要参数有些是随机的。

(3) 按库存管理的目的可分为经济型和安全型两类。经济型模型的主要目的是节约资金，提高经济效益；安全型模型的主要目的则是保障正常的供应，不惜加大安全库存量和安全储备期，使缺货的可能性降到最小。

库存管理的模型虽然很多，但综合考虑各个相互矛盾的因素求得较好的经济效果则是库存管理的共同原则。

## 二、ABC 分类管理法

### (一)ABC 分类管理法的基本思想

采用 ABC 分类管理法进行库存控制简单、易用，长期以来为许多企业所采用。一般来说，企业的库存物品种类繁多，每个品种的价格与库存数量也不等，有的物品品种不多，但价值很高；有的物品品种很多，但价值不高。由于企业的资源有限，不能对所有库存商品都同样的重视。为了使有限的时间、资金、人力等企业资源能得到更有效的利用，应对库存物品进行分类，将管理的重点放在重要的库存物品上，进行分类管理。

### (二)ABC 分类管理法的定义

ABC 分类管理法又称 ABC 分析法，就是以某类库存物品品种数占物品品种数的百分数和该类物品金额占库存物品总金额的百分数大小为标准，将库存物品分为 A、B、C 三类，进行分级管理。一般 A 类物品数目占全部库存物品数目的 10%左右，品种比重非常小；而其金额占总金额的 70%左右，占用了大部分的年消耗的金额，是关键的少数，是需要重点管理的库存。B 类物品数目占全部库存物品数目的 20%左右，而其金额占总金额的 20%左右；其品种比例和金额比例大体上相近似，是需要常规管理的库存。C 类物品数目占全部库存物品数目的 70%左右，品种比重非常大；而其金额占总金额的 10%左右，虽然表面上只占用了非常小的年消耗的金额，但是由于数量巨大，实际上占用了大量的管理成本，是需要精简的部分，是需要一般管理的库存。ABC 的分类价值比例可参考表 12.2。

表 12.2　库存物品的 ABC 分类

| 类　别 | 品种数占全部品种数/% | 资金占库存资金总额/% |
| --- | --- | --- |
| A | 5～20 | 70～75 |
| B | 20～25 | 20～25 |
| C | 60～70 | 5～10 |

### (三)各类物料的管理方法

#### 1. A 类库存物品的管理

A 类材料占用资金比重大，是重点库存控制对象，要求库存记录准确，要按品种计算经济库存量和安全库存量，并严格按照物品的盘点周期进行盘点，检查其数量与质量状况，并要制定不定期检查制度，密切监控该类物品的使用与保管情况。另外，A 类物品还应尽量降低库存量，采取合理的订货周期量与订货量，杜绝浪费与呆滞库存。

具体管理时应注意以下几点：①进货要勤；②发料要勤；③与用户密切联系，及时了解用户需求的动向；④恰当选择安全系数，使安全库存量尽可能减少；⑤与供应商密切联系。

### 2. C 类库存物品的管理

C 类物品无须进行太多的管理投入，可采用简化的方法管理，如定期检查库存，组织在一起订货运输等。库存记录可以允许适当的偏差，盘点周期也可以适当地延长。但应注意的是，构成产品的各种材料和子件都是缺一不可的。对 C 类物品粗放管理的同时，一定要防止因数量和质量而影响计划的执行。对于 C 类物料一般采用比较粗放的定量控制方式，可以采用较大的订货批量或经济订货批量进行订货。

### 3. B 类库存物品的管理

B 类物品介于 A 与 C 类物品之间，采取适中的方法加以使用、保管与控制。具体可采用定量订货方式为主、定期订货方式为辅的方式，并按经济订货批量进行订货。

三类产品的管理方法对比如表 12.3 所示。

表 12.3　ABC 分类库存管理方法

| 项目/级别 | A 类库存 | B 类库存 | C 类库存 |
| --- | --- | --- | --- |
| 控制程度 | 严格控制 | 一般控制 | 简单控制 |
| 库存量计算 | 依库存模型详细计算 | 一般计算 | 简单计算或不计算 |
| 进出记录 | 详细记录 | 一般记录 | 简单记录 |
| 存货检查频度 | 密集 | 一般 | 很低 |
| 安全库存量 | 低 | 较大 | 大量 |

## 三、定量订货管理法

### (一)定量订货管理法的原理

定量订货管理法指当库存控制系统的现有库存量降到订货点(Reorder Point，RP)及以下时，库存控制系统就按规定数量(每次订货量均为一个固定的量 $Q$，一般以经济订货批量为标准)进行订货补充的一种库存管理方法。订货发生后必须经过一段时间货品才能够到达(这其中包括货物的生产时间、运输时间等。一般包括订货准备时间、发出订单、供方接受订货、供方生产、产品发运、产品到达、提货、验收、入库等过程)，将从订货到货物到达之间的时间间隔称为提前期(Lead Time，LT)。在货物到达后，库存量将增加 $Q$(假设在运输途中货物没有任何毁损)。

对于固定量库存控制系统来说，其关键点是在对库存数量的考虑上，如果库存数量到达某一点企业就开始发出订货指令，因而对库存数量的随时监控就显得尤为必要，此时对库存的盘货采取的是永续盘存制度。要发现现有库存量是否达到订货点，必须随时检查库存量，并随时发出订货，这无形中就增加了库管人员的工作量。当然，永续盘存带来的庞大工作量可以通过其他方法对其进行部分化解，一旦某种物料达到订货点数量时，要确保能及时发出警报。人工控制一般用双堆法或两仓系统(two bin system)。所谓两仓系统是将同一种物品分放两仓(或两个容器)，当一个仓使用完后，系统就发出订货。订货发出后，企业则开始使用另一仓的货物，直到订货到达为止，再进行物品的两仓分放。用计算机管理库存，则可设置库存报警系统。

定量订货管理法的作业程序如图 12.1 所示。

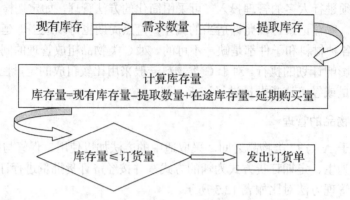

图 12.1 定量订货管理法的作业程序

### (二)定量订货管理法的适用范围

(1) 单价比较便宜,不便于少量订货的产品,如螺栓、螺母等。
(2) 需求预测比较困难的维修材料。
(3) 品种数量繁多、库房管理事务量大的物品。
(4) 消费量计算复杂的产品。
(5) 通用性强、需求总量比较稳定的产品等。

### (三)定量订货管理法参数的确定

**1. 订货点的确定**

(1) 在需求和订货提前期确定的情况下,不需设置安全库存。其订货点的计算方法如下。

$$订货点 = \frac{订货提前期(天) \times 全年需求量}{360}$$

(2) 在需求和订货提前期都不确定的情况下,需要设置安全库存。其订货点和安全库存的计算方法如下。

$$订货点 = 最大订货提前期(天) \times 平均需求量 + 安全库存$$

$$安全库存 = 安全系数 \times \sqrt{最大订货提前期 \times 需求变动值}$$

**2. 订货批量的确定**

(1) 经济订货批量。

经济订货批量(Econmic Order Quantity,EOQ)是指某种材料订购费用和仓库保管费用之和为最低时的订购批量。经济订货批量模型最早是由 F.W.Harris 于 1915 年提出的。基本经济订货批量模型有如下假设条件。

① 年需求率已知,且为常数;年需求率以 $D$ 表示,单位时间需求率以 $d$ 表示。
② 订货提前期已知,且为常量。
③ 订货费用与批量大小无关。

④ 库存费用是库存量的线性函数。
⑤ 没有数量折扣。
⑥ 不允许缺货。
⑦ 全部订货一次交付。
⑧ 一次订货量无最大或最小限制,且采购、运输均无价格折扣。
⑨ 采用定量订货系统模型。

需要确定三个参数解决三个问题:经济订货批量解决订货数量的问题;订货点解决何时订货的问题;订货周期解决订货的时间间隔问题。

在以上假设条件下,库存量的变化如图 12.2 所示(由于需求率是固定的且为常量,因此库存消耗趋势是一条斜率为 $D$ 的直线)。从图 12.2 中可以看出,系统的最大库存量为 $Q$,最小库存量为 0,不存在缺货。库存按数值为 $D$ 的固定需求率减少。当库存量降到订货点时,就按固定订货量 $Q$ 发出订货。经过固定的订货提前期 LT,新的一批订货 $Q$ 到达(订货刚好在库存变为 0 时到达),库存量立即达到 $Q$。显然平均库存量为 $Q/2$。

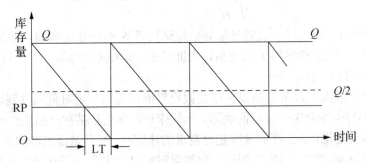

图 12.2 经济订货批量假设条件下的库存量变化

年库存总成本 CT 由年维持库存费 CH、年订货费 CR 和年采购费 CP 三部分构成。

$$\text{CT} = \text{CH} + \text{CR} + \text{CP} = H \times \frac{Q}{2} + S \times \frac{D}{Q} + p \times D \tag{12.1}$$

式中:$S$ —— 单次订货费用,单位为元/次;

$H$ —— 单位货物单位时间的保管费用,单位为元/(件·年);

$D$ —— 库存货物的年需求量,单位为件/年;

$p$ —— 产品单价。

年维持库存费 CH 随订货量 $Q$ 增加而增加,是 $Q$ 的线性函数;年订货费 CR 与 $Q$ 的变化成反比,随 $Q$ 增加而下降。CP 与订货量大小无关(年需求量是固定的),因此不计年采购费用 CP,总费用 CT 曲线为 CH 与 CR 曲线的叠加。CT 曲线最低点对应的订货批量就是最佳订货批量,如图 12.3 所示。

为了求出经济订货批量,按照求极值的要求,我们对式(12.1)中的 $Q$ 求导,并令一阶导数为零,可得

$$Q^* = \text{EOQ} = \sqrt{\frac{2DS}{H}} \tag{12.2}$$

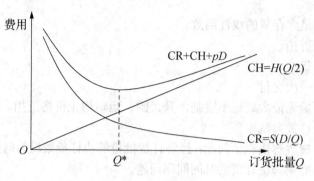

图 12.3　年费用曲线

在最佳订货批量下，订货费用为

$$CR+CH=S(D/Q^*)+H(Q^*/2)$$

$$=\frac{DS}{\sqrt{\frac{2DS}{H}}}+\frac{H}{2}\sqrt{\frac{2DS}{H}}=\sqrt{2DSH} \tag{12.3}$$

从式(12.3)可以看出，经济订货批量随单位订货费 $S$ 的增加而增加，随单位维持库存费 $H$ 的增加而减少。因此，价格昂贵的物品订货批量小，难采购的物品一次订货批量要大一些。这些都与人们的常识一致。

(2) 经济生产批量。经济订货批量模型假设整批订货在一定时刻同时到达，补充率无限大。这种假设不符合企业生产过程的实际。一般来说，在进行某种产品生产时，成品是逐渐生产出来的。也就是说，当生产的速度超过需求的速度时，库存是逐渐增加而非瞬间增加的。为了确保库存不无限增加，当库存到达一定界限时应停止生产一段时间。由于生产系统调整准备时间的存在，在补充成品库存的生产中，也有一个一次生产多少最经济的问题，这就是经济生产批量问题。经济生产批量(Economic Production Lot，EPL)模型，又称经济生产量(Economic Production Quantity，EPQ)模型。其假设条件与 EOQ 模型类似，不同点主要是 EPQ 模型不要求补充率无限大，也不要求全部订货一次到达。

图 12.4 描述了在经济生产批量模型下库存量随时间变化的过程。$p$ 为生产率(单位时间产量)；$d$ 为需求率(单位时间出库量)，$d<p$；$T_p$ 为生产时间；$I_{max}$ 为最大库存量；$Q$ 为生产批量；RP 为订货点；LT 为生产提前期。

生产在库存为 0 时开始进行，经过生产时间 $T_p$ 结束，由于生产速度 $p$(生产率)超过需求速度 $d$(需求率)，库存将以 $(p-d)$ 的速率上升。经过时间 $T_p$，库存达到 $I_{max}$。生产停止后，库存按需求率 $d$ 下降。当库存减少到 0 时，则重新开始新一轮生产。假设 $Q$ 是在 $T_p$ 时间内的生产量，$Q$ 又是一个补充周期 $T$ 内消耗的量。$T$ 则为一个完整的补充周期。

与 EOQ 模型不同的是，由于补充率不是无限大，这里平均库存量不是 $Q/2$，而是 $I_{max}/2$；$p$ 为生产成本，DT 是全年需求量。于是：

$$CT=CH+CR+CP=H\times\frac{I_{max}}{2}+S\times\frac{D}{Q}+p\times DT$$

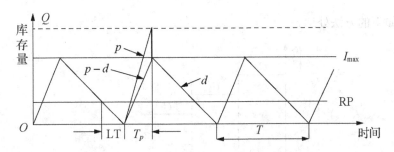

图 12.4　经济生产批量模型假设下的库存量变化

问题现在归结为求 $I_{max}$。由图 12.4 可以看出

$$I_{max}=T_p(p-d)$$

由 $Q=p\times T_p$，可以得出 $T_p=Q/p$。所以

$$I_{max} = Q(p-d)/2P = \left(1-\frac{d}{p}\right)\frac{Q}{2}$$

$$CT = H\left(1-\frac{d}{p}\right)\frac{Q}{2} + S\times\frac{D}{Q} + p\times DT \tag{12.4}$$

对式(12.4)中的 $Q$ 求导，并令一阶导数为零，可得

$$EPL = \sqrt{\frac{2dS}{H(1-d/p)}} \tag{12.5}$$

**例 12.1**　假设市场每年对某产品的需求量为 40 000 台，年工作日为 250 天。公司每天生产该产品 200 台，生产提前期为 4 天。单位产品的生产成本为 100 元，单位产品的年库存费用为 10 元，每次生产的生产准备费用为 1000 元。试求经济生产批量、年生产次数、订货点。

**解：**

$d$=40 000/250=160(台/天)

$$EPL = \sqrt{\frac{2dS}{H(1-d/p)}} = \sqrt{\frac{2\times 160\times 1000}{10\times(1-160/200)}} = 400(台)$$

年生产次数=40 000/400=10(次)

RP=4×160=640(台)

（3）数量折扣的经济批量模型。前面的经济订货模型假设商品的价格一直维持不变，但是在商品交易过程中，供应商为了刺激买方加大一次购买量，常采取数量折扣策略，即一次购买量达到规定标准时，按优惠价格供货，也称为数量折扣，即不同购买水平会导致不同价格水平。如图 12.5 所示，随着订货批量增加，订货价格优惠，订货者在考虑价格优惠时一定要同时兼顾保管费用和订货费用。

数量折扣的订货模型的成本曲线与经济订货模型的成本曲线不同，由于价格随着批量改变而改变，这样存储成本、货物成本都随着价格的变化而变化，如图 12.6 所示。

从图 12.6 中可以看出，随着批量的变化，总成本曲线不是连续的，而是间断的曲线。在不同的价格条件下都有一个最低成本的批量。在这样的情况下，最佳的订货批量如何确定呢？可以按如下的方法处理。

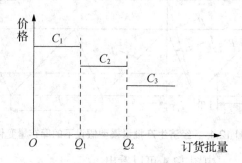

图 12.5　按批量折扣的价格曲线

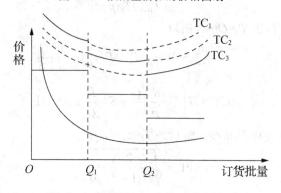

图 12.6　数量折扣订货模型成本曲线

(1) 从最低价格开始，为各价格范围计算经济订货批量，直到发现可行的经济订货批量。

(2) 如最低单位价格的经济订货批量可行，即为最优订货批量；如不可行，即在所有较低价格间断点上计算总费用，并比较得出最大可行经济订货批量，与最低总费用对应的数量即为最优订货批量。

**例 12.2**　某公司每年要购入 30 000 件 A 物料，一年按 250 个工作日计算，供应商的价格优惠条件是：一次订货量小于 1000 件时，价格为 200 元/件；订货量为 1000~2000 件时，价格为 190 元；2000 件以上时，价格为 180 元。每次订货费为 300 元，单位产品年库存费为价格的 10%。试求最优订货批量。

**解：**

当价格为 200 元时，经济订货批量为

$$Q_1^* = \sqrt{\frac{2DS}{H}} = \sqrt{\frac{2 \times 30\,000 \times 300}{200 \times 10\%}} \approx 949 \text{(件)(在可行范围内)}$$

当价格为 190 元时，经济订货批量为

$$Q_2^* = \sqrt{\frac{2DS}{H}} = \sqrt{\frac{2 \times 30\,000 \times 300}{190 \times 10\%}} \approx 973 \text{(件)(不在可行范围内)}$$

当价格为 180 元时，经济订货批量为

$$Q_3^* = \sqrt{\frac{2DS}{H}} = \sqrt{\frac{2 \times 30\,000 \times 300}{180 \times 10\%}} \approx 1000 \text{(件)(不在可行范围内)}$$

比较不同批量时的总成本，选择一个最低成本的批量。

$$TC_1(949) = \frac{949}{2} \times 10\% \times 200 + \frac{30\,000}{949} \times 300 + 30\,000 \times 200 = 6\,018\,974 \text{ (元)}$$

$$TC_2(1000) = \frac{1000}{2} \times 10\% \times 190 + \frac{30\,000}{1000} \times 300 + 30\,000 \times 190 = 5\,718\,500 \text{ (元)}$$

$$TC_3(2000) = \frac{2000}{2} \times 10\% \times 180 + \frac{30\,000}{2000} \times 300 + 30\,000 \times 180 = 5\,422\,500 \text{ (元)}$$

最后,选择批量为 2000 件。

全年订货次数为 30 000/2000=15(次)

订货周期为 250/15≈16.7(天)

## 四、定期订货管理法

### (一)定期订货管理法的原理

定期订货管理法是指按预先确定的订货间隔期间进行订货、补充库存的一种库存管理方法。这种库存控制方法不存在固定的订货点,每次订货也没有一个固定的订货数量,每次订货量要根据库存实际变化来决定。但有固定的订货周期。预先确定一个订货周期和最高库存量 $S$,按一定的周期 $T$ 检查库存,根据当前库存量 $I$ 与规定库存量 $S$ 比较,补充到一定的规定库存 $S$。补充的量为 $Q=S-I$。但由于订货存在提前期,所以还必须加上订货提前期的消耗量。这种库存控制方法也要设立安全库存量。

定期控制模式不需要随时监控库存的水平,避免了随时检查库存的麻烦,简化了管理,节省了订货费。这种模型主要是确定订货周期与库存补充量。

固定量系统需要随时监视库存变化,对于物品种类很多且订货费用较高的情况,是很不经济的。固定间隔期系统可以弥补固定量系统的不足。学术界将这一系统称为 P 模型,如图 12.7 所示。

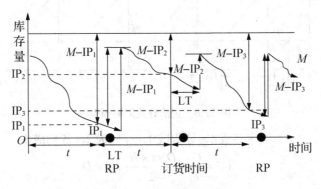

图 12.7　固定间隔期系统

从图 12.7 中可以看出,当经过固定间隔时间 $t$ 之后,发出订货,这时库存量降到库存位置 1(Inventory Position 1,$IP_1$),需要的订货量为 $M-IP_1$;经过一段时间(LT)到货,库存量增加 $M-IP_1$;再经过固定间隔期 $t$ 之后,又发出 s 订货,这时库存量降到 $IP_2$,订货量为 $M-IP_2$,经过一段时间(LT)到货,库存量增加 $M-IP_2$,如此反复进行下去。在这一系统内,库存的订货点在横轴(时间轴)上。

定期库存控制方法可以简化库存控制工作量，但由于库存消耗的不稳定性，有缺货风险存在，因此一般只能用于稳定性消耗及非重要性的独立需求物品的库存控制。由于该模型是用订货的周期来检查库存并补充库存的，因此还必须确定订货的操作时间初始点，一般可以设置在库存量到达安全库存前的订货提前期的时间位置。

### (二)定期订货管理法的适用范围

(1) 消费金额高、需要实施严格管理的重要物品，如 ABC 分类管理中的 A 类物品。
(2) 需要根据市场的状况和经营方针经常调整生产或采购数量的物品。
(3) 需求量变动幅度大，但变动具有周期性，而且可以正确判断其周期的物品。
(4) 建筑工程、出口等时间可以确定的物品。
(5) 受交易习惯的影响，需要定期采购的物品。
(6) 多种商品一起采购可以节省运输费用的。
(7) 同一品种物品分散保管、同一品种物品向多家供货商订货、批量订货分期入库等订货、保管和入库不规则的物品。
(8) 取得时间很长的物品，定期生产的物品。
(9) 制造之前需要人员和物料的准备、只能定期制造的物品等。

### (三)定期订货管理法参数的确定

#### 1. 订货周期 $T$ 的确定

订货周期按经济订货周期(Economic Order Interval，EOI)的模型确定，如图 12.8 所示。

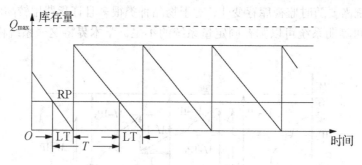

图 12.8 经济订货周期模型

年库存成本=订货成本+存储成本+货物成本

即
$$TC = \frac{C}{t} + \frac{D \times t \times H}{2} + p \times D \tag{12.6}$$

经济订货周期的公式为

$$T^* = \sqrt{\frac{2C}{HD}}$$

式中：$C$——单次订货费用，单位为元/次；
　　　$H$——单位货物单位时间的保管费用，单位为元/(件·年)；
　　　$D$——库存货物的年需求量，单位为件/年。

## 2. 最高库存量 $Q_{max}$ 的确定

$$Q_{max} = \bar{R}(T + \bar{T}_K) + SS$$

式中：$Q_{max}$ ——最高库存量；

$\bar{R}$ ——$T + \bar{T}_K$ 期间的库存需求量平均值；

$T$ ——订货周期；

$\bar{T}_K$ ——平均订货提前期；

SS ——安全库存。

## 3. 订货量的确定

$$Q_i = Q_{max} + Q_{Ni} - Q_{Ki} - Q_{Mi}$$

式中：$Q_i$ ——第 $i$ 次订货的订货量；

$Q_{max}$ ——最高库存量；

$Q_{Ni}$ ——第 $i$ 次订货点的在途到货量；

$Q_{Ki}$ ——第 $i$ 次订货点的实际库存量；

$Q_{Mi}$ ——第 $i$ 次订货点的待出库货数量。

**例 12.3** 某商业企业的 X-368 型冰箱年销售量为 20 000 台，订货费用为 100 元/次，每台冰箱平均年库存保管费用为 10 元，订货提前期为 7 天，每台价格为 2580 元，安全库存为 1000 台。按经济订货原则，求解最佳库存模型。

**解**：根据题意

$C$=100 元/次，$D$=20 000 台/年，$H$=10 元/台，SS=1000 台，$L$=7 天

经济订货周期：

$$T^* = \sqrt{\frac{2C}{HD}} = \sqrt{\frac{2 \times 100}{10 \times 20\,000}} \times 365 = 11.5(\text{天}) \approx 12(\text{天})$$

最高库存量：

$$Q_{max} = \bar{R}(T + \bar{T}_K) + SS = \frac{20\,000}{365}(12 + 7) + 1000 \approx 2041(\text{台})$$

## 本 章 小 结

本章首先介绍库存及库存管理的基本概念、分类以及库存管理的重要作用和意义。库存管理的最佳状态应该是：既按质、按量、按品种规格并及时成套地供应生产所需要的货品，又要保证库存资金为最小，达到数量控制、质量控制和成本控制的目的，这是一个多因素的科学动态管理过程。在此基础上，对几个简单的库存管理模型进行了分析和证明。

## 思 考 与 练 习

### 一、简答题

1. 什么是独立需求库存？

2. 什么是库存?
3. 为什么要进行库存控制?
4. 独立需求库存问题与相关需求库存问题有何差异?
5. 库存控制的中心问题是什么?
6. 怎样实施库存控制?

## 二、计算题

1. 某企业每年需要耗用物品 14 400 件,该物品的单价为 0.4 元,存储费率为 25%,每次的订货成本为 20 元,本题中一年的工作时间按 350 天计算,订货提前期为 7 天。试计算:
   (1) 经济订货批量是多少?
   (2) 一年应订几次货?
   (3) 订货点的库存储备量为多少?

2. 某公司以单价为 10 元每年购入某产品 8000 件。每次订货费用为 30 元,资金年利息率为 12%,单位库存费用按所库存货物价值的 18% 计算。若每次订货的提前期为 2 周,试求经济订货批量、最低年总成本、年订购次数和订货点。

3. 一家全国性轮胎公司的地区分销商希望每个批次大约售出 9600 个钢带子午线轮胎。年库存成本为每个轮胎 16 元,订货成本为每次 75 元,订货提前期为 10 天。试求经济订货批量,分销商每年订货几次,订货点是多少。

4. 据预测,市场每年对某公司产品的需求量为 20 000 台,一年按 250 个工作日计算。公司生产率为每天 100 台,生产提前期为 4 天。单位产品的生产成本为 50 元,单位产品的年库存费用为 10 元,每次生产的生产准备费用为 20 元。试求经济生产批量、年生产次数及订货点。

5. 某商业企业的 X 型彩电年销售量 10 000 台,订货费用为每台 10 元/次,每台彩电平均年库存保管费用为 4 元,订货提前期为 7 天,每台价格为 580 元,安全库存为 100 台。按经济订货原则,求解最佳库存模型。

# 案 例 分 析

## 安科公司 ABC 分类管理法的应用

提高物流管理水平,是企业增加竞争力的重要手段,库存管理在企业的物流管理中起着至关重要的作用。现代库存管理的理论和方法很多,ABC 分类管理法就是其中的一种,并且在实际中被广泛地应用。

ABC 分类管理法是经济学中帕雷托原理在库存管理上的一种应用,它将公司的产品按照销售额和客户的购买额分为 A、B、C 三类,对于不同类的产品、不同类的客户采用不同的管理方法。

安科公司是一家专门经营进口医疗用品的公司,2001 年该公司经营的产品有 26 个品种,共有 69 个客户购买其产品,年营业额为 5800 万元。对于安科公司这样的贸易公司而言,因其进口产品交货期较长、库存占用资金大,库存管理显得尤为重要。

安科公司按销售额的大小,将其经营的 26 种产品排序,划分为 ABC 类。排序在前 3 位的产品占到总销售额的 97%,因此,把它们归为 A 类;第 4~7 种产品每种产品的销售额在 0.1%~0.5%之间,把它们归为 B 类;其余的 19 种产品(共占销售额的 1%),将其归为 C 类。

对于 A 类的 3 种产品,安科公司实行了连续性检查策略,即每天检查库存情况,随时掌握准确的库存信息,并对其进行严格的控制,在满足客户需要的前提下维持尽可能低的安全库存量。通过与国外供应商的协商,并且对运输时间进行了认真地分析,算出了该类产品的订货提前期为 2 个月,即如果预测在 6 月份销售的产品,应该在 4 月 1 日下订单给供应商,才能保证产品在 6 月 1 日出库。

由于该公司的产品每个月的销售量都不稳定,因此,每次订货的数量都不同,要按照实际的预测数量进行订货。为了预防预测的不准确及工厂交货时间的不准确,还要保持一定的安全库存,安全库存是下一个月预测销售数量的 1/3。该公司对该类产品实行连续检查的库存管理,即每天对库存进行检查,一旦手中实际的存货数量加上在途的产品数量等于下 2 个月的销售预测数加上安全库存时,就下订单订货,订货数量为第 3 个月的预测数。因其实际的销售量可能大于或小于预测值,所以,每次订货的间隔时间也不相同。这样进行管理后,这 3 种 A 类产品库存的状况基本达到了预期的效果。由此可见,对于价值高的 A 类产品应采用连续检查的库存管理方法。

对于 B 类产品,该公司采用周期性检查策略。每个月检查库存并订货一次,目标是每月检查时应有以后 2 个月的销售数量在库中(其中一个月的用量视为安全库存),另外在途还有一个月的预测量。每月订货时,根据当时实际剩余的库存数量,决定需订货的数量,这样就会使 B 类产品的库存周转率低于 A 类。

对于 C 类产品,该公司则采用了定量订货的方法。根据历史销售数据,得到产品的半年销售量,为该种产品的最高库存量,并将其 2 个月的销售量作为最低库存。一旦库存达到最低库存时就订货,将其补充到最低库存量。这种方法比前两种更省时间,但是库存周转率更低。

该公司实行了产品库存的 ABC 分类管理以后,虽然 A 类产品占用了最多的时间和精力进行管理,但能得到满意的库存周转率。而 B 类和 C 类产品,虽然库存的周转率较低,但相对于其很低的资金占用和很少的人力支出来说,这种管理也是个好方法。

在对产品进行 ABC 分类以后,该公司又对其客户按照购买量进行了分类。发现在 69 个客户中,前 5 位的客户购买量占全部购买量的 75%,将这 5 个客户定为 A 类客户;到第 25 位客户时,其购买量已达到 95%。因此,把第 6~25 位的客户归为 B 类,其他的第 26~69 位客户归为 C 类。对于 A 类客户,实行供应商管理库存,一直与他们保持密切的联系,随时掌握他们的库存状况;对于 B 类客户,基本上可以用历史购买记录,以需求预测作为订货的依据;而对于 C 类客户,有的是新客户,有的一年也只购买一次,因此只在每次订货数量上多加一些,或者用安全库存进行调节。这样做,一方面可以提高库存周转率;另一方面,也提高了对客户的服务水平,尤其是 A 类客户对此非常满意。

通过安科公司的实例,可以看到将产品及客户分为 ABC 类以后,再结合其他库存管理方法,如连续检查法、定期检查法等,就会收到很好的效果。

(资料来源:http://yuqiangwen.blog.163.com/blog/static/7837366200942235157461.)

讨论:
1. ABC 分类的依据是什么?
2. 采用 ABC 分类管理法以后,安科公司库存管理的效果如何?

# 第十三章 质 量 管 理

【学习目标】

通过本章的学习，使学生掌握质量和质量管理的相关术语、质量管理的一些基本方法、PDCA 循环；了解 ISO 9000 质量管理及认证体系。

【关键概念】

质量管理(quality management)；全面质量管理(total quality management)；质量认证(quality certification)

【引导案例】

## 品质部长碰到了软钉子

1997 年入夏以来，大连北兴电束线有限公司的产品索赔率已经连续两个月居高不下，每个月都有 7 次索赔案件发生。为此，公司于 8 月开展了"查问题原因，补管理漏洞，全面提高质量意识"的质量月活动。品质保证部一时成为全公司最忙的部门，品质保证部部长叶军则成为全公司最忙的人，整天忙着组织调查原因、寻找对策、质量教育……

大连北兴电束线有限公司是一家日本独资以外销为主的生产电束线的专业工厂。目前拥有员工 350 多人，各种先进精密仪器 100 余台套，建筑面积 10 000 平方米，可根据用户要求生产加工各种专用电束线，产品规格已达 150 余种。自 1995 年初投产以来，以其先进的工艺技术和可靠的产品质量，赢得了国内外客户的广泛赞誉，需求量直线上升。因此，公司在 1995 年末和 1996 年末两次扩大生产规模，但随着产品规格的不断增多，生产规模的迅速扩大，质量波动也随之而来，用户索赔案件开始逐渐增多……

根据质量月中各部门自查、互查中发现的问题，叶部长将其归为以下四类。

(1) 新员工素质较差(90%为初中生)，受教育程度不够，质量意识淡薄，对产品质量认识比较模糊，不能严格按照操作规程操作。

(2) 技术文件不规范，个别工序有随意更改、涂写图纸和按领导口头指示作业的现象。这造成过程参数值和质量特性值不清晰、不准确，导致过批量性的加工错误。

(3) 工序间质量控制力度不够，产品质量仅靠最终检查保证。只重视事后处理，缺乏事前预防控制措施，直接导致不合格品失控。

(4) 缺乏完善的质量保证体系，对不合格品的产生原因及对策缺乏深层次的探讨，因而，导致同类质量问题多次重复出现。

为解决目前出现的各种质量问题，提高公司经营管理水平，为公司进一步发展奠定坚实的基础，经公司董事会研究决定准备根据 ISO 9000 系列标准建立高水平的质量管理和质量保证体系，同时授权品质保证部组织实施，要求尽快通过认证审核，并取得认证证书。

但在各部门经理参加的认证准备会上，这个决定并未得到积极响应。原因很简单：一是认为造成近期质量问题的主要原因是新员工较多，操作不熟练、教育不够、监督不力，只要加强教育、监督、指导,完全可以减少和避免类似事故。二是大家对 ISO 9000 系列标准缺乏充分的了解和认识,认为 ISO 9000 系列标准是国际水平的要求,对于我们这个技术含量较低的来料加工型企业没有太大必要。而且,ISO 9000 系列标准概括性太强,理解起来很困难,执行中容易流于形式,成为空架子,不如原有的 TQC 质量体系来得实在。因而,大家未能就进行 ISO 9000 系列标准认证活动取得共识。一些人开玩笑地说,品质保证部叶部长碰了一个"软钉子"。

会后,叶部长又重新研究了有关 ISO 9000 系列标准的资料,并将之与 TQC 做了仔细比较,分析了各自对企业发展的意义,又重新树立起推行 ISO 9000 系列标准的信心。为便于大家理解和接受,叶部长根据自己多年质量工作的经验,将 ISO 9000 系列标准的内容高度概括为 12 个字:"有章可循,有章必依,有据可查"。即:与标准要素要求相关的业务都要有规章制度和工作基准可以遵守;有了规章制度和作业标准必须遵循;是否按规章制度和作业标准办事要有证据可以查验。看着自己的"杰作",他不禁生出几分得意……

兴奋之余,叶部长组织召开了 ISO 9000 系列标准学习会,但与会者反应仍很冷淡。仍有一些人坚持认为现有的质量管理体系和质量保证的方式(TQC)完全可以满足需要,搞什么 ISO 9000 系列标准认证,纯属多此一举;还有人说现有的质量管理和质量保证体系已运行 4 年了,公司上下都已适应了它的要求,如果再适应新的体系弄不好会引起混乱;甚至还有人强调说现在生产太忙,再搞什么认证,恐怕没有时间……叶部长听了之后,得意之情一扫而光,不觉又陷入了迷茫之中……

问题:
1. 公司一直在实行全面质量管理,为什么还出现这么多的质量问题?
2. 全面质量管理与 ISO 9000 系列标准之间是一种什么关系?是否相互对立、排斥?
3. 对在实际推广 ISO 9000 系列标准时出现的阻力应如何克服?
4. 如果你是叶部长,你将采取什么措施以保证 ISO 9000 系列标准的顺利实施。

(资料来源:北京大学企业管理案例研究中心.)

# 第一节 概　　述

美国著名的质量管理大师朱兰(J.M.Juran)曾预言:21 世纪将是质量的世纪,质量将成为占领市场的有效武器,成为社会发展的强大动力。随着"质量世纪"的到来,国际质量竞争日趋激烈,企业越来越清楚地认识到,采取价廉质次的倾销策略已难以取胜,能够制胜的最重要法宝就是产品与服务的优良品质。正如美国质量管理专家哈林顿(H. J. Harrington)所说,这不是一场使用枪炮的战争,而是一场商业战争,战争中的主要武器就是产品质量。可以想象,21 世纪的质量战争会更加严酷。

## 一、质量的基本概念

质量是一个复杂的概念,人们对质量这个概念没有一个统一的看法。麦肯锡公司的咨询专家约翰·斯图亚特说："质量就是一种感觉，认为某一种东西比其他同类要好，这种感觉在一生中不断变化着，每一代人都有不同的看法。"因此，要了解质量是什么，你需要知道谁是你的顾客，你要对顾客想从你的公司得到什么，对顾客的需要和期望有清楚的认识。

然而，有些组织简单地认为"顾客满意"只是在售后服务阶段，通过优质服务就可以做到顾客满意。而实际上，让顾客满意的第一步是从市场调查了解顾客的需求开始，然后，在设计、加工、销售、服务的全过程中，努力去满足顾客的需求，以顾客为中心的思想贯穿于产品和服务质量形成的全过程。组织要努力实现顾客满意，并且不能仅停留在顾客满意的水平上，还要继续努力，从顾客满意提高到顾客忠诚。

美国质量管理专家克劳斯比从生产者的角度将质量概括为"产品符合规定要求的程度"；日本统计学家与工程管理专家田口玄一将质量定义为"产品从装运之日起，直到使用寿命完结止，给社会带来的损失的程度"；质量管理专家朱兰则从用户的角度出发，认为"质量就是适用性"即产品在使用时能成功地满足用户需要的程度；国际标准化组织在ISO 9000:2000标准中，把质量定义为一组固有特性满足要求的程度。这一定义可从以下几个方面来理解。

(1) 质量是以产品体系或过程作为载体的。定义中"固有"是指在某事或某物中本来就有的，尤其是那种永久的特性。"特性"是指可区分的特征，它可以是固有的或赋予的、定性的或定量的。特性有多种类型，如物理的、感官的、行为的、时间的、人体功效的、功能的等。

(2) 定义中的"要求"是指明示的或隐含的必须履行的需求或期望。期望是不言而喻的。特定要求可使用修饰词表示，如产品要求、质量管理要求、顾客要求；规定要求是经明示的要求，需在文件中予以阐明。要求可由不同的相关方提出。

(3) 质量是名词，质量本身并不反映一组固有特性满足顾客和其他相关方要求的能力的程度。所以，产品、体系或过程质量的差异要用形容词加以修饰，如质量好或质量差等。

(4) 顾客和其他相关方对产品、体系或过程的质量要求是动态的、发展的和相对的。它随着时间、地点、环境的变化而变化。所以，应定期对质量进行评审，按照变化的需要和期望，相应地改进产品、体系或过程的质量，这样才能确保持续地满足顾客和其他相关方的要求。

## 二、质量管理的相关术语

### 1. 质量方针

质量方针是指"由组织的最高管理者正式发布的该组织总的质量宗旨和质量方向"，是该组织在较长时期中经营活动和质量活动的指导原则及行动指南。ISO 9000:2000 标准对质量方针的定义是：由组织的最高管理者正式颁布的该组织总的质量宗旨和质量方向。其中，质量方针应与组织的总方针相一致，并提供制定质量目标的框架；本标准的质量管理原则可以作为制定质量方针的基础。

### 2. 质量目标

质量目标是指与质量相关的、所追求的或作为目的的事物。其中，质量目标应建立在组织的质量方针的基础上；在组织内的不同层次内规定质量目标，在作业层次，质量目标应是定量的。

### 3. 质量控制

ISO 9000:2000 标准对质量控制的定义是：质量控制是质量管理的一部分，是致力于满足质量要求的活动。

### 4. 质量改进

ISO 9000:2000 标准对质量改进的定义是：质量改进是质量管理的一部分，致力于增强质量要求的能力。

## 三、质量管理的发展

质量管理是一门科学，随着整个社会生产的发展而发展，也同科学技术的进步、管理科学的发展密切相关。考察质量管理的发展过程，有助于我们有效地利用各种质量管理的思想和方法。一般来说，我们把质量管理的发展过程划分为三个阶段。

### 1. 质量检验管理阶段(20 世纪 20—30 年代)

20 世纪初，资本主义生产力的迅猛发展使得生产过程日益庞杂，生产组织日臻完善，整个生产过程分工细化。许多美国企业根据泰勒的管理模式，纷纷设立检验部门，使得检验与生产分离开来，将原始的"操作者的质量管理"发展成为分工明确、独立实施的新型的质量管理，标志着质量管理步入了一个成熟的发展阶段，即质量检验管理阶段。

这一阶段的中心内容是通过事后把关保证不合格品不流入下道工序或送到用户手中，至今在企业中仍不可缺少，但是就生产过程而言，毫无预防不合格品的作用；而在生产终端，不合格品即使检出也无法挽回。而且在产量大幅增长或产品需要进行破坏性试验的情况下，根本难以全数检验。为了解决这些矛盾，质量管理方法做了相应的改进，进入统计质量控制阶段。

### 2. 统计质量控制阶段(20 世纪 40—50 年代)

早在 20 世纪 20 年代，美国贝尔实验室工程师休哈特就首先提出了"控制与预防缺陷"的概念，并与他人合作取得累累硕果，是最早把数理统计方法引入质量管理的先驱。可惜由于 30 年代资本主义经济危机，这些成果只好束之高阁。

第二次世界大战期间军需品的生产任务重，时间紧，事后检验立刻显现出其弱点，检验部门成为最薄弱的一环，这时休哈特等人的研究成果被重视起来，得到迅速的推广和应用。这一阶段的手段是利用数理统计原理，预防产生废品并检验产品的质量，在方式上由专职检验人员组成的专业质量控制工程师和技术人员承担，这标志着事后检验的观念转变为预防质量事故的发生并事先加以预防的概念，质量管理工作前进了一大步。

但是统计质量控制主要只是保证生产过程中的产品质量，而不能提高产品本身的质量。随着科技的发展，对质量提出了更高的要求，加以市场竞争日趋激烈，促使各个企业把改善产品的经济性和技术服务作为提高产品质量的重要内容。于是自 20 世纪 60 年代初起进入全面质量管理阶段。

3. **全面质量管理阶段(20世纪60年代至今)**

进入20世纪50年代，工业生产技术手段逐渐现代化，工业产品更新换代也愈加频繁。特别是为满足航天技术、军事工业以及大型系统工程的需要，开始引进可靠性概念，对产品质量要求更高、更严格。例如，美国的阿波罗号飞船有560万个零件，如果零件的可靠性只有99.9%，则飞行中就可能有5600个零件要发生故障，后果不堪设想。为此，全套装置的可靠性要求达到99.9999%，即在100万次动作中，只允许失灵一次，连续安全工作时间要在1亿~10亿小时。要达到这样高的要求，单纯依靠统计方法控制生产过程是不够的，还需要一系列的组织管理工作，要对设计、准备、制造、销售和使用等环节都进行质量管理，而统计方法只是其中的一种工具。于是，新的历史条件和经济形势对质量管理提出了新的要求，促使质量管理从统计质量控制向更高级的全面质量管理发展。

最早提出全面质量管理(Total Quality Management，TQM)概念的是美国的费根堡姆(Armand V. Feigenbaum)。他指出："全面质量管理是为了能够在最经济的水平上，并考虑到充分满足顾客要求的条件下进行生产和提供服务，把企业各部门研制质量、维持质量和提高质量的活动构成为一体的一种有效体系。"

全面质量管理由于符合生产发展和质量管理发展的客观要求，很快在世界各地得到推行和发展。经过多年实践，全面质量管理理论已经比较完善，在实践中也取得了较大成功。

## 第二节 全面质量管理

### 一、全面质量管理的概念

全面质量管理是指"一个组织以质量为中心，以全员参与为基础，目的在于通过让顾客满意和本组织所有成员及社会受益而达到长期成功的管理途径。"它是继质量检验管理阶段(着重于事后检查，挑出废品)和统计质量控制阶段(采用统计方法对生产运作过程进行控制)后的第三个质量管理阶段，是质量管理向科学化、合理化、群众化的深入发展和质的飞跃。它具有以下特点。

(1) 全面质量管理是全过程、全企业、全员的管理。它不仅要对产品质量进行管理，而且要对过程和体系质量进行管理；不仅对企业内部的整个生产运作过程进行管理，而且还要对产品质量产生、形成和实现全过程中的物资供应、设计、产品使用等环节进行质量管理；不仅要求质量监测部门参加质量管理，而且要求企业从上到下建立和健全质量管理责任制，加强全体职工的质量意识，在各自的工作岗位上参与质量管理。

(2) "用户第一""一切为用户服务""下一道工序就是用户"等观点，是全面质量管理的起点和目的，也是全面质量管理的重要指导思想。

(3) 把"一切以预防为主"作为质量管理方针。因为产品不是检验出来的，而是不断设计、制造出来的，因此，质量的好坏更取决于对问题的预防程度。全面质量管理把工作重点由事后把关转移到事先预防，由产品质量管理转移到形成产品质量的过程、质量管理体系管理，做到防检结合，防患于未然。精细生产的质量管理自动化机制，很好地发展和诠释了这种思想理念。

(4) 全面质量管理要求"一切用数据说话"。用数据和事实来分析判断，寻找影响产品质量的因素及其相互间的关系，掌握质量变异的规律性。

## 二、全员参与的质量管理

产品质量是企业活动的各个环节、各个部门全部工作的综合反映。企业中任何一个环节、任何一个人的工作质量都会不同程度地、直接或间接地影响产品质量。因此必须把企业所有人员的积极性和创造性充分调动起来，不断提高人的素质，上自厂长，下至工人，人人关心质量问题，人人做好本职工作，才能生产出用户满意的产品。这就是全员参与质量管理的含义。

## 三、全过程的质量管理

全过程的质量管理是一种覆盖产品形成各个环节的质量管理。把质量管理从原来的生产制造过程，扩大到产品市场调查、研制、质量设计、试验、试制、工艺、技术、工装、原材料供应、生产、计划、劳动、行政、销售直至用户服务等各个环节，形成从产品设计直到销售使用的总体(综合)质量管理。从这方面来看，全面质量管理在工作范围和职能上都比以往的质量管理扩大了，它在管理的深度和广度上都有了新的发展。

实行全过程的质量管理，以防为主，是要求企业把质量管理作为重点，从事后检验产品质量转移到事前控制生产过程质量上来。在设计和制造过程的管理上下工夫，在生产过程的一切环节加强质量管理，保证生产过程的质量良好，消除产生不合格品的种种隐患，做到防患于未然；还要求企业逐步形成一个包括市场调查、设计研制到销售使用的全过程，能够稳定地生产合格品的质量保证体系。

质量管理向全过程管理的发展，有效地控制了各项质量影响因素，它不但充分体现了以预防为主的思想，保证质量标准的实现，而且着眼于工作质量和产品质量的提高：争取实现新的质量突破；根据用户要求，从各个环节做起，致力于产品质量的提高，从而形成一种更加积极的管理。

## 四、全面性的质量管理

全面性的质量管理要求各个部门都要涉及质量管理。从宏观的角度看，全面的质量管理是横向的，涉及所有部门、所有工作和服务环节，最终影响和促进产品质量达到要求。从纵向的组织管理角度来看，质量目标的实现有赖于企业的上层、中层、基层管理，乃至一线员工的能力协作，其中尤以上层管理能否全力以赴起决定性的作用。从企业职能间的横向配合来看，要保证和提高产品质量必须使企业研制、维持和改进质量的所有活动成为一个有效的整体。

## 五、综合多样性的质量管理

影响产品质量和服务质量的因素也越来越复杂：既有物的因素，又有人的因素；既有技术的因素，又有管理的因素；既有企业内部的因素，又有随着现代科学技术的发展，对产品质量和服务质量提出了越来越高要求的企业外部因素。要把这一系列的因素系统地控制起来，全面管好，就必须根据不同情况，区别不同的影响因素，广泛、灵活地运用多种多样的现代管理方法来解决当前的质量问题。

"三全一多样"围绕着有效地利用人力、物力、财力、信息等资源，以最经济的手段生产出顾客满意的产品这一企业目标，这是企业推行全面质量管理的出发点和落脚点，也是全面质量管理的基本。坚持质量第一，把顾客的需要放在第一位，树立为顾客服务的思想，是企业推行全面质量管理贯彻始终的指导思想。

## 第三节　质量管理方法

### 一、常用的质量管理统计方法

#### (一)直方图

在质量管理中，如何预测并监控产品的质量状况，如何对质量波动进行分析，直方图就是一目了然地把这些问题图表化处理的工具。它通过对收集到的貌似无序的数据进行处理，来反映产品质量的分布情况，判断和预测产品质量及不合格率。

直方图又称质量分布图或柱状图，是表示资料变化情况的一种主要工具，能比较直观地看出产品质量特性的分布状态，对于资料分布状况一目了然，便于判断其总体质量分布情况。它是一种几何形图表，是根据从生产过程中收集来的质量数据分布情况，画成以组距为底边、以频数为高度的一系列连接起来的直方型矩形图。

#### (二)数据分层法

数据分层就是把性质相同的、在同一条件下收集的数据归纳在一起，以便进行比较分析。因为在实际生产中，影响质量变动的因素很多，如果不把这些因素区别开来，难以得出变化的规律，数据分层可根据实际情况按多种方式进行。数据分层法经常与统计分析表结合使用。

#### (三)控制图

控制图法是对过程质量加以测定、记录从而进行控制的一种科学方法。控制图上有中心线，只存在偶然波动时，产品质量将形成某种典型分布。例如，在车制螺丝的例子中形成正态分布。如果除去偶然波动外还有异常波动，则产品质量的分布必将偏离原来的典型分布。因此，根据典型分布是否偏离就能判断异常因素是否发生，而典型分布的偏离可由控制图检出。

#### (四)排列图

排列图是为寻找主要问题或影响质量的主要原因所使用的图。它是由两个纵坐标、一个横坐标、几个按高低顺序依次排列的长方形和一条累计百分比折线所组成的图。排列图又称帕累托(柏拉)图。最早是由意大利经济学家帕累托(柏拉)用来分析社会财富的分布状况。他发现少数人占有着绝大多数财富，而绝大多数人却占有少量财富而处于贫困的状态。这种少数人占有着绝大多数财富左右社会经济发展的现象，即所谓"关键的少数、次要的多数"的关系。后来，美国质量管理专家朱兰把这个"关键的少数、次要的多数"的原理应用于质量管理中，便成为常用方法之一(排列图)，并广泛应用于其他的专业管理。目前在仓库、物资管理中常用的 ABC 分析法就出自排列图的原理。

### (五)因果分析图

因果分析图是以结果作为特性，以原因作为因素，在它们之间用箭头联系表示因果关系。因果分析图是一种充分发动员工动脑筋、查原因、集思广益的好办法，也特别适合于工作小组中实行质量的民主管理。当出现了某种质量问题，未搞清楚原因时，可针对问题发动大家寻找可能的原因，使每个人都畅所欲言，把所有可能的原因都列出来。

所谓因果分析图，就是将造成某项结果的众多原因，以系统的方式图解，即以图来表达结果(特性)与原因(因素)之间的关系。其形状像鱼骨，又称鱼骨图。

某项结果之形成，必定有原因，应设法利用图解法找出其因。首先提出了这个概念的是日本质量管理权威石川馨博士，所以因果分析图又称石川图。因果分析图可使用在一般管理及工作改善的各种阶段，特别是树立意识的初期，易于使问题的原因明朗化，从而设计步骤解决问题。

### (六)散布图

散布图法是指根据若干时期的历史资料，将其业务量和成本数据逐一在坐标图上标注，形成若干个散布点，再通过目测的方法尽可能画出一条接近所有坐标点的直线，并据以推算出固定成本总额和单位变动成本的一种成本习性分析方法。

散布图法由于将全部成本数据均作为描述成本习性的依据，其准确程度比高低点法高。但因为其采用目测的方法得出固定成本，因而计算结果也具有一定的不准确性。

在质量管理过程中，经常需要对一些重要因素进行分析和控制，这些因素大多错综复杂地交织在一起，它们既相互联系又相互制约，既可能存在很强的相关性，也可能不存在相关性。如何对这些因素进行分析？散布图法便是这样一种直观而有效的好方法，通过绘制散布图，因素之间繁杂的数据就变成了坐标图上的点，其相关关系便一目了然地呈现出来。

在分析质量事故时，总是希望能够寻找到造成质量事故的主要原因，但影响产品质量的因素往往很多，有时只需要分析具体两个因素之间到底存在着什么关系。这时可将这两种因素有关的数据列出来，并用一系列点标在直角坐标系上，制作成图形，以观察两种因素之间的关系，这种图就称为散布图，对它进行分析称为相关分析。

### (七)矩阵数据分析法

矩阵数据分析法的基本思路是通过收集大量数据，组成矩阵，求出相关系数矩阵，以及矩阵的特征值和特征向量，确定出第一主成分、第二主成分等。通过变量变换的方法把相关的变量变为若干不相关的变量，即能将众多的线性相关指标转换为少数线性无关的指标(由于线性无关,就使得在分析与评价指标变量时,切断了相关的干扰,找出主导因素,从而做出更准确的估计),显示出其应用价值。这样就找出了进行研究攻关的主要目标或因素。

### (八)系统图

系统图法就是把要实现的目的与需要采取的措施或手段系统地展开,并绘制成图,以明确问题的重点,寻找最佳手段或措施。

在计划与决策过程中,为了了达到某个目的或解决某一质量问题,就要采取某种手段。而为了实现这一手段,又必须考虑下一级水平的目的。这样,上一级水平的手段就成为下一级水平的目的。如此,可以把达到某一目的所需的手段层层展开,总览问题的全貌,明确问题的重点,合理地寻找出达到预定目的的最佳手段或策略。

### (九)KJ 法

KJ 法也叫亲和图法,是由日本的川喜田二郎博士于 1964 年提出的一种属于创造性思考的开发方法。

KJ 法是把事件、现象和事实,用一定的方法进行归纳整理,引出思路,抓住问题的实质,提出解决问题的办法。具体讲,就是把杂乱无章的语言资料,依据相互间的亲和性(相近的程度,相似性)进行统一综合,对于将来的、未知的、没有经验的问题,通过构思以语言的形式收集起来,按它们之间的亲和性加以归纳,分析整理,绘成亲和图(affinity diagram),以期明确怎样解决问题。KJ 法适用于解决那些需要时间慢慢解决,无论如何要解决但不能轻易解决的问题,不适用于那些简单的需要马上解决的问题。

### (十)矩阵图

矩阵图是通过多因素综合思考,探索解决问题的方法。矩阵图借助数学上矩阵的形式,把影响问题的各对应因素,列成一个矩阵图,然后根据矩阵的特点找出确定关键点的方法。矩阵图用于多因素分析时,可做到条理清楚、重点突出。它在质量管理中,可用于寻找新产品研制和老产品改进的着眼点,寻找产品质量问题产生的原因等方面,如寻找不合格现象。

### (十一)统计分析表

统计分析表方法也称质量调查表方法,它最早是由美国的菲根堡姆先生提出的,是在全面质量管理中利用统计图表来收集、统计数据,进行数据整理并对影响产品质量的原因做粗略的分析。调查表中所利用的统计表格是一种为了便于收集和整理数据而自行设计的空白表。在调查产品质量时,只需在相应的栏目内填入数据和记号。

统计分析表是最为基本的质量原因分析方法,也是最为常用的方法。在实际工作中,经常把统计分析表和分层法结合起来使用,这样可以把可能影响质量的原因调查得更为清楚。需要注意的是,统计分析表必须针对具体的产品,设计出专用的调查表进行调查和分析。

## 二、PDCA 循环

### (一)PDCA 循环的概念

PDCA 循环又称戴明环,是管理学中的一个通用模型,最早由休哈特(Walter A. Shewhart)于 1930 年构想,后来被美国质量管理专家戴明(Edwards Deming)博士在 1950 年再度挖掘出来,并加以广泛宣传和运用于持续改善产品质量的过程中。它是全面质量管理所应遵循的科学程序。全面质量管理活动的全部过程,就是质量计划的制订和组织实现的过程,这个过程就是按照 PDCA 循环,不停顿地、周而复始地运转。

PDCA 循环是能使任何一项活动有效进行的一种合乎逻辑的工作程序,特别是在质量管理中得到了广泛的应用。PDCA 四个英文字母所代表的含义如下。

(1) P(Plan)——计划,包括方针和目标的确定以及活动计划的制订。
(2) D(Do)——执行,就是具体运作,实现计划中的内容。
(3) C(Check)——检查,就是要总结执行计划的结果,明确效果,找出问题。
(4) A(Action)——处理,对总结检查的结果进行处理,成功的经验加以肯定,并予以标准化,或制定作业指导书,便于以后工作时遵循;对于失败的教训也要总结,以免重现。对于没有解决的问题,应提给下一个 PDCA 循环去解决。

### (二)PDCA 循环的特点

#### 1. 大环套小环,小环保大环,互相促进

PDCA 循环作为质量管理的基本方法,不仅适用于整个工程项目,也适应于整个企业和企业内的科室、工段、班组以至个人。各级部门根据企业的目标,都有自己的 PDCA 循环,层层循环,形成大环套小环,小环里面又套更小的环。大环是小环的母体和依据,小环是大环的分解和保证。各级部门的小环都围绕着企业的总目标朝着同一方向转动。通过循环把企业上下或工程项目的各项工作有机地联系起来,彼此协同,互相促进。

#### 2. 不断循环上升

PDCA 循环是螺旋式循环上升的,就像爬楼梯一样,一个循环运转结束,生产的质量就会提高一步,然后再制定下一个循环,再运转,再提高,不断前进,不断提高。

在解决问题的过程中,常常不是一次 PDCA 循环就能够完成的,需要将 PDCA 循环持续下去,直到彻底地解决问题。

# 第四节 质量管理认证

## 一、质量管理认证体系

### (一)质量管理认证的定义

质量管理认证也称合格性认证(conformity certification),国际标准化组织(International Organization for Standardization, ISO)将其定义为:第三方依据程序对产品、过程或服务符合

规定的要求给予书面保证(颁发合格证书并给予注册登记)。其具体包括产品质量认证和质量体系认证两个方面的内容。产品质量认证是指经权威机构确认并发放合格证书或合格标志,以证明某一产品或服务符合相应标准和技术规范的活动。质量体系认证是指对供方的质量体系进行的第三方评定和注册,并颁发证书以证明企业质量保证能力符合相应要求的活动。习惯上,把产品质量认证和质量体系认证统称为质量认证。

### (二)质量认证的内涵

为了正确理解质量认证的内涵,可以从对象、依据、主体、方式和作用五个方面进行阐述。

(1) 对象。产品、过程或服务,也可以是质量体系。

(2) 依据。产品质量认证的依据是经过标准化机构正式发布的、由认证机构所认可的产品标准和技术规范,质量体系认证的依据是 ISO 9000 系列标准及其支持性文件。

(3) 主体。质量认证的执行机构或人员。

(4) 方式。对于一般产品和民用企业而言,一般由企业自愿申请;但进行安全认证的产品应符合《中华人民共和国标准法》中有关强制性标准要求,实行强制性认证;军工企业和军工产品一般实行强制性认证。

(5) 作用。对企业而言,其质量认证的作用表现在通过取得合格证书或合格标志向顾客证实产品水平或企业质量保证能力;对顾客而言,则主要起到"导购"作用。

### (三)产品质量认证和质量体系认证的区别

产品质量认证和质量体系认证最主要的区别是认证的对象不同,产品认证的对象是特定产品,而质量体系认证的对象是组织的质量管理体系。由于认证对象的不同引起了获准认证条件、证明方式、证明的使用等一系列不同,两者也有共同点,即都要求对组织的质量管理体系进行体系审核。但在具体实施上又有若干不同,如表 13.1 所示。

表 13.1 产品质量认证和质量体系认证对照

| 项目 | 产品质量认证 | 质量体系认证 |
| --- | --- | --- |
| 对象 | 特定产品 | 企业的质量体系 |
| 认证的依据 | 产品质量标准;质量体系满足指定的质量保证标准要求及特定产品的补充要求;评定依据应经认证机构认可 | 质量体系满足所申请的质量保证标准的要求和必要的补充要求;保证模式由申请企业选定 |
| 证明方式 | 产品认证证书、认证标志 | 质量体系认证证书 |
| 证明的使用 | 证书不能用于产品包装和表面上,标志可用于获准认证的产品包装和表面上 | 证书和认证机构的标志都不能在产品的包装及表面上使用,但可在宣传材料中使用 |
| 性质 | 自愿性、强制性 | 自愿性 |
| 体系证实的范围 | 质量体系中特定产品所涉及的有关部分 | 质量体系中申请注册的产品范围内所涉及的有关部分 |
| 证实的方式 | 按特定标准对产品实施检验和质量体系检查(审核)。体系检查时针对特定产品。注重技术措施的落实和保证能力 | 质量体系审核。着重注册产品范围内过程控制的有效性 |

## 二、质量管理认证流程

产品质量认证的目的是证明某产品已建立了一个有效的质量体系,能够稳定地提供符合某特定技术标准或规范的产品。质量认证体系的目的在于通过评定和事后监督来证明供方质量体系符合并满足需方对该体系规定的要求,对供方的质量管理能力予以独立的证实。由于目的和内容不同,在组织实施方面也存在一定的差异。

### 1. 产品质量认证的组织实施

产品质量认证的组织实施主要包括以下四个过程。

(1) 由质量认证需求企业按照相关规定向有关认证委员会提出书面申请。对于中国企业而言,只需按照规定向有关认证委员会提出书面质量认证申请即可;对于外国企业或者其他申请人,则需向国务院标准化行政主管部门或者向其指定的认证委员会提出书面申请及提供认证所需的有关资料。

(2) 认证委员会对申请认证企业进行质量考察。认证委员会受理认证申请后,需对企业的质量管理体系进行检查。国家注册检查应按照规定的要求签署检查报告,并将检查报告送交认证委员会。

(3) 监察机构对产品进行质量检验。检查机构接到认证委员会送交的检查样品后,应严格按照要求对产品进行检验;各项指标和检验完成后,检验机构按照规定格式填写检验报告,经授权人审核签字后,将检验报告报送认证委员会。

(4) 认证委员会对检验报告和检查报告进行审查并批示审查结果。认证委员会在对检验报告和检查报告进行审查后,对于合格者,批准认证并颁发认证证书,进行注册管理,并准许使用认证标志;对不批准认证的发给书面通知,并说明原因和申请者应采取的行动。

### 2. 质量体系认证的组织实施

质量体系认证的组织实施应包括以下六个阶段。

(1) 认证申请。在这一阶段首先是要求进行质量体系认证审核的企事业或委托方(以下简称"申请方")向体系认证机构联系,根据需要索取质量体系认证审核申请表和企业概况调查表,按其要求认真填写,并在规定的时间内向体系认证机构报送申请表、企业概况调查表、质量手册、法人营业执照复印件、申请认证审核设计的产品(服务)简介以及简要流程图等有关资料,同时按规定标准缴纳质量体系认证审核申请费。

(2) 审核准备。在这一阶段,主要包括组织成立审核小组和编制审核计划两项工作。

① 组织成立审核小组。审核小组一般由 1~4 人组成,必要时可邀请熟悉申请方特点的技术专家协助审核。如果申请方认为审核组有成员可能与本单位存在利害关系,可要求认证机构进行人员更换。

② 编制审核计划。审核计划是对审核活动的具体安排,由审核组长进行编制,审核机构批准认证,一般在审核前 10~30 天通知受审方,使其有充分时间按照计划要求做好安排。编制审核计划的内容有:确定审核的目的和范围、所涉及的有关部门及人员、审核组成人员人数及名单、审核的时间及路线设计、检查清单、准备工作文件等。

(3) 实施审核。实施审核阶段包括以下过程和内容。

① 首次会议。首次会议是审核组全体成员与受审方的联席会议，主要商定双方认为需要配合的有关事宜，包括重申审核的目的及范围、介绍审核的程序及方法、明确双方的联络人、确定所需资源和设施、确定各次会议的时间、澄清审核计划中不明确的内容等。

② 现场审核。现场审核的目的是验证受审单位质量体系的有效性。审核组成员应按检查清单调查事实、获取证据。对发现的不符合的事实，应征得受审方授权代表的确认，并填写不符合通知单，经受审方授权代表签字确认。

③ 审核情况分析和不符合项报告的编写。在对现场进行审核后，应对现场审核情况及其证据进行分析和整理，以确定哪些是严重不符合项，哪些是有待进一步证实或舍弃项，哪些是偶然、孤立的不符合项，哪些是审核过程中已经纠正的不符合项等。同时，根据审核情况分析结果编写不符合项报告。

④ 召开审核组会议。审核分析和不符合项报告编写完成后，由审核组组长召开审核组成员会议，审核不符合项报告，判定质量体系的有效性，提出审核检查的结论性意见，为末次会议做准备。

⑤ 召开末次会议。在审核报告编制之前，审核组应与受审方领导一起会谈召开末次会议。会议由审核组组长主持，主要内容包括：报告不符合项，报告审核组对质量体系审核的结论，阐述编制审核报告的原则和思路，征求对审核组的意见等。

(4) 编写审核报告。审核报告的编写由审核组组长负责，内容包括审核检查概况，审核依据、目的和范围，不符合项汇总情况，审核检查的总体归纳，审核检查结论、附件等。

(5) 审核报告的提交和审议。审核报告应在审核组离开一周内，由项目审核组组长负责提交体系认证机构技术委员会进行审议、批准。经审批后的审核报告书的正本，送受审核方(或委托方)，副本及有关资料送交体系认证机构办公室存档备查。

(6) 颁布和公布。对于批准通过认证的受审核主体。认证机构应给受审方颁发国家质量体系认证主管部门统一颁布的印有体系认证机构认证标志的质量体系认证证书，并予以注册。同时，体系认证机构应以公报形式对此予以公布，上报备案。

## 三、质量管理体系认证标准

### (一)ISO 9000 概述

#### 1. ISO 9000 的产生

任何标准都是为了适应科学、技术、社会、经济等客观因素发展变化的需要而产生的，ISO 9000 系列标准也不例外。随着科学技术的进步和社会生产力的发展，产品品种越来越多，很多产品结构越来越复杂，其中相当一部分还具有高安全性、高可靠性和高价值的特性。人们一方面用自己创造的科学技术造就了各种各样的新产品；另一方面却使越来越多的使用者无法凭借自己的能力来判断所采购产品的质量是否可靠，在不知不觉中使用了有缺陷的产品。这些产品在质量上的缺陷，往往给用户带来巨大损害或损失，不仅影响到用户，还会影响到用户以外的许多人。这样，人们就逐渐形成了"产品责任"的概念，即制造者、销售者对用户使用其产品所造成的损害和伤害承担法律责任。但卖方承担产品责任实际上仅仅了解决事后赔偿问题,而现在人们更关心的是得到能够长期稳定使用的产品,把自己的安全、健康甚至日常生活的持续稳定置于"质量大堤"的保护之下。为此,就要求在产品质量形成的全过程中加强管理和监督,搞好质量保证工作,而不仅仅是进行事后检验。当然,这就增加了产品的成本,产品价格也就相对增加。但现在用户往往宁愿承担由于要求生产方建立质量保证体系而增加的费用,以求得到安全可靠的产品,把风险降到最低。从生产方来说,为了避免由于产品质量问题而发生的赔偿等大量费用,也宁可奉行"先花少量的钱,避免日后赔更多的钱"的政策,主动开展质量保证活动,以减少质量问题的发生,并在被追究责任时能提出足够的证据为自己辩护。质量保证就在这样的背景下产生了。

ISO 9000 是国际标准化组织所制定的关于质量管理和质量保证的一系列国际标准的简称。现在通行的一种说法是,取得 ISO 9000 系列标准的认证是取得进入国际市场的通行证,这从一个侧面反映了 ISO 9000 对企业的重要意义。

我国在 1988 年正式"等效采用"ISO 9000 系列标准,并确定 100 家企业为实施标准的试点单位。实施以来,对强化全面质量管理起到了积极的作用,特别是对促进产品出口具有明显效果。在 1992 年 5 月的全国质量工作会议上决定"等同采用"ISO 9000 系列标准,1994 年又及时按 ISO 9000(1994 年版)新标准修订国家标准,使我国与世界同步。

**2. ISO 9000 系列标准的主要内容**

ISO 9000—1《质量管理和质量保证标准 第一部分:选择和使用指南》,该标准阐明基本质量概念之间的差别及其相互关系,并为质量体系系列标准地选择和使用提供指导。这套标准中包括了用于内部质量管理目的的标准 ISO 9004 和用于外部质量保证目的的标准 ISO 9001~ISO 9003。

ISO 9001《质量体系——设计、生产、安装和服务的质量保证模式》,规定了对质量体系的要求,用于双方所订合同中需方要求供方证实其从设计到提供产品全过程的保证能力。该标准阐述从产品设计/开发开始,直至售后服务的全过程的质量保证要求,以保证在包括设计/开发、生产、安装和服务各个阶段符合规定要求,防止从设计到服务的所有阶段出现不合格现象。特别强调对设计质量的控制,因为产品质量水平和成本有 60%~70%是在设计阶段形成的。

ISO 9002《质量体系——生产、安装和服务的质量保证模式》,阐述了从采购开始,直到产品交付使用的生产过程的质量保证要求,以保证在生产、安装阶段符合规定的要求,防止以及发现生产和安装过程中的任何不合格,并采取措施以避免不合格重复出现。它是用于外部质量保证的三个涉及质量体系要求的标准中要求程度居中的一个标准,适用于需方要求供方企业根据质量体系具有对生产过程进行严格控制的能力的足够证据的情况。

ISO 9003《质量体系——最终检验和试验的质量保证模式》,是用于外部质量保证的三个系列标准中要求最低的一个标准。它阐述了从产品最终检验至成品交付的成品检验和试验的质量保证要求,以保证在最终检验和试验阶段符合规定的要求,查出和控制产品不合格项目并加以处理。它适用于用户要求供方企业提供质量体系具有对产品最终检验和试验进行严格控制能力的足够证据的情况。

ISO 9004—1《质量管理和质量体系要素 第一部分:指南》,这个标准是指导企业建立质量管理体系的基础性标准。它就质量体系的组织结构、程序、过程和资源等方面的内容,对产品质量形成的各阶段中，影响质量的技术、管理等因素的控制提供了全面的指导。标准指出，为了满足用户的需求和期望，企业应该建立一个有效的质量体系，而完善的质量体系是在考虑风险、成本和利益的基础上使质量最佳化以及对质量加以控制的重要管理手段。该标准从企业质量管理的需要出发，阐述了质量体系原理和建立质量体系的原则，提出了企业建立质量体系一般应包括的基本要素。标准对各基本要素的含义、目标、要素间的接口，以及各项活动的内容、要求、方法、人员和所要求的文件、记录等，都做了明确规定。

### (二)ISO 9000:2000

2000版ISO 9000系列标准，在总体结构上进行了较大调整，简化为四个核心标准和一个辅助标准。

(1) 2000版ISO 9000《质量管理体系——基础和术语》，是由原来的ISO 8402:1994和ISO 9000—1:1994两个标准合并和修改而成的。它阐明了制定ISO 9000系列标准所依据的管理理念和原则，是ISO 9000系列标准的指导思想和理论基础。同时，它明确了ISO 9000系列标准对质量管理体系的基础要求和规范，阐明了ISO 9000系列标准使用的主要概念、术语及其相互关系。可见，该标准是整个ISO 9000系列标准的基石，是理解和实施ISO 9000系列标准的"路线图"，发挥着基础性的指导作用。

(2) 2000版ISO 9001《质量管理体系——要求》，由原来的ISO 9001：1994、ISO 9002：1994和ISO 9003:1994三个标准合并和修改而成。它属于质量管理性标准，明确规定了企业为满足产品规定要求所必需的质量管理体系的基础性要求，以使顾客满意。它与PDCA循环(计划—执行—检查—处理)相对应，按照管理职责、资源管理、产品实现和测量、分析及改进四大板块结构的过程方法模式，对企业建立和运行ISO 9000系列标准提供具体的指导。它是一个通用性极为广泛的标准，适用于所有企业。它本身并不规定产品的具体要求，而是面向质量管理体系，要求企业运用过程的方法和质量管理体系管理的方法对产品实现的全过程实施有效控制，预防质量形成过程中的异常波动，并不断开展质量改进，从根源上杜绝质量问题。

该标准同时又是一个评价性标准，是质量管理体系认证的基本依据，为企业内部和外部(如顾客和认证机构)对其质量管理体系进行评定提供基准：前者可以发现存在的不足，指导改进质量管理工作；后者可以证实企业是否具备持续提供满足顾客要求和法律法规要求的能力，并提供决策依据。

(3) 2000版ISO 9004《质量管理体系——业绩改进指南》，是以原来的ISO 9004—1:1994为基础，并纳入原来的ISO 9004—2、ISO 9004—3和ISO 9004—4三个分标准，经过调整和修改而成。顾名思义，它阐述了质量改进的基本概念和原理，详细描述了质量改进的方法和技术，是指导企业改进质量管理业绩的标准，为企业更好地构筑质量管理体系并评价其完善程度提供了强有力的支持，以指导企业实现持续的自我改进、追求卓越的质量管理绩效、达成所有相关方满意(顾客、企业员工、所有者、供方和合作者、社会)的目标。它对以往的质量改进思想进行了拓展，强调了持续改进应贯穿于质量管理体系的建立和实施的全过程，是企业所追求的永恒目标。在其附录A"自我评定指南"和附录B"持续改进的过程"中，给出了质量管理体系或过程的测量方法，指导企业评价质量管理体系的完善程度并识别需要改进的方面，帮助确定改进资源的投向，设计和选择持续改进的方法。

(4) 2000版ISO 19011《质量和环境评审指南》,是由原来的ISO 10011、ISO 14010、ISO 14011和ISO 14012等标准合并和修改而成。它与环境管理体系国际标准互相兼容,为质量管理体系与环境管理体系的一体化评审提供依据。此外,ISO 9000:2000还包括辅助性标准ISO 10012《测量控制系统》,作为支持性标准的技术报告和小册子,以及针对特定行业质量管理体系要求的技术规范。

### (三)ISO 9001:2000 质量管理体系认证

#### 1. 质量认证的构成与特点

"认证"是"为确信产品和服务完全符合有关标准或技术规范,而进行的第三方机构的证明活动"。对企业来说,申请权威机构对其质量体系进行认证,使用国际公认的合格标志,其产品就可以得到世界各国的普遍承认,并在国内外市场上获得用户的信任,有利于扩大产品市场,参与国际市场竞争。

质量认证又称合格评定,须由质量认证机构人员认可。质量认证是合格评定的主体活动,它包含产品认证和质量体系认证。产品认证又包含合格认证和安全认证;质量体系认证又称质量体系注册。机构人员可包含校准和检验机构、检查机构或审核机构、认证机构、检查员、评审员资格等的认可。机构人员认可是一种支持性活动。

质量认证是国际上通行的制度,是世界各国对产品质量和企业质量体系进行评价、监督、管理的通行做法和认证制度。

质量认证一般有如下特点:①认证的基本是标准或技术规范。②认证的对象是产品,含硬件、软件、流程性材料和服务。③认证由第三方进行。

所谓第三方是指和第一方(供方)、第二方(需方)无行政隶属关系,在经济上无利害关系的认证机构或认证公司。第三方的认证可体现公平、公正、权威并得到政府承认。

由第三方进行审核的质量体系认证对供需双方都有好处,具体如下:①需方无须耗费人力审核质量就能得到有效保证。②需方简化了进货检验。③由于有认证机构对供方质量体系的日常监督,需方对供方产品能持续满足质量要求建立了信心。④方便了需方选择供方。⑤供方免于应付各个需方的多次审核。⑥供方通过了注册,表明供方质量体系符合公认的国际标准要求,使供方产品在国际市场上畅通无阻。

鉴定是证实的方法,而证实的表示是证书和认证标志。体系认证获准的表示是认证机构给予注册,并以企业名录形式公布。值得注意的是,国际惯例规定质量体系认证不能替代对产品的认证。故质量体系认证合格不等于产品认证合格。

#### 2. ISO 9001 质量管理体系认证的步骤

(1) 组织落实,建立精干工作班子。
(2) 学习培训,制订工作计划。
(3) 确定质量职责和权限、组织结构,并配备资源。
(4) 编制程序文件。
(5) 编制质量手册。
(6) 编制整理技术性文件。
(7) 编制各类记录表式。

(8) 质量管理体系文件批准发布。
(9) 质量管理体系实施前培训教育。
(10) 协调组织、全面实施。
(11) 信息反馈。
(12) 质量管理体系内部审核。
(13) 管理评审。
(14) 改正。
(15) 外部预评审。
(16) 纠正。
(17) 评审中心正式认证。
(18) 采取纠正措施。
(19) 通过认证。

## 本 章 小 结

质量是企业的生命，质量管理与质量控制是企业日常工作的核心。本章主要介绍了质量管理以及全面质量管理的若干基本概念、PDCA 循环等质量管理的一些基本方法，最后对 ISO 9000 质量管理及认证体系进行了介绍。

## 思 考 与 练 习

1. 简述全面质量管理的概念与特点。
2. 简述质量管理的发展历程。
3. 简述 PDCA 循环的概念与特点。
4. 假设一台灯在打开开关后不亮，绘制一个简单的因果分析图分析可能的原因。
5. 全过程的质量管理包括哪些方面？
6. ISO 9000 系列标准的主要内容有哪些？

## 案 例 分 析

### 品质部长的困惑

大连某公司是一家日本独资以外销为主的生产电束线的专业工厂，可根据用户要求生产加工各种专用电束线，产品规格已达 150 余种。自 1995 年初投产以来，公司就实行了全面质量管理。由于其先进的工艺技术和可靠的产品质量，公司产品赢得了国内外客户的广泛赞誉，需求量直线上升。因此，公司在 1995 年末和 1996 年末两次扩大生产规模。但是，随着产品规格地不断增多、生产规模地迅速扩大，质量波动也随之而来，用户索赔案件逐渐增多。

为此，公司开展了"查问题原因，补管理漏洞，全面提高质量意识"的质量月活动。品质保证部一时成为全公司最忙的部门，品质保证部叶部长则成为全公司最忙的人，整天忙着组织调查原因。叶部长将其原因归纳为以下几类。

(1) 新员工素质较差(90%为初中学历)，教育不足，质量意识淡薄，对产品质量认识比较模糊，不能严格按照操作规程操作。

(2) 技术文件不规范，个别工序有随意更改、涂写图样和按领导口头指示作业的现象，造成过程参数值和质量特性值不清晰、不准确，曾导致批量性的加工错误。

(3) 工序间的质量控制力度不够，只重视事后处理，产品质量仅靠最终检验保证，缺乏事前预防控制措施，直接导致不合格品失控。

(4) 缺乏完善的质量体系，对不合格品的产生原因及对策缺乏深层次的探讨，导致同类质量问题多次重复出现。

为了解决出现的各种质量问题，提高公司经营管理水平，为公司的进一步发展奠定坚实的基础，经公司董事会研究决定，准备根据 ISO 9000 族标准建立高水平的质量体系，同时授权品质保证部组织实施，要求尽快通过认证审核，并取得认证证书。

但在由各部门经理参加的认证准备会上，这个决定却并未得到积极响应。原因很简单：一是认为造成近期质量问题的主要原因是新员工较多，操作不熟练、教育不足、监督不力，只要加强教育、监督、指导，完全可以减少和避免类似问题产生；二是大家对 ISO 9000 族标准缺乏充分的了解和认识，认为 ISO 9000 族标准是国际水平的要求，对于技术含量较低的来料加工型企业没有太大必要。而且，ISO 9000 族标准概括性太强，理解起来很困难，执行中易流于形式，成为空架子，不如原有的全面质量管理体系来得实在。因而，大家未能就进行 ISO 9000 族标准认证活动取得共识。一些人开玩笑说，叶部长碰了一个"软钉子"。会后，叶部长又重新研究了有关 ISO 9000 族标准的资料，将之与全面质量管理做了仔细比较，分析了各自对企业发展的意义，又重新树立起推行 ISO 9000 族标准的信心。为了便于大家理解和接受，他根据自己多年质量工作的经验，将 ISO 9000 族标准的内容高度概括为 12 个字："有章可循，有章必依，有据可查"，即与标准要求相关的业务都要有规章制度和工作基准可以遵守；有了规章制度和作业标准必须遵循；是否按规章制度和作业标准办事要有证据可以查验。看着自己的"杰作"，他不禁生出几分得意。

兴奋之余，叶部长又组织召开了 ISO 9000 族标准学习会，但与会者的反应依旧冷淡。仍有一些人坚持以为现有的质量体系完全可以满足需要，搞 ISO 9000 族标准认证是多此一举；还有人说，现有的质量体系已运行四年，公司上下都已适应了它的要求，如果再适应新的体系弄不好会引起混乱；甚至有人强调现在生产太忙，再搞这种认证，恐怕没有时间……叶部长听了之后，得意之情一扫而光，不觉又陷入了迷茫。

(资料来源：刘书庆，杨水利.质量管理学[M].北京，机械工业出版社，2003.)

讨论：

(1) 公司一直在实行全面质量管理，为什么还会出现这么多的质量问题？
(2) 全面质量管理与 ISO 9000 族标准之间的关系如何？
(3) 对在实际中推广 ISO 9000 族标准时出现的阻力应如何克服？
(4) 如果你是品质保证部部长，你将采取什么措施以保证 ISO 9000 族标准的顺利实施？

# 第十四章 工作研究

【学习目标】

通过本章的学习，学生应了解工作研究的基本概念和技术；掌握方法研究与作业测定的基本步骤和方法；理解工作设计的原理和方法。

【关键概念】

工作研究(work study)；方法研究(method study)；作业测定(work measurement)；工作设计(job design)

## IE 视角解读网络热文——"外卖小哥帮炒菜"

网络时代日新月异，快速发展的"互联网+餐饮"催生并壮大了送餐队伍，极大地方便了市民的日常生活餐饮。每到午、晚餐时刻，餐饮商户、大街小巷、写字楼等随处可见送餐员匆忙送餐的身影。饿了么、美团外卖、京东到家等的送餐员们骑着小电动车载着印有各种LOGO 的保鲜箱带着美食，飞速奔向订餐用户，现在"外卖小哥"已然成为广大市民对外卖送餐员的亲切称呼。

2017年9月，"美团外卖小哥后厨炒菜"的视频走红网络，视频中，一位身穿黄色工作服、头戴黄色安全头盔的外卖小哥在餐厅厨房颠锅翻炒，动作熟练、姿势专业。"跨界炒菜"使得时常出现在头版头条的外卖小哥再次刷屏，可这次并不是因为交通事故频发、工作环境恶劣。有网友调侃称，这完全是被外卖耽误了的大厨。外卖小哥本是下一工序的执行者，但在上道工序来料不足的情况下，为了减少"宕机"时间，迫不得已亲自上阵炒菜，那么这个现象到底为什么出现，有没有好的解决方法呢？

一直以来，外卖送餐行业中，外卖送餐员和餐饮店家如何平衡交货时间，系统采用何种规格选择外卖送餐员、配送线路如何规划都是困扰外卖行业的痛点，从整个餐饮系统看，"外卖小哥帮炒菜"现象至少包含了以下几个与工作研究相关的概念：KPI 的驱动，工序平衡，作业标准，流程分析等。

**1. KPI 的驱动**

KPI(Key Performance Indicator，关键绩效指标)是员工绩效的关键指标，而对于外卖小哥而言，他的 KPI 指标是送单量以及好评率。从用户订餐、站点系统派单起，骑手们便开始了整个工作的流程，接单、等候、取餐、送餐，只有将餐食按时送达下单客户手中，才算完成工作任务。而且，因为派送的是餐食，客户对食品新鲜度和送餐时间的要求很严格，每天午餐及晚餐时段会形成"送餐爆单"的时段，同时也只有这个时段才有单可送，骑手们因而成为大家眼中"与时间赛跑的人"，多送订单意味着较高的订单达成率和更多的收入。单纯地追求效率进而制定奖惩制度对外卖小哥造成很大压力，闯红灯、交通事故各种事件不断，各种安全隐患传递给了社会。那么到底什么样的 KPI 才是对外卖小哥合理的考核指标？

**2. 工序平衡与流程分析**

如果将外卖订餐系统流程(外卖小哥角度的流程分析)简化为：客户下单—系统派单—送

餐员接单—送餐员等候及取餐—送餐员送餐这样五个工序组成的作业流程，外卖订餐系统出现"外卖小哥帮炒菜"现象，可以应用工作研究中的流程分析方法对系统流程进行分析，测定每个工序的距离、时间等参数，考察工序间平衡问题。而经分析就会发现，出现这种现象的根本原因就是送餐员等候及取餐工序出现流程停滞现象；再具体分析，则是店家出餐时间长，导致送餐员等候时间长，进而导致后续流程无法继续进行下去，严重影响外卖小哥的工作进度和效率，也就是IE(Industrial Engineeing，工业工程)中常说的瓶颈环节问题。想要解决瓶颈环节问题，可以从多个角度考虑，如店家能否预测送餐员到店时间并及时供餐？店家可否根据数据预估可接单数量而避免出现力所不能及的问题？店家可否根据以往经验取消或者简化一些工作？此外结合第一个工作研究视角问题，从外卖系统整体考虑，对于店家的工作要怎么进行绩效考核？外卖系统平台是否可允许外卖小哥评价店家？店家的延误是否可以不影响后续订单？

**3. 作业效率与作业标准**

店家不能及时提供菜品，是"外卖小哥帮炒菜"的主要原因，也就是作业效率问题。从工作研究视角，经方法研究和作业测定，如果采用科学的作业方法并进行标准化，并用合理的工时来管理作业过程，可以获得较高的作业效率。因此，对店家"配餐和炒菜"的作业现场进行科学规划，对其作业动作进行分析并给出标准化动作序列，对菜品进行分类管理，无疑对减少外卖小哥等待问题有很大的改善。

**4. 数据转换与对接**

"互联网+餐饮"本来利用的就是网络平台和数据处理技术，如果做好数据统计、分析并做好各方的数据转换与对接，可以大大减少各环节的无效等待时间。例如，店家能够根据统计数据实时了解送餐员距离、到达时间等参数，提前做好准备；外卖平台能否根据菜品特点、店家、客户、送餐员位置等信息自动优化接单顺序以减少外卖小哥等待时间；平台能否实时准确预测市场需求以便店家和送餐员提前准备。

(资料来源：工业工程共学社(微信公众号).)

问题：

除了以上视角，是否还可以从工作研究的其他角度分析：培养全方位人才、重排或合并工作人员岗位任务、高峰段员工数量预测等进行问题分析？还能从哪些角度提出 IE 问题和解决方法？

# 第一节　工作研究概述

工作研究是工业工程体系中最重要的基础技术，起源于泰勒提倡的"时间研究"和吉尔布雷斯提出的"动作研究"。工作研究是指运用系统分析的方法把工作中不经济、不合理的因素排除掉，寻求更经济、更容易的工作方法，以提高系统的生产效率，降低作业系统的成本，其基本目标是避免包括时间、人力、物料和资金等多种形式的浪费。

提高生产效率的途径有多种，如可以通过购买先进设备、增加劳动强度来实现。工作研究则遵循内涵式提高效率的原则，在既定的工作条件下，不依靠增加投资和员工劳动强度，而是采用重新组合生产要素、优化作业过程、改进操作方法和整顿现场秩序等方法,消除各种浪费,节约时间和资源,从而增加经济效益和提高生产效率;同时工作研究强调作业规范化、工作标准化,使产品质量保持稳定、员工士气得到提升。因此,工作研究是企业提高生产效率与经济效益的有效方法。

## 一、工作研究的对象与方法

### (一)工作研究的对象

工作研究的对象是作业系统,作业系统是为实现预定的功能、达成系统的目标,由许多相互联系的因素所形成的有机整体。作业系统的目标表现为输出一定的"产品"或"服务"。作业系统主要由材料、设备、能源、方法和人员五方面的因素组成,其结构如图 14.1 所示。

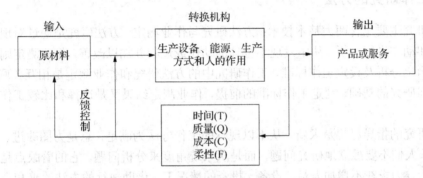

图 14.1 作业系统构成

为了使作业系统达成预定目标,在系统转换过程中需经常测定和分析作业活动的时间、质量、成本和柔性等指标。"时间"包括作业活动的进度、消耗的人工数及交货期等方面;"质量"既包括产成品的质量,也包括转换过程的质量;"成本"是指转换过程中各项耗费的总和,它反映出作业系统运行的经济性;"柔性"是指系统具备的为顾客提供多种类型产品或服务、对需求变化的适应能力。作业系统的时间、质量、成本和柔性等运行指标经测定和反馈,可以用来控制和调整作业系统的运行状态,使作业活动按预定目标进行。

进一步对作业系统的构成要素进行分析,发现各个要素的变动对作业系统的影响程度不同。表 14.1 是不同变动因素对作业系统影响程度的等级划分。

表 14.1 变动因素对作业系统影响程度

| 级别 | 变动因素 | 变动内容 |
| --- | --- | --- |
| 1 | 产品设计 | 通过改善设计,简化作业或取消一部分工作 |
| 2 | 原材料 | 从根本上改变作业方式,或者取消作业方法 |
| 3 | 工程 | 几个工序的合并,或改变顺序达到简化或取消一部分工序 |
| 4 | 设备与工具 | 改变加工设备和工具使工作更简便、效率更高 |
| 5 | 操作动作 | 能否改进作业方法使操作动作更简便 |

由表 14.1 可知,"产品设计"的变动对作业系统的影响程度为最高级,由于产品设计的

变动,可能带来原材料及作业方法的改变,甚至取消某种作业方法;"原材料"变动对作业系统影响程度为二级,表示在产品设计不变的情况下,变更原材料,会引起作业方法的改变,甚至取消某项作业方法;"工程"对作业系统的影响程度为三级,作业过程中的某一环节通过合并或改变工作顺序,可以简化或者取消一部分作业;"设备与工具"的变动对作业系统的影响程度列为四级,通过选择更有效的设备与工具,或改变在作业现场的相对位置,从而使作业更为简单和容易;最低等级的因素是"操作动作",它是在作业条件不变的情况下,改变操作的方式、方法,使操作更为简便。

变更较高级别的因素,会给作业系统带来较大的困难和不确定性。究竟选择哪一个级别的变更因素,要受到技术、经济和人的制约及研究人员经验及其拥有职权的影响。如果选定某一级别的因素变更,那么这一级别以下的相关因素都要相应变化。

### (二)工作研究的方法

工作研究主要包含两大基本技术:方法研究与作业测定。方法研究是通过对现行工作方法的过程和动作进行分析,从中发现不合理的动作或过程并加以改善。作业测定则是进行工作时间的测定分析及设定工作标准。工作研究中的方法研究和作业测定是相互关联的,方法研究是时间研究的基础、制定工作标准的前提,作业测定结果又是选择和比较工作方法的依据。

方法研究的指导思想是求新,从不以现行的工作方法为满足,总是力图改进、变革和创新,并要求人们不要孤立地研究问题,而是从系统角度来分析问题。它的着眼点是挖掘系统的内部潜力,力求在不增加人员、设备、投资的情况下,借助现行的方法改善和合理的管理来发展生产、提高劳动生产率。

作业测定的实质是向管理部门提供一种方法,用以衡量完成某项操作或者一系列操作所需的时间,还可以帮助找出无效时间并区分有效时间及其性质和数量。企业内通常利用作业测定方法来制定一个合格员工按规定工作标准完成一项工作所需要的时间。

## 二、工作研究的步骤

### (一)选择研究对象

工作研究的范围很广泛,包括作业系统出现的各种问题、生产与运作管理人员面对的各种疑问,在某个特定时段应如何选择合适的工作研究对象?一般来说,工作研究应首先关注系统的关键环节、薄弱环节、带有普遍性问题的部分,或从实施角度来看容易开展、见效快的方面。因此,工作研究应该选择系统效率影响最大、成本耗费最多、急需改善的作业环节作为研究对象。研究对象可以是一个生产运作系统的全部或是某一局部,如生产线中的某一工序,某些工作岗位,甚至某些操作人员的具体动作、时间标准等。

### (二)确定研究目标

尽管工作研究的目标是提高劳动生产率和降低成本,但确定了研究对象之后还需规定具体的研究目标。这些目标可以包括:①减少作业所需时间;②节约生产中的物料消耗;③提高产品质量的稳定性；④增强职工的工作安全性，改善工作环境与条件；⑤改善职工的操作方法，减少劳动疲劳度；⑥提高员工对工作的兴趣和积极性等。

### (三)记录现行方法

借助各类专用表格将现行工作方法或工作过程如实、详细地记录下来，动作与时间研究还可借助影音设备来记录。尽管记录方法各异，但作业系统的真实现状是工作研究的基础，其记录的详尽、正确程度直接影响对原始记录资料所做分析的结果。目前，已有很多规范性很强的专用图表工具，它们能够帮助工作研究人员迅速、准确和方便地记录相关事实，为后续分析工作提供标准的表达形式。

### (四)分析系统现状

详细分析现行工作方法中的每一步骤和每一动作是否必要，顺序是否合理，哪些可以去掉、哪些需要改变。分析过程中，可以运用表 14.2 所示的 5W1H 分析法进行反复提问，以不断寻求"更好"的工作方法来逐渐接近"最好"的工作方法。

表 14.2　5W1H 分析法

| | | | |
|---|---|---|---|
| WHY | 为什么这项工作是必不可少的？ | WHAT | 这项工作的目的何在？ |
| | 为什么这项工作要以这种方式、这种顺序进行？ | HOW | 这项工作如何能更好地完成？ |
| | 为什么为这项工作制定这些标准？ | WHO | 何人是这项工作的恰当人选？ |
| | 为什么完成这项工作需要这些投入？ | WHERE | 何处开展这项工作更为恰当？ |
| | 为什么这项工作需要这种人员素质？ | WHEN | 何时开展这项工作更为恰当？ |

### (五)提出改善方法

这一步骤是工作研究的核心部分，包括建立、试用和评价新方法三项主要任务。建立新的改善方法可以在现状分析基础上，通过"取消—合并—重排—简化"(ECRS)四项改善原则提出对现有方法的改进策略，具体内容如表 14.3 所示。通常应用 ECRS 改善原则，会提出若干个改善方案，需要从中选择更佳方案，而评价方案优劣则主要从经济价值、安全程度、管理难易程度和员工作业舒适程度等方面来考虑。

表 14.3　ECRS 改善原则内容

| | |
|---|---|
| 取消(Eliminate) | 对任何工作首先要问：为什么要干？能否不干？包括取消所有可能的工作、步骤或动作(其中包括身体、四肢和眼的动作)，减少工作中的不规则性。例如，确定工件、工具的固定存放地，形成习惯性机械动作除需要的休息外，取消工作中一切怠工和闲置时间 |
| 结合(Combine) | 如果工作不能取消，则考虑是否应与其他工作合并。例如，对多个方向突变的动作进行合并，形成同一方向的连续动作；实现工具、控制、动作的合并 |
| 重排(Rearrange) | 对工作的顺序进行重新排列，以简化作业，优化物流路线 |
| 简化(Simplify) | 简化作业方法、员工动作、工具使用等，提高作业效率 |

### (六)改善实施与反馈

在已有较强工作习惯的工作环境内,工作研究成果的实施难度较大,尤其面临改变作业人员的固有习惯时,工作研究新方案的推广会更加困难。因此,实施过程要认真做好宣传、试点工作,做好各类人员的培训工作,切勿急于求成。

## 第二节 方法研究

### 一、方法研究概述

#### 1. 方法研究的概念

在人类生活中,人们总是要通过一定的方法来达到他们预期的目标,但选用方法不同,获得的效果也不同。好的方法可以帮助人们减少资源的消耗,提高产品或服务的质量,获得较高的产出。方法研究就是运用各种分析技术对现有工作(加工、制造、装配、操作、管理、服务等)方法进行详细地记录、严格地考察、系统地分析和改进,设计出最经济、最合理、最有效的工作方法,从而减少人员、机器的无效动作和资源的消耗,并使方法标准化的一系列活动。

#### 2. 方法研究的特点

(1) 求新意识。方法研究不以现行的工作方法为满足,力图改进,不断创新,永不满足于现状,永无止境的求新意识是方法研究的一个显著特点。

(2) 寻求最佳的作业方法,提高企业的经济效益。方法研究是充分挖掘企业内部潜力,走内涵式发展的道路,通过流程优化,寻求最佳的作业方法,力求在不增加投资的情况下,获得最大的经济效益。

(3) 整体优化的意识。方法研究首先着眼于系统的整体优化,然后再深入解决局部关键问题即操作优化,进而解决微观问题即动作优化,最终达到系统整体优化的目的。

#### 3. 方法研究的目的

(1) 改进工艺和流程。
(2) 改进工厂、车间等工作场所的平面布置。
(3) 经济地使用人力、物力和财力,减少不必要的浪费。
(4) 改进物料、机器和人力等资源的有效利用,提高生产效率。
(5) 改善工作环境,实现文明生产。
(6) 降低劳动强度,保证操作者身心健康。

### 二、方法研究的内容与层次

#### 1. 方法研究的内容

方法研究是一种系统研究技术,它的研究对象是系统,解决的是系统优化问题。因此,方法研究着眼于全局,是从宏观到微观,从整体到局部,从粗到细的研究过程。其具体研究内容如图 14.2 所示。

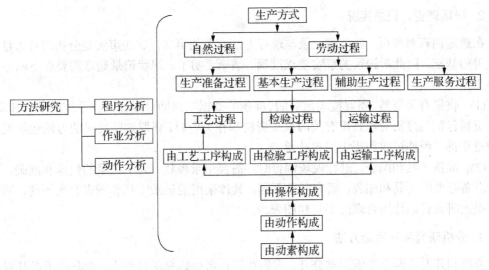

图 14.2　方法研究的内容

### 2. 方法研究的层次

方法研究的分析过程具有一定的层次性。一般首先进行程序分析,使工作流程化、优化、标准化,然后进行作业分析,最后进行动作分析。程序分析是对整个作业过程的分析,研究的最小单位是工序;作业分析是对某个具体工序进行的分析,研究的最小单位是操作;动作分析是对作业者操作动作的进一步分析,研究的最小单位是动素。方法研究的分析层次如图 14.3 所示,图中的"工序"是指一个工人或一组工人,在一个工作地点,对一个劳动对象或一组劳动对象连续进行的操作;"操作"是指工人为了达到一个明显的目的,使用一定的方法所完成的若干动作的总和,它是工序的基本组成部分;而"动素"则是构成动作的基本单位,如伸手、移物等。

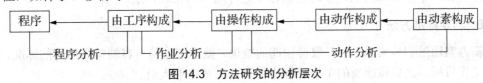

图 14.3　方法研究的分析层次

## 三、方法研究的步骤

### 1. 选择研究对象

方法研究的研究对象具有选择性,不仅要考虑其可行性,更要考虑其经济性。在实际生产工作中,不可能也没必要对所有的问题都进行研究,在选择研究对象时,应重点对以下工序进行研究。

(1) 生产过程中形成瓶颈的环节或工序。
(2) 生产过程中成本最高的工序。

(3) 生产过程中质量不稳定的工序。
(4) 生产过程中劳动强度最大的工序。

### 2. 现场调查、记录实况

在选定调查对象后，就需要记录与现行方法有关的事实，这些事实是分析现行方法、提出改善的基础，因此对记录的事实要求准确、清晰、明了。现状记录通常需要以下两方面的准备工作。

(1) 收集有关资料。需要搜集足够的、准确的数据以帮助对现行工作系统的了解和掌握；这些资料包括与分析对象直接有关的直接资料和相关资料。获取这些资料的方法包括通过现场调查获得，或通过收集历史资料获得。

(2) 准备工具和图表。进行现场调查时，需要记录现状。为了记录的快速和准确，需要预先准备必要的工具和图表；研究对象不同，具体采用的记录工具和图表有所不同，研究人员要根据研究目的选用合理的工具和图表。

### 3. 分析研究和开发新方法

分析和开发这两个步骤很难分开。人们往往在考察研究的过程中，就开始思考开发新的工作方法的可能性，而在开发新工作方法过程中，又需要对现行方法进行不断地分析研究。

### 4. 建立和评价最优方案

现状分析后，可以从不同角度提出改善方案，各方案的优缺点各异，而完美的方案并不存在，因此要对多个改善方案进行评价和选择。所谓最优方案，就是通过综合评价和作业测定，改善效果被公认为是最好的方案。需要说明，方法研究的效果通常需要作业测定来衡量，而作业测定前常常进行方法研究。

### 5. 实施新方案

按照新工作方案的要求对操作者进行培训和教育，在实际工作中逐渐实施新的方案，根据实际情况，不断发现问题，及时对新方案进行适当修正或调整。

### 6. 制定标准方法

新方案通过初步实施，一旦取得预期的效果，就应该将其内容制定成相应的标准，建立新的工作目标，之后按照新的工作目标来培训和考核作业人员。

### 7. 维持新方案

新方法在实施过程中，刚开始可能有不适应的地方，需要研究人员耐心地说服教育，阐明新方案的优越性，并持之以恒，不断完善，直至最好。

方法研究的过程通常按上述步骤反复进行，每循环一次系统中存在的问题便可解决一些，不断循环，不断解决，使整个工作系统不断优化。

## 第三节 作业测定

作业测定是对完成工作所需时间(标准时间)的测量,通过把作业分成适当的作业单位(作业要素),对作业时间进行测定、评价、设计及改善,是工作研究的一个重要内容。实际上,制定工作标准也需要运用作业测定的方法,对实际作业时间进行统计,找出一般规律,并最后建立工作标准。进行作业测定的其他目的还包括:将实际工作情况与标准作业时间进行对比,寻找改善的方向;测定作业过程中的空闲时间、待料时间等非附加价值时间占整个工作时间的百分比,以决定改善策略等。

### 一、作业测定的概念

作业测定是对实际完成工作所需时间的测量,是工作研究的一项主要内容。作业测定通过一定的方法、运用一些技术,确定合格工人按规定的作业标准,以正常速度完成某项特定作业所需要的标准时间。

其中,合格工人指具备必要的身体素质、智力水平和教育程度,并具备必要的技能和知识、所从事的工作能达到令人满意的水平的作业人员。作业标准是指经方法研究后建立的标准工作方法及其有关设备、材料、负荷、动作等标准。正常速度则是指从事相关作业时的相对平均动作速度,作业人员按正常速度作业,没有过度的肉体和精神疲劳,容易持续下去但需努力才能达到。

作业测定的直接目的是获得作业活动的标准时间,但实践中,作业测定也是发现无效作业时间、进行作业改善的良好工具。

### 二、标准时间的概念

#### 1. 标准时间的含义

标准时间是指作业熟练程度和技能水平都达到平均水平的作业人员按规定的作业条件和作业方法,用正常速度完成规定质量的单位产品或服务所需要的时间。

标准时间与作业测定这两个概念是密不可分的,采用科学的作业测定方法制定的完成作业的劳动量消耗就是标准时间。作业测定侧重于方法,而标准时间则侧重于所获得的结果,从作业测定与标准时间的关系来看,标准时间是作业测定的结果,作业测定是标准时间的产生方法。

标准时间常用的表达式如下。

$$标准时间=正常时间+宽裕时间$$
$$正常时间=观测时间×测定系数$$

用宽裕率表示的标准时间公式为。

当宽裕率=宽裕时间/正常时间×100%时,则

$$标准时间=正常时间×(1+宽裕率)$$

当宽裕率=宽裕时间/标准时间×100%时，则

$$标准时间=正常时间/(1-宽裕率)$$

其中观测时间是指采用一定的观测方法测量和计算得出的一定条件下作业者的实际作业时间；正常时间是指正常作业条件下，作业者匀速、稳定无停顿作业时的作业时间；宽裕时间(也称宽放时间)则是为了适应作业条件及其他环境因素影响，对正常时间给予的调整。

### 2. 作业测定

操作者完成作业的速度会因为各种因素的影响而发生变化，因此采用直接作业测定方法进行时间测定后，需要对被观测者作业速度与标准作业速度的差异进行评价。也就是把具体的观测时间按普通作业者速度进行调整得到正常时间，作为合成标准时间的基础。所谓标准作业速度，是指中等水平的熟练程度、具有适应性和工作热情的作业者，按标准作业方法，以一定的努力程度进行作业的速度。作业测定的方法有多种，但其测定过程因受测定者主观影响不易进行，因此观测人员必须进行训练，详尽了解有关操作，并掌握有关正常速度的正确标准才可以开展测定工作。

### 3. 宽裕时间

标准时间的制定，除测定观测时间外，还应考虑宽裕时间和宽裕率。宽裕时间是在生产操作中非主体作业所消耗的附加时间，以及补偿某些因素影响生产的时间。宽裕时间不能任意削减；但由于管理不善，宽裕时间常会增加，所以应加强管理以保证宽裕时间合理性。宽裕时间有作业宽裕时间、车间管理宽裕时间、生理宽裕时间和疲劳宽裕时间等。

## 三、作业测定的步骤

(1) 选择研究对象，即所研究的工作或作业。

(2) 记录与该作业有关的全部工作环境、作业方法与工作要素等资料。

(3) 分析这些记录材料，将各种非生产的或不适当的工作要素从生产要素中剔除，得到最有效的方法和动作。

(4) 选用适当的作业测定技术，测定各项作业所需时间。

(5) 制定各项作业的标准时间。标准时间中除完成作业的必要时间外，还应包括各种原因所需的宽裕时间。

(6) 拟定相应的标准化文件，包括作业要素、操作方法和标准时间，并正式公布执行。

(7) 当作业环境或条件发生较大的变更而原定标准时间不再反映当前生产过程时，重新进行作业测定，修改作业要素、操作方法和作业时间。

## 四、秒表测时法

秒表测时法是作业测定技术中的一种常用方法，也称"直接时间研究—密集抽样"(Direct Time Study-Intensive Samplings, DTSIS)。它是在一段时间内运用秒表或电子计时器对操作者的作业执行情况进行直接、连续观测，把工作时间和有关参数，以及与标准概念相比较的对执行情况估计等数据，一起记录下来，并结合组织所制定的政策，来确定操作者完成某项

工作所需标准时间的方法。

**1. 秒表测时法的分类**

(1) 连续测时法。它是从第一操作单元(要素作业)开始启动秒表，在整个测时过程中秒表持续计时，不停表归零；每一操作单元结束时，迅速读出时刻，做好记录，直至整个测时结束。这样记录的时间是累计值。每一单元经历的时间，用相邻两个单元结束时间相减即可得之。连续测时法的优点是，将整个操作过程都做了详细记录，没有遗漏，增加了资料的真实性，有助于分析和采用；缺点是观测记录难度较大，观测者需进行一定的训练。

(2) 归零测时法。归零法对每个操作单元单独进行处理；动作开始时启动秒表，一个单元结束时按停秒表、记录数据并迅速使表针归零，之后进行下一步观测。此法所记录的时间为各单元的持续时间，后期数据处理量小。但因秒表归零等时间损失易导致误差，作业过程中的迟延及异常动作容易漏记，降低了资料的真实性。

**2. 秒表测时法的步骤**

(1) 确定观测对象，即在工作现场选择要测定的作业过程、工作流程。

(2) 划分操作单元。操作单元主要指作业过程内便于测量、计算的独立作业单位。操作单元的划分，要依据容易观测、数据测度准确、单元时间长短适度等相关原则。

(3) 确定观测次数。时间观测是一个"抽样"的过程，观测次数足够多，才能获得较理想的结果；但观测次数多，又会增加观测工作量和相关费用成本，因此需要科学合理地确定观测次数。

(4) 观测记录。设计适宜的时间观测表，按照相关要求进行现场观测，并记录相关时间数据，将数据进行计算和初始处理，得到观测时间。

(5) 消除异常值。所谓异常值，是指由于其他因素影响而超出正常范围的操作单元的时间观测数据(或是太大或是太小)，需要在数据统计分析时依据相关方法进行剔除。

(6) 计算单元观测时间。将剔除异常数据的单元时间值进行汇总计算，得到单元的平均观测时间值；该时间值是改进作业的依据，也是制定标准时间、劳动定额时间的基础资料。

**3. 秒表测时法的应用**

在秒表时间研究中，研究人员用秒表(或计时器)观察和测量一个熟练作业人员在正常作业条件下完成各个操作单元所花费的时间，通常观测者要依据精度要求对作业单元观测一定次数，然后将多次观测数据进行分析计算得到单元时间。下面通过一个茶杯包装的实际案例来说明秒表测时法的应用。茶杯包装过程如下：作业者将 6 个茶杯作为一套装入纸盒，将纸盒封口后码放在存储位置。依据便于观测记录、单元时间易分析计算等原则将茶杯包装工作分解为四个工作单元：①取两个纸盒；②将衬垫放入纸盒；③将茶杯放入纸盒；④纸盒封口、码放(详见表 14.4)。

分解工作单元时要注意以下几个问题是。第一，为了测量工作单元所花费的时间，每一工作单元都应该有明确的开始和结束标志。第二，工作单元的持续时间不宜过短，否则难以用秒表测量。例如，上述工作单元②如果再细分成三个单元：左手拿起衬垫、将衬垫打开(将放每个茶杯的网眼撑开)、将衬垫放入纸盒，这几个动作持续时间都非常短，开始和结束标志不明显，难以精确测量各自所需的时间。第三，如果待研究作业已经有约定俗成的工作方法，那么动作单元的划分应与已有的工作方法保持一致。此外，作业过程中发生的非正常的、偶然发生的动作(如衬垫意外掉落等)不应计算在工作时间内。

下面按照上述秒表测时法的步骤求得茶杯包装过程的标准时间，但省略了确定观测对象、划分工作单元和计算观测次数这几个步骤。

表14.4 茶杯包装过程时间记录

| 工作单元 | 分布 | 观测记录 | | | | | | | | | | $\bar{t}$ | $F$ | RF |
|---|---|---|---|---|---|---|---|---|---|---|---|---|---|---|
| | | 1 | 2 | 3 | 4 | 5 | 6 | 7 | 8 | 9 | 10 | | | |
| 取两个纸盒 | t | 0.48 | | 0.46 | | 0.54 | | 0.49 | | 0.51 | | 0.50 | 0.50 | 1.05 |
| | r | 0.48 | | 4.85 | | 9.14 | | 13.53 | | 17.83 | | | | |
| 将衬垫放入纸盒 | t | 0.11 | 0.13 | 0.09 | 0.10 | | 0.13 | 0.08 | 0.12 | 0.10 | 0.09 | 0.11 | 1.00 | 0.95 |
| | r | 0.59 | 2.56 | 4.94 | 6.82 | 9.25 | 11.23 | 13.61 | 15.50 | 17.93 | 19.83 | | | |
| 将茶杯放入纸盒 | t | 0.74 | 0.68 | 0.71 | 0.69 | 0.73 | 0.70 | 0.68 | 0.74 | 0.71 | 0.72 | 0.71 | 1.00 | 1.10 |
| | r | 1.33 | 3.24 | 5.65 | 7.51 | 9.98 | 11.93 | 14.29 | 16.24 | 18.64 | 20.55 | | | |
| 纸盒封口、码放 | t | 1.10 | 1.15 | 1.07 | 1.09 | 1.12 | 1.11 | 1.09 | 1.08 | 1.10 | 1.13 | 1.10 | 1.00 | 0.90 |
| | r | 2.43 | 4.39 | 6.72 | 8.60 | 11.10 | 13.04 | 15.38 | 17.32 | 19.74 | 21.68 | | | |

(1) 测量并记录操作单元时间。选择一名合格作业人员作为研究对象，反复观测其操作时每个工作单元所需的时间(时间记录见表14.4)。表内数据采用秒表测时法常用的连续测时法，研究人员在每个工作单元动作结束时，记录该时刻，填写在表中对应单元的r行，直至按规定观测次数记录所有的单元结束时间；观测结束后，依据两个相邻工作单元结束时刻的差可以计算每一个工作单元的实际持续时间，如表中t行所示。此外，工作单元①每两次作业周期发生一次，因此每两个周期记录一次结束时间。假设观测了10个工作循环。需注意，如果观测的某些时间数据明显偏离其他大多数时间数据，应分析是否由偶然因素引起数据失真，如工具失手、机器故障及其他影响；如果确认数据异常，应将这样的数据剔除。剔除异常数据后，可计算每一工作单元操作时间的平均值，记录在表中的 $\bar{t}$ 列。

(2) 检验样本是否充足。通常进行作业测定前，可以通过精确度要求计算观测样本量的大小，观测后可以通过观测数据结果再次检验样本量是否充足。可以根据正态分布，按式(14.1)来检验样本量是否满足需要。

$$n = \left[\left(\frac{1.96}{p}\right)\left(\frac{s}{\bar{t}}\right)\right]^2 \tag{14.1}$$

式中：$n$——所需样本数；

$p$——估计精度，以真正时间值(未知)的偏离程度(%)来表示；

$\bar{t}$——某工作单元测量时间平均值；

$s$——某工作单元样本标准差。

如果本例中，设定偏离真正时间值的程度不超过4%，即 $p$ 为4%，可用式(14.2)计算各工作单元数据的样本标准差，并进一步计算各工作单元需要的观测次数，如表14.5所示。

$$s = \sqrt{\frac{\sum_{j=1}^{n}(t_j - \bar{t})^2}{\hat{n}-1}} \tag{14.2}$$

式中：$t_j$——第 $j$ 个工作循环的测量时间值；

$\hat{n}$——测量次数。

表 14.5  样本数计算

| 工作单元 | $s$ | $\bar{t}$ | $s/\bar{t}$ | $n$ |
| --- | --- | --- | --- | --- |
| 1 | 0.0305 | 0.50 | 0.0610 | 9 |
| 2 | 0.0171 | 0.11 | 0.1554 | 58 |
| 3 | 0.0226 | 0.71 | 0.0318 | 3 |
| 4 | 0.0241 | 1.10 | 0.0219 | 2 |

计算出的 $n$ 通常不是整数，向上取整数即可。如果想保证每个单元的估计精度都在 4% 以内，所需样本数应取所有工作单元观测次数的最大值。因此，本例需要进行 58 次观测。

(3) 进行作业测定。在这一步骤中，首先要决定正常时间(Normal Time，NT)，这需要对被观察者的工作速度进行判断和评价来决定如何对观测时间进行调整。作业测定可以用绩效评价因子(performance Rating Factor，RF)来表示。作业者作业速度为正常速度时该因子为 1.0，高于正常速度时该因子大于 1，低于正常速度则小于 1。决定正常时间的另一个因素是工作循环内各工作单元动作平均发生的频数 $F$。例如，本例中工作单元①并不是在每个循环都发生，其平均每个循环发生 0.5 次。将测量值的平均值、发生频数以及绩效评价因子三者相乘，即可得出一个工作单元 $i$ 的正常时间 $NT_i$ 和一个工作循环所需的正常时间 NTC，表示如下：

$$NT_i = \bar{t}_i \times F_i \times (RF)_i \tag{14.3}$$
$$NTC = \sum NT_i \tag{14.4}$$

假定本例中又做了 48 次测量，得到了如表 14.6 所示的数据，每一工作单元的正常工作时间和工作循环的正常工作时间计算如下。

$NT_1 = 0.53 \times 0.50 \times 1.05 \approx 0.28$(分钟)
$NT_2 = 0.10 \times 1.00 \times 0.95 \approx 0.10$(分钟)
$NT_3 = 0.75 \times 1.00 \times 1.10 \approx 0.83$(分钟)
$NT_4 = 1.08 \times 1.00 \times 0.90 \approx 0.97$(分钟)
$NTC = 0.28 + 0.10 + 0.83 + 0.97 \approx 2.18$(分钟)

表 14.6  追加 48 个样本后的数据

| 工作单元 | $\bar{t}_i$ | $F_i$ | $RF_i$ |
| --- | --- | --- | --- |
| 1 | 0.53 | 0.53 | 1.05 |
| 2 | 0.10 | 1.00 | 0.95 |
| 3 | 0.75 | 1.00 | 1.10 |
| 4 | 1.08 | 1.00 | 0.90 |

(4) 加入宽裕时间，计算标准时间。NTC 时间值并未考虑人的疲劳、休息时间和其他偶然事件引起的不可避免的延误，因此需要在正常时间上再加一部分宽裕时间(allowance time)来反映这些因素，这样才能得出切合实际的标准工作时间。标准工作时间(Standard Time，ST)可表示为：ST=NTC(1+A)，其中，A 是宽放时间因子，通常取值为 10%～20%。

假定本例中的宽放时间因子为 0.15，则茶杯包装作业的标准工作时间可计算如下。

$$ST=2.18\times(1+0.15)\approx 2.51 \text{ 分钟/一个工作循环}$$

如果按一天工作 8 小时计算，则一个人一天可做的数量计算如下。

$$480 \text{ 分钟/天} \div 2.51 \text{ 分钟/盒} \approx 191 \text{ 盒/天}$$

## 五、作业测定的其他方法

作业测定的方法有多种，除了秒表测时法之外，研究人员认为不同的观察对象(基本动作或整个的作业系统)，其对应方法也有区分。工作抽样法通常用于两三个操作集合的作业，如拆卸、装配、钻孔等；而预定时间标准法则通常用于最小的基本动作单元，如伸手握取。

### (一)工作抽样法

工作抽样法又叫瞬时观察法，它是利用统计抽样理论调查作业者各类活动时间占总时间比率的一种方法。工作抽样对现场操作者、机器等工作设备的工作状态进行瞬间观测和记录，调查各种作业事项的发生次数和发生率，以必需而最小的观测样本，来推定观测对象的总体状况。

工作抽样的步骤如下。

(1) 确定调查目的。依调查目的不同，观测的项目及分类、观测次数、观测表格的设计、观测时间及数据处理的方法也不同。

(2) 选择调查对象。根据调查目的和范围，来确定调查对象。

(3) 确定观测次数。为了使抽样数据更准确，更有说服力，根据不同的项目和不同的观测精度要求来确定总的观测次数。

(4) 确定观测天数和一天观测次数。观测时间长短由必要观测次数所决定。一名观测者一次巡回次数以 20～40 次为限。一般规定每天观测次数相同。

(5) 确定观测时刻。观测时刻指瞬时观测的时间点，其选择应尽可能保持随机性。观测时刻可分为不等间隔和等间隔两种。不等间隔观测时刻是随机确定的。等间隔观测时刻仅开始时刻是随机确定的，周期性作业最好采用不等间隔观测。

(6) 观测、记录、计算事项发生率。对观测期间每天的观测记录数据进行整理，计算出当日的发生率，计算累计观测次数和累计发生率。

(7) 舍去异常值。整理观测、计算过程中出现的与正常范围内数值相差较大的数据，决定剔除哪些异常值。

(8) 检验准确度。如果观测结果的精确度满足研究项目的精度要求，则观测结果有效；否则应补充观测次数，重新进行计算和分析。

(9) 结果分析。汇总数据并加以分析，根据研究目的计算标准时间、根据作业测定结果提出作业系统改进方案或制定作业标准。

## (二)预定时间标准法

预定时间标准法(Predetermined Time System,PTS)是国际公认的制定标准时间的先进技术,是作业测定常用的一种方法。这种方法将构成工作单元的动作分解成若干个基本动作,对这些基本动作进行详细观测,然后形成基本动作的正常时间数据表。当要确定实际工作时间时,只要把工作任务分解成这些基本动作,从基本动作的时间表内查出各基本动作的时间,将其加总就可以得到工作的正常时间,然后再加上适当的宽裕时间,就可以得到标准工作时间。

PTS 法的显著特点是无须进行实地的时间观测,只要了解操作的动作序列,查表求得动作的正常时间便可进而求得动作的标准时间;PTS 法使用起来非常方便快捷,且其使用的时间数据由大量实验研究所确定,因此又具有很高的准确性。

PTS 法有很多种,根据基本动作的分类与使用时间单位的不同而不同。下面以(Methods Time Measurement,MTM)方法为例进行介绍。

### 1. MTM 动作分类

MTM 方法按照不同的动作分类和时间数据的不同精细程度有多个不同版本,其中 MTM-l 的相关数据表中,将作业人员的基本动作划分为如表 14.7 所示的 8 种。

表 14.7　MTM-I 的基本动作分类

| 伸手(reach) | 移动(move) |
| --- | --- |
| 施压(apply pressure) | 抓取(grasp) |
| 放置(定位、对准)(position) | 解开(disengage) |
| 放手(release) | 转动(turn) |

这些基本动作的时间值是用微动作研究方法,对样本作业人员在各种工作中的同类动作加以详细观测,并考虑到不同工作的变异系数而逐渐累积形成的。表 14.8 是美国 MTM 标准研究协会总结的"移动"动作的正常时间数据,表内数据的时间测量单位是 TMU(Time Measurement Unit),1TMU 等于 0.0007 分钟。利用表 14.8 中的数据计算和合成标准时间时要考虑移动重量、移动距离以及移动情况三种影响因素,作业相关影响因素不同,所需的动作时间也不同。例如,有这样一个动作,双手将一个 18 磅的物体移动 20 英寸到一个确定的位置上,在该动作发生前两手无动作。为了得到这个动作的正常时间,首先根据移动动作的特点确定相关参数:移动距离为 20 英寸,移动重量为 18 磅,移动至准确位置为 C 类移动。因此可以在表 14.8 中找到 20 英寸行和 C 类列的交叉处,找到该动作所需的基本时间数据为 22.1TMU;进一步考虑重量影响,该动作是双手移动 18 磅的物体,每只手各自负重为 9 磅,在表 14.8 中的重量允许值中,处于 7.5 与 12.5 之间,因此可以将动态因子近似为 1.11,静态常数为 3.9(也可以用插值法进行精确求解)。这样该动作的标准时间可按下式计算。

$$\text{TMU 表格值} \times \text{动态因子} + \text{静态常数} = 22.1 \times 1.11 + 3.9 \approx 28\text{TMU}$$

表 14.8  MTM 方法中"移动"动作的正常时间数据

| 移动距离/英寸 | 时间/TMU | | | 重量允许值 | | | 不同移动情况 |
|---|---|---|---|---|---|---|---|
| | A | B | C | 重量 | 动态因子 | 静态常数/TMU | |
| 1 或以下 | 2 | 2 | 2 | 2.5 | 1 | 0 | A.移动物体至另外一只手 |
| | 2.5 | 2.9 | 3.4 | | | | |
| 2 | 3.6 | 4.6 | 5.2 | 7.5 | 1.06 | 2.2 | |
| 3 | 4.9 | 5.7 | 6.7 | | | | |
| 4 | 6.1 | 6.9 | 8 | 12.5 | 1.11 | 3.9 | |
| 5 | 7.3 | 8 | 9.2 | | | | |
| 6 | 8.1 | 8.9 | 10.3 | 17.5 | 1.17 | 7.4 | |
| 7 | 8.9 | 9.7 | 11.1 | | | | B.移动物体至大致位置 |
| 8 | 9.7 | 10.6 | 11.8 | 22.5 | 1.22 | 7.4 | |
| 9 | 10.5 | 11.5 | 12.7 | | | | |
| 10 | 11.3 | 12.2 | 13.5 | 27.5 | 1.28 | 9.1 | |
| 12 | 12.9 | 13.4 | 15.2 | | | | |
| 14 | 14.4 | 14.6 | 16.9 | 32.5 | 1.33 | 10.8 | |
| 16 | 16 | 15.8 | 18.7 | | | | |
| 18 | 17.5 | 17 | 20.4 | 37.5 | 1.39 | 12.5 | |
| 20 | 19.2 | 18.2 | 22.1 | | | | C.移动物体至精确位置 |
| 22 | 20.8 | 19.4 | 23.8 | 42.5 | 1.44 | 14.3 | |
| 24 | 22.4 | 20.6 | 25.5 | | | | |
| 26 | 24 | 21.8 | 27.3 | 47.5 | 1.5 | 16 | |
| 28 | 25.5 | 23.1 | 29 | | | | |
| 30 | 27.1 | 24.3 | 30.7 | | | | |

MTM 方法的每一种基本动作都有类似表 14.8 的时间数据。这些数据是经相关专业组织专门研究和制定的,数据经严格测定、反复试验后确定,因此 PTS 法的科学性、严密性都很高,应用也很广泛。

**2. 使用 MTM 方法制定标准时间的步骤**

(1) 将工作或工作单元分解成基本动作。

(2) 确定动作影响因素,影响因素可能包括重量、距离、物体尺寸,以及动作难度等;依据影响因素查时间数据表获得时间数据或选择合理的计算方法。

(3) 计算所有作业动作的正常时间,求得完整作业的正常时间。

(4) 在正常时间上加上合理的宽裕时间,得出标准工作时间。

PTS 法的优点:①它可以为新设生产线的新工作预先设定工作标准,通常未实施的新作业无法使用现场测量类的直接作业测定方法;②作业方法实施前就可以对不同方法的标准时间优劣进行比较;③PTS 法极大地减少了直接作业测定方法中常见的读数错误等引起不正确结果的可能性,设定时间标准的一致性很高,且这种方法避免了作业评价的主观影响。

PTS 法也有一些局限性:①必须分解基本动作,不适用于工作种类繁多、重复性较低的作业方式,如多品种小批量生产、以工艺对象专业化为生产组织方式的企业;②PTS 法的时间数据不能反映某些具有特殊特点的企业情况,作为被观测对象的样本作业员工不能反映某些特殊企业中员工的特殊作业情况;③有些 PTS 法需要考虑的动作影响因素很多,作业时间计算和合成困难;④PTS 法建立在这样一种假设的基础上,即整个工作时间可用基本动作时间的加总得到,但这种方法忽略了实际工作时间也许与各个动作的顺序有关;⑤PTS 法应用过程中,分解基本动作和确定调节因素需要时间研究人员具备一定技能才可以完成,需要对相关人员进行较多的训练和实践。

## 第四节 工 作 设 计

### 一、工作设计的概述

#### 1. 工作设计的概念

所谓工作设计,是指在一个组织机构里,确定一个人或一组人工作活动的一种功能。在生产经营中,它是紧随着计划工作和产品设计、工艺设计和装备设计之后进行的。它说明每个岗位、每个职务的工作内容,决定在企业内部工作如何分配。工作设计的目的是通过研究工作分配,使工作分配能够满足组织和技术的要求,满足工作实施的要求。在设计过程中,把创造性和信守基本目标两者有机地结合起来,这对于管理者来说是十分重要的。

#### 2. 影响工作设计的因素

工作设计是一项极其复杂的工作,许多因素对最终确定工作结构都会产生影响。这些因素可以归纳为 5W1H(谁—Who;什么—What;何地—Where;何时—When;为什么—Why;怎么做—How),如图 14.4 所示。

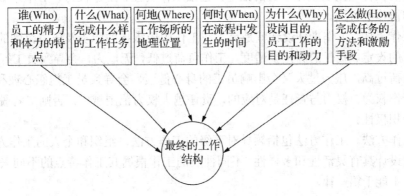

图 14.4 影响工作设计的因素

#### 3. 工作设计的重要性

科学合理地进行工作设计,是保证企业进行正常生产的条件,也是现代工业生产的客观要求。科学合理的工作设计，对促进劳动力的发展有着重要的作用；它可以对某项生产任务进行合理地分工和员工配备，充分发挥每个劳动者的技能和专长，使之形成强大的集体力量，完成个人或少数人难以完成的工作。其次，科学合理的工作设计是节约劳动力，挖掘企业内部潜力的重要措施；它可以使分工更加合理，协作更加紧密，工作轮班的排定、工作地点的布置更加科学，因而可以更充分地利用工时，避免用工浪费，为企业节约劳动力成本。

## 二、工作设计的内容

通常，工作设计的主要内容有以下五个方面。

### 1. 工作内容设计

工作内容的设计主要是解决工作范畴的问题，包括工作的种类、工作自主性、工作复杂性、工作难度和工作整体性等。

(1) 工作的种类。工作种类即工作的多样性。工作设计得过于单一，员工容易感到枯燥和厌烦，因此设计工作时，可以考虑使工作多样化，使员工在完成任务的过程中能进行不同的活动，保持工作的兴趣。

(2) 工作的自主性。适当的自主权力能增加员工的工作责任感，使员工感到自己得到重视和信任，认识到自己工作的重要，进而使员工的责任心增强、工作热情提高。

(3) 工作的复杂性。不同职业所要求的工作复杂性差别很大，因此不同职业难度所需设计的工作复杂程度不同，进行工作设计时要考虑合理的工作复杂程度。

(4) 工作难度。经设计的工作应具有从易到难的一定层次，这对员工的工作技能提出不同程度的要求，可以增加工作的挑战性，激发员工的创造力和克服困难的决心。

(5) 工作的完整性。保证工作的完整性能使员工有成就感，即使是流水作业中的一个简单程序，也要是全过程，让员工见到自己的工作成果，感受到自己工作的意义。

### 2. 工作职责设计

工作职责设计是关于工作本身的描述，包括工作责任、工作权力、工作方法、工作中的相互沟通和协作等方面。

(1) 工作责任。工作责任设计就是员工在工作中应承担的职责及压力范围的界定，也就是工作负荷的设定。责任的界定要适度，工作负荷过低，无压力，会导致员工行为轻率和低效；工作负荷过高，压力过大又会影响员工的身心健康，会导致员工抱怨心理和抵触行为。

(2) 工作权力。权力与责任是对应的，责任越大权力范围越广，否则二者脱节，会影响员工的工作积极性。

(3) 工作方法。工作方法包括领导对下级的工作方法，组织和个人的工作方法设计等。工作方法的设计具有灵活性和多样性，不同性质的工作根据其工作特点的不同采取的具体方法也不同，不能千篇一律。

(4) 相互沟通。沟通是一个信息交流的过程，是整个工作流程顺利进行的信息基础，包括垂直沟通、平行沟通、斜向沟通等形式。

(5) 协作。整个组织是有机联系的整体，是由若干个相互联系、相互制约的环节构成的，每个环节的变化都会影响其他环节以及整个组织运行，因此各环节之间必须相互合作又相互制约。

### 3. 工作关系设计

工作中人与人之间的关系，包括上下级间的关系、同事间的关系以及个体与群体间的关系等。

### 4. 工作结果设计

这主要是指工作产出情况，包括工作产出的数量、质量和效率，以及组织根据工作结果对任职者所做出的奖惩。

### 5. 工作结果的反馈

这主要是指任职者从工作本身所获得的直接反馈，以及从上下级、同事那里获得的对工作结果的间接反馈。

## 三、工作设计的原则

工作设计通常要遵循一些原则以保证工作设计的有效性，主要设计原则有以下几个。

（1）岗位数目的设计应遵循最低数量原则，岗位不要设置太多，以使员工尽可能集中，避免分散。

（2）岗位设置时，组织应该给员工尽可能多的自主性和控制权，使得每个员工所在的岗位在企业组织中发挥最积极的作用。例如，企业客户部服务经理允许维修人员自己订购零件和保管库存，使得客服人员有很大的工作自主性，进而愿意发挥积极作用。在组织设计部分，为每个岗位的任职者设定适当的主要责任、部分责任或者支持责任，力求使每个工作岗位发挥最大作用。

（3）帮助员工自己了解自己的工作绩效，所有岗位实现最有效的配合。例如，主管与下属进行定期的绩效反馈面谈，建立渠道让员工了解组织和客户对自己的评价。

（4）尽可能让员工负责相对完整的工作，并可让员工在一定范围内自己决定工作节奏。例如，实行弹性工作时间政策、建立项目管理制度、让员工独立负责工作项目从而深入了解工作自始至终的全过程。

（5）让员工有不断学习、成长的机会。例如，让员工参加各种技能的培训并进行工作轮换，提高员工所掌握的技能。

（6）企业规范化管理体系是一个庞大完整的系统，工作设计要和组织结构设计、职能分解吻合，符合经济、科学、系统化的原则。同时工作设计也要为工作描述、工作评价和薪酬福利体系设计提供支持。

## 四、工作设计的方法

通常采用的工作设计方法有机械型、生物型、知觉运动型和激励型等几种。在进行工作设计的时候，管理者如果希望使任职者和组织者双方的各种积极结果都达到最大化，就需要理解每一种工作设计方法相关的成本和收益，在它们之间进行适当地平衡和选择。

### 1. 机械型工作设计方法

机械型工作设计方法依据古典工业经济学，强调找到一种能够使得效率最大化的最简单的方式来构建工作，通常包括降低工作的复杂程度来提高人的效率，并使任何人只要经快速培训就能够容易地完成工作。这种方法强调按照任务专门化、技能简单化及重复性的基本思路来进行工作设计。

机械型工作设计方法要求将工作设计得越简单越好，从而使得工作本身不再具有任何显著意义。按这种方法来进行工作设计，组织能够减少所需的能力水平较高的员工数量，从而减少组织对相关员工的依赖。但这种方法忽略了人的存在，把人作为机器的附属品。在工业时代这种方法对提高生产率、创造生产效益起到了一定的作用。

### 2. 生物型工作设计方法

生物型工作设计方法主要依据人机工程学理论，关注个体生理特征与物理工作环境之间的交互界面，目标是参考人体工作的方式对物理工作环境进行结构安排，从而将作业人员的身体紧张程度降到最低。因此，生物型工作设计方法通常要求降低工作中的体力要求、强调机器和技术的设计。这种方法适用于建筑、装卸、搬运等行业。

生物型工作设计方法把人放在舒适的位置上，有助于人的积极性的充分发展。员工参与生物型工作设计会使累积性精神紊乱的次数和严重程度、生产时间损失及受限制的工作日数量都出现下降；但这种方法一定程度上降低了生产效率，从而减少了总体产量。

### 3. 知觉运动型工作设计方法

知觉运动型工作设计方法重视人的心理能力和心理局限，其目标是在设计工作的时候，通过降低工作对信息加工的要求来改善工作的可靠性、安全性及使用者的反应性，从而降低差错率，减少工作压力，使员工在一种愉悦的心态下工作。但它容易形成一种低工作满意度，从而形成较低的激励性。这种工作设计方法适用于航空管制、车辆驾驶、冶炼、质量监督等行业或岗位。

### 4. 激励型工作设计方法

激励型工作设计方法重点考虑那些对工作者的心理价值及激励潜力产生影响的工作特征，把态度变量(如工作满意度、内在激励、工作参与以及诸如出勤、绩效这类行为变量)看成工作设计的最重要结果。激励型的工作设计所提出的设计方案，往往强调通过工作扩大化、工作丰富化等方式提高工作的复杂性，同时还强调围绕社会技术系统来进行工作构建。这种工作设计方法主要适用于管理、研发、医疗、教学、自由职业者等岗位或行业。

## 本 章 小 结

工作研究是生产运作管理中不可或缺的管理技术，通过系统化的分析将工作中不合理、不经济、不科学的因素排除掉，寻求更经济、更合理的工作方法，以提高系统的生产效率。工作研究包含两大基本技术：方法研究与作业测定。方法研究针对工作流程、工作环节及作业人员动作进行分析，寻求更合理的作业方法、工具、设备和作业环境；作业测定研究完成标准作业所需的合理时间，并在开展时间研究过程中对作业方法及作业环境进行改善。在不同的组织环境中，选择哪一层次的方法研究和何种作业测定方法，需要依据工作环节特点来选择和开展。

工作设计是为了有效地达到组织目标与满足个人需要而进行的工作内容、工作职能和工作关系等的设计。工作设计中应该把企业环节因素、技术因素与人的行为、心理因素结合起来考虑，不用的组织要合理采用不同的工作设计方法。

## 思考与练习

1. 什么是工作研究？工作研究的对象、特点是什么？
2. 工作研究的内容和分析工具是什么？
3. 工作研究包括哪些内容？工作研究方法的两种技术是什么关系？
4. 工作研究的步骤是什么？
5. 方法研究的概念、特点与目的是什么？
6. 方法研究的内容是什么？
7. 方法研究的基本步骤有哪些？
8. 作业测定的定义、目的和用途是什么？
9. 工作设计的内容和原则有哪些？

## 案 例 分 析

### 米壹电池公司的灵活岗位轮换

北京米壹汽车电池制造公司主要生产汽车电池，也就是市场上常见的外部电池盒加内部数十张置于电解液中的极板组成的电池产品。米壹公司的电池生产过程包括极板铸造、极板涂铅和电池组装三个环节，分别由公司三个独立的车间承担，下文提到的主要是其中的电池组装车间。

由于用户所需电池种类不同，订单批量参差不齐，而组装线因生产特点必须刚性运作，物料在组装线之间、工序之间无法时常保持均衡流动，导致了组装线之间、工序之间作业量忙闲不均的局面。如不尽快解决这一问题，车间常会延误产品的交货期，甚至导致某些产品的生产无法进行。组装车间经研究发现，缓解这种局面的最佳办法是利用"因低峰而闲置的力量"去填补"因高峰而引起的力量空缺"；也就是让"闲着"的工人去支援"忙着"的工人。通过有序组织工人在工序之间、组装线之间移动，使物流在工序之间、组装线之间保持均衡流动，达到均衡化生产。上述解决问题的方法可称为协调生产，显然协调生产要求工人具备多样化的技能；更进一步，当生产量变化频繁、出现计划外的忙闲情况时，协调生产还要求工人能够不依靠上级指派，根据自己的科学判断，主动而及时地"支援"生产。因此，对米壹公司来说，胜任多种作业、具备自我协调生产能力是对工人技能的具体要求。

车间管理者认为，丰富的经验是培养协调技能的土壤，因此要让工人尽可能地多从事不同类型、不同技术难度的作业。为此，组装车间结合每月的生产计划，系统地安排工人到不同岗位"支援"生产。首先对每个工人的技能种类、技能水平、技能积累过程做出书面评价，并据此精心设计每个工人每天的作业种类、轮换顺序及轮换频率，使得工人的协调技能与生产资源优化配置可以有机结合。

某年 1～2 月期间，组装车间第三组装线协调人员比例分配如表 14.9 所示。同一时期，第三组装线派出 15 人到其他组装线或车间"支援"生产，平均"支援"次数为 1.9 次。有 30%的工人在第三组装线工作不到 10 天，岗位轮换的方式因人的技能水平而异，但都遵循从最简单工序出发，进而轮换到技术复杂的关联工序这一原则；仅在组装线工序之间的移动就有如表 14.10 所示的多种移动方式。

表 14.9 组装车间第三组装线协调人员比例分配

| 第三组装线人员 | 人数/人 | 所占比例 |
| --- | --- | --- |
| 本组工人 | 22 | 37% |
| "支援"工人 | 37 | 63% |
| 总数 | 59 | 100% |

表 14.10 工人的移动方式

| 工人数/人 | 主要负责区域 | 移动范围 |
| --- | --- | --- |
| 2 | 第一道工序和第四道工序 | 第一道工序和第四道工序之间移动 |
| 5 | 前四道工序 | 前四道工序之间均匀移动 |
| 2 | 以前四道工序为主 | 前四道工序与后四道工序之间移动 |
| 3 | 无 | 在前四道工序与后四道工序之间均匀移动 |
| 5 | 以后四道工序为主 | 在后四道工序与前四道工序之间移动 |
| 5 | 只在后四道工序 | 后四道工序之间移动 |

通过以上数据记录可见，米壹公司的岗位移动者数量众多，所有工人参加工序之间的移动，2/3 的工人参加组装线之间、车间之间的移动，其多样化、全能技能培训面向全体工人，而不局限于个别优秀工人。生产流程中，不仅有工序之间、还有组装线之间的移动，甚至还有车间之间的移动；岗位移动频繁、岗位移动范围大，可见协调技能以技能的全面发展为基础。公司内岗位移动原则统一、方式多样化，管理人员在选择岗位移动方式时既考虑了工人技能积累的可能性，又兼顾了生产效率实现的可能性。通过如此大范围、高频率、大规模的岗位移动，工人逐步掌握了多种不同类型、不同技术难度的作业操作方法，技能领域得到拓宽，技能水平得到提高。同时随着经验的不断积累，工人对各种生产情况、各种作业及作业间关系的了解逐步加深，为提高自我协调能力打下了良好的基础。

此外，为了配合大范围、大规模的岗位移动，米壹公司在劳动分工、劳动规范化以及决策权分布方面做出了改革，形成了以低度分工、适度规范化和决策权下放为特点的劳动组织结构，为工人提供完成岗位移动所需的劳动组织环境，即创建协调环境。公司不实施岗位之间、工种之间的严格分工,不设岗位工,不将工人固定在某个岗位,不严格区分各工种的任务,让一个工种的任务适当延伸到另一个工种,如操作工人可适当做一些维修工人的工作。其次,公司不干预车间具体的人员配置和工人技能培训计划,车间的生产协调、工人的技能培训由车间管理者的"现场干预"来进行;而车间将部分决策权下放到作业人员,如工人有权自动协调生产、进行设备预防维修、解决机器故障等。

(资料来源:代凯军. 管理案例博士点评[M]. 北京:中国工商联合出版社,2000.)

讨论:
1. 北京米壹汽车电池制造公司的岗位轮换制度有哪些值得借鉴的地方?
2. 根据工作研究理论,分析北京米壹汽车电池制造公司可以用到哪些工作研究的技术?

# 第十五章 现代生产管理模式

**【学习目标】**

通过本章的学习，使学生了解一些先进的生产管理模式，如准时生产制、精益生产方式、并行工程、业务流程再造、大规模订制、绿色制造、智能制造、供应链管理等。

**【关键概念】**

准时制(just in time)；精益生产(lean production)；虚拟制造(virtual manufacturing)；业务流程再造(business process reengineering)；大规模定制(mass customization)；绿色制造(green manufacturing)；智能制造(intelligent manufacturing)；供应链管理(supply chain management)

**【引导案例】**

## 上下游企业如何形成稳定的价值链

在行业寒冬到来的时候，上下游企业如何抱团取暖，把自己融入一个相对稳定的价值链中已成为必然的选择。

2008年11月28日，由宝钢、东风汽车、宝日汽车板、东风日产主办的钢铁与汽车产业战略高峰论坛在广州举行。与会各方探讨了汽车与钢铁产业良性、可持续性发展的合作模式。其中宝钢和东风日产战略合作模式受到了普遍的关注。

目前，宝钢和东风日产汽车之间正通过摆脱简单的购买关系，建立崭新的战略合作模式，共同打造供应链，已成为上下游联手过冬的典型案例。

据宝钢人士介绍，汽车行业对钢材供应商的要求不断提高，不再局限于产品的质量和价格，对钢材供应商的配套服务要求也越来越高。一方面，汽车厂家希望压缩钢材库存周期，以加快资金周转；另一方面，希望把钢材的剪切加工配送等前道工序交给钢材供应商来做，以便聚焦主业。

针对东风日产的要求，宝钢提出建立"敏捷供应链"的概念。这就要求整条供应链上的双方要适应市场变化进行供需关系重构并对市场变化及对方需求变化能快速响应。

据悉，宝钢在东风日产车身研发的初级阶段就介入，然后通过优化供应链，挖掘供应链各个业务环节的潜在效益，共同增强抗风险的能力，加强对业务反应的敏捷性。

目前宝钢已通过敏捷服务，渗透到东风日产的采购、仓储环节。

合作之后，东风日产的钢材入库数据、发票数据核对、财务采购发票入账时间从2周缩短到了3天；月末盘库时间从2天缩短到2小时；库存备料从60天下降到45天。东风日产的钢材采购人员从烦琐的单据操作中解放出来。

东风日产副总经理任勇通过一系列数据介绍建立敏捷供应链系统后的成效。

他说，敏捷供应链系统自2008年6月开通后，有效贯通了宝钢与东风日产各部门间的数据传递环节，提升了东风日产内部的仓储、财务管理水平，降低了管理成本。

而宝钢相关人士还介绍，双方形成了质量长效跟踪机制，建立了标准样板库，明确了统一的质量缺陷及判定标准。

2007年10月至今,宝钢供料东风日产的不良品率降低为零。

这个系统的核心在于一切要围绕效率这一轴心转,不局限于纯粹的商务成本,或满足于一方让步达成的暂时平衡,而应在更宽的角度、更广的领域合作,提升双方的合作效率,为客户量身打造体系,实现更大双赢。

任勇表示:东风日产和宝钢的合作,是汽车产业链全价值链合作的典型案例,不仅提升了双方的效率,而且可以实现双方的利益最大化。

在2009年宏观经济形势尚不明朗的态势下,宝钢股份日前确立了明年汽车板产销的总体目标,汽车板国内市场占有率持续超过一半以上。

据了解,不仅是宝钢,其他一些钢企同样在加速采用战略合作协议加强与下游客户的合作。

一些钢厂还计划投入巨资在各地建立多家钢材配送加工中心,而钢材配送加工中心作为国内钢材销售环节此前主要控制在分散的经销商手中,国内钢厂并没有形成完整物流增值环节的供应链体系。

业内人士称,在经济下行周期,企业仅靠自身能力和资源不能有效地参与市场竞争,必须把经营过程中的有关各方如供应商、制造基地、分销网络、客户纳入一个紧密的供应链中。

(案例来源:http://blog.sina.com.cn/s/blog_4d2672ba0100bij5.html)

问题:
1. 宝钢和东风日产汽车为什么要建立新型战略合作模式?
2. "敏捷供应链"对供应链上的合作伙伴有哪些要求?
3. 东风日产和宝钢的价值链合作为我们带来了哪些启示?

# 第一节 准时制与精益生产

## 一、准时制

### (一)准时生产的产生与发展

准时生产方式(Just In Time,JIT)是日本丰田汽车公司从20世纪60年代开始推行的,旨在消除生产过程中各种浪费现象的一种综合管理技术。这里所说的浪费,既包括人们早已司空见惯的废品、返工、机器故障、交叉往返运输等现象,也包括在传统观念下认为是"合理现象"带来的损失,如过量生产、不按计划准时生产、生产周期过长、投料批量引起的在制品积压等。换言之,凡是超出增加产品价值所需要的绝对最少的设备、材料和工作时间的部分,都是浪费。推行准时生产制,就是要通过消除浪费提高企业的经济效益。

正是从采用JIT生产方式开始,丰田汽车公司的经营绩效与其他汽车制造企业的经营绩效开始拉开距离。于是,日本的其他汽车制造企业纷纷结合本企业实际情况仿效和学习JIT生产方式,逐渐形成了日本企业所共有的"日本式"汽车生产经营方式,而这种生产方式的高效性是日本汽车工业迅速崛起的主要原因之一。

## (二)准时生产的含义

JIT 生产方式是经过几十年的反复试行而逐渐形成的,到今天已经形成一整套包括从企业的经营理念、管理原则到生产组织、生产计划、控制、作业管理以及对人的管理等在内的完整的理论和方法体系。

JIT 生产方式的基本思想可用"只在需要的时候,按需要的量,生产所需的产品"来概括,这也就是 just in time 一词所要表达的本来含义。这种生产方式的核心是追求一种无库存,或库存达到最小的生产系统;其基本点是彻底地消除"浪费"。为此开发了包括"看板"在内的一系列具体方法,并逐渐形成了一套独具特色的生产经营体系。

JIT 生产方式作为一种生产管理技术,是各种思想和方法的集合,并且这些思想和方法都是从各个方面来实现其基本目标的。因此 JIT 生产方式具有一种反映其目标与方法关系的体系。在这个体系中,包括 JIT 生产方式的基本目标以及实现这些目标的多种方法,也包括这些目标与各种方法之间的相互内在联系,如图 15.1 所示。

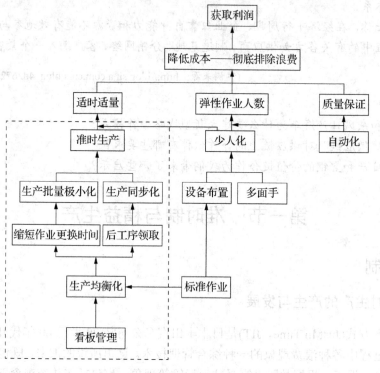

图 15.1 JIT 目标体系

## (三)准时生产的特点

### 1. 后工序到前工序提取零部件

一般生产组织是由生产计划部门按产品生产计划制定作业进度表,工序根据计划生产,供给下道工序继续加工。当计划不周或生产信息反馈不灵时,容易造成零部件生产过剩和在制品积压。同时,一旦市场需求发生变化,由于生产任务早已安排,就可能缺乏有弹性的适应能力。

JIT 将前道工序为后道工序提供在制品的方式改为后道工序到前道工序提取自己所需的在制品。上道工序的零部件被提走后，由于数量减少而需要补充，必然向上一级的工序提取必要数量的零部件，如此层层牵动，把各道工序连接起来，形成一条准时生产线。上道工序在没有接到下道工序提取零部件的指令前，不能随意生产，这样一来就把上道工序应该生产的数量、品种、时间严格限制在下道工序需要的范围内，消除了过量、过早的生产。

### 2. 小批量生产，小批量传送

为了在最短的周期内生产必要的产品，实行准时制的各个部门和各道工序一般都避免成批生产或成批传送，而是使各工序以尽可能小的批量生产，极限目标是"只生产一件、只传送一件、只储备一件"，任何工序不准生产额外的数量。批量的缩小不仅使工序生产周期大为缩短，而且减少了工序在制品储备，对降低资金占用、减少废品损失、减小库存占用面积等起着很大的作用。

### 3. 用最后的装配工序来调节整个生产过程

准时制的运行机制是后工序指导前工序，用最后的装配工序来控制和调节整个生产系统的运行。

## (四)组织准时生产的条件

### 1. 生产过程的均衡化

均衡化生产，就是物料流完全与市场需求合拍，并始终处于平稳的运行状态之中。从采购、生产到发货的各个阶段的任何一个环节，都要与市场需求合拍，否则将造成浪费。

组织均衡化生产，首先要做到计划均衡化。它是实施 JIT 生产方式效果好坏的一个重要条件。其具体做法是：将一个月内的生产率与本月的期望需求率保持一致，并用月生产率决定该月的每个工作日的生产率。

### 2. 设备的快速装换调整

在一个 JIT 的生产单元内按均衡化、小批量混合生产方式生产一组产品，必然要不断地调整设备。如果更换一个品种要花很长时间、很高的费用来调整设备，那是无法实行小批量均匀生产的。为此，一方面要通过改进设备调整装置的结构，使之便于快速调整，节省调整准备时间；另一方面通过培训工人自己来调整设备，减少对专家的依赖，避免由于人员调度不开而产生的耽搁。

### 3. 工序设计与设备合理化布置

设备的快速装换调整为缩短生产前置期和实现多品种、小批量生产提供了技术保证。但是小批量生产所带来的小批量运输，必将增加单位时间内的运输次数，从而增加运输费用。为了解决这个问题，丰田公司改变了工序设计，把传统的以工艺技术为中心的"机群式"设备布置方式，改变为以品种为中心的"单元式"设备布置方式，即把功能不同的机群设备按产品加工工艺要求，集中布置在一起，组成 U 形加工单元。

#### 4. 预防性设备维修

生产系统只为下游工作地保持很少的在制品,设备一旦出故障,就会立刻影响整个生产过程。为了消除设备故障造成的影响,要采用预防性维修策略。在设备出现故障之前,及时更换已磨损或已近老化的部件,把设备故障消灭在萌芽状态。设备操作者要担负起设备日常养护的任务。

即使采取了预防性维修,设备也有偶然发生故障的情况。为了在偶然出现故障后能迅速恢复生产,要有一定数量的维修备件库存,并建立一支快速抢修队伍。必须注意,采取这些措施都会增加企业支出,因此要严格控制其规模和数量,避免走向另一个极端。

#### 5. 多技能作业员

多技能作业员(或称"多面手")是指那些能够操作多种机床的生产作业工人。多技能作业员是与设备的单元式布置紧密联系的。在 U 形生产单元内,由于多种机床紧凑地组合在一起,这就要求并且便于生产作业工人能够进行多种机床的操作,同时负责多道工序的作业,如一个工人要会同时操作车床、铣床和磨床等。

在由多道工序组成的生产单元内(或生产线上),一个多技能作业员按照标准作业组合表,依次操作几种不同的机床,以完成多种不同工序的作业,并在标准周期内,巡回生产单元一周,最终返回生产起点。多技能作业员和组合型生产线可以将各工序节省的零星工时集中起来,以便整数削减多余的生产人员,从而有利于提高劳动生产率。

#### 6. 标准化作业

标准化作业是实现均衡化生产和单件生产单件传递的重要前提。丰田公司的标准化作业主要包括三个内容:标准周期时间、标准作业顺序、标准在制品存量。

它把在标准周期时间内,每一位多技能作业员所承担的一系列作业标准化,以便保证在同一个生产单元内的所有作业员都能够在标准周期时间内完成自己的全部作业,达到生产单元内的生产平衡。标准作业顺序是用来指示多技能作业员在同时操作多台不同机床时所应遵循的作业顺序。标准在制品存量是指在每一个生产单元内,在制品储备的最低数量。如果没有这些数量的在制品,那么生产单元内的一连串机器设备将无法同步作业。

#### 7. 全面质量管理

在准时生产体系中,工序之间的在制品储备量被限制在一个很低的水平上,在在制品储备量很低的生产环境中,对零部件和制品质量提出了很高的要求。如果各工序经常地生产出不合格的产品,那么生产就无法正常进行。因此,各工序必须确保为下道工序提供 100%合格的零部件和产品。为此,企业领导必须认真学习贯彻 ISO 9000 系列国际标准的要求,建立健全质量体系,并使之有效运行,在产品质量产生和形成的全过程中,对影响产品质量的技术、管理和人员的因素严格地控制起来,稳定地生产出合格产品。

## 二、精益生产

### (一)精益生产方式的产生

精益生产方式(lean production)是美国在全面研究以准时生产方式为代表的日本式生产

方式在西方发达国家以及发展中国家应用情况的基础上，于1990年提出的一种较为完整的生产经营管理理论。

20世纪80年代之后，迅速发展的信息技术为企业改变原有的经营方式、管理方式和工作方式提供了极好的机遇和条件。精益生产方式的理论，就是在这种背景下产生的。该理论的研究从1985年开始，在美国麻省理工学院教授丹尼尔·鲁斯的领导下，用了五年的时间，耗费了500万美元的巨资，组织多位专家，调查了世界17个国家的90多个汽车制造厂，对大量生产方式和精益生产做了详尽的实证性比较，最后得出的结论是：精益生产是一种"人类制造产品的非常优越的方式"，它能够广泛适用于世界各个国家的各类制造业企业，并预言这种生产方式将成为未来21世纪制造业的标准生产方式。该理论所称的精益生产是对准时生产方式的进一步提炼和理论总结，其内容范围不仅只是生产系统的运营、管理方法，还包括从市场预测、产品开发、生产制造(其中包括生产计划与控制、生产组织、质量管理、设备保全、库存管理、成本控制等多项内容)、零部件供应系统直至营销与售后服务等企业一系列活动。这种扩大了的生产管理、生产方式的概念和理论，是当今由于信息技术的飞速发展和普及而导致的世界生产与经营一体化、制造与管理一体化的趋势越来越强的背景下应运而生的，其目旨在使制造业企业在当今的环境下能够自适应、自发展，取得新的、更加强有力的竞争武器。

### (二)精益生产方式的含义

我们可以把精益生产理解为：生产出来的产品品种能尽量满足顾客的要求，而通过其对各个环节中采用的杜绝一切浪费的(人力、物力、时间、空间)方法与手段满足顾客对价格的要求。精益生产方式是一种在降低成本的同时使质量显著提高，在增加生产系统柔性的同时，也使人增加对工作的兴趣和热情的生产经营方式。与资源消耗型的大量生产方式相比，这是一种资源节约型、劳动节约型的生产方式；与准时生产方式相比，这是一种并不局限于生产系统和生产管理技术，而是涉及企业整体的一种生产经营模式。

### (三)精益生产方式的主要内容

#### 1. 充分发挥人的主观能动性

精益生产反对把工人看作"机器的延伸"或"会说话的机器"，认为人是最宝贵的东西，把人作为解决问题的最根本的动力。在这种新观念的指导下，通过QC(Quality Control，质量控制)小组、提案制度、团队工作方式、目标管理等一系列具体方法，充分调动和鼓励全体职工进行"创造性思考"的积极性，最大程度地挖掘和发挥每个人的巨大潜能。其主要实施方法有：①弹性配置作业人数；②减少以至撤销非增值的岗位和人员；③生产线上实行工人集体负责制；④充分调动和发挥工人的积极性。

#### 2. 从根源上保证质量

传统观念历来认为，质量和成本之间成负相关关系，要提高质量，就必须投入更多的人、财、物来开展质量管理。所以，传统生产运作中往往设定一个合理的质量水平，允许一定的不合格品的存在。但精益生产却完全打破了这种传统观念的束缚，将不合格品所产生的返修、后续加工损失、企业形象负面效应、市场竞争力下降等间接成本因素的影响全部考虑进来，认为质量和成本之间是一种正相关关系，即提高质量与降低成本具有一致性。以此为指导，精益生产提出了消除不合格品、实现"零缺陷"的目标，强调从根源上解决质量问题和保证质量。事实上"零缺陷"是"零库存"的保证，如果没有从根本上保证质量，生产运作过程就难以正常运行，就不可能真正做到准时生产。

精益生产的质量管理方法是"自动化"，表示质量管理工作的自动化的特定含义，特指以下两种机制：一是通过在设备上开发、安装各种自动加工状态检测装置和停止装置，使设备和生产线可以自动检测，并且一旦出现问题或异常情况自动停止的机制；二是生产线上的生产操作工人一旦发现问题或异常情况，有权自行停止生产运作的管理机制。依靠这样的机制，一出现问题或异常情况就会马上被发现，可以比较容易地找出原因，采取针对性的解决措施，防止类似问题的再次发生。这样，既克服了不合格品的重复或累积出现，也避免了不合格品向后续工序的流转和进一步加工，杜绝了由此可能造成的大量浪费。

### 3. 优化生产运作系统设计

精益生产认为，生产运作系统运行的效果，在很大程度上是在生产运作系统设计时就已经决定了的。所以，改进生产运作系统，应该从最根本的生产运作系统设计入手。

(1) 简化设计。精益生产特别强调在设计时树立"最简单的往往是最有效的""简单、简单、再简单"的思想意识。具体地，在设计产品时，要避免傻大黑粗、肥头大耳，尽量做到结构简单，容易加工和装配。具体方法有：一种基型、多种变型设计；模块化设计；产品内部尽量使用标准件和通用件。在工艺设计时，要尽量简化工艺路线，采用简单的、便于工人掌握的、具有防错功能的工艺设备和加工方法，突出柔性化的发展方向。

(2) 建立准时生产的制造单元。实行准时生产的第一步是"把库房搬到厂房里"，使问题明显化。第二步是不断减少工序间的在制品库存，"使库房逐渐消失在厂房中"，以实现准时生产。

准时生产要求对生产运作现场进行重新布置与整理，实行定置管理，为每个工作地设置一个入口存放处和一个出口存放处，明确规定产品从投料、加工到完工的物流路线。为此，要按产品对象建立面向一组相似零件加工的准时制造单元。该制造单元有两个明显的特征：一是在该制造单元内，零件是一个一个地经过各种设备加工的，而不是像一般制造单元那样一批一批地在设备间移动，而且工人随着零件走，从零件进入单元到加工完离开单元，始终是一个工人操作；二是该制造单元具有很大的柔性，可以通过调整单元内的工人数量使单元的生产率与整个生产运作系统保持一致。

准时制造单元一般采用 U 形布置，以简化工序间联系和管理的复杂性，增加工人间的接触与交流，缩短工人行走距离。它相当于可以同时供多个工人进行多道工序加工的机器，只需设置一个入口存放处和一个出口存放处，节约了空间。另外，它是通过调整制造单元的工人数量来维持其生产率与产品装配生产率的一致性，既方便容易，又避免了劳动力资源闲置的最大浪费。

### 4. 建立项目型的组织管理模式

(1) 领导方式。参与设计工作的各种人员(来源于企业各有关部门)共同组成的项目团队由项目负责人(在日本称为"主查")全权负责。项目负责人具有很大的权力,直接控制完成设计计划所需的全部资源条件,是队员的老板,其意见对队员今后的发展有重要影响。相反,美国企业虽然也成立设计小组,但小组负责人没有实权,他的工作只是协调,设计的成败对小组负责人和小组成员的影响都不大,小组成员更多地对原部门负责。

(2) 集体协作。项目团队成员虽仍保持与原职能部门的联系,但在工作上完全接受项目负责人的领导、控制与考核,为项目开展工作创造了良好的环境氛围,促使小组成员一心一意扑在项目上,相互紧密团结合作,以争取项目早日成功。相反,西方公司中小组成员只是短期从职能部门借调来的,项目本身也在进行过程中从一个部门转移到另一个部门,小组成员不断变换,并且小组成员更多根据本职能部门领导的考核进行提升,所以不可能专心于项目,无法为了项目协力工作。

(3) 信息交流。在传统做法中,人们倾向于回避矛盾,所以,一些重大的设计决策问题总是推迟到最后才能决定,导致设计工作过程中不断出现这样或那样的问题,越积越大,要耗费多倍的精力进行协调和更改设计。相反,按照项目型管理,一开始就将所有团队成员召集到一起,在集体讨论、互相沟通的基础上,就有关问题,特别是一些重大问题做出决定,并由每个成员签署正式誓约,发誓不管遇到什么困难都保证完成任务。一开始就明确有关问题,使每个成员都心中有数,可以集中精力顺利完成自己承担的任务。

**5. 建立新型的公共关系**

(1) 与供应商的关系。在大量生产运作中,装配厂与供应商之间是一种主仆关系,是一种松散的配合关系。这使得供应商没有长期合作的打算,也没有改进工作、改进质量的积极性。而精益生产以"双赢"思想为指导,主张装配厂与供应商建立长期的合作关系。

(2) 与用户的关系。精益生产在处理与用户的关系方面,坚持"用户至上""用户第一"的指导思想,以积极主动的态度开展"进攻性销售",通过高质量的服务来提升产品的竞争力,吸引用户。

最后指出,上述几个方面不是相互孤立的,而是互相交叉影响的,所以,必须用系统的观点指导各项工作的开展。精益生产作为一种先进的现代生产经营方式,是生产运作管理的一次革命。虽然其基本思想很简单,但真正理解并付诸实施却是一项庞大的系统工程,涉及企业的每一个部门,渗透到企业的每一项活动之中,需要企业全体人员长期不懈的努力。

# 第二节 业务流程再造

## 一、业务流程再造思想的起源

业务流程再造的基本思想是业务流程管理思想,而业务流程管理并不是一个新概念。最早的流程管理思想,可以追溯到泰勒的科学管理。泰勒倡导的工时研究,实质就是对工作流程进行系统分析。在此后的岁月里,这种思想一直是工业工程的主要思想。对流程的改善和对流程的反思,起源于质量运动,其先驱是20世纪40年代贝尔实验室的质量学家们。他们提出"质量控制"的概念,这个概念包括对制造产品的生产流程进行严格的分析和控制,其对象是制造流程而不是跨职能的经营流程。

20世纪70年代以日本为先导的全面质量管理，追求对工作流程持续而渐进式的改善。其工作重点放在流程的某一职能范围内，采取对现有流程"四两拨千斤"式的最少变动方式，来谋取质量和效益上的不断改善。20世纪80年代末期，美国和欧洲的一些大公司开始怀疑这种渐进式改善的效果，认为其不足以满足企业变化的需求。

同时，信息技术的飞速发展，为流程的彻底改造提供了可能，产生了"价值链"概念，也引发了"为制造而设计""并行工程"等思想。这些思想把流程管理关注的焦点由流程的某一职能扩大到跨职能的整体，以信息技术和组织调整为整个流程变化的推动器，追求流程业绩的巨大改善。业务流程再造就是在这一思想基础上发展起来的。

## 二、业务流程再造概述

### 1. 业务流程再造的定义

哈默对业务流程再造的定义是：对组织的业务流程进行根本的再思考和彻底的再设计，从而在诸如成本、质量、服务和速度等重要绩效指标上取得显著的改善。根据哈默的思想，就是要对企业的现有做法进行最根本的质疑，不是对原有业务流程渐进性的改良，而是进行彻底的创建，目的是取得绩效的飞跃。

### 2. 业务流程再造的对象

理论上讲，所有的业务流程都可以是再造的对象。但在实际的应用中往往有所侧重。据调查，北美企业的业务流程再造的侧重点在于客户服务流程、订单执行过程、客户买进过程；而欧洲企业则侧重于制造流程、客户服务流程、配送流程。所以，企业的经营战略不同，再造也应有不同的目的和侧重。

## 三、业务流程再造的基本原则

哈默提出了七条有关流程再造和整合的原则，具体如下。

(1) 围绕结果而非具体任务来组织工作。按业务需要的自然顺序，把原先按专业原则分割的业务合并为一个工作，由一个业务员或工作小组来完成，并对其提出明确的产出，从而缩减原来的工作传递和转换时间，对顾客的要求做出快速响应，并提供一个可以全面接触顾客的环境。

(2) 采取就近原则来执行工作。改变传统部门内和部门间的界限，让最熟悉流程的人来完成整个流程。例如，雇员可不通过采购部门而直接进行某些购买，鼓励和培训顾客自己做一些简单的维修，供应商可以参与管理库存。

(3) 把信息处理工作整合到产生信息的实际工作中。结合信息技术实现信息收集和处理的一体化，从而消除原有的信息收集单元和处理单元的接触点，降低处理信息的错误率，并节省资源耗费。

(4) 把地理上分散的资源集中化。通过信息技术使分散经营和集中经营成为现实，即不同的组织单元并行工作，同时改善公司的总体控制。例如，集中化的数据体和电信网络允许公司与不同的单元和人员保持联系，从而实现规模经济，同时保留其各自的灵活性和对顾客

(5) 协调并行活动，而不只是集成其结果。并行工作虽可以减少时间，但如果没有协调作用，而仅仅是把并行的活动结果汇总起来，必将导致比较多的返工，高成本与资金浪费。

(6) 把决策点放在执行工作的现场，并把控制融入整个流程中。塑造高素质的员工，把决策和控制权下放给一线的人员，从而实现组织的扁平化，提高快速反应能力。

(7) 从源头获取信息。企业应建立共享的数据库，使所有部门和人员能够在第一时间通过公司的在线信息系统搜集和处理信息，这样既可以避免信息的重复搜集和多次处理的成本，也可以避免信息的延迟和失真。

## 第三节 大规模定制

### 一、大规模定制概述

大规模定制是两个长期竞争的生产方式的综合：个性化定制产品和服务的大规模生产。它能够以大规模生产的价格实现产品多样化甚至个性化定制。

在大规模定制模式中，技术创新扮演了重要的角色。新的产品技术的应用(如用于许多产品中可以嵌入智能信息的微处理器)增强了产品的适应能力，增加了产品的多样化，缩短了开发周期。同样，新的制造技术的应用(如柔性制造系统、计算机集成制造技术等)使得多品种的生产更加经济，进一步推动了产品多样化的趋势。实际上，在大规模定制中工艺过程比产品更为重要。在日益多样化的市场环境下，客户要求定制产品，这就需要针对大规模定制进行过程重组。个性化的新产品从灵活、敏捷而又长期稳定的过程中生产出来。

在大规模生产中，低成本主要是通过规模经济实现的——通过高产量和生产过程的高效率降低产品和服务的单位成本。在大规模定制中，低成本主要是通过范围经济实现的——应用单个工艺过程便可更便宜、更快速地生产多种产品和服务。公司常常两者兼顾，用标准化零部件实现规模经济，零部件按多种方式进行组合，形成多种最终产品，从而实现了范围经济。

同样，在取得低成本的同时实现定制化，也离不开管理的进步。及时交货、精益生产的早期介入、基于时间的竞争、交叉功能团队等大量先进管理技术的发展增强了灵活性和响应能力，从而也提高了多样化和定制化的能力，而成本却没有增加。

### 二、实施大规模定制的组织结构变革

企业实施大规模定制不是轻易就能做到的，这需要对组织结构进行变革，即改革开发、生产、销售、交付大规模定制产品和服务的过程以及执行这些过程的整个组织。这些变革的结果综合在一起促使企业从大量生产彻底转向大规模定制。

#### (一)以个性化客户为中心

大规模生产方式把更多的精力集中在它们必须生产和销售的产品上，而不是以它们必须培育和保持的客户为中心。它们为库存而生产，存货必须被卖掉才能实现目标。大规模定制

则是把中心从产品转移到市场。不仅要确定你的目标市场中的客户时刻所需要的，而且要弄清楚客户的潜在需求并向他们介绍他们不知道但又想要的新产品和服务，这两者都是至关重要的。

把中心从产品转移到更小的细分市场。通常，市场可以根据大小等级分化成很多更细小的细分市场。这些更细小的细分市场各有自己可识别的、可计量的和可获利的特点。每一细小的细分市场中的客户都可以通过各种各样的产品和服务予以满足。

必须不放过每一个可能的机会来充分地理解、满足和超越客户的个性化需求和愿望。进一步说，整个价值链的每一个业务、组织和功能都必须受到挑战，以决定其环节怎样推动或拉动价值链接近个性化定制产品和服务的低成本生产。

### (二)业务流程再造

思想观念的变化可以推动组织结构向大规模定制模式转变，这种变化是中心从产品—市场—细分市场—个性化客户进行转变的必然结果。为了保持这一过程不停地运转并且使企业有效率，需要重组业务流程，尤其是要使产品和服务个性化并加速每一流程的周期时间。

流程再造可以凭借横向的、逻辑的、以客户为中心的方式检验企业的价值链，打破垂直分割和组织屏障。应该首先分析现有流程，以确定客户是谁，要提供什么样的输入，产生什么样的增值，输出是什么。仅此就能够在雇员的心目中明确需要做什么并保证组织界限不妨碍流程的执行。当人们回头看清什么流程应该执行和这些流程如何重组时，革命性的变化就会来临。

整个业务流程再造，与在从大规模生产转到大规模定制的企业里一直在发生的变革一样：企业必须消除浪费，削减库存，提高质量，缩短周期时间，急剧削减或消除准备时间，并将批量减少到单件。

当然，你不能对你的流程只做一次改造就停下来。进行个性化和时间加速的改造过程之后，需将精力集中在持续改进上。这是减少周期时间的主要原因之一，每一个周期提供了一个学习和改进的机会。流程的周期时间越短，经历的周期就越多，经历的周期越多，就有更多的机会去学习如何改进流程、产品和服务。

### (三)推动多样化和定制化

对经流程再造后大大缩短了周期时间的企业来说，它进一步发展的时机到来了：通过不断生产新产品和服务并不断更新流程来推动多样化和定制化。

当流程能够动态产生产品的时候，你就可以实践"远征市场"，快速开发并销售大量具有不同品种的产品和服务；探测市场，发现哪些产品将找到归宿。每一次成功都会使品种快速繁殖并形成其他系列变型产品，从而在满足客户个性化需求方面远远走在竞争的前列。快速开发、灵活生产、个性化销售、即时交货，每一次都能创造出持久的竞争优势，如果把它们结合起来，将在竞争中一马当先。

### (四)集成价值链

组织界限不只存在于企业内部，企业之间的组织界限甚至更明显。无论是企业内部还是外部，每一个界限都会有产生错误信息、地盘之争、局部行为和各种质量缺陷的可能性，其结果是不能满足最终客户以及客户价值链中下一个客户的需求,而客户价值链中的最后一个客户却需支付前面每一个客户的损失。

解决这个问题的办法不是以内部界限代替外部界限的垂直集成。因为整个产业部门的价值链是相互高度依赖的,所以灵活性的要求需要的不是垂直集成,而是价值链集成:即开放通信线路,使整个价值链中的每一个环节都以下一个客户为中心,而且多数环节以最终客户为中心。业务活动以并行方式而不是串行方式与之相结合。垂直集成以产品能力为中心,而价值链集成则以流程能力为中心。

当企业被集成了,企业的所有员工就能了解组织的远景规划以及如何为该远景规划贡献自己的力量。同样地,当价值链被集成了,价值链中的每个环节的员工就能了解价值链的远景规划,并进一步了解他们的业务活动,无论这种活动有多小;他们还能了解如何为价值链的远景规划做出贡献。信息无缝地、即时地贯穿于价值链中,流过公司的每个内部环节,并流过公司之间的每个环节。每个流程都了解完成其特定任务所必须做的每一件事,并通过各个环节始终跟上最终市场环境的变化。价值链集成把孤立的企业转变成了动态扩展企业的形式。这意味着你与你的供应商以及通往最终客户的下游环节结成了伙伴关系:成功时利益共享,失败时风险共担。

### (五)丰富员工的知识和技能

在传统组织中,工人只需要知道怎样完成分配给他的任务,而不用知道其他任何事情。同样地,职能组织只需知道他们自己的职能,让其他部门操心他们必须做的事,而你操心你必须做的事。大规模生产分清了各种任务、功能和知识,并把它们分配给上上下下每个管理阶层。

即使是在大规模生产模式的全盛时期,人们也在争论这是不是最好的策略。但是很明显,在当今的环境下这种态度行不通了。当不确定性和不稳定性成了惯例,而灵活性和响应能力又是必要条件时,"额外的"和多余的知识及技能对生存来说是至关重要的。工作轮换和团队工作方式能使员工体验不同的经历,从这些经历中可以获得额外知识。

### (六)从层次组织转向网状组织

大规模生产的另一个缺陷是不合理的层次结构。在过去一百年里,层次结构可能是控制公司发展和规模所必需的。它的"命令和控制"结构与垂直沟通适应于使大规模生产模式得以盛行的相对稳定、可控的环境。它尤其不适应崇尚快速、敏捷和响应能力的扰动环境。 在很多企业的组织里,传统的层次结构还没有消除,但是正在减少并慢慢向网状组织、自主团队转变。当然,完全取消层次结构还为时过早。但是,使层次结构扁平化,给群体一定的自治权,推进横向的网状沟通,是企业在迅速变化的环境中长期立于不败之地的必要步骤。

### (七)分解价值链,使大企业内部小企业化

可以用于改造组织的最激进的结构改革是分解价值链,越来越多的企业借助于这种方式。要分解内部价值链,不仅要把适当的部分分解成它们自己的组织,而且要分解成它们自己的公司。这是向网状组织结构转变的逻辑极点,也是权利分散化、流程再造和外购的重要

而广泛的趋势。

权利分散的目的是推动组织中的决策权下放,使其更接近决策地点,更接近具有决策所需知识的人。由于不必在组织层次上下取得一致同意,决策就具有更大的灵活性和快速响应能力。为什么不把分散的单元变成自己的企业呢?这样做更能适应个性化客户需求的变化。

流程再造将企业的业务流程改造成为供应商、过程和客户的横向链。每一个过程把下一个环节看作它的客户,并为其需求服务。但是这些内部过程实际上是垄断事业,下一个客户是垄断市场。虽然注重个性化客户服务可以抵制固有的垄断行为(即傲慢的态度、劣质的客户服务、缓慢的创新和刚性的流程),并且很多企业也正在这样做,但是做起来并不容易,保持下去更难。为什么不把合理的过程转变成它们自己的企业呢?通过允许客户选择供应商,迫使过程适应新业务,可以形成鼓励革新的竞争。

## 第四节 绿色制造

### 一、绿色制造概述

绿色制造是一种综合考虑环境影响和资源效率的现代制造模式,其目标是使产品从设计、制造、运输、使用到报废处理的整个产品生命周期中,对环境的影响(副作用)最小,资源利用效率最高。

绿色制造的概念和内容尚处于探索阶段,还未形成完整的体系结构。有的研究者提出,由绿色资源、绿色生产过程、绿色商品这三项主要内容,物料转化和产品生命周期全过程这两个过程,环境保护和资源优化利用这两个目标,构成绿色制造的体系结构。其中,绿色资源包括绿色原材料和绿色能源。绿色原材料应是具有丰富的来源,便于利用、便于回收的材料;而绿色能源则应是耗能少、环保性好、储量丰富和可再生的能源。绿色生产过程包括绿色设计、绿色生产设备、绿色生产工艺、绿色物料、绿色生产环境。绿色商品应具有的特点是:节省能源、节省物料、保护环境、便于回收利用、符合人机工程。

#### (一)绿色制造的主要概念

绿色制造的主要概念有以下五个。
(1) 从源头入手根治造成污染的制造过程,并高度关注产品绿色生命周期。
(2) 使污染物消除在制造过程中,协调经济效益和环境效益。
(3) 不同类型、相关类型企业之间形成工业生态链,促进构成污染物的"零"排放体系(或称为最小排放体系)。
(4) 所谓污染是指在不同尺度上超过生态平衡所能接受的外源性污染。
(5) 强调对环境污染形成持续性的预防策略,追求构成可持续发展战略的最佳模式。

绿色制造与环境治理有不同的立场,甚至不完全相同的概念。环境治理的立场往往是对已被污染的环境进行治理,使之恢复到被污染前的面貌,这种方法往往导致企业成本增加,甚至削弱市场竞争力;绿色制造则是强调从源头上阻止污染物生成的新策略。

### (二)绿色制造的内涵和方法

由于环境问题的形成和解决是从局部、区域乃至全球，在不同尺度上多层次地开展的，绿色制造必然具有多尺度、多层次的内涵。它需要运用可持续发展观点和系统论等普遍的方法进行整体性的研究。

在研究、开发绿色制造流程、绿色生产技术时，有必要借鉴艺术上往往采用的先总体构思的方法。首先要从整体上(既有微观的，又有宏观的)把握好"完美"的概念和内涵，作为解决环境友好的绿色制造体系的方法。

绿色制造的基本内涵可描述如下：绿色制造是一个综合考虑环境影响和资源效率的现代制造模式，其目标是使得产品从设计、制造、包装、运输、使用到报废处理的整个产品生命周期中，对环境的影响(副作用)最小，资源效率最高。

## 二、绿色设计及其特点

产品能否达到绿色标准要求，其决定因素是该产品在设计时是否采用绿色设计。传统设计在设计过程中，设计人员通常是根据产品基本属性(如功能、质量、寿命、成本等)指标进行设计，其设计指导原则是：只要产品易于制造并满足所要求的功能、性能，而较少或基本没有考虑资源再生利用以及产品对生态环境的影响。这样设计生产制造出来的产品，在其使用寿命结束后回收利用率低，资源、能源浪费严重，特别是其中的有毒有害物质，会严重污染生态环境，影响生产发展的持续性。

绿色设计就是以绿色技术为原则所进行的产品设计。绿色设计的目的是克服传统设计的不足，使所设计的产品满足绿色产品的需求。它包括产品从概念形成到生产制造、使用乃至废弃后的回收、重用及处理处置的各个阶段，即涉及产品整个生命周期，是从摇篮到再现的整个过程。

绿色设计在产品整个生命周期中都把其绿色程度作为设计目标，即在概念设计及粗略设计阶段，就充分考虑到产品在制造、销售、使用及报废后对环境的各种影响。与产品有关的技术人员都应密切合作，信息共享，运用环境评价准则约束制造、装配、拆卸、回收等设计过程，并使之具有良好的经济性。

绿色设计必须遵循一定的系统化设计程序，其中包括：环境规章评价，环境污染鉴别，环境问题的提出，减少污染、满足用户要求的替代方案，替代方案的技术与商业评估等。绿色设计人员应该考虑这样的问题：制造过程中可能产生的废弃物是什么？有毒成分的可能替代物是什么？报废产品如何管理？设计对产品回收性有什么影响？零件材料对环境有何影响？用户怎样使用产品？等。

绿色设计所关心的目标除传统设计的基本目标外，还有两个：一是防止影响环境的废弃物产生；二是良好的材料管理。也就是说，避免废弃物产生，用再造加工技术或废弃物管理方法协调产品设计，使零件或材料在产品完成生命周期时，以最高的附加值回收并重复利用。

由此可见，绿色设计与传统设计的根本区别在于：绿色设计要求设计人员在设计构思阶段就要把降低能耗、易于拆卸、再生利用和保护生态环境与保证产品的性能、质量、寿命、成本的要求列为同等的设计目标，并保证在生产过程中能够顺利实施。

## 三、绿色制造的集成特性

### 1. 绿色制造的主要内容及其集成特点

绿色制造的内容涉及产品整个生命周期的所有问题,其中绿色设计是关键,它不仅包括产品设计,也包括产品的制造过程和制造环境的设计。绿色设计在很大程度上决定了材料、工艺、包装和产品寿命终结后处理的绿色性。

### 2. 绿色制造的综合效益

实施绿色制造,最大程度地提高资源利用率,减少资源消耗,可直接降低成本;同时,实施绿色制造,减少或消除环境污染,可减少或避免因环境问题引起的罚款;并且,绿色生产环境将全面改善或美化企业员工的工作环境,有助于提高员工的主观能动性和工作效率,以创造出更大的利润;另外,绿色制造将使企业具有更好的社会形象,为企业增添了无形资产。因此,应该把绿色制造看作一种战略经营决策,即实施绿色制造对企业是一种机遇,而不是一种不得已而为之的行为。

### 3. 绿色制造系统中的信息集成

绿色制造系统除了涉及普通制造系统的所有信息及其集成考虑外,还特别强调与资源消耗信息和环境影响信息有关的信息应集成的处理和考虑,并且将制造系统的信息流、物料流和能量流有机地结合,系统地加以集成和优化处理。

### 4. 绿色制造的过程集成

绿色制造覆盖了产品生命周期的每一个过程,是基于数据库及其数据交换标准的产品多生命周期的集成。

## 四、绿色供应链

新的环境时代对全球范围内制造和生产型企业提出了一个新的挑战,即如何使工业生产和环境保护能够共同协调发展。目前,公众已不仅要求企业对产生的废物进行处理,更要求企业减少产生污染环境的废物,而且要求企业进行绿色管理,生产绿色产品。

绿色供应链管理是企业有效的环境管理方法,采购员和供应链经理在企业的绿色供应链管理中担任关键角色。通过对供应商的选择和评估、供应商的开发以及购货程序的改进,他们对企业建立和维持竞争优势起着主要作用。为了最终实现绿色供应链管理,企业必须首先建立绿色供应链管理的观念,学习发达国家企业的一些先进经验,把绿色管理作为企业文化,渗透到企业的各个环节,从企业内部物流管理做起,逐步建立供应商的档案,实现对供应方的科学评估。同时,在企业的产品设计,尤其是材料选择中加强绿色管理,既降低成本,又达到环境标准。另外,加强企业信息化建设,为企业建立实施绿色供应链管理战略也是目前的当务之急。需要着重指出的是,不同的行业、不同的企业,建立实施绿色供应链管理是各不相同的,必须针对企业的实际情况,采取不同的方法,实现降低成本、提高环保效率和企业声誉,最终增加利润并达到可持续发展。

# 第五节 智能制造

## 一、智能制造的产生及发展

1992 年美国执行新技术政策,大力支持被当时的总统称为关键重大技术(critical technology),包括信息技术和新的制造工艺,智能制造技术自在其中,美国政府希望借助此举改造传统工业并启动新产业。加拿大制订的 1994—1998 年发展战略计划,认为未来知识密集型产业是驱动全球经济和加拿大经济发展的基础,认为发展和应用智能系统至关重要,并将具体研究项目选择为智能计算机、人机界面、机械传感器、机器人控制、新装置、动态环境下系统集成。日本 1989 年提出智能制造系统,且于 1994 年启动了先进制造国际合作研究项目,包括了公司集成和全球制造、制造知识体系、分布智能系统控制、快速产品实现的分布智能系统技术等。欧洲联盟的信息技术相关研究有 ESPRIT 项目,该项目大力资助有市场潜力的信息技术;1994 年又启动了新的 R&D 项目,选择了 39 项核心技术,其中三项(信息技术、分子生物学和先进制造技术)均突出了智能制造的地位。

我国 20 世纪 80 年代末也将"智能模拟"列入国家科技发展规划的主要课题,已在专家系统、模式识别、机器人、汉语机器理解方面取得了一批成果。最近,国家科技部正式提出了"工业智能工程",作为技术创新计划中创新能力建设的重要组成部分,智能制造将是该项工程中的重要内容。由此可见,智能制造正在世界范围内兴起,它是制造技术发展,特别是制造信息技术发展的必然,是自动化和集成技术向纵深发展的结果。

近半个世纪特别是近 20 年来产品所包含的设计信息和工艺信息量猛增,生产线和生产设备内部的信息流量增加,制造过程和管理工作的信息量剧增,因而促使制造技术发展的热点与前沿,转向了提高制造系统对于爆炸性增长的制造信息处理的能力、效率及规模上。目前,先进的制造设备离开了信息的输入就无法运转,制造系统正在由原先的能量驱动型转变为信息驱动型,这就要求制造系统不但要具备柔性,而且还要表现出智能,否则是难以处理如此大量而复杂的信息工作量的。其次,瞬息万变的市场需求和激烈竞争的复杂环境,也要求制造系统表现出更高的灵活、敏捷和智能。

## 二、智能制造的定义

关于"智能制造"一词的定义非常多,下面列举其中的一些定义。

(1) 1991 年,日、美、欧共同发起实施的"智能制造国际合作研究计划"中定义"智能制造系统是一种在整个制造过程中贯穿智能活动,这种智能活动与智能机器有机融合,将整个制造过程从订货、产品设计、生产到市场销售等各个环节以柔性方式集成起来的能发挥最大生产力的先进生产系统。"

(2) 百度百科中"智能制造"一词采用了路甬祥报告中的定义,"一种由智能机器和人类专家共同组成的人机一体化智能系统,它在制造过程中能进行智能活动,诸如分析、推理、判断、构思和决策等。通过人与智能机器的合作共事,去扩大、延伸和部分地取代人类专家在制造过程中的脑力劳动。它把制造自动化的概念更新、扩展到柔性化、智能化和高度集成化。"

(3) 2011年6月，美国智能制造领导联盟(Smart Manufacturing Leadership Coalition, SMLC)发表了《实施21世纪智能制造》报告。定义智能制造是先进智能系统强化应用、新产品制造快速、产品需求动态响应，以及工业网络实时优化的制造。智能制造的核心技术是网络化传感器、数据互操作性、多尺度动态建模与仿真、智能自动化，以及可扩展的多层次的网络安全。

(4) 在我国制定的《智能制造科技发展"十二五"专项规划》中，定义智能制造是"面向产品全生命周期，实现泛在感知条件下的信息化制造，是在现代传感技术、网络技术、自动化技术、拟人化智能技术等先进技术的基础上，通过智能化的感知、人机交互、决策和执行技术，实现设计过程智能化、制造过程智能化和制造装备智能化等。智能制造系统最终要从以人为主要决策核心的人机和谐系统向以机器为主体的自主运行转变"。

(5) 在我国制定的《2015年智能制造试点示范专项行动实施方案》中，定义智能制造是"基于新一代信息技术，贯穿设计、生产、管理、服务等制造活动各个环节，具有信息深度自感知、智慧优化自决策、精准控制自执行等功能的先进制造过程、系统与模式的总称。具有以智能工厂为载体，以关键制造环节智能化为核心，以端到端数据流为基础，以网络互联为支撑等特征，可有效缩短产品研制周期、降低运营成本、提高生产效率、提升产品质量、降低资源能源消耗。"

2015年12月，《国家智能制造标准体系建设指南(2015年版)》提出了智能制造系统架构模型，该模型从生命周期、系统层级和智能功能三个维度来阐述智能制造的内涵，所构建的智能制造标准体系结构包括基础共性标准、关键技术标准和重点行业标准三大部分。其中，关键技术标准包括智能装备、智能工厂、智能服务、工业软件和大数据，以及工业互联网五个部分。

从上述定义可以看出，随着各种制造新模式的产生和新一代信息技术的快速发展，智能制造的内涵在不断变化，人工智能的成分在弱化，而信息技术、网络互联等概念在强化。同时，智能制造的范围也在扩大，横向上从传统制造环节延伸到产品全生命周期，纵向上从制造装备延伸到制造车间、制造企业甚至企业的生态系统。

## 三、关于智能制造定义的解释

关于智能制造的理解存在一定的分歧。例如，在国家973项目"高品质复杂零件智能制造基础研究"中，认为智能制造的"科学理念集中体现在智能工艺和智能装备上，是复杂工况下高性能产品制造的有效手段"，这可视为对智能制造的狭义理解。虽然"工业4.0""工业互联网"和"中国制造2025"都没有给出智能制造的定义，但"工业4.0"中强调智能生产(smart production)和智能工厂(smart factory)，"工业互联网"强调智能设备(intelligent devices)、智能系统(intelligent systems)和智能决策(intelligent decision)三要素的整合，"中国制造2025"把智能制造作为两化深度融合的主攻方向。因此，也有一种观点认为这些战略规划就是在讲"智能制造"，这实际上过于泛化了，不利于理解智能制造的本质特征。

从智能制造的本质特征出发，尝试给出智能制造较为普适的定义，可描述为"面向产品的全生命周期，以新一代信息技术为基础，以制造系统为载体，在其关键环节或过程，具有一定自主性的感知、学习、分析、决策、通信与协调控制能力，能动态地适应制造环境的变化，从而实现某些优化目标。"

关于该定义的解释如下。

(1) 智能制造面向产品全生命周期而非狭义的加工生产环节，产品是智能制造的目标对象。

(2) 智能制造以新一代信息技术为基础，包括物联网、大数据、云计算等，是泛在感知条件下的信息化制造。

(3) 智能制造的载体是智能制造系统，其层次如图 15.2 所示。智能制造系统从微观到宏观有不同的层次，如智能制造装备、智能车间、智能企业、智能供应链和智能制造生态系统等。制造系统的构成包括产品、制造资源(机器、生产线、人等)、各种过程活动(设计、制造、管理、服务等)以及运行与管理模块。

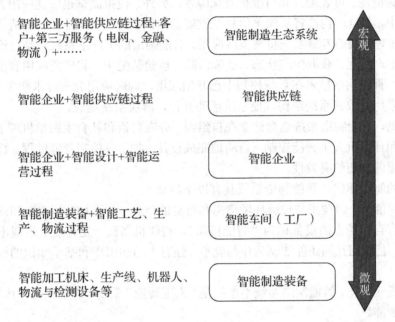

图 15.2 智能制造系统的层次

(4) 智能制造技术的应用是针对制造系统的关键环节或过程，而不一定是全部。

(5) 智能的制造系统必须具备一定自主性的感知、学习、分析、决策、通信与协调控制能力，这是其区别于自动化制造系统和数字化制造系统的根本地方。同时，"能动态地适应制造环境的变化"也非常重要。一个只具有优化计算能力的系统和一个智能的系统是不同的。

(6) 构建智能的制造系统，必然是为了实现某些优化目标。这些优化目标非常多，如增强用户体验友好性、提高装备运行可靠性、提高设计和制造效率、提升产品质量、缩短产品制造周期、拓展价值链空间等。应当注意，不同的制造系统层次、制造系统的不同环节和过程、不同的行业和企业，其优化目标及其重要性都是不同的，难以一一枚举，必须具体情况具体分析。

## 四、智能制造系统

智能制造包括智能制造技术和智能制造系统。

智能制造系统(Intelligent Manufacturing System，IMS)是一种由智能机器和人类专家共同组成的人机一体化系统。它突出了在制造诸环节中，以一种高度柔性与集成的方式，借助计算机模拟的人类专家的智能活动，进行分析、判断、推理、构思和决策，取代或延伸制造环境中人的部分脑力劳动，同时，收集、存储、完善、共享、继承和发展人类专家的制造智能。智能制造系统是智能技术集成应用的环境，也是智能制造模式展现的载体。

从制造系统的功能角度，可将智能制造系统细分为设计、计划、生产和系统活动四个子系统。

在设计子系统中，智能制造突出了产品的概念设计过程中消费需求的影响；功能设计关注了产品可制造性、可装配性和可维护及保障性。另外，模拟测试也广泛应用智能技术。在计划子系统中，数据库构造将从简单信息型发展到知识密集型。在排序和制造资源计划管理中，模糊推理等多类的专家系统将被集成应用。智能制造的生产子系统将是自治或半自治系统。在监测生产过程、获取生产状态、故障诊断、检验装配中，将广泛应用智能技术。从系统活动角度，神经网络技术在系统控制中已开始应用，同时应用分布技术和多元代理技术、全能技术，采用开放式系统结构，使系统活动并行，解决系统集成。

由此可见，智能制造系统理念建立在自组织、分布自治和社会生态学机理上，目的是通过设备柔性和计算机人工智能控制，自动地完成设计、加工、控制管理过程，旨在解决适应高度变化环境的制造的有效性。

和传统的制造相比，智能制造系统具有以下特征。

(1) 自律能力。即搜集与理解环境信息和自身的信息，并进行分析判断和规划自身行为的能力。具有自律能力的设备称为"智能机器"。智能机器在一定程度上表现出独立性、自主性和个性，甚至相互间还能协调运作与竞争。强有力的知识库和基于知识的模型是自律能力的基础。

(2) 人机一体化。智能制造系统不单纯是"人工智能"系统，而是人机一体化智能系统，是一种混合智能。

基于人工智能的智能机器只能进行机械式的推理、预测、判断，它只能具有逻辑思维(专家系统)，最多做到形象思维(神经网络)，完全做不到灵感(顿悟)思维，只有人类专家才真正同时具备以上三种思维能力。因此，想以人工智能全面取代制造过程中人类专家的智能，独立承担起分析、判断、决策等任务是不现实的。

人机一体化一方面突出人在智能制造系统中的核心地位，同时在智能机器的配合下，更好地发挥出人的潜能，使人机之间表现出一种平等共事、相互"理解"、相互协作的关系，使二者在不同的层次上各显其能，相辅相成。

(3) 虚拟现实(virtual reality)技术。这是实现虚拟制造的支持技术，也是实现高水平人机一体化的关键技术之一。

虚拟现实技术是以计算机为基础，融信号处理、动画技术、智能推理、预测、仿真和多媒体技术为一体，借助各种音像和传感装置，虚拟展示现实生活中的各种过程、物件等，因而也能虚拟制造过程和未来的产品，从感官和视觉上使人获得完全如同真实的感受。但其特点是可以按照人们的意愿任意变化，这种人机结合的新一代智能界面，是智能制造的一个显著特征。

(4) 自组织与超柔性。智能制造系统中的各组成单元能够依据工作任务的需要，自行组成一种最佳结构，其柔性不仅表现在运行方式上，而且表现在结构形式上，所以称这种柔性为超柔性，如同一群人类专家组成的群体，具有生物特征。

(5) 学习能力与自我维护能力。智能制造系统能够在实践中不断地充实知识库，具有自学习功能。同时，在运行过程中自行故障诊断，并具备对故障自行排除、自行维护的能力。这种特征使智能制造系统能够自我优化并适应各种复杂的环境。

综上所述，可以看出智能制造系统作为一种模式，它是集自动化、柔性化、集成化和智能化于一身，并不断向纵深发展的高技术含量和高技术水平的先进制造系统，需要投入巨大的科研力量去突破一个个技术难点。目前，研究的重点涉足四个层次，即虚拟企业、分布式智能系统、并行工程和代理结构。这是一个人机一体化智能系统，只要不单纯去追求人工智能，而努力追求人的智能和机器智能的有效结合，这样的系统就有可能实现，当然，这种实现是一个从初级到高级的发展过程。最后，需强调指出，随着知识经济的来临，知识将作为主要的经济禀赋，智能产品价值日益攀升，智能制造模式将会成为下一代重要的生产模式。

## 第六节　供应链管理

### 一、供应链管理概述

供应链 (supply chain)由原材料零部件供应商、生产商、批销商、零售商、运输商等一系列企业组成。原材料零部件依次通过"链"中的每个企业，逐步变成产品，产品再通过一系列环节，最后交到最终用户手中，这一系列活动就构成了一个完整供应链的全部活动。在传统的企业管理中，一条"链"上的各个企业互相只把对方视为"买卖关系""交易对手"，各自只关注自己企业内部的运作和管理，而供应链管理的目的，则是把整条"链"看作一个集成组织，通过"链"上各个企业之间的合作和分工，致力于整个"链"上物流、信息流和资金流的合理化和优化，从而提高整条"链"的竞争能力。这是一种跨企业集成的新型思想。

实际上，无论企业是否有供应链管理的意识，供应链本身是一种客观存在，只不过是以前"链"上的各个企业没有一种通过"链"上各个企业的合作而增强整条"链"的竞争力的意识，从而使这条"链"处于一种"断裂"的状态，导致"链"上各个企业之间的交易成本居高不下，更有甚者，还有可能导致整条"链"上各个企业在企业内部管理上所取得的绩效互相抵消。通过实施供应链管理，可以使这条断裂的"链"有机地连接起来，使"链"上的各个企业都受益。

企业的管理实际上是对其物流、资金流、人流、信息流的控制。这些"流"的显著特征是按照一定的顺序，由一个阶段向另一个阶段变换，这些变换构成了业务过程。

业务过程在形式上是业务活动的锁链，在本质上是创造顾客价值的机制。在为顾客创造价值的过程中，仅仅某一个企业是不可能完成所有业务活动的。为了满足顾客的需求，零售商、分销商、制造商以及供应商之间必须紧密配合、降低成本，建立高效的、无缝衔接的业务过程。这种面向消费者的、完整的业务过程就是供应链。供应链目前尚未形成统一的定义，为了对供应链做一个较为完整的描述，下面分别从供应链的过程、价值链以及供应链中三种流(物流、资金流、信息流)的角度介绍供应链的概念。

从过程角度来看，Ganeshan 和 Harrison 认为：供应链是一种物流分布选择的网络工具，它发挥着获取原料，把原料转化成中间产品或最终产品，以及把产品分销给消费者的功能。简单地说，供应链是为消费者提供商品的整个过程。业务过程是创造顾客价值的机制、是业务活动的锁链，由价值创造过程中的所有成员构成的首尾一贯、紧密衔接的业务过程便是供应链。从过程的角度看供应链，有利于界定和理解供应链中每个成员的职责、目标和所承担的业务活动。

从价值链角度来看，供应链是围绕核心企业，通过对信息流、物流、资金流的控制，从采购原材料开始，形成中间产品以及最终产品，最后由销售网络把产品送到消费者手中的将供应商、制造商、分销商、零售商，直到最终用户连成一个整体的功能网链状结构模式。它是一个范围更广的企业结构模式，它包含所有加盟的节点企业，从原材料的供应开始，经过链中不同企业的制造加工、组装、分销等过程直到最终用户。它不仅是一条连接供应商到用户的物料链、信息链、资金链，而且是一条增值链，物料在供应链上因加工、包装、运输等过程而增加其价值，给相关企业都带来收益。从价值链的角度来看供应链，有利于理解供应链中的供需伙伴之间的相互关系。

从"流"的角度来看，APICS(美国生产与库存管理协会)认为：供应链是一种全球性的网络，通过精心设计的信息流、物流和资金流，从原材料开始直到把产品和服务交到客户手中。它包括了所有的合作伙伴，以及通过物流、信息流和资金流的形式，链接合作伙伴的各种方法。这些合作伙伴包括了最终客户、制造商，以及其他相关的制造商、分销商、零售商、运输公司、软件公司和通信公司。从"流"的角度看供应链，有利于对其进行优化管理。

## 二、供应链的不确定性及影响

目前，供应链存在两种不确定性：一是牛鞭效应，即需求信息偏差逐级放大引起的供应商库存不确定性；二是物流供应时间延迟累计效应导致的交货期不确定。第一种不确定性从顾客需求开始沿供应链的信息流方向向各级供应商逐级传递，直接影响供应链上各级供应商的库存量和库存时间，从而使库存成本大大增加；第二种不确定性从最初的物料供应商开始沿供应链向各级逐级传递，直接影响产品的生产组装进程和交付时间，因而影响客户满意度。

## 三、供应链管理的内容

### 1. 信息流管理

物流和信息流(需求、供应、财务)是构成供应链中的两个重要因素。数字时代网络通信和信息技术的发展，使得产品生产和市场信息的存储、分析、传递可以准确、快速地进行。供应链中的信息流不再受时间、空间的限制，客户、零售商、分销商、厂商、供应商可以直接进行信息共享，避免信息逐层传递、偏差逐级放大造成的影响，从而增加确定性。

#### 2. 物流管理

供应链管理的目的还是要更好地实现物流配送供应，如果没有与之相匹配的物流配送和后勤供应体系，则作为电子商务主体和目的的"商务"也不能实现，"E-business"必然会成为"Empty-business"。

#### 3. 资金流管理

物料是有价值的，物料的流动引发资金的流动。只有当消耗资源生产出的产品出售给客户后，资金才会重新流回企业，并产生利润。因此，供应链上有资金的流动。必须通过企业的财务成本系统来监控和调整供应链上的各项经营生产活动，商品的成本也必须从整个供应链上下游各个环节的总体运营成本来考虑，而不能只局限于企业内部。

#### 4. 供应链管理

伊文斯(Evens)认为：供应链管理是通过前馈的信息流和反馈的物流及信息流，将供应商、制造商、分销商、零售商，直到最终用户连成一个整体的管理模式。

菲利浦(Phillip)则认为：供应链管理不是供应商管理的别称，而是一种新的管理策略，它把不同企业集成起来以增加整个供应链的效率，注重企业之间的合作。

## 四、供应链管理的发展

供应链管理从提出概念到现在，其含义在不断发展，大体经历了内部供应链管理、供应管理、串行结构供应链管理和网状结构供应链管理四个过程。

#### 1. 内部供应链管理

早期的观点认为供应链是企业把从外部采购的原材料和零部件，通过生产、组装和销售等活动，将成品传递到用户的过程。供应链管理的重点在于管理库存上，通过企业的内部销售、计划、制造和采购等部门之间的协调，寻找把产品迅速、可靠地送到用户手中的费用与生产费用、库存费用之间的平衡点，确定最佳库存投资额。

#### 2. 供应管理

供应链逐渐与采购、供应管理相联系，强调企业与其供应商之间建立合作关系，协调供需关系。供应链管理的内容包括了供应商的选择与定位、降低成本、控制质量、保证连续性和经济性等问题。

#### 3. 串行结构供应链管理

后来，供应链管理注意到企业之间的联系，将各个企业看成共享利益、共担风险、协调发展的有机整体，认为供应链是通过不同企业的制造、组装、销售等过程将原材料转换成产品，再到最终用户的转换过程。管理内容也扩展到对贯穿于各个企业之间的物流、信息流、资金流等的协调与控制。

#### 4. 网状结构供应链管理

到了最近，供应链管理更加注重围绕核心企业的网络关系，供应链的形成扩展到以核心企业为中心的双向树状网络系统。供应链管理的实践已经扩展到一种所有参与企业之间的合作关系，供应链管理从一种作业性的管理工具上升为一种战略性的管理模式。

### 五、供应链与电子商务

从基础设施的角度看，传统的供应链管理一般建立在私有专用网络上，这需要投入大量的资金，只有一些大型的企业才有能力进行自己的供应链建设，并且这种供应链缺乏柔性。而电子商务使供应链可以共享全球化网络，使中小型企业以较低的成本加入到全球化供应链中。

从通信的角度看，通过先进的电子商务技术和网络平台，可以灵活地建立起多种组织间的网络连接，从而改善商务伙伴间的通信方式，将供应链上企业各个业务环节孤岛连接在一起，使业务和信息实现集成和共享，使一些先进的供应链管理方法变得切实可行。

电子商务模式弥补了传统供应链的不足，它不仅局限于企业内部，而是延伸到供应商和客户，甚至供应商的供应商和客户的客户，建立的是一种跨企业的协作，覆盖了从产品设计、需求预测、外协和外购、制造、分销、储运和客户服务等全过程。

## 本 章 小 结

全球化市场的日益形成，使企业的竞争焦点集中于如何才能更好地满足多样化的客户需求，于是各种面向未来的、信息含量更高，知识、技术密集程度更高的生产制造系统不断出现，其中具有代表意义的有：准时生产方式、精益生产方式、制造资源计划、计算机集成制造系统等。本章对准时生产方式、精益生产方式、业务流程再造、大规模订制、绿色制造、智能制造和供应链管理技术做了详细介绍。

## 思考与练习

1. 简述准时生产方式和精益生产方式的基本原理。
2. 简述虚拟制造技术的基本原理。
3. 简述业务流程再造的基本原理。
4. 简述大规模定制的基本原理。
5. 简述绿色制造的基本原理。
6. 简述智能制造的基本原理。
7. 简述供应链管理的基本原理。

# 案例分析

### 大规模定制物流服务

在美国，一家为全美零售商提供纸产品的大型纸品制造商面临利用物流获得竞争优势、提高潜在销售量、降低成本的挑战。为寻求有效提供定制物流服务的途径，该公司组建了专门项目小组。通过拜访不同规模的客户，发现所有的客户都认为订货准确率、供应比率和准时运送是非常重要的服务标准；与此相反，其他服务要求的重要性对不同的客户而言不尽相同，这些方面对公司而言是实行差异化策略的潜在发展方向。同时项目小组认识到，虽然公司在基本服务方面做得很好，但其他纸制品供应商也都能提供同样水平的基本服务。因此，在基本服务上不可能实行差异化策略。在其他服务方面，如电子汇票、提前运送通知、电子订单跟踪、直接换装、直接配送至商店等，市场提供的物流服务还需改进，这是企业赢得差异化优势的机会；另外还存在一些不重要的服务或微利服务，如零担运输、连续补货计划等，如果公司的重要客户认为其中的某些服务很重要，而且经济上可行，也可以将其作为一种差异化服务来发展。

综合考虑物流服务对客户的重要性与物流服务的相对复杂性，该项目小组将整个市场划分为四个客户群：传统型、跟随型、集中型与伙伴型。然后根据客户潜力及公司潜力对每个客户的战略重要性进行评价，确定客户成本—服务的均衡，将成本—服务分析和战略重要性分析相结合，制定出新的物流服务战略，从而有效地提供大规模定制物流服务。

(资料来源：http://baike.baidu.com/view/1374791.html。)

讨论：
1. 大规模定制服务的出发点是什么？
2. 差异化战略在大规模定制中的作用？

# 参 考 文 献

[1] 田英，黄辉，夏维力. 生产与运作管理[M]. 西安：西北工业大学出版社，2005.
[2] 高鹏举. 生产与运作管理[M]. 上海：东华大学出版社，2005.
[3] 孔庆善. 运作管理[M]. 北京：石油工业出版社，2003.
[4] 王世良. 生产与运作管理教程：理论、方法、案例[M]. 杭州：浙江大学出版社，2002.
[5] 宋克勤. 生产运作管理教程[M]. 上海：上海财经大学出版社，2002.
[6] 张杰. 现代生产管理[M]. 北京：中国对外经济贸易出版社，1999.
[7] 毕星. 项目管理[M]. 上海：复旦大学出版社，2001.
[8] 简德三. 项目管理[M]. 上海：上海财经大学出版社，2001.
[9] 龚国华. 生产与运营管理：制造业和服务业[M]. 上海：复旦大学出版社，2005.
[10] 梁清河. 系统产品设计——蒋氏基金讲座讲义[M]. 香港：香港理工大学出版社，2004.
[11] 姚锦宁. 生产管理学[M]. 天津：天津社会科学院出版社，1992.
[12] 黄宪律. 生产运营管理精华读本[M]. 合肥：安徽人民出版社，2002.
[13] 丁文英，冯爱兰，赵宁. 现代生产管理[M]. 北京：冶金工业出版社，2008.
[14] 贾大龙，等. 应用工业工程[M]. 北京：北京兵器工业出版社，1993.
[15] 韩之俊，贾大龙，杨慧. 生产与运作管理咨询[M]. 北京：华夏出版社，2002.
[16] 杨本强，童明傲. 汽车总成装配作业均衡编排问题的数学建模[J]. 电气传动自动化，2004，26(1)：60-62.
[17] 林友孚. 现代生产管理[M]. 武汉：武汉大学出版社，1997.
[18] 郭伏，张国民. 工作研究在流水线平整中的应用[J]. 工业工程与管理，2005，10(2)：120-124.
[19] 侯东亮. 工作研究在双边装配线平衡中的应用[J]. 工业工程与管理，2008，13(3)：121-124.
[20] 张毅. ERP与SCM、CRM[M]. 北京：电子工业出版社，2002.
[21] 申元月. 生产运作管理[M]. 济南：山东人民出版社，2001.
[22] 武振业. 生产与运作管理[M]. 成都：西南交通大学出版社，2000.
[23] 梁永建，杨光薰，胡波. 精益生产与虚拟成组生产组织[M]. 制造技术与机床，2004(9)：121-125.
[24] 张青山. 现代生产管理学[M]. 沈阳：东北大学出版社，1998.
[25] 虞镇国. 生产管理[M]. 杭州：浙江大学出版社，1997.
[26] 陈志祥. 现代生产与运作管理[M]. 广州：中山大学出版社，2002.
[27] 罗鸿. ERP原理设计实施[M]. 北京：电子工业出版社，2005.
[28] 李建. 企业资源计划及其应用[M]. 北京：电子工业出版社，2004.
[29] 马健平，贾艳延. 现代物流配送管理[M]. 广州：中山大学出版社，2001.
[30] 高自友，孙会君. 现代物流与交通运输系统[M]. 北京：人民交通出版社，2003.
[31] 伊俊敏. 物流工程[M]. 北京：电子工业出版社，2005.
[32] 蔡临宁. 物流系统规划——建模及实例分析[M]. 北京：机械工业出版社，2003.
[33] 齐二石，周刚. 物流工程[M]. 天津：天津大学出版社，2001.
[34] 宋伟刚. 物流工程概论[M]. 北京：机械工业出版社，2006.
[35] 孙维琦. 生产与运作管理[M]. 北京：机械工业出版社，2004.

[36] 陈达强，胡军. 物流系统建模与仿真[M]. 杭州：浙江大学出版社，2008.

[37] 蒋贵善. 生产与运作管理[M]. 大连：大连理工大学，2004.

[38] 潘家轺. 企业生产管理[M]. 北京：中央广播电视大学出版社，2001.

[39] 姚宝根. 现代企业信息化管理：ERP/eBusiness 及其实践[M]. 上海：上海大学出版社，2001.

[40] 张毅. 制造资源计划 MRP II 及其应用[M]. 北京：清华大学出版社，1997.

[41] 刘丽文. 生产与运作管理[M]. 北京：清华大学出版社，1998.

[42] 吴爱华. 生产管理[M]. 济南：山东人民出版社，1997.

[43] 李怀祖. 生产计划与控制[M]. 北京：中国科学技术出版社，2001.

[44] 陈荣秋，马士华. 生产与运作管理[M]. 北京：高等教育出版社，2005.

[45] 王东迪. ERP 原理、应用与实践[M]. 北京：人民邮电出版社，2004.

[46] Womack James. Lean Consumption[J]. Harvard Business Review，2005，83(3)：58-68.

[47] http://blog. sina. com. cn/s/blog_578054d80100gqk4. html.

[48] http://wiki. mbalib. com/wiki/Manifest_demand.

[49] http://data. book. 163. com/book/section/0000JQUd/0000JQUd74. html.

[50] http://bbs. cug. edu. cn/bbsgcon. php?board=Innovation&num=56.

[51] http://zh. wikipedia. org/wiki/%E8%83%BD%E5%8A%9B%E9%9C%80%E6%B1%82%E8%AE%A1%E5%88%92.

[52] http://wenwen. soso. com/z/q157374575. htm.

[53] http://wenda. tianya. cn/wenda/thread?tid=05649167b897ee29.

[54] http://jamescheng. blog. hexun. com/6736429_d. html.

[55] http://www. scude. cc/kejian/shengchanyuyunzuoguanli/jiangyi/11. htm.

[56] http://baike. baidu. com/view/1074234. htm?fr=ala0_1.

[57] http://heshaoshugg. blog. 163. com/blog/static/327241200842234817375/.

[58] http://jamescheng. blog. hexun. com/6736429_d. html.

[59] http://www. scude. cc/kejian/shengchanyuyunzuoguanli/jiangyi/11. htm.

[60] http://baike. baidu. com/view/1074234. htm?fr=ala0_1.

[61] http://heshaoshugg. blog. 163. com/blog/static/327241200842234817375.

[62] http://www. scetop. com/jpkc/View. aspx?id=005002003003008.

[63] http://courseware2. itsinghua. com/course/2004/yjs/qygl/yzgl/1/content/1～06. htm.

[64] http://www. doc88. com/p～94450316152. html.

[65] http://ask. 51pla. com/chanshuxiandai～110. htm.

[66] http://www. srcc. net. cn/Trend/C35A31248. html.